통일!
역사를 배우자

통일!
역사를 배우자

나승열 지음

책넝쿨

차 례

머리말

    이 책은 통일에 관한 기존의 책들과는 좀 특별하게 접근하였다. 우리에게 한반도 통일이 갖는 중요성, 어려움과 절실함이 크기에 그만큼 기존의 관점과 함께 새로운 시도 또한 중요하다고 보았기 때문이다. 또한 나이 많은 세대보다는 통일에 대한 관심이 부족한 젊은 계층에서도 통일에 더 많은 관심을 가질 수 있도록 하겠다는 통일교육을 위한 뜻도 담았다. 사실 우리에게 한반도 평화통일은 정치요, 외교요, 국민 통합이며, 국가 개혁과 경제 도약의 기회이며, 한민족 중흥의 역사적 사명이다. 나아가 통일은 한반도 평화의 정착이며, 인권과 정의의 실현이요, 자유의 확산이며, 홍익인간이라는 건국 이념의 완성이다. 그러기에 통일은 희망이요, 축복이며, 블루오션이다. 절박하게 말하면, 통일은 우리 한민족 미래의 생존 문제이기도 하다. 이런 이유로 정치, 경제, 외교, 사회, 문화, 역사, 심리, 철학 등을 망라하여 총체적이고 종합적인 관점으로 책을 엮게 되었다.

    우리 나라 최초의 국가 고조선이 기원전 108년 망한 뒤 약 2000년의 역사를 통일 관점에서 보면 크게 세 시대로 구분된다. 신라(기원전 57년 건국), 고구려(기원전 37년 건국), 백제(기원전 18년 건국) 등 삼국으로 분열된 시기 약 700년, 서기 668년 신라의 삼국 통일부터 936년 고려의 후삼국 통일, 1392년 조선 건국과 1910년 멸망까지 한반도 통일 시기

약 1240년, 그리고 1910년 이후 망국과 분단 시기 약 100년이다. 한 민족이라는 의식이 강해진 통일신라부터 지금까지 약 1340년 기간의 90% 이상 되는 1240년 정도가 통일 시기였다. 왕조는 세 번 바뀌었지만 한 민족이 연속되게 1000년 이상을 통일국가로 존재했던 나라는 지구상에 흔하지 않기 때문에 그 어떤 나라보다 우리 민족의 통일 의지가 클 수밖에 없는 역사적 특징이 내재되어 있다고 본다. 필자가 수십 년의 후반생을 던져 약해져 가는 통일에 대한 의지와 역사의식을 국민 속으로 다시 불러오는 것이 이 책을 쓰는 목적 중의 하나다. 100여 년 전 국운이 기울던 조선에 대한 평가는 부끄러울 정도였지만, 그럼에도 불구하고 우리 민족의 저력과 발전 가능성은 많은 외국인들도 통찰력 있게 간파하고 있었다. 객관적인 외국의 관찰자들은 조선의 어두움 속에서도 희망과 번영의 불씨라는 것을 보았던 것이다. 100여 년이 지난 오늘날 그 희망의 불씨가 번영의 불꽃으로 활활 타올라서 대한민국은 '제2차 세계대전 후 지구상에서 가장 낙후된 국가가 경제 발전과 민주화라는 두 가지 큰 성공을 이루면서 세계 10위권의 선진국으로 기적처럼 도약한 국가'로 평가받고 있다. 나아가 수십 년 후의 미래 한반도는 통일한국이 되어 지구촌에서 몇 손가락 안에 드는 세계 최고 수준의 경제 강국이 된다고 하는 예측도 많다. 한반도 통일은 경제 발전, 민주화와 함께 우리 8000만 한민족의 3대 지상과제라고 할 만하다. 거의 폐허 상태에서 남한만으로도 이미 경제 발전과 민주화라는 위업을 성취한 저력을 보여주었기 때문에, 긴 호흡으로 남북한이 한마음으로 힘을 합친다면 통일이라는 세 번째 과제를 해결하는 것은 그렇게 난제가 아닐 수 있다.

과거 우리 역사를 돌이켜 보면서 7세기 신라의 삼국 통일, 10세기 고려의 후삼국 통일, 14세기 말 조선의 역성혁명으로부터 미래 한반도 평화통일에 대한 전략과 실천 방안에 대한 아이디어를 모색해 보았다. 삼국 중 가장 약소국이 어떻게 통일을 이루었을까 하는 관점을 가지고 보면서 신라의 지도자와 국민들의 통일을 이루겠다는 열정과 강한 염원을 느낄 수 있었다. 7세기 신라의 과감한 통일외교 정신을 21세기 오늘날 주변 4대 강국과의 통일외교에도 살려야 하겠다는 희망을 담았다. 고려의 후삼국 통일의 큰 힘은 태조 왕건의 민심 수습책과 함께 지방 세력은 물론 불교계까지 끌어안는 관용과 포용 정책이었구나 하는 생각을 해보았다. 고려라는 통일국가를 접수한 조선의 역성혁명 성공은 곧 정도전 등 신진사대부가 표방한 개혁과 민본주의의 성공이었다고 나름대로 정리해 보았다. 현대사에서는 북한이 무력으로 남한을 침략하여 통일하겠다고 시도한 1950년대 한국전쟁이 실패하고 우리 민족에게 엄청난 고통을 남긴 역사로부터 평화통일의 필요성을 더욱 절감하게 되었다. 보수정부든 진보정부든 1970년대부터 남북한이 합의하여 한반도 평화통일로 정책의 방향을 정한 것이 6·25전쟁의 교훈이라면 그나마 다행이다.

그동안 외국의 통일 사례를 말할 때는 일반적으로 19세기 이탈리아와 독일 통일, 20세기 초 폴란드 통일, 20세기 후반 베트남·독일·예멘 통일 정도를 소개했다. 하지만 여기서는 물리적인 국토 통일 외에 심리적인 국민 통합 사례와 외국의 내전과 통합 사례 등을 포함한 세계 각국의 분열과 통합 및 통일 경험을 망라하기 위해 세계사를 두루 산책하면서 20개국이 넘는 국가의 자료를 분석하였다. 동양에서는 고대 중국 진(秦)나라 통일에서부터 한나라, 서진(西晉)의 삼국 통일, 수나라와 당나라 통일, 국민당과 공산당의 내전, 중국과 대만의 양안 문제, 13세기 몽골 통일, 16세기 말 일본 통일, 20세기 말 베트남 통일을 다루었다. 유럽에서는 2000여 년 전의 로마 내전, 1871년 이탈리아 통일, 1870년 비스마르크의 독일 통일과 1990년의 독일 통일, 프랑스의 위그노 전쟁과 영국의 청교도 혁명, 20세기 총체적인 이념의 격돌 스페인 내전, 123년 만의 폴란드 통일과 오스트리아 통일을 살펴보았다. 오랫동안의 폭력과 투쟁을 끝내고 평화를 정착시키고 있는 아일랜드의 평화 프로세스와 하나의 유럽이라는 유러피언 드림을 위한 유럽연합까지도 포함하여 한반도 평화통일과 국민 통합에 대한 시사점을 얻고자 하였다. 그리고 미국연방을 유지시켜 미국의 재통일을 이룩한 링컨의 남북전쟁 승리, 이집트와 시리아 통일, 남북 예멘 통일 및 남아공의 흑백 분리와 만델라의 흑백 통합까지 종합적으로 살펴보았다.

국내외의 다양한 사례를 통해 얻은 교훈과 시사점을 가지고 미래 한반도 통일을 위한 정책 방향과 행동강령을 제시하였다. 첫째, 국혼을 살리고 국민 통합을 이룬다. 둘째, 지도자와 국민들의 통일 의지와 열정을 굳건히 한다. 셋째, 국력 배양과 국가 개조를 통해 국가의 통일 역량을 극대화해 나간다. 넷째, 지속적인 교류 협력을 통해 평화통일 준비를 철저히 한다. 다섯째, 국력을 집중하여 능동적으로 미국, 중국, 일본, 러시아 등 주변 4대 강국을 중심으로 적극적인 통일외교를 전개한다. 여기서는 대한민국의 시대적 소명인 한반도 평화통일에 전쟁 없는 행운, 경제 발전과 민주화라는 혜택까지 받은 1953년 6·25전쟁 이후 태어난 50~60대가 노블레스 오블리주 정신을 발휘하고 솔선수범하여 우리의 후반생을 통일에 바치는 통일동지가 보다 많이 되었으면 하는 제안도 하였다. 그리고 젊은 청년들에게도 그들이 통일한국의 주역이 될 것이므로 통일을 성취하기 위한 운동에 적극 동참할 것을 호소하였다.

결론에서는 중생들의 고통을 덜고 즐거움을 주는 '발고여락(拔苦與樂)'의 자세로 북한 주민을 배려하고, 나아가 널리 인간을 이롭게 하는 홍익인간(弘益人間)의 자랑스러운 건국 이념을 지구촌 곳곳에 확산시켜 나간다는 사명감으로 통일한국을 만들어 나가자고 하였다. 이렇게 하기 위해서 최고지도자 등 대한민국의 지도계층이 통찰과 포용의 리더십으로 살신성인하는 마음자세로 통일에 몸을 던졌으면 하는 간절한 소망도 담았다. 그리고 우리의 미래인 대한민국의 젊은이들이 한국, 동북아시아는 물론 세계를 넘나드는 호연지기(浩然之氣), 진취적 기상, 안목과 지식을 가지고 세계 속에 웅비하는 자랑스러운 통일한국에서 평화롭게 살았으면 하는 염원도 품어보았다. 에릭 홉스봄의 역사 3부작 『혁명의 시대』『자본의 시대』『제국의 시대』는 프랑스 대혁명과 산업혁명으로 주로 19세기 인류사회가 어떻게 변화하였는지를 고찰하고 있다. 프랑스 대혁명은 자본주의 정치를, 영국의 산업혁명은 자본주의 경제를 낳아서 자유주의적 자본주의가 19세기에 꽃피었다. 이와 동시에 제국주의가 탄생해 정치적 자유주의는 종결되고, 1914년 제1차 세계대전이 일어나게 된다는 내용이다.

우리나라는 20세기 중반에 비로소 농지개혁으로 자본주의 발전의 토대인 자본축적이 일어나고, 4·19민주혁명으로 독재정권을 종식시킨 민중혁명의 힘을 표출시켰다. 5·16군사혁명으로 들어선 정부가 혁신적인 경제 개발 계획을 착실히 추진하여 대한민국에 자본주의가 꽃피게 되었다. 이어 혁명적인 부마항쟁, 광주민주화운동으로 민주화도 상당한 수준의 성과를 올렸다. 우리는 혁명의 시대와 자본의 시대를 함께 겪었다. 그동안 제국의 시대는 열지 못했고, 오히려 미국과 소련 두 제국주의 세력에 의해 국가 분단이라는 뼈아픈 비극을 맛보아야 했다. 앞으로는 한반도 통일로 혁명과 자본의 시대의 성과는 극대화하면서, 제국의 시대 대신에 대륙과 해양 양대 세력의 균형추 역할을 통해 동북아 '평화의 시대'를 열어나가야 하겠다. 우리가 이렇게 되기를 간절하게 원하면 반드시 이루어질 것이라는 기대를 해본다.

소광리 금강송
우리민족의 도약과 기상을 상징하는 금강소나무(경북 울진 소광리 소재)

제 1 장

역사를
돌아보게 하는
한국의 힘

여는 글

　21세기 대한민국에 대한 평가는 한마디로 '제2차 세계대전 후 지구상에서 가장 낙후된 국가 중의 하나였던 국가가 한강의 기적이라는 경제 발전과 4·19혁명, 부마항쟁, 광주민주화운동 등 우리 국민의 힘으로 스스로 쟁취한 기적같은 민주주의 발전을 동시에 이루면서 세계 10위권의 선진국으로 도약한 국가'일 것이다.

　100여 년 전 국운이 기울던 조선에 대한 평가는 부끄러울 정도였고, 반세기 전만 해도 일제로부터 독립해 대한민국을 건국했지만, 강대국에 의한 남북 분단의 아픔과 6·25전쟁으로 폐허가 된 무척 불운하고 가난한 나라였다. 그럼 도대체 어떤 요인이 기적같은 현재의 대한민국을 만들었던 것일까 하는 화두를 들고, 동시에 앞으로 어떻게 미래의 통일한국을 만들 수 있을 것인가 하는 고민도 안고 100여 년 전의 과거 우리 역사를 돌아보았다.

　현재 우리의 경제 성과를 보고 많은 학자들은 교육의 힘, 근면한 국민성 등 문화적 요인, 자유민주주의와 자본주의라는 제도 등이 성공 요인이라고 말하고 있다. 필자는 여기에서 한 걸음 더 나아가 100여 년 전부터 많은 외국인들은 우리 민족의 저력과 발전 가능성을 통찰력 있게 간파하고 있었다는 사실을 도출하였다. 안타깝지만 우리나라의 지도자들에 대한 외국인들의 객관적인 평가는 가혹하다. 하지만 미국의 헐버트 박사, 영국의 역사학자 이사벨라 비숍, 오스트리아의 여행가 헤세 바르텍 등 객관적인 외국의 관찰자들이 조선의 어두움 속에서도 우리 민족, 우리나라 사람들에 내재된 희망의 불씨를 보았던 것이다.

이와 함께 한 뿌리에서 나왔으면서도 남한과 북한이 불과 수십 년 만에 어떻게 엄청난 차이가 나게 되었을까 하는 내용도 담았다. 당연히 기본적으로는 개인의 자유와 창의를 존중하여 발휘하게 하는 체제 내지는 제도의 차이가 가장 큰 요인이다. 하지만 보다 정확한 현상 진단이 미래 한국 통일 전략에 큰 도움이 될 것이다.

수십 년 후의 미래 한반도는 통일한국이 되어 세계 최고 수준의 경제 강국이 된다고 하는 예측도 많다. 전 세계의 미래학자, 정치인, 국제정치 전문가, 경제학자, 역사학자, 저널리스트 등 다양한 전문가들은 통일한국에 대하여 지대한 관심을 보이고 통일을 예측하고 있다. 다양한 예측을 요약해 보면, 한반도 통일은 대체로 빠르면 2020년 초반부터 늦어도 2035년까지 그 기회가 올 것으로 보고 있다. 통일한국의 경제적 위상은 2050년 최소한 세계 7~8위권 이내로 예상하고 있다.

100여 년 전의
한반도

1392년 역성혁명으로 건국한 조선은 약 500년이 지나면서 각종 국가 개혁이 실패하고 국력이 크게 약화되었다. 반면 일본은 메이지 유신으로 국력을 급성장시켜 청일전쟁과 러일전쟁에서 이긴 후 1905년 기울어져가던 조선과 을사늑약을 맺었다. 미국의 시어도어 루스벨트 대통령은 일본의 러일전쟁 승리에 대해서는 트라팔가르 해전을 뛰어넘는 위대한 사건이라고 추어올렸다. 하지만 도움을 요청한 조선에 대해서는 '조선인은 자신들을 위해 주먹 한 번 휘두르지 못했다. 자신을 위해 스스로 못한 일을 도와주겠다고 나설 나라는 없다'고 냉정하게 거절했다. 조선은 제국주의의 길로 가던 일본에 1910년 합병당하여 건국한 지 518년 만에 망하고 만다. 굴욕의 망국 시대가 열렸다. 수천 년 동안 강대국으로 군림해온 이웃 중국은 이미 오래 전부터 굴욕의 시대를 맞이하고 있었다. 지금은 미국과 더불어 세계 2대 강국의 반열에 오른 거대한 중국이 1840년 영국과의 아편전쟁에 패하여 홍콩을 빼앗기는 등 제국주의 열강에 무참히 무너져 1945년 일본이 패망하기까지 치욕의 100여 년을 보내야 했다.

수천 년 역사의 강대국 중국도 서양의 제국주의에 무너졌다는 점과 100여 년 전 이런 암울한 조선의 현실을 보고도 많은 외국인들의 눈에 우리 한민족의 가능성과 희망의 불씨가 보였다는 것은 그나마 위로가 되고 다행이다. 역사학자 김시덕도 당시 조선은 멸망했지만 외국인들의 눈에 조선인의 가능성은 있었다고 보고 있다. (김시덕, 『동아시아, 해양과 대륙이 맞

서다』, 메디치미디어, 2015, 314~329쪽, 22장 조선의 멸망, 그리고 조선인의 가능성)

100여 년 전 그 희망의 불씨를 찾아 살펴 보자.

외국인들이 본 한반도 희망의 불씨

1880년대 말 미국의 젊은 청년 헐버트는 한국 최초의 근대적 교육기관인 육영공원에서 교사로, 나중에는 선교사로 활동했다. 그러다가 고종황제의 밀서를 가지고 워싱턴 정계를 방문하는가 하면, 헤이그 만국평화회의에 참석해 한국의 독립을 위해 일본의 침략을 세계 만방에 호소한 항일운동에 앞장선 사람이다. 1906년에는 『대한제국멸망사』를 집필하여 한국이 민족의 멸망을 방지하기 위해서는 자기 민족에 대한 교육에 전념해야 한다면서 "교육에 투자된 자본이 더 크고, 더 확실하고, 더 유익한 결실을 맺을 수 있는 곳으로는 이 세상에서 한국밖에는 없다"고 결론을 맺는다. (H. B. 헐버트, 신복룡 역주, 『대한제국멸망사』, 집문당, 2006, 533쪽)

헐버트 박사는 이미 100여 년 전에 교육 투자로 가장 성공할 수 있는 나라가 바로 한국이라고 통찰력 있게 예견한 것이다. 항일독립운동 후 미국으로 돌아갔다가, 우리가 해방되고 대한민국 정부가 수립된 뒤 이승만 대통령이 초청하자 1949년 노구의 몸으로 한국에 왔다가 건국훈장을 받고는 숨을 거두게 된다. 그는 지금 마포 양화진에 있는 외국인

묘원에 잠들어 있다. 그의 묘비에는 "나는 웨스트민스터 사원보다 한국에 묻히기를 원한다"고 적혀 있다.

헐버트 박사는 "나는 1800만 한국인들의 권리와 자유를 위해 싸워왔으며 한국인들에 대한 사랑은 내 인생의 가장 소중한 가치이다"라고 고백하고 있다. (김동진, 『파란눈의 한국혼 헐버트』, 참좋은친구, 2010, 197쪽) 그는 한국인보다 한국을 더 사랑하였던 것이다.

1890년대 말에는 영국의 역사학자 겸 왕립지리학회 회원 이사벨라 L. 비숍이 한국에 다녀간 후 1897년 『조선과 그 이웃나라들』이라는 책을 썼다. 조선은 계급적 특권, 국가와 양반들의 수탈, 불의, 불안정한 수입, 음모로 물든 공직자들의 약탈, 후궁들에 빠져 쇠약해진 왕, 부패한 사람들 간의 연합, 만연해 있는 미신 등으로 나라가 무기력해지고 비참해졌다는 것이 비숍의 조선에 대한 첫인상이었다. (I. B. 비숍, 신복룡 역주, 『조선과 그 이웃나라들』, 집문당, 2000, 424쪽)

그러면서도 조선인의 강건한 민족성, 품성과 근면성은 장래에 훌륭한 가능성을 기대할 수 있게 한다고 하면서, 조선의 농민들은 다른 어떤 계층보다 열심히 일하고 생산성이 높다고 보았다. 처음에 가졌던 조선에 대한 혐오감이 나중에는 애정에 가까운 관심으로 바뀌었다고 덧붙였다.

결론적으로는 조선 내부로부터의 개혁이 불가능할 때 외부로부터라도 반드시 개혁되어야 하고, 왕권은 엄중한 헌법 아래 제한되어야 나라의 미래가 비관적이지 않다고 평가하였다. (같은 책, 429쪽)

미국, 중국, 일본 등 여러 나라를 두루 여행하다가 1894년 6월 말부산에 도착하게 된 오스트리아의 여행가 헤세 바르텍은 그의 여행기 『조선, 1894년 여름』에서 당시 조선의 상황을 잘 관찰하고 있다. 조선의 남부 지방은 정부에 대한 봉기가 극심했고, 동아시아의 두 강대국인 일본과 중국은 조선의 지배권을 차지하기 위해 대대적인 전쟁 준비를 마친 상태였다. 그는 조선인들은 음악과 카드놀이, 야외놀이, 권투, 씨름, 연날리기, 활쏘기 등을 열정적으로 좋아하고, 춤도 대단히 좋아하는데 직접 춤을 추진 않는다고 하면서, 음악적 관점에서 볼 때 조선인은 중국인보다 훨씬 앞서 있고, 20년 전 일본인의 상황보다 낫다고 보았다.

그는 조선인들이 가난하고 무지하고 게으르다고 하지만, 이런 속성들은 탐욕스러운 정부 탓에 생긴 불행의 결과라고 본다. 조선의 정부는 수백 년 동안 백성들의 내면에 있는 더 나은 것에 대한 의욕을 조장하기는커녕 방해하여 왔다. 그는 "조선인들의 내면에는 아주 훌륭한 본성이 들어 있다. 진정성이 있고 현명한 정부가 주도하는 변화된 상황에서라면, 이들은 아주 짧은 시간에 깜짝 놀랄 만한 것을 이루어 낼 것이다"라고 예견하였다. (에른스트 폰 헤세 바르텍, 정현규 옮김, 『조선, 1894년 여름』, 책과 함께, 2012, 232쪽)

당시 조선의 군사력과 경제력이 중국과 일본보다 약했다 하더라도 문화의 힘과 잠재력과 저력은 크다는 것을 보여주는 귀중한 외국인의 관찰이다. 100년 후 오늘날 한국이 경제 발전과 민주화의 기적을 이루고, 한류 열풍을 일으키고 있는 것을 미리 타임머신을 타고 와서 본 것 같은 느낌을 준다.

영국인 아놀드 새비지-랜도어는 1895년에 쓴 그의 책 『고요한 아침의 나라 조선』에서 조선 사람들은 좀처럼 재난과 빈곤 앞에서 좌절하지 않고, 친구들은 재난당한 그들을 외면하지 않고, 용기를 북돋워주며 도움을 아끼지 않는 착한 성품을 지니고 있다고 말한다. 조선은 기독교 관점에서 보면 이교도이지만, 그들의 견실한 자애와 관용은 기독교의 박애보다 간혹 더 위대하기까지 하다고 보았다. (A. H. 새비지-랜도어, 신복룡·장우영 역주, 『고요한 아침의 나라 조선』, 집문당, 1999, 243쪽)

조선인들은 훌륭한 기억력과 빼어난 예술적 소양을 가지고 있으며, 공부 능력이 뛰어났다. 평화를 애호하는 마음씨 고운 조선인들은 자신들이 외국의 약탈자들에게 침략당하고 있는 것을 느끼고 있었다. 불행하게도 조선 정부의 무능이 개선될 것 같지 않다고 하면서도, 그는 조선에 닥쳐올 모든 재난들이 조선을 문명국으로 개조하기 위한 시도보다는 더 크리라고는 생각하지 않는다고 희망적인 메시지를 전한다. (같은 책, 251쪽, 257쪽)

미국 언더우드 선교사의 부인 릴리어스 호톤 언더우드는 1888년 조선에 첫발을 내디딘 후 15년 동안의 조선 생활의 경험을 밝혔다. 그는 흔히 조선 사람들은 게으르고 어리석고 열등하다고 하는데, 이는 조선을 잘 모르는 여행자들이나 그들을 열등하다고 하려는 목적이 있는 그들의 적들이 하는 말이라고 한다. 그는 조선 사람은 낙천적이고 태평스럽고 감정적이고 인정이 많고 친절한 면에서 아일랜드 사람과 비슷하다고 한다. 그리고 조선 사람을 자극적인 환경에서 교육을 시키고, 좀 더 나은 생활을 할 기회와 자기 밥벌이를 할 수 있다는 신념을 불어넣으면, 그들은 훌륭한 시민, 탁월한 학자가 될 것이라고 말한다. 조선인들은 일본인들처럼 싸움꾼도 아니고 중국인들처럼 장사치도 아니다. 그들에게는 일본인들의 경박성과 충동적인 기질도 없고, 중국인들의 무딘 보수성도 없다. 조선인들은 일본인이나 중국인들보다 우수하지 않을지 몰라

통일! 역사를 배우자

도 적어도 동등하다고 말한다. (릴리어스 호톤 언더우드, 김철 옮김, 『언더우드부인의 조선견문록』, 이숲, 2008, 280~282쪽)

1900년대 초 조선을 방문한 프랑스 고고학자 에밀 부르다레는 조선은 나라 전체가 정신적, 심리적으로 달라져야 한다고 보았다. 그는 중국이나 조선이 다 더럽기는 마찬가지이지만, '북경에 비하면 서울은 에덴'이라고 밝히기도 했다. 그러면서 '고운 아침'의 땅이 수백 년간 깊은 잠에 빠져 있다가, 최근 몇 년간 고종황제가 보여준 기백 덕분에 "지금 모든 사람에게 진보에 대한 욕구가 있다. … 이 비옥한 땅, 이 풍부한 자연에서 행복과 독립을 보장받아야 하고, 그 민중의 따뜻한 정과 선의는 모든 이의 공감을 얻을 것이다"라고 보았다. (에밀 부르다레, 정진국 옮김, 『대한제국 최후의 숨결』, 글항아리, 2009, 373쪽)

1901년 조선에 들어왔던 독일 기자 지그프리트 겐테는 그의 책 『독일인 겐테가 본 신선한 나라 조선, 1901』에서 잠자는 동화의 나라에도 새로운 시대가 온다고 보았다. 넓은 아량과 명석한 두뇌를 가진 한민족은 이웃 나라보다 더 신속하게 서양의 사고방식과 제도의 물결에 휩싸일 것이라고 진단했다. 서울의 독일어 학교를 방문하고서 언젠가 조선도 급변할 것으로 확신하였다는 것이다. 특히, 겐테는 독일어 학교가 번창하고 발전하는 모습은 조선인들의 무한한 가능성을 보여주는 확실한 증거라고 단언하였다. (지그프리트 겐테, 권영길 옮김, 『독일인 겐테가 본 신선한 나라 조선, 1901』, 책과함께, 2007, 229쪽)

한반도 내부로부터 표출된 발전 가능성
1894년 전봉준, 김개남 등이 중심이 된 동학당이 정치와 민생 개혁을 목표로 동학혁명을 일으켰지만 지도력 부족 등으로 실패하였다. 하지만 우리나라 민중들의 정당한 분노의 힘은 보여주었다. 동학혁명 덕분에 한국의 민족주의가 눈을 뜨게 되었고 한국이 근대국가로 개혁하는 계기가 마련되기도 하였다.

1896년 서재필, 이상재, 이승만 등이 중심이 된 독립협회도 동학당과 더불어 당시의 대표적인 민중조직이었다. 동학당보다는 유식한 지식인들이 많이 참여하였으나, 면밀한 준비와 지속적인 노력과 강한 힘도 없이 빨리 조직의 목적을 이루기를 희망했던 한계가 있었다. 하지만 일제치하에서 항일독립운동과 국민국가 수립운동 등 한국 민족운동의 추진력이 되었다.

영국 언론인 어니스트 베델은 1904년 러일전쟁 취재 통신원으로 한국에 와서 일본의 간악한 통치를 보고는 양기탁과 함께 《대한매일신보》를 창간하였다. 그는 총칼이 아닌 펜으로써 일제와 싸웠다. 베델은 한국을 위해 싸우는 것은 신의 소명이라고 말한다. 한국을 사랑하여 한국 이름을 '배설(裵說)'로 짓고, 일본의 정책을 맹렬히 비난하고 한국인의 민족혼을 일깨우기 위해 노력하였다. 국채보상운동에도 대한제국의 존망에 직결된 문제라고 하면서 발벗고 나섰다. 젊은 나이로 죽으면서도 양기탁의 손을 잡고 "나는 죽을지라도 대한매일신보는 영생케 하여 한국 동포를 구하시오" 하면서 세상을 떠났다. 1907년 우리나라에 국채보상운동이 일어났다. 일본에 진 빚을 갚자고 국민들이 들고 일어난 경제주권 회복운동이었다. 애국에는 남녀노소와 귀천의 차이가 없었다. 황제로부터 하층민까지 두루두루 참여했다. 그 운동에 참여했던 대구의 어느 여성단체가 발표한 선언문 마지막에는 다음과 같은 희망과 의지가

담겨 있다고 한다. "우리가 이렇게 하여 나라의 빚을 갚아 노예 상태에서 벗어나 자유민이 되어 언젠가 우리나라도 세계상등국가가 되기를 희망하노라." (박세일, 『선진통일전략』, 21세기북스, 2013, 54쪽)

국운이 다해가는 암울한 시기에서도, 우리 조상들은 좌절하지 않고 언젠가는 세계상등국가가 될 것이라는 희망을 버리지 않았던 것이다. 약 100년이 지나지 않아 국채보상운동은 외환 위기로 인한 IMF 체제 극복을 위한 금 모으기 운동으로 승화되었다.

한국 침략의 원흉 이토 히로부미를 저격한 독립 영웅 안중근은 1910년 3월 26일, 사형이 집행되기 직전 마지막 유언에서 "나의 거사는 동양평화를 위해 결행한 것이므로 형을 집행하는 관리들도 앞으로 한일 간에 화합하여 동양평화에 이바지하기 바란다"고 하였다. 안중근이 말한 동양평화론은 한중일 3국 정치공동체 창설, 3국 경제공동체 창설, 3국 평화유지군 창설, 3국 경제협력체 창설 등을 포함하고 있으며, 이를 위해 국제적 지지가 중요하다고 말한다. 안중근은 삼국의 국력의 차이로 인해 일본의 힘을 인정하면서도 힘의 지배가 아니라 삼국의 수평적 연대를 토대로 한 동양평화를 주장하였다. (이창호, 『구국의 별, 평화의 횃불 안중근 평전』, 벗나래, 2016, 263~269쪽)

천도교, 기독교, 불교계 민족주의자와 학생들을 중심으로 미국 윌슨 대통령의 민족자결주의에 고무되어 1919년 3월 1일을 기점으로 일본의 식민지 지배에 저항하여 한반도 전 민족이 항일독립만세운동을 일으켰다. 3·1운동은 일제 강점기에 나타난 최대 규모의 민족운동이었다. 3·1운동은 제1차 세계대전 이후 전승국의 식민지에서 최초로 일어난 대규모 독립운동이라는 역사적인 평가도 받고 있다. 3·1운동은 대내외적으로 많은 영향을 미쳤다. 독립운동을 조직적으로 전개할 필요성을 인식하여 1919년 4월, 중국 상하이에 이승만, 김규식, 이시영, 이동녕 등이 참여한 대한민국 임시정부가 수립되었다. 만주에서는 1920년대 독립군의 무장 항일운동이 활발해졌다. 중국 베이징에서는 학생들이 주도하여 5·4항일 운동을 일으켰다. 간디가 주도한 인도의 비폭력 무저항 운동에도 영향을 주었다.

한국 개조론도 등장하였다. 임시정부 국무총리 대리를 지냈던 도산 안창호 선생은 1919년 상하이에서 한국 개조에 대하여 다음과 같은 요지로 자신의 신념을 말하였다고 한다.

"우리 사람의 일생에 힘써야 할 일은 개조하는 일이다. 우리 한국을 문명한 한국으로 만들기 위해서도 각종 개조의 사업에 노력하여야 한다. 무엇을 개조할 것인가? 우리 한국의 모든 것을 다 개조하여야 한다. 우리의 교육과 종교도 개조하고, 우리의 농업도 상업도 토목도 개조하여야 한다. 우리의 풍속과 습관도 개조하고, 우리의 음식, 의복, 거처도 개조하여야 한다. 우리 도시와 농촌도 개조해야 하며, 심지어는 우리 강과 산까지도 개조해야 한다. 강산을 개조하면 농업, 상업, 공업 발달은 물론, 과학과 정신 분야도 발전하게 된다. 강산이 황폐해지면 그 민족도 약해진다."

노벨문학상에 빛나는 인도의 시성 타고르는 1929년 4월 동아일보에 일제의 식민지배하에서도 희망을 버리지 않고 꿋꿋하게 살아가는 우리 민족에게 격려의 시를 보냈다. 우리 문화의 우수성과 강인하고도 유연한 민족성을 「동방의 등불」로 표현하여 우리 민족에게 격려와 위안을 주었다.

일찍이 아시아의 황금시기에

빛나던 등불의 하나인 코리아

그 등불 한번 다시 켜지는 날에

너는 동방의 밝은 빛이 되리라.

– 동방의 등불

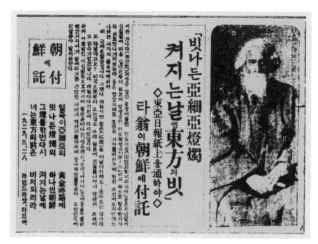

인도의 시성 타고르
1929년 4월
《동아일보》에 게재된 시

세계로 번지는
한국 번영의 불꽃

1910년 나라를 잃은 뒤 35년 동안의 망국의 고통이 가시기 전에, 1945년 해방과 더불어 남과 북으로 나라가 분열되고, 그 고통도 모자랐던지 1950년부터는 민족상잔의 처참한 6·25전쟁을 3년 동안이나 치러야 했다. 20세기 전반기 한반도는 가혹하고도 거대한 불운의 연속이었다. 이는 마치 123년 동안이나 나라를 잃었던 폴란드를 연상케 하는 불운이었다. 그러나 외국인들도 발견했던 한민족의 잠재력, 희망의 불씨가 1950년대 농지개혁에 의한 자작농 창출과 자본 축적, 1960년대부터 시작된 경제 개발 계획, 1970년대 새마을 운동 등으로 불붙기 시작하였다. 21세기가 되면서 대한민국은 타고르가 말한 '동방의 등불' 같은 번영의 불꽃이 활활 타오르는 나라로 천지개벽하게 되었다. 동아시아에서는 일찌감치 선진강국으로 도약한 일본에 이어 대한민국이 빠른 발전을 하게 되었다. 중국도 굴욕의 100여 년이 지난 후 공산당이 1949년 중국 본토를 장악하고 1978년 덩샤오핑이 개혁개방정책을 펼친 후 급속도로 발전하여 부강한 국가로 굴기하기 시작하였다. 이른바 '동아시아의 시대'가 열리고 있다는 부푼 희망까지도 갖게 한다. 우리나라의 눈부신 발전에 대해서는 세계의 경제학자, 정치가, 국제 전문가, 미래학자, 저널리스트 등이 다양한 분석을 하고 힘찬 격려의 메시지를 들려준다.

경제 · 경영 전문가

세계적 경영학자 피터 드러커 교수는 "교육에 대한 투자로부터 그렇게 풍성한 수확을 거두었던 나라는 한국밖에 없었다"고 단언한다. 한국은 일제 강점에 이어 6·25전쟁으로 철저히 파괴되었고, 기업 운영 경험과 중산층도 없었을 뿐만 아니라 교육받은 사람들이 드물었는데도 불구하고 기적을 이룬 것은 참으로 인상적이다. 지식이 현대사회와 현대경제의 핵심 자원이라는 것, 나아가 진실로 지식은 현대사회를 만들고 성과있는 현대경제를 만드는 유일한 자원이라는 점을 잘 증명하는 최고 모범 국가는 한국이다. 전쟁에서 폐허가 된 한국을 주요 경제 강국으로 전환시킨 그 속도는 유례를 찾을 수 없는 감동적인 승리다. 한국의 경제 기적은 경영자의 헌신, 고된 일을 흔쾌히 해내는 근로자, 기업가 정신 그리고 무엇보다 경영의 승리라고 한국을 독려한다. (피터 드러커, 이재규 옮김, 『자본주의 이후의 사회』, 한국경제신문사, 1993, 4쪽)

데이비드 S. 랜즈 하버드대 경제학과 교수는 『국가의 부와 빈곤』에서 세계에서 가장 부유한 사람들일지도 모르는 일본인들의 뒤를 이어 한국, 대만, 홍콩, 싱가포르 등 아시아의 호랑이(또는 용)들이 추격하고 있다고 말한다. 한국 등 네 나라의 으뜸가는 자산으로 상대적으로 낮은 임금으로 고품질 상품을 생산하는 직업 윤리를 꼽는다. 또한 젓가락을 사용하는 비상한 손놀림은 아주 작은 것을 조립할 때 특히 유용하다고 감탄한다. 특히 한국과 대만은 자기들을 식민지배한 국가인 일본의 자본주의 경제체제를 저주의 대상 또는 부정과 부패의 온상으로 생각하는 잘못을 저지르지 않고, 오히려 그 자본주의 경제체제를 채택함으로써 물질적인 풍요를 누릴 수 있게 되었다. (데이비드 S. 랜즈, 안진환·최소영 옮김, 『국가의 부와 빈곤』, 한국경제신문사, 2009, 713쪽)

세계 3대 경영학의 석학으로 불리는 마이클 포터 교수는 애덤 스미스의 『국부론』에 비견되는 『국가경쟁우위』에서 한국은 여러 중요 산업에서 국가우위를 발전시키고 있으며, 선진국 수준에 도달하기에 가장 좋은 전망을 가진 국가가 될 것이라고 말한다. (마이클 포터, 문휘창 옮김, 『마이클 포터의 국가경쟁우위』, 21세기북스, 2009, 632쪽)

한국은 사람들에 대한 교육 투자와 헌신에 힘입어 경제가 발전되어 왔다는 특징이 뚜렷하다. 아울러, 효율적인 정부와 과감한 모험 정신을 가진 재벌기업들 주도하에 전후 다른 어떤 개발도상국도 이루지 못한 발전을 일구어냈다. 『빈곤의 종말』의 저자 제프리 삭스 미국 컬럼비아 대학 교수도 한국이 새마을운동의 기치 아래 농촌 개발과 녹색혁명을 성취하여 가난의 굴레에서 벗어난 경험은 오늘날 빈국들에게 훌륭한 모델이 되고 있다고 말한다. 한국의 경제 성장의 씨앗은 부분적으로 1950~1960년대 초에 제공된 해외원조에 의해 뿌려졌다. 경제 도약의 시작 단계에서 인프라, 보건과 교육의 핵심 기반을 구축하는데 해외원조가 도움이 되었기 때문이다. 오늘날 한국을 빈국으로부터 구해낸 새마을운동은 세계 곳곳에 영감을 주고 있다. 지금의 세계는 한국이 빈곤을 퇴치할 때보다 의학, 교통, 통신 등 여러 면에서 여건이 좋기 때문에 개도국들이 한국의 성공 사례를 자국의 상황에 맞게 흡수할 수 있다면 그들도 분명히 성공할 수 있다고 말한다.

정치가, 국제 전문가

미국 오바마 대통령도 2011년 국정연설에서 "한국에서 교사들은 국가 건설자(nation builder)로 알려져 있다"고 한국의 교육을 칭찬하였다. 미국 발전을 위한 교육의 중요성에 있어서 미국은 한국의 교육을 참고해야 한다. 우리가 식민지배와 전쟁의 폐허를 딛고 일어나 불과 50여 년 만에 세계 10~15위권 경제 대국으로 올라설 수 있게 된 데는 무엇보다 교육의 힘이 컸다는 데 수많은 외국 지도자들도 공감하고 있다는 뜻이다.

싱가포르 전 수상 리콴유는 한국에 대해 다음과 같은 요지로 말한다.

박정희 대통령은 경제적 근대화를 열망하는 훈련되고 단결된 국민의 힘을 바탕으로 경제 번영을 이룩했다. 일본의 선례를 따라 국내 시장을 보호하고 적극적인 수출정책을 추진했다. 박 대통령이 없었더라면 한국은 산업화된 국가로 성장할 수 없었을는지 모른다. … 한국인들은 강인하고 험난한 역경을 이겨내는 데 탁월한 힘을 지녔다. 오랜 역사를 통해 침략자들이 중앙아시아의 고원지대를 가로질러 맹위를 떨쳤어도, 한반도에 이르러서는 행진을 멈추었다. (리콴유, 류지호 옮김, 『내가 걸어 온 일류국가의 길』, 문학사상사, 2001, 673~674쪽)

북한이 내부에서 변화할 수 있도록 하기 위해서는 더 많은 남북 간의 교류와 접촉이 필요하다. … 한반도에서의 전쟁과 혼란은 중국을 위해서도 좋은 일이 아니다. 중국이 원하는 것은 남한으로부터의 무역과 투자가 계속될 수 있도록 현 상태를 유지하는 것이다. … 한국은 고도 성장 가도를 달리면서 노동자들에 비해 기업가들에게 높은 보상을 주었다. 국내총생산이 증가되도록 한 나머지, 빈부격차 확대를 소홀히 했다. 이제 새로운 사회적 제도를 만들면 한국인들은 다시 한번 활기차게 전진할 수 있을 것이다. 한국인들은 역동적이고 부지런하고 심지가 굳은 능력있는 국민들이다. 한국의 강렬한 문화는 한국인들을 성취지향적으로 만든다. (같은 책, 683~686쪽)

전 UN 사무총장 코피 아난은 한국은 자원이 없는 데다가 전쟁의 참상을 겪었으면서도 역경을 딛고 일어나 경제적 번영을 누리고 있어 개도국의 귀감이 되고 있다고 칭찬한다. 지구촌의 균등한 개발을 위해 노력하는 UN으로서는 한국의 성공 스토리가 저개발국 개발 지원 노력에 큰 도움이 될 것이라고 믿는다. 그런 한국이 최근에 세계농업식량안보기금에 미국, 캐나다, 스페인 다음으로 많은 5000만 달러를 출연하는 등 개도국 경제 개발 노력에 적극 참여하는 것에 대해 정말 기쁘게 생각한다고 그는 말했다.

경희대 국제대학 교수 겸 아시아 인스티튜트 소장 임마누엘 페스트라이쉬(이만열)는 『한국인만 모르는 다른 대한민국』에서 "지금 세상은 아시아에서 일본 외에 또 다른 1등 국가의 부상을 바라보고 있다. 많은 사람들이 중국을 떠올릴 것이다. 그렇지만 중국은 아직 아니다. 아시아에 등장한 또 다른 1등 국가는 바로 한국이다" 라고 말한다. (임마누엘 페스트라이쉬(이만열), 『한국인만 모르는 다른 대한민국』, 21세기북스, 2013, 13쪽)

한국은 지난 1960년대 이후 약 50년 동안 빠른 성장 가도를 달려 왔다. 1970년대 오일 쇼크, 1997년 IMF 금융위기 등을 슬기롭게 헤치고 구매력 기준 개인소득 3만 달러를 돌파하는 저력을 보여줬다. 민주주의의 성공적 정착은 물론, 사회복지 분야에서 의료보험제도를 성공적으로 안착시켰다. 전자제품, 반도체, 조선, 자동차 관련 기술 등 과학기술 분야에서도 세계 최고 수준에 도달했다. 또한, 그는 한국은 역사의 흐름에 따라 국제사회 주요 사안에 대해 중심적 역할을 맡게 될 기회를 넘겨받았다고 평가한다. 한국은 국제사회의 전면적 주도권을 잡을 수 있으며 시민의 행동을 통해 세계 역사의 방향을 좌우할 수도 있다. 코리안 드림을 만드는 일은 한국인에게 달려 있다. 가족애, 다른 사람에 대한 이타적 관심, 인간적이고 사려 깊은 기술, 인본주의 전통, 세계로 열린 관점 등이 코리안 드림의 중요한 요소가 될 것이라고 그는 말한다. 홍익인간 정신, 선비정신, 참선과 명상 등 한국의 전통문화를 도약의 발판으로 삼으면 한국이 21세기 르네상스를 꽃피울 것이라고 전망한다.

역사학자, 미래학자

유럽 최고 석학 자크 아탈리는 『미래의 물결』에서 한국은 1990년에야 독재정치에서 벗어났으나, 자동차에서 휴대전화에 이르기까지 급성장하고 있으며, 특히 초고속망 분야에서는 타의 추종을 불허한다고 경제적 성과를 높이 평가한다. 또한 한국의 문화상품이 아시아를 휩쓸면서 일본, 중국, 베트남 등의 여성들을 열광시키고 있다. 한국의 영화와 드라마의 배우와 대중가요 가수들은 한류, 즉 한국의 물결을 일으켜 아시아의 젊은 세대들에게 서구적 현대성과 아시아적 전통적 가치를 조화시킨 성공적 사례라는 이미지를 심어주고 있다고 칭찬한다. 한국에서는 싸이월드나 독자 참여 언론 오마이 뉴스 등 멀티미디어 분야는 물론, 네이버, 온라인 롤플레잉 게임 선두주자 리니지를 운영하는 엔씨소프트 등 첨단 중소기업들도 급성장하고 있다. (자크 아탈리, 양영란 옮김, 『미래의 물결』, 위즈덤 하우

스, 2007, 144~145쪽)

폴 케네디 예일대 교수는 한국의 높은 교육열과 배움에 대한 의지, 개선에 대한 열정을 높이 평가한다. 한국인들은 우리가 어떻게 하면 더 잘할 수 있을까, 어떻게 하면 더 잘 배울 수 있을까, 어떻게 하면 상황을 더 개선시킬까 하는 고민과 겸손한 마음 자세를 가지고 있다. 이러한 정신이 한국을 전쟁의 잿더미에서 빠르게 일으킨 힘이다. 그리고 한국과 같은 중소국가에게는 개선하려는 열망과 실패에서 배우는 혁신의 문화가 시대정신이 될 수 있다고 조언한다. 나아가 케네디 교수는 미국과 중국 등 2대 강대국(G2)에 낀 한국은 강소국 네덜란드를 본받아 유연하고 적응력 강한 장점을 최대한 살려야 한다고 충고한다. 즉 경제적, 지정학적으로는 중국과 인접하고 있으므로 중국을 존중하며 신중을 기할 필요가 있지만, 동시에 미국과 동맹을 굳건히 하고 강력한 군사력을 유지해야 한다고 강조한다. 남북통일도 반드시 실현될 것이라고 전망하기도 한다. (폴 케네디, 이왈수·전남석·황건 옮김, 『강대국의 흥망』, 한국경제신문사, 1996)

하버드 대학 역사학 교수 니얼 퍼거슨은 전후 경제기적이 일어난 곳은 일본, 한국, 홍콩, 싱가포르, 타이완 등으로서, 그중 한국의 성과는 특히 두드러진다고 말한다. 1960년 국민 1인당 소득이 아프리카의 가나보다 낮았던 나라가 엄청난 발전을 해서 1996년에는 선진국 모임인 OECD(경제협력개발기구)에 가입하였던 것이다. 1973년부터 1990년까지 한국은 세계에서 가장 빠른 속도로 경제가 발전한 나라다. 그는 한국을 비롯한 아시아 국가들의 경제 성장은 미국이 정부의 안전을 보장하고, 농지개혁과 같은 제도적 발판을 만드는데 도움이 되었으며, 세계경제의 개방화 등을 진행시킨 덕분이라고 진단했다. (니얼 퍼거슨, 구세희·김

정희 옮김, 『니얼 퍼거슨의 시빌라이제이션』, 21세기북스, 2011, 382쪽)

세계적인 석학 노암 촘스키 MIT 교수는 '가장 바람직한 발전의 모델을 이룬 나라가 어느 나라인가'라는 질문에 한국이라고 말한다. "한국인들은 제국주의 식민지배에서 벗어나 다른 나라에 종속되지 않고 독자적으로 경제 발전을 이루면서 동시에 독재정권에 항거하여 평화적인 방법으로 민주주의를 이룩해냈다"는 게 그의 답변 요지였다. 1950년대 한국은 전쟁으로 파괴되었으며, 경제적으로는 아프리카의 가난한 나라 수준이었지만, 놀라운 경제 발전을 이루었다. 더구나, 1980년대에는 민주화운동으로 독재정권까지 물리치고 민주주의를 이루었다고 한국의 성취를 높게 평가한 것이다. 그는 이어 한국은 문화적으로도 돋보이는 발전을 이뤘으며, 전 세계 젊은이들에게 문화의 아이콘이 되기까지 하였다고 칭찬하고 있다.

저널리스트

토머스 프리드먼은 세계화를 다룬 그의 책 『렉서스와 올리브나무』에서 어떤 국가나 지역에서 누가 '빠른 세계'에 살고 있느냐 하는 것이 냉전시절에 어떤 국가가 제1세계에 속하느냐, 제3세계에 속하느냐보다 중요해진다고 말한다.

그러면서 1950년대 이집트와 한국은 1인당 소득 수준이 같았지만, 1990년대에는 빠른 속도의 차이로 인해 한국이 이집트보다 훨씬 소득 수준이 높아졌다는 것이다. 정부가 모든 일의 속도를 높이는 방법을 알고 있는 국가나 지역에서는 자본주의적 창조가 빠르게 일어날 수 있으며, 민첩한 국민들 때문에 빨리 움직일 수 있는 나라도 있다고 말한다.

한국, 상하이, 이탈리아 북부 지방, 텔아비브, 베이루트 등의 사람들은 타고난 민첩성을 보이고 있다. 문화와 역사, DNA 같은 요인 덕분에 국민들이 타고난 민첩성을 가진 이들 나라는 정부가 국민들에게 기본적인 여건을 마련해주고 방해만 하지 않으면 더욱 빨라질 수 있다. 이는 그들의 엄청난 성장 동력이 될 수 있다. 인터넷으로 세계 전역에 흩어져 있는 동족들에게 연결해 주면 이른바 '사이버 종족'이라고 부르는 공동체가 만들어진다. 이 사이버 종족들은 스피드와 창의력, 기업가로서의 재능과 글로벌 네트워킹을 연결해 경제적 부를 창출할 수 있다고 한다. (토머스 프리드먼, 장경덕 옮김, 『렉서스와 올리브나무』, 21세기북스, 2009, 304~305쪽)

아시아 경제 전문가 조 스터드웰의 『아시아의 힘』에서는 일본, 한국, 대만, 중국처럼 경제 개발에 성공한 동아시아 국가와 성공하지 못한 필리핀 등 동남아시아 국가들의 성패를 가른 전략을 분석하고 있다. 한국 등 동아시아 국가들의 세 가지 성공 요인을 농지개혁의 성공, 제조업 육성 및 보호정책, 정부 통제하의 금융정책으로 제시하고 있다.

첫째, 빈국에서 농업정책 특히 토지정책이 중요한 이유는 대다수 국민이 농민이고 가족농이 경제를 힘차게 밀고 나갈 거대한 산출과 소비의 동력을 제공할 수 있기 때문이다.

조 스터드웰은 "동남아시아와 달리 동북아시아에는 더 이상 소작농이 없다. 일본, 한국, 대만, 1978년 이후의 중국에서 필요한 제도적 지원을 받은 토지개혁은 유례없는 농업 성장을 촉발했고, 시장을 창출했으며, 상당한 사회이동을 초래했다"고 말한다. (조 스터드웰, 김태훈 옮김, 『아시아의 힘』, 프롬북스, 2016, 116쪽)

둘째, 국가가 농업만으로는 성장을 유지할 수 없으므로 제조업으로 빠른 경제 성장을 해야 한다. 그래서 동아시아 주요 국가들의 정부는 자국의 제조업을 육성하려고 했다. 동아시아 국가들이 성공을 거둔 것은 수출 규율의 존재에 있었다. 수출 규율은 정책적으로 수출을 강제하고 국제 경쟁에 직면하도록 해서 보조금과 시장보호정책을 제공하는 국내 제조기업을 지속적으로 검정하고 측정하는 것을 말한다. 그 결과 수출하는 제조기업들은 정부의 큰 지원을 받았다.

한국의 박정희는 수출을 선택이 아닌 필수로 만들었다. 실제 한국은 세계적으로 가장 수출에 의존하는 국가가 되었다. 1980년대 중반에 미국과 유럽 시장이 호황기를 맞자 한국은 철강과 조선 부문에서, 이후에는 반도체와 자동차 부문에서 세계적인 강자로 부상했다. (같은 책, 158~160쪽)

셋째, 동북아시아가 유례없이 빠른 경제 개발을 이룰 수 있었던 이유는 금융정책과 농업정책 목표 및 산업정책 목표를 긴밀하게 연계했기 때문이다. 박정희는 중화학산업화 드라이브에 모든 금융 지원을 동원했으며, 1962년에는 한국은행을 사실상 재무부 산하기관으로 만들기도 했다. 그래서 정부가 선호하는 기업들에 제공되는 자금은 풍부하고 사실상 무료이거나 매우 저렴했다.

많은 경제학자들이 한국이 위기에 처할 것이라고 경고했으나 박정희는 기술 진보를 위해 돈을 썼기 때문에 한국은 파국을 맞는 일이 없었다. (같은 책, 292쪽)

국격을 높이는
한국 문화의 힘

　　　　　　세계적인 역사학자인 영국의 아놀드 토인비는 1973년 한국의 효 사상과 대가족 제도에 대한 이야기를 듣고 감동하여 눈물을 흘리며 "장차 한국 문화가 세계 인류 문명에 기여할 것이 있다면 그것은 바로 효 사상일 것이다"라고 한 바 있다. 토인비는 "만약 지구가 멸망하고 인류가 새로운 별로 이주해야 한다면 지구에서 꼭 가져가야 할 제일의 덕목은 한국의 효 문화다"라고 하면서 우리의 효 사상을 높이 평가해왔다. 아울러, 21세기 세계가 하나로 되는 날이 온다면 그 중심은 동북아일 것으로 믿으며, 그 핵심은 한국의 홍익인간 사상이 되어야 할 것으로 확신한다고 한국의 홍익인간 사상을 극찬하기도 했다. 『25시』의 작가로 유명한 루마니아의 콘스탄틴 게오르규도 한민족이 낳은 홍익인간 사상은 21세기를 주도할 세계의 지도사상이라고 칭찬하면서 "홍익인간이라는 단군의 통치 이념은 이 지구상에서 가장 강력한 법률이며 가장 완전한 법률이다"라고도 했다. 그는 또한 한국의 노인 공경은 다른 문명국의 모범이 되고 있으며 세계 어디에서도 노인이 한국만큼 대우받는 곳은 없다고 했다.

세계적인 석학 하이데거는 프랑스를 방문한 어떤 서울대 교수에게 "내가 당신을 초대한 이유는 당신이 한국 사람이기 때문이다. 내가 유명해진 철학 사상은 바로 동양의 무(無) 사상이다. 동양철학을 공부하면서 아시아의 위대한 문명의 발상국이 한국이라는 사실을 알게 되었다. 그리고 2000년이 넘는 장구한 세월 동안 아시아 대륙을 통치한 고조선이 세계 역사상 완전무결한 평화적 정치를 펼쳤다는 것을 나는 안다. 그래서 나는 동양 사상의 종주국인 한국을 존경한다. 그럼에도 나는 아직까지 당신들의 국조 한배검님(단군)의 천부경을 이해하지 못하겠으니 설명해달라"고 하면서 천부경을 펼쳐 놓았다고 한다. 한국의 유명한 교수라 천부경의 철학을 당연히 알고 있을 거라고 판단한 것이다. 참고로 천부경은 대종교의 기본 성전으로서 한배검님께서 홍익인간의 이념으로 천하 만민을 교화하는 데 '조화의 원리', 즉 우주 창조의 이치를 81자로 풀이한 진경(眞經)이다. 하이데거처럼 세계적인 석학도 인정하는 동양 정신의 뿌리가 바로 대한민국이다.

　　문화는 국가의 번영 능력을 결정하는 중요한 결정인자이다. 문화는 위험성, 보상, 기회 등에 대한 개인의 생각을 형성하기 때문이다. 미국 하버드대 교수 새뮤얼 헌팅턴은 말한다. "나는 깜짝 놀랐다. 1960년대 초의 한국과 아프리카의 가나는 1인당 국민총생산, 농업의존도, 1차 제품과 2차 제품과 서비스의 분포도 등 거의 모든 지표에서 경제 상황이 서로 아주 유사했다. 그로부터 30년 후 한국은 1인당 GNP가 가나의 15배나 되는 세계 14위의 경제 규모를 가진 산업 강국으로 도약해 있었다." 한국은 많은 다국적 기업을 가지고 자동차, 전자 장비, 고도로 기술집약적인 2차 제품을 수출하는 나라로 발전했다. 국민총생산액은

5000억 달러 수준에 이른다. 민주주의 제도도 착실히 다져나가고 있다. 도대체 이 엄청난 발전의 차이를 어떻게 설명할 수 있을까? 그것은 한마디로 한국과 가나는 문화가 다르며, 따라서 분명 자국민들의 가치관도 다르기 때문이라고 말한다. 한국인들이 가진 투지, 교육, 근면, 검약, 조직, 극기정신, 기강 등이 한국의 빠른 발전을 가져온 것이다. (새뮤얼 P. 헌팅턴, 로렌스 E. 해리슨, 이종인 옮김, 『문화가 중요하다』, 책과함께, 2015, 8~9쪽)

한국의 소프트 파워는 높이 평가되고 있다. 동남아시아에서는 한 세대 전체가 한국 팬인데, 한국의 비디오 게임, 대중가수, 「겨울연가」 연속극이 인기 있기 때문이다. 한국 정부는 한류를 활용해 동남아 지역 공연을 지원하고 지역문화센터에 한국어와 한식요리 강좌를 개설했다. 최근 한국 문화의 교두보가 미국으로 옮겨갔다. 한국 가수 싸이는 「강남스타일」이라는 춤과 노래로 미국을 흥분시켰다. 다른 슈퍼스타의 케이팝도 마찬가지다. 뉴욕타임스는 R&B 가수 박재범의 노래와 앨범이 2010년부터 미국, 캐나다, 덴마크에서 아이튠즈 R&B/소울 부문에서 1위를 차지하고 있다고 보도했다. 삼성, 현대, 기아, LG 등 한국의 대기업에 대한 전 세계 소비자들의 평판이 좋아지는 것과 함께 한국의 문화 확산은 한국의 국가브랜드 강화에도 기여하고 있다. (모이제스 나임, 김병순 옮김, 『권력의 종말』, 책읽는 수요일, 2015, 293~294쪽)

UN의 문화 전문 기구인 유네스코는 한국의 기록유산 중 13개나 세계기록유산으로 등재시키고 있다. 훈민정음(1997), 조선왕조실록(1997), 직지심체요절(2001), 승정원일기(2001), 해인사 대장경판 및 제경판(2007), 조선왕조의궤(2007), 동의보감(2009), 일성록(2011), 5·18민주화운동 기록물(2011), 난중일기(2013), 새마을운동 기록물

(2013), KBS 특별생방송 「이산가족을 찾습니다」 기록물(2015년), 한국의 유교책판(2015년) 등 13개의 기록유산이 바로 한국이 만든 자랑스러운 세계기록유산이다. 한국은 350여 개의 세계기록유산 중 독일(20개), 폴란드(14개)에 이어 영국, 오스트리아, 러시아와 함께 세계 3위, 아시아 1위의 세계기록유산 보유 국가다. 한국은 이웃 중국이나 일본을 뛰어넘는 기록문화 강국이다. 이 외에 프랑스 12개, 네덜란드 11개, 중국 10개, 미국 8개, 일본 5개 등이다.

소설 『대지』의 저자 펄 벅은 한글이 세계의 문자 가운데 가장 익히기 쉽고 훌륭한 글자라고 하면서, 세종대왕을 한국의 레오나르도 다빈치로 비유하였다. 유네스코는 훈민정음을 세계기록유산으로 지정하고, 세종대왕상을 제정하여 문맹 퇴치에 공이 큰 사람들에게 시상하고 있다. 펄 벅은 한국은 고상한 국민이 살고 있는 보석 같은 나라이며, 독립운동가들의 항일 정신이 오늘의 한국을 있게 한 직접적인 원인이 되었다고 이해한다.

남북한 경제 격차를
보는 시각

많은 사람들이 남북한의 경제 격차의 이유에 대해서 궁금해 한다. 그 격차는 한마디로 체제의 차이로 인해 나타났다는 것이 정설이다. 남한은 정치적으로는 자유 민주주의, 경제적으로는 자본주의 시장경제체제를 채택했다. 그래서 개인의 자유와 창의력과 도전정신을 기본으로 하는 기업가 정신이 유감없이 발휘되었다. 반면, 북한은 세습독재와 계획경제체제를 고수하고 있어, 이윤동기도 없고 개인의 역량이 개발되기 어려웠기 때문이다.

미국의 대표적 미래학자 앨빈 토플러는 지정학적으로 흥미진진한 한반도에 대하여 남한과 북한을 명쾌하게 대비시켜 설명하고 있다. 남한은 국제사회의 선두 주자로서 지식에 기반을 둔 제3물결의 경제와 문명으로 향하는 거대한 변혁의 선두에 서 있는 반면, 북한은 제1물결과 제2물결로 대표되는 굶주림과 빈곤 사이에서 허덕이는 가난한 나라다. 남한은 세련되고 여행의 자유를 누리며 초고속 인터넷을 통해 세상의 그 누구와도 소통할 수 있는 반면, 북한은 자국 국민들의 입을 막고 억압과 통제 속에 가두고 있다. 특히 남한은 나노기술 연구에도 거액을 투자하고, IT와 광대역 통신 선두 국가로 키우기 위한 운동을 벌여 오늘날 세계적인 IT 강국이 되었다. 남한은 빠른 속도로 미래를 탐험하면서 혁신적 시장경제체제를 지향하지만, 북한은 왕조국가나 다름없는 체제에서 무기력하고 반혁신적인 계획경제체제를 고수하고 있다. 한국은 어디를 가도 활력이 넘치며, '빨리빨리'라는 말로 상징되는 것처럼 삶의 속도가 매우 빠르다. 어디서나 의사소통이 가능한 휴대전화가 광범위하게 보급된 것도 한국인 삶의 속도를 더욱 빠르게 하고 있다. 반면, 북한은 극소수만 휴대전화를 가지고 있는 등 삶의 속도가 너무 느리다. (앨빈 토플러, 하이디 토플러, 『부의 미래』, 청림출판, 2006, '한반도의 시간과의 충돌'이라는 장을 통해 490~499쪽까지 한반도 문제를 다루고 있다.)

MIT 교수 대런 애쓰모글루와 하버드대 교수 제임스 A 로빈슨은 『국가는 왜 실패하는가』에서 남한과 북한을 나누어 분석하고 있다. '남한 국민의 생활 수준은 포르투갈이나 에스파냐와 비슷하다. 38선 이북의 북한은 생활 수준이 사하라 이남 아프리카 나라와 비슷하다. 남한 평균 생활 수준의 10분의 1에 불과하다는 뜻이다. 북한 주민의 건강은 더욱 열악해서 평균수명은 남한 동포보다 10년은 짧다.' 이런 극명한 격차가 제2차 세계대전 이전까지는 존재하지 않았다.

하지만 1945년 남북한 정부가 판이한 경제운용 방식을 채택하면서 운명이 갈렸다. 남한은 사유재산이 인정되는 시장경제제도를 도입했고, 북한은 중앙계획경제제도를 도입했고 사유재산과 시장을 금지하였던 것이다. 남한은 투자와 교역을 장려하는 경제제도를 갖추고, 교육에 집중 투자한 덕분에 교육 수준이 대단히 높다. 북한은 사유재산, 시장, 사적 계약제도를 도입하지 않았으며 경제와 정치제도를 개선하지 않았다.

이것이 북한이 경제적으로 정체 상태에 있는 이유다. 불과 반세기 만에 하나의 뿌리에서 나온 두 나라의 소득 격차는 열 배까지 벌어졌다. 남북한의 경제적 격차에 대한 이유는 문화나 지리적 요인이 아니라 제도에서 그 답을 찾아야 한다. (대런 애쓰모글루, 제임스 A. 로빈슨, 최완규 옮김, 『국가는 왜 실패하는가』, 시공사, 2012, 114~117쪽)

북한 정부는 시장이 나쁘다고 하면서도 암시장은 적극 통제하지 못하고 있다. 소위 엘리트 계층들은 탄압과 통제를 위해서 권력을 휘두르면서도 중국의 덩샤오핑처럼 개혁과 개방을 하지 않고 시장이 제공하는 혜택은 누리고 있다. 남한은 더 많은 일반 대중이 경제활동에 참여해 자신의 재능, 창의력과 역량을 충분히 발휘해 개인이 원하는 것을 선택할 수 있는 포용적 경제제도를 시행하고 있다. 북한은 한 계층의 소득과 부를 착취해 다른 계층의 배를 불리기 위한 착취적 경제제도를 시행하고 있다. 이런 착취적 제도로 인해 가난하게 자란 북한 청소년은 숙련직을 꿈꿀 만큼의 진취적 기상이나 창의력이 부족하다. (같은 책, 117~120쪽)

국가가 실패하는 이유는 경제성장을 저해하거나 심지어 발목을 잡는 착취적 정치제도를 기반으로 착취적 경제제도를 시행하기 때문이다. 결국 제도의 선택, 즉 제도의 정치가 국가의 성패를 이해하는 데 핵심적인 열쇠라는 것이다. (같은 책, 129쪽)

미국의 전 국방장관 도널드 럼스펠드는 남한은 미국의 핵심적인 동맹국 그 이상이라고 평가한다. 한미관계는 전쟁에서 맺어졌고, 공동 위험에 대한 합동 대응으로 지탱되고 있다. 럼스펠드는 남한과 북한은 자유주의와 공산주의의 이데올로기 격돌에서 공산주의가 경쟁의 대상조차도 될 수 없다는 이유를 세계에서 가장 극적으로 보여주고 있다고 강조한다. 남한의 경제 규모는 이미 세계 11위다. 반면 북한은 스스로 국제적으로 고립되어 있고, 수백만 명이 굶주리고 있는데도 핵무기 등을 보유하고 있어, 남한·일본과 그 이웃 나라에 상시적인 위협이 되고 있다. 북한 정권은 정당하지도 못하고 도덕적이지도 못하다. 한국 등 아시아의 성공은 미국의 안보와 번영에도 아주 중요하기 때문에 미국에게는 기회다. 한반도에서의 주요 전략 목표는 평화적으로 한반도를 조속히 통일하는데 두어야 한다. (콘돌리자 라이스 외, 장성민 책임 편역, 『부시행정부의 한반도 리포트』, 김영사, 2000, 214~220쪽)

미국의 조지 W. 부시 대통령은 그의 책 『결정의 순간』 중 한국의 독자들에게 보내는 글에서 "한국의 변화는 우리 시대의 가장 위대한 스토리 중의 하나다. 한국이 세계에 보여주었듯이 자유는 결국 독재를 이기고 승리하기 마련이다"라고 하면서 다음과 같이 한국의 발전 상황을 북한과 대비하여 기록하고 있다.

"전후에도 한반도가 여전히 분단된 상태로 남은 것은 분명 비극적인 일이었다. 그러나 이후 벌어진 일은 자유의 힘이 얼마나 강력한지를 여실히 증명했다. 북한이 계속 공산 정권과 폐쇄 경제를 유지한 반면, 한국은 시장개방과 민주주의를 향해 나아갔다. 북한은 갈수록 빈곤과 기아에 허덕이게 되었고, 한국은 세계 경제 강대국으로 성장하면서 역동적 사회로 발전해 나갔다." 수십 년에 걸친 식민통치로 피폐해질 대로 피폐해진 나라가 기술과 기업열, 혁신의 중심지로 부상했다. 한국의 어린이들은 세계에서 가장 우수한 교육을 받은 인재로 손꼽히고 한국의 기업들이 주요 시장을 지배하기 시작했다. 그리고 서울은 올림픽과 월드컵, G-20 정상회의를 개최하며 세계적 수준의 수도로 성장했다. (조지 W. 부시,

안진환·구계원 옮김, 『결정의 순간』, YBM si-sa, 2011, 한국의 독자들에게 보내는 글 중에서)

대처 전 영국 수상은 한국은 근면하고 진취성이 강하며 협동심이 강한 나라라고 말한다. 그래서 한 세대 만에 생활 수준을 바꿔놓을 만큼 활기찬 경제를 대단히 성공적으로 운영해 왔다. 아시아 금융위기로 한국도 큰 어려움을 겪었지만, 1999년부터 강한 회복세를 보이기 시작했다.

반면, 북한에 대해서는 거센 어조로 힐책한다. 북한은 불량국가다. 이 폐쇄적인 사회를 지배하는 교조적인 독재국가는 억압적이고 공격적이며, 재래식 무기로 무장하고 대량살상무기(WMD)를 수출하려고 혈안이 되어 있다. 김일성은 북한을 거대한 정치 감옥으로 만들었다. 주체라는 참으로 괴상한 이데올로기를 조직화된 테러로 국민들에게 주입시켰다. 1948년 이후 10만 명이 숙청으로 목숨을 잃었고, 강제수용소에서 150만 명이 사망한 것으로 추정된다. 한국전쟁에서도 130만 명이 죽고 최근의 기근에서도 50만 명 이상이 죽었다. 이 기근의 직접적인 원인은 자연재해지만, 근본 원인은 북한의 정치체제와 정권 담당자들의 무능력이다. 그러면서도 인민을 잘 먹이겠다는 것보다는 그들의 권력 기반인 군대를 잘 먹이지 못하면 전쟁에서 이길 수 없다고 하면서 군대의 식량 공급을 무조건 보장한다. 북한이 외국 식량원조를 받는 것도 국민이 아니라 병사들을 먹이기 위해서다. (마거릿 대처, 김승욱 옮김, 『국가경영』, 경영정신, 2003, 288~290쪽)

풀리처상에 빛나는 세계적 석학 재레드 다이아몬드는 그의 명저 『총, 균, 쇠』에서 날강도에 가까운 폭군의 도둑정치가와 대중에게 은혜를 베푸는 현명한 정치가의 차이를 표현하고 있다. 도둑정치가는 생산자들로부터 거둬들인 공물을 엘리트 계급이 많이 가져갈 뿐만 아니라, 그 공물

중에서 공공용도에 적게 사용하여 평민들에게 재분배의 정도가 낮은 정치를 한다는 것이다. 대중의 지지를 받지 못하는 도둑정치는 항상 전복당할 위험을 안고 있다. 때로는 억압받는 평민들이 들고 일어나고, 때로는 새로운 도둑정치가가 나타나서 더 많이 대중들에게 재분배하겠다고 대중의 지지를 호소하기도 한다. 역사적으로 이런 도둑정치가들은 네 가지 방법으로 대중을 지배했다. 첫째, 엘리트 계급을 무장시킨다. 둘째, 공물을 대중들이 좋아하는 일에 많이 재분배한다. 셋째, 무력을 독점하여 공공질서를 유지하고 폭력을 억제하여 공중의 행복을 도모한다. 넷째, 도둑정치를 정당화하는 이데올로기나 종교를 만든다. 오늘날 북한 지배층이 전형적인 도둑정치가에 해당되는 것으로 보인다. 남한은 현명한 정치를 지향하고 있지만, 북한은 도둑정치로 인해 경제 사정이 피폐하고 착취당해 주민들이 큰 고통을 겪고 있는 상황이다. (재레드 다이아몬드, 김진준 옮김, 『총, 균, 쇠』, 문학사상사, 2014, 399~402쪽)

『두 개의 한국』의 저자 돈 오버도퍼와 로버트 칼린의 남한과 북한을 보는 시각은 매우 구체적으로 한국의 현실을 꿰뚫어보고 있다. 불굴의 의지와 자립심을 가진 남북한 한국인들은 한반도 문제를 주도적으로 해결하기 위해 핵심적 역할을 하면서 스스로의 입지를 강화시켰다. 그리하여 2000년 6월 남북 정상회담을 개최, 남북한은 사상 처음으로 한민족 전체의 미래를 스스로 결정할 수 있는 기회를 마련하였다고 높게 평가하였다. (돈 오버도퍼, 로버트 칼린, 이종길·양은미 옮김, 『두 개의 한국』, 길산, 2015, 14쪽)

남한에 대해서는 그 어느 때보다 부를 누리고 있지만, 다른 선진국들도 겪는 낮은 출산율, 전통적인 가족 해체, 청년 실업 문제, 노년인구를 위한 사회안전망 마련 등의 문제에 직면해 있다고 본다. 북한은 경제목표 달성이 부진하여 동북아시아의 다른 국가에 비해 뒤처지고 있다. 그래서 주민들의 기본적인 필요도 충족해 주지 못하고 있으며, 미래가 보장되지 않아 북한 주민들의 내부 저항이 거세다. 핵무기 개발도 북한에 안정을 가져다 주지 못했다는 것이다. 북한이 최근에는 국가 간 협력 도모 등으로 다소 나아졌지만, 대대적인 개혁조치 없이 기존 체제를 고수한다면 살아남을 수 없을 것이라고 말한다.

최근 남북 관계가 약화된 것을 보고는, 정책을 왜곡하고 발전을 저해하는 적대적인 정권이 한반도 양국에 계속 이어진다면 한반도는 물론 동북아시아 전체에도 비극이 될 것이고, 향후 몇십 년 발전도 지체될 것이라고 경고한다. (같은 책, 824~825쪽)

통일! 역사를 배우자

남북통일에 대한
세계의 관심

우리 대한민국의 지도자들과 정치권은 보수정부인 노태우 대통령 때 한민족공동체 통일 방안에 대한 남북 합의를 이루었다. 하지만 최근에는 같은 보수정부에서조차 통일정책이 왔다갔다 하는 등 초보적인 이념의 굴레 안에서 맴도는 경향이 크다. 일반 국민들은 이런 통일 비전이 약한 정치권의 영향으로 통일에 대한 관심과 열정이 식어가고 있다. 이념을 뛰어넘는 총체적이고 실질적인 통일 준비가 미흡해서 안타깝기 그지없는 상황이다.

그럼에도 불구하고 전 세계의 미래학자, 정치인, 국제정치 전문가, 경제학자, 역사학자 등 다양한 전문가들은 통일한국에 대하여 지대한 관심을 보이고 있다. 많은 예측을 요약해 보면, 한반도 통일은 대체로 빠르면 2020년 초반부터 늦어도 2035년까지 그 기회가 올 것으로 보고 있다. 통일한국의 경제적 위상은 2050년 최소한 세계 7~8위권 이내로 예상하고 있다.

미래학자

미래학자 조지 프리드먼은 그의 책 『100년 후』에서 앞으로 100년간 세계는 미국 중심으로 돌아가며, 21세기 중반에는 일본, 터키, 폴란드가 강대국으로 등장한다고 하면서 한국에 대해서는 다음과 같이 예측한다.

"내가 볼 때 한국은 2030년이 되기 훨씬 이전에 통일이 될 것이다. 통일한국의 인구는 약 7000만 명으로 일본에 비해 그리 뒤떨어지지 않는다. 한국은 현재 세계 12위의 경제국이며 통일 이후 2030년이 되면 훨씬 높은 자리를 차지한다." 한국이 두려워하는 것은 일본이 중국과 러시아에서 그 세력을 넓히는 바람에 중간에 갇히게 되는 것이다. 한국은 그 자체로 만만한 나라가 아니지만, 한국의 실질적 중요성은 미국이 한국을 일본의 힘을 견제하기 위한 평행추로, 그리고 동해에서 자신의 힘을 주장하기 위한 토대로 삼는 것에서 비롯된다. 한국은 분명 부상하는 일본에 맞서기 위해 미국의 지원을 원할 것이며 이로써 반일연합이 등장할 가능성이 있다고 본다. (조지 프리드먼, 손민중 옮김, 『100년 후』, 김영사, 2010, 215~216쪽)

유럽 최고의 미래학자 자크 아탈리는 『미래의 물결』에서 앞으로 세계는 아시아가 지배할 것이며, 한국은 아시아 최대의 경제국으로 도약할 것이라고 하면서, 한국의 미래에 대해 다음과 같은 요지로 말한다. 다만, 북한과의 관계를 해결하여 북한 정권의 갑작스런 붕괴로 인한 천문학적 비용이라든가 핵무기를 통한 무력전쟁 같은 재앙을 피해나가야 한다고 충고한다.

"한국은 경제, 문화의 새로운 모델로 각광을 받을 것이며, 한국의 기술력과 문화적 역동성은 세계를 놀라게 할 것이다. 한국적 모델은 중국, 말레이시아, 인도네시아 등에서 성공 모델로 자리 잡을 것이다. 심지어

통일! 역사를 배우자

는 일본도 미국 모델 대신 한국 모델을 모방할 것이다."(자크 아탈리, 양영란 옮김, 『미래의 물결』, 위즈덤 하우스, 2007, 169쪽)

한국 정부는 북한 핵무기에 대해서는 단호하게 대처하면서 개성공단 등 북한과의 교류협력을 활성화해야 한다. 그래야만 북한이 개방의 길로 갈 수 있다. 북한이 중국을 모델로 하는 체제 변화를 거쳐 남한과 북한이 점차 하나로 되는 방안만이 큰 피해 없이 통일을 이룰 수 있는 최상의 시나리오가 될 것이다.(같은 책, 380쪽)

남북통일이 성공적으로 되면, 한국의 미래는 창조의 자유를 최대한 보장하고, 거대한 항구와 대규모 금융시장을 건설하며, 시민들을 새로운 지식으로 교육하고, 미래의 신기술을 자기 것으로 만드는 등 미래 역사를 이끌어가는 법칙을 터득하느냐에 달려 있다. 한국이 신기술 분야에서 두각을 나타내고 있는 정보산업(IT)은 정부와 삼성전자·LG전자·SK텔레콤 등 역동적인 재벌과, 엔씨 소프트·넥슨과 같은 혁신적인 기업들이 합심하여 노력한 결과다. IT산업과 함께 바이오텍, 로봇 기술, 우주 기술 등 미래산업 분야와 자동차와 조선 등 전통산업 등이 한국의 지속적인 성장 동력이 될 것이다. 남북통일이 되면 세계 최대 항구 중의 하나인 부산항, 세계적인 규모의 인천공항 등으로 동북아 물류허브가 될 수 있을 것이다. 여기에 부산에서 시베리아를 횡단하여 헬싱키에 이르는 철도노선 구축은 동북아시아와 유럽 간의 물류 이동 시간을 단축시킬 것이다. 동북아 금융허브 구축을 위해서는 서울이 도쿄, 홍콩, 싱가포르, 상하이 등 기존 금융중심 지역과 치열한 경쟁을 벌여야 할 것이다. 통일한국이 중국과 일본 두 경쟁 국가를 가깝게 만드는 견인차 역할을 하면, 세계에서 가장 중요한 시장 공동체가 될 수 있는 동북아시아 공동

시베리아를 횡단하는 철도

시장을 만드는 데도 이바지할 것이다. (같은 책, 380~385쪽)

앨빈 토플러도 한반도의 통일에 대해 언급하고 있다. 북한의 탄도미사일과 핵탄두 기술이 확보되면 남북한 간에 발생하는 일이 전 세계에 영향을 미칠 수 있기 때문에, 전문가들은 다양한 한반도 통일 시나리오를 만들고 있다. 어떤 전문가들은 남북한 양쪽 모두가 아니더라도, 최소한 북한은 중국의 위성국가나 속주로 전락하게 될 것이라고 예상한다. 다른 전문가들은 북한이 탄도미사일 및 핵기술을 가지고 결국 한국에 흡수되어 인구 7000만 명이 넘는 통일한국을 형성한다고 전망한다. 통일한국은 대규모 병력과 대량살상 무기를 보유하게 되어 중국과 일본조차도 독립성을 침해할 수 없는 국가가 될 것이라고 분석한다. 어떤 시나리오는 미국이 북한의 핵전력을 상쇄하기 위해 남한의 동의하에 1991년까지 한국에 배치했던 핵무기를 재배치할 것이라고 가정한다. 또 다른 시나리오는 북한 정권이 내적으로 붕괴되거나 군사쿠데타가 발생할 수도 있다는 시나리오다. 이 경우는 권력투쟁이 벌어져 최악의 무기들이 군부 손에 들어갈 수 있는 위험이 증가한다. (앨빈 토플러, 하이디 토플러, 같은 책, 491~492쪽)

토플러는 다양한 통일 시나리오를 언급하면서, 한국이 속도 지상주의의 문화와 경제, 그리고 신중하고 느린 외교 사이의 모순을 어떻게 처리하느냐에 따라 한국과 북한의 미래가 큰 영향을 받을 것이라고 말한다. (같은 책, 499쪽)

아울러, 한국이 평양을 설득해 자유무역지구를 만들고 민간 부문이 여기에 투자할 수 있다면 남북한 양측에 이득이 될 것이라고 전망한다.

아시아의 대표적 미래학자 최윤식은 2022~2023년경에 첫 번째 한반도 통일의 가능성이 올 수 있다고 예측한다. 그 이유로 중국의 금융위기가 중국 공산당 뿐만 아니라, 북한 김정은 정권에게도 직격탄이 된다는 것이다. 아시아의 대위기와 중국의 금융위기가 북한 시장에도 직접적인 충격을 주고, 김정은이 생각보다 빨리 장마당 판, 즉 시장경제의 판을 뒤엎어야 할지의 문제를 두고 심각한 고민을 한다면 통일은 2022~2023년경에 예상보다 빨리 올 수도 있다고 본다. 이 시기를 김정은 정권이 잘 넘기면 2035년 전후에 통일 가능성이 있다고 본다. 북한 김정은 정권의 결집력은 김일성 시대의 10분의 1, 김정일 시대의 5분의 1 수준으로 크게 낮아졌다. 그래서 북한 김정은 정권의 체제 붕괴나 한반도 통일 가능성은 북한 경제의 미래에 달려 있다고 분석한다. 북한 경제는 두 기둥이 지탱한다. 하나는 중국 경제와 연결이다. 북한은 무역의 80% 정도를 중국에 의존한다. 생존에 필요한 에너지도 중국에 절대적으로 의존한다. 다른 하나는 빠르게 성장하고 있는 장마당과 신흥부자들이다. 장마당은 한편으로는 북한의 돈줄이지만, 또 한편으로는 북한의 공산주의 체제를 단기간에 전복시킬 수 있는 양면을 가진 사안이므로 장마당이 빠르게 성장한다면 김정은의 고민이 커진다는 것이다. (최윤식, 『2030 대담한 도전』, 지식노마드, 2016, 209~214쪽)

KAIST 미래전략대학원에서는 통일한국의 국가 비전으로 '아시아 평화중심 창조국가'를 제시하였다. 우리나라가 주변국과 평화롭게 공존하고 번영하는 것을 꿈꾸는 것이 우리의 전통이고 오늘의 희망이며 내일의 비전이기 때문이다. KAIST는 해방 90주년인 2035년에 남북연합을 선언하고, 해방 100주년인 2045년에는 남북연합이 실현되는 것으로 전망한다. 여기서는 노태우 정부가 제시한 '화해협력-남북연합-완전 통일'의 3단계 통일 방안을 담고 있는 '한민족공동체 통일 방안'의 2단계가 실현되는 것으로 본다. (KAIST 미래전략대학원, 『대한민국 국가미래전략 2016』, 이콘출판, 2015, 45쪽)

김치를 사랑하고 삼성전자 휴대전화를 사용한다는 '윤리와 새로운 기술 재단' 소장을 지낸 미국의 미래학자 행크 펠리시어는 2012년 "한반도 통일은 한국을 더욱 강하게 만들 것이며, 통일된 한국은 세계의 리더이자 초강대국으로 성장할 것"이라고 전망했다. 그 이유로 남북을 합치면 군인 200만 명이 넘는 군사대국, 200종이 넘는 북한의 풍부한 광물자원, 남한의 로봇 생산 세계 2위, 높은 교육열과 노동력 수준, 세계적인 정보화 수준, 풍부한 사이버 전사, 한류 열풍으로 나타나는 한국의 문화 경쟁력 등을 들고 있다. 그래서 그는 한반도 통일에 대해 경제적 부담이나 비용으로 인식하는 것은 잘못된 생각이라고 말한다. (박세일, 같은 책, 183~184쪽)

국제정치 전문가, 정치가

미국 하버드대 교수 조지프 나이는 한반도는 통일 이후에도 중국과 일본 사이에서 균형과 견제정책을 취하면서 자주독립의 길을 갈 것이라고 예상한다. 한국은 고도 경제 성장과 민주화를 통하여 경제력과 군사력 등 소위 경성권력을 키웠다. 나아가 정신력, 문화력, 외교력 등 소프트 파워(연성권력)도 키웠다. 그래서 과거시대에 작동하던 역사 관계나 지정학의 힘은 약해지고, 그만큼 과거 역사에서처럼 중국 편향이 줄어들어서 미래 통일한반도는 그런 선택을 하지 않을 것이라고 분석한다. 한국인들은 현명하고 독립심이 강하고, 이를 뒷받침할 경제력과 문화력이 커졌으므로 중국 변방의 시대로 돌아갈 수는 없다는 것이다. 한국은 역사의 힘보다 경제력, 즉 시장의 힘이 더 강하다고 주장한다. (같은 책, 350~351쪽)

반면, 카터 전 미국 대통령 안보보좌관 브레진스키는 중국은 일본에 대한 한국의 적대감이 자신의 영향권으로 기울게 만들기를 기대하면서, 통일한국이 최소한 일본과 중국 사이의 비동맹 완충지대가 되어야 한다고 주장할 것이라고 본다. (Z. 브레진스키, 김명섭 옮김, 『거대한 체스판 : 21세기 미국의 세계전략과 유라시아』, 삼인, 2000, 216쪽)

나아가 브레진스키는 통일한반도가 장기적으로는 중국 편향으로 갈 것이라고 본다. 과거 한반도 역사를 보면 한반도는 중국 영향권 안에 들어갔던 적이 많았기 때문에 그런 지정학적 힘이 작동할 것이라는 입장이다. 그래서 미국이 쇠퇴할 때 한국은 미국의 핵우산에 의존하던 안보를 중국에 의존하거나 자체 핵을 개발할지 모른다고 본다. 미국의 쇠퇴는 곧 미국이 제공하던 핵우산에 대한 신뢰성 위기를 가져올 것이기 때문이다. 그리고 통일의 기회가 오면 중국의 지원을 받으려고 한미동맹을 희생시킬지 모른다는 주장까지 한다. (박세일, 같은 책, 349쪽)

한미동맹이 작동하는 상황에서 한국의 '행동반경'과 한미동맹이 약화된 뒤 한국의 '행동반경'은 크게 달라질 수밖에 없다는 것이다. 지금까지 보여준 중국의 행동으로 보아, 중국은 미국만큼 한국의 행동에 인내하지 않을 것이며, 미국보다 훨씬 거칠게 한국을 다룰 가능성이 높다고 본다. 이미 중국의 거친 행동은 마늘 파동, 천안함, 연평도, 서해 불법 조업 사태 등에서 증명되었기 때문이다.

그래서 통일 후에도 한국이 중국과 일본 사이에서 균형을 유지하는 자주독립 노선을 지키도록 하려면 통일은 한국과 일본이 화해한 후에 되는 것이 바람직하다는 주장이다. 다시 말하면, 한국의 중국과 일본에 대한 감정이 등거리가 되었을 때, 그래서 한국이 중국과 일본 사이에서 진정한 균형자로서 자주독립 노선을 갈 수 있을 때, 한반도 통일이 되는 것이 바람직하다는 입장이다. (같은 책, 350쪽)

러시아 과학아카데미 세계경제 및 국제관계연구소 소장 알렉산드르 딘킨은 『글로벌 전망 2030』에서 2020년경에는 완전한 한반도 통일은 아니더라도 실질적인 통일 단계에 들어갈 것이라고 전망한다. 북한은 붕괴되어 현재와 같은 형태로는 존재하지 않을 것이라고 한다. 통일 과정에 100만 명 정도의 북한체제 지지자들이 중국이나 러시아 등으로 떠날 것으로 본다. 통일한국의 경제 발전은 아시아·태평양지역 통합 과정을 포함한 역내 협력, 특히 한국·중국·일본의 삼각체제 구축과 크게 관련되어 있다고 전망한다. 역내 협력은 환율과 금융정책 조정, 무역 및 투자제도 자유화, 교육 관련 공동 프로그램 실시, 환경보호 및 전염병 퇴치 협력 등을 포함할 것이라고 한다. 궁극적으로 통일한국은 아시아·태평양지역에서 러시아의 입지에 긍정적 영향을 줄 협력 파트너가 될 것으로 전망한다. (알렉산드르 딘킨, 김현택·이상준 옮김, 『글로벌 전망 2030』, 한국외국어대학교 출판부, 2012, 394~398쪽)

CIA, 국방정보국 등 미국 정보기관 협의기구인 미국 국가정보위원회는 2008년 11월 발표한 보고서 '2025년 세계적 추세; 변화된 세계'에서 2025년경에 세계는 미국 중심의 1극체제에서 중국, 소련, 인도, 브라질 등 다극체제로 바뀔 것이라고 전망한다. 한반도는 단일국가로 통일되지 않는다면, 느슨한 연방국가가 될 것이라고 전망했다. 또한 북한의 비핵화를 위한 외교적 노력이 계속 되겠지만, 통일 시점에서 북한 핵시설의 해체와 핵 개발 능력의 제거는 불확실하다고 말한다. 하지만 통일한국은 북한의 재건 비용 부담 때문에 국제사회의 인정과 경제적 지원을 위하여 한반도 비핵화 전략을 펼 것이라고 전망했다.

미국 국가정보위원회가 펴낸 『글로벌 트렌드 2030』에서는 동아시아는 앞으로 수십 년 동안 세계 최대 경제대국으로 올라선 중국에 대한 두려움, 역내 민족주의의 성장, 미국의 힘에 대한 의문 등으로 인해 갈등이 고조될 것으로 전망한다. 예컨대 일본과 중국, 일본과 한국, 중국과 한국, 인도와 중국, 중국과 베트남 간의 관계에서 여전히 갈등이 존재하고 있기 때문이다. 그래서 동아시아 국가들은 경제는 중국을, 안보는 미국을 지향할 것으로 본다. 1995년 이래 일본, 한국, 호주, 인도 등 아시아 열강은 최대 교역국이 미국에서 중국으로 서서히 이동했지만 미국과의 긴밀한 안보 유대관계라는 지속적인 보험과 함께 경제적 상호의존성을 두 배로 상승시켰는데, 이런 움직임은 2030년까지는 계속될 것으로 전망한다. (미국 국가정보위원회, 윤종석·김소정·이경진 옮김, 『글로벌 트렌드 2030』, 영림카디널, 2013, 196~199쪽)

미래 예측 전문가 매튜 버로스의 『미래의 역습, 낯선 세상이 온다』에서도 미국 국가정보위원회가 내놓은 『글로벌 트렌드 2030』의 동아시아 지역 전망 자료를 제시하고 있다. 앞으로 통일한국이 이런 트렌드를 이해하고 국가를 경영해야 할 것이다.

뤼브케 독일 대통령이 한국을 방문해서 한반도 통일에 대해 조언을 한 적이 있었다. "첫째, 통일에 대한 희망을 잃지 마라. 통일은 반드시 온다. 둘째, 통일은 여러분들이 생각하는 것보다 훨씬 더 빨리 온다. 셋째, 통일에 대한 준비는 많이 할수록 미리 할수록 좋다." 우리 한반도의 통일도 해방이나 독일 통일처럼 느닷없이 다가올 수 있으므로 철저히 대비해야 한다는 메시지다.

통일 당시 동독 총리였던 드메지에르도 한국이 통일의 기회를 놓치지 않기 위해서는 짧은 순간에 찾아오는 선물을 받을 준비를 해야 한다고 충고한다. 통일에 있어서 한국에 대한 충고가 무엇이냐는 한국 학생의 질문에 대해서도 "통일에 대해 겁먹지 마라. 그리고 비용 이야기를 하지 말고 미래에 대한 투자 이야기를 하라"고 말했다. 사실, 독일 사람들은 대체로 우리나라 사람들이 통일 문제를 너무 돈 문제로 생각하는 점이 안타깝고 놀랍다고 반응한다. 오히려 독일 지도자들은 통일의 기회가 왔을 때, 자신들은 상당한 비용을 지불하고서라도 통일을 이룰 기회가 자신들의 세대에 온 것에 대해 크게 감사하게 생각한다고 한다.

우리 세대에 역사적인 통일 기회가 온다면 정말로 진실로 감사하게 생각해야 한다. 일본에서 경영의 신으로 불리는 마쓰시타 고노스케는 가난, 허약, 못 배운 것조차 세 가지 은혜라고 감사하게 생각한다고 하지 않았던가. 그는 가난했기에 부지런히 일해야 한다는 진리를 깨달았다. 허약했기에 건강의 소중함을 알고 아흔 살까지 냉수마찰을 하면서 건강을 돌보았다. 못 배워서 세상의 모든 사람들을 스승으로 받드는 노력을 하였다. 그가 세 가지 은혜를 갚으려고 피나는 노력을 하자 결국 경영의 신이 되었다. 고노스케의 세 가지 은혜에 비하면 한반도 통일의 기회를 맞는 은혜는 은혜 중의 은혜가 아닐 수 없다.

러시아 출신 안드레이 란코프 국민대 교수는 다음과 같은 논리로 남한이 북한의 개혁을 도와야 한다고 주장한다.

북한이 개혁에 성공할 경우 권위주의와 인권 침해는 몰라도 서민 생활은 나아질 것이다. 경제 발전은 소득 향상, 보건과 교육의 개선, 부분적인 정치 자유화도 초래한다. 경제 개혁을 하면 북한은 정권안보 때문에 핵 포기는 못해도 벼랑 끝 외교는 그만둘 것이다. 개혁은 훗날 정치 불안정과 체제 붕괴로 연결될 수도 있다. 그러나 북한이 개혁 도중 실패하는 시나리오는 북한 엘리트의 시대착오적인 체제 유지 시나리오보다 덜 나쁘다. 북한 개혁 지원이 대북정책의 중요한 장기과제로 되어야 한다. 중요한 것은 대북 투자다. 다수의 구체적인 소규모사업 투자가 의미 있다. 북한이 돈을 그냥 받으면 통치 강화에 쓸 수 있지만, 구체적 프로젝트 지원은 다르다. 개성공단처럼 남북한 사람들이 같이 일하는 사업도 좋다. 그래서 5·24조치 해제는 빨리 하는 것이 낫다. 사회자본의 개발은 중요하다. 최근 북한이 해외로 유학생을 많이 보낸다. 상당수가 시장경제, 재정, 경영을 배운다. 이런 유학 프로그램을 남한이 후원하면 좋다. 북한 엘리트 계층이 시장경제 원칙을 알아야 개혁을 성공시킬 수 있기 때문이다. 북한의 교육 발전 촉진이 남한의 의무가 되어야 한다. 남북이 윈윈하려면 북한 개혁이 필요하다. 북의 경제 개혁이 성공한다면 남북 평화 공존 시대가 열리고, 성공 못한 채 위기가 와도 흡수통일을 덜 부담스럽게 만든다. 바로 이것이 남한이 북한의 개혁을 도와야 할 이유다. (동아일보, 2015. 5. 15.)

미국과 중국의 수교라는 역사적인 역할을 한 헨리 키신저 전 미국 국무장관은 "효과적 외교협상을 위해서는 군사력이 뒷받침되어야 한다. 그러나 북한의 체제를 전복하는 것처럼 비쳐서는 안된다. 체제는 생각처럼 외부 압력에 의해 쉽게 전복되는 것이 아니다. 유럽의 예를 보더라도 체제는 내부로부터 전복됐다"고 한다.

그러면서 그의 책 『중국 이야기』에서 협상을 통한 해결에 진전이 없을 경우 북핵 문제는 동북아의 합의된 평화질서라는 큰 구도 아래서 해결되어야 할 것이라는 아이디어를 제시한다. 한반도 문제의 경우 미국과 중국의 아시아·태평양지역 전략과 분리할 수 없다. 제2차 세계대전 후 미국과 유럽이 대서양공동체라는 새로운 국제질서를 구축했듯이, 21세기 미국과 중국의 관계도 태평양공동체라는 비전 아래 진화해 나가는 질서를 창조하자는 것이다. 태평양공동체라는 개념에 대해 중국 블록과 미국 블록이라는 양극화된 시스템이 아니라 공동의 것으로 인식하는 시스템을 건설하면 중국과 미국의 잠재적 긴장을 크게 완화할 수 있을 것이다. (헨리 키신저, 권기대 옮김, 『헨리 키신저의 중국 이야기』, 민음사, 2011, 630~634쪽)

어쨌든 북핵 해결도 동북아의 평화질서라는 큰 그림을 그리고, 해결할 수 있다고 보는 것은 추진해 볼 만한 제안으로 생각된다.

『부시행정부의 한반도 리포트』에서 콘돌리자 라이스 전 미국 국무장관은 북한 정권은 북한 내부의 붕괴와 한국에 의한 흡수통일을 두려워한다고 진단한다. 한국 정부가 북한에 적극 개입하여 평화적 해결책을 찾으려고 노력하기 때문에 미국의 대북한 외교정책은 반드시 도쿄와 서울의 조율을 거쳐야 한다고 말한다. 역사가 시장체제와 민주주의로 진보하는 데도 북한과 이라크 등 몇 나라는 역사의 진보에서 이탈해 있다고 지적하면서, 미국은 북한 정권에 대해 단호하고 과단성 있게 접근해야 한다고 힘주어 말한다. (콘돌리자 라이스 외, 장성민 책임 편역, 『부시행정부의 한반도 리포트』, 김영사, 2000, 52~53쪽)

개혁개방정책으로 오늘날 중국을 G2로 만든 주인공 덩샤오핑은 1979년 평양에서 김일성의 황금 조각상을 보고 "우리의 원조로 이걸 만들다니, 뭐하는 것인가….." 하며 대로했다. 덩샤오핑은 귀국 후 북한에 대한 원조를 중단했고, 1980년대 중반 북한의 군사원조 요청에 대하여도 "사회주의는 인민이 우선이다"라고 하면서 거절한 바 있다.

덩샤오핑은 1991년 김일성과 만난 자리에서 "중국과 북한의 관계는 평화공존 5대 원칙을 기초로 건설되어야 한다." "무슨 동맹이니, 견고하여 깰 수 없는 관계니 이런 말을 믿을 수 없음은 역사가 증명하지 않는가!"라고 하여 북중동맹의 무용론을 설파했다 평화공존 5대 원칙은 1954년 저우언라이 총리가 주창하였고, 지금까지도 중국 외교의 기본 원칙이다. 평화공존 5대 원칙은 주권과 영토 보전의 상호 존중, 상호 불가침, 상호 내정 불간섭, 평등호혜, 평화공존을 말한다. (김상순, 『동아시아의

"북한의 안전은 백성을 배불리는 경제 발전에 있다. 그렇게 많은 핵무기도 소련을 무너뜨렸다." "백성이 배고픈데 국가가 어떻게 안전할 수 있는가?"라는 게 중국의 북한을 향한 질문의 핵심이다. (같은 책, 78쪽)

동아시아 문제 전문가 에즈라 보걸은 덩샤오핑은 소련의 해체가 막바지에 달하던 때에 몇 남지 않은 공산국가 가운데 하나인 북한의 김일성에게 중국은 여전히 사회주의 노선을 원칙으로 하지만, 경제적으로는 개혁과 개방을 견지해 나갈 것이라고 말했다고 한다. (에즈라 보걸, 심규호·유소영 옮김, 『덩샤오핑 평전』, 민음사, 2014, 854쪽)

덩샤오핑은 집권 후 시종일관 직간접적으로 북한에 개혁개방을 촉구했던 것으로 보인다. 이런 중국의 의중에 복잡하고 어려운 한국의 대중 통일외교의 실마리가 엿보인다.

2015년 10월 제16회 세계지식포럼이 서울에서 개최되었다. 매일경제 세계지식포럼 사무국에서는 포럼 결과를 엮어 『새로운 시대정신을 찾아서』라는 책을 펴냈다. 이 포럼에서도 한반도 통일에 관해 논의하였는데, '한반도 화해, 협력, 통일로' 세션에는 미국 국무부 동아시아태평양담당 차관보를 지낸 크리스토퍼 힐, 와다 하루키 도쿄대 교수, 안드레이 란코프 국민대 교수, 티에리 드 몽브리알 프랑스 국제관계연구소장 등이 참석했다. 각 나라를 대표하는 북한 전문가들은 공통적으로 북한 정권의 미래를 어둡게 내다봤다. 김정은 정권이 들어선 뒤 북한이 경제 개혁을 추진하고 있지만, 중국식의 전면적인 개혁개방이 아니기 때문에 결국에는 붕괴될 것이라고 전망했다. 크리스토퍼 힐은 "북한에서 경제 개혁 바람이 불어도 큰 변화가 있지 않을 것이기 때문에 궁극적으로 김정은 정권은 무너질 것"이라고 말했다. 그는 "북한이 핵무기만 포기하면 북한이 원하는 것을 미국이 다 주겠다고 제안했지만 북한은 핵무기를 진정으로 원한다고 고집하고 있다"고 덧붙였다. 와다 하루키 교수는 북한 정권은 중국 때문에 유지되고 있다고 밝혔다. 그는 중국이 어떤 방식으로든 북한에 제동을 걸었다면 북한이 핵보유 국가가 될 수 없었다고 하면서, 북한이 생존할 수 있는 유일한 길은 중국이나 베트남 경제 개혁 선례를 따르는 방법뿐이라고 강조했다. 리언 패네타 전 미국 국방장관과의 대화 세션에서, 패네타 전 장관은 한미일 관계 개선과 아세안 동맹 등 국제적인 공조와 협력 체계의 중요성을 강조했다. 그는 특히 "지금 중요한 것은 한국과 미국이 군사동맹을 강화해 위력적 메시지를 주고 중국과의 협력을 통해 긍정적 대북정책을 이끌어내는 것"이라고 밝혔다.

마거릿 대처 전 영국 수상은 "한국인들은 통일을 갈망한다. … 자유를 조건으로 한 통일이 이루어지면 한반도 전체가 공산주의 독재 치하에 떨어지는 것을 막기 위해 한국전쟁에서 싸웠던 사람들과 전사자들의 행동이 정당한 것이었음이 최종적으로 입증될 것이다. 또한 미국이 지금도 3만 7000명의 병사들을 남한에 주둔시킨 채 엄청난 노력을 기울이고 있는 것도 정당성을 인정받게 될 것이다"라고 한국 통일에 대한 입장을 밝히고 있다. (마거릿 대처, 같은 책, 295~296쪽)

그러면서도 대처는 평양의 공산주의 정권이 언제 붕괴할지 모르고, 그 정권의 붕괴가 평화롭게 이루어질지, 아니면 한국 현대사에서 보듯이 무력을 통해 이루어질지 불확실하다는 견해도 언급하고 있다. 대처는 평범한 시민들이 공산주의를 무너뜨리기 위해 나섬으로써 1989년 동독과 서독이 통일 되었던 것처럼, 북한 사람들 역시 동독인들처럼 행동할 것이라고 확신한다. 그러나 현실적으로 그런 기회가 주어질 가능성은 희박하다고 진단한다. 38선은 구멍이 많았던 베를린 장벽이 아니고 강철로 된 난공불락의 장벽이기 때문이다.

유럽의 동아시아 전문가 카를 필니는 21세기는 중국과 일본을 중심으로 하는 아시아가 세계의 주역이 될 것이라고 한다. 한반도 통일에 대해서 "한국이 통일이 된다면 그 힘은 엄청날지 모른다. 자그마한 남한만 하더라도 경제력과 능력, 자생력을 고려해 보면 아시아에서 본보기가 되는 나라이기 때문이다"라고 전망한다. (카를 필니, 이미옥 옮김, 『아시아의 세기』, 에코리브르, 2006, 300쪽)

또한 그는 "한국이 통일되면 아시아 전역의 균형이 깨어질지도 모른다. 막강한 경제력 외에도 안보 문제가 매우 중요한데, 통일한국이 정치적으로 어떤 입장에 서게 될지 분명하지 않기 때문이다"라고 분석하고 있다. 일본은 한국이 통일되면 경제적으로 더욱 치열하게 경쟁해야 하므로 소극적이고, 중국도 한국과 직접 국경을 접하기 때문에 소극적일 것이다. 그러면서 한국이 중국의 원조와 중재로 평화통일하게 되고 지리적으로나 문화적으로 과거처럼 중국 편으로 기울지도 모른다는 분석을 한다. 이는 지리적, 문화적 요인에 치우친 분석으로서 자본주의냐 사회주의냐 하는 제도적인 요인을 중시하는 입장과 다른 분석을 하고 있다.

통일 전문가들은 통일한국이 동아시아의 중견국가이면서 세계 핵심국가, 지도국가로서 미국, 중국, 일본 등과 어깨를 겨루면서 동아시아에서 경쟁과 협력을 주도할 수 있을 것이라고 전망한다. (박재규 편, 『북한의 딜레마와 미래』, 법문사, 2011, 405쪽)

통일연구원의 한 보고서는 통일 후 통일한국의 국가경쟁력이 2030년에 세계 10위권에 진입하고, 2040년에는 세계 7~8위, 2050년에는 세계 5위로 상승할 것으로 전망하였다. 매년 국가경쟁력을 평가하고 있는 스위스 국제경영개발원(IMD)에 의하면 2011년 기준 한국의 국가경쟁력 순위는 세계 22위, 2015년 순위는 25위다.

베트남, 캄보디아, 미얀마 등 동남아시아 국가들도 한반도 통일이 동남아시아의 경제 발전과 동북아시아 경제 발전은 물론, 동아시아 경제공동체를 형성하는데 발판이 될 것으로 보고 있다. 아울러 동남아시아 국가들은 한반도 통일이 되면 북한 문제가 해결되고, 동아시아에서 평화촉진자로서의 역할을 함으로써 동아시아의 전체 안보에도 크게 기여할 것으로 생각하고 있다. (배정호 외 6인, 『한반도 통일과 동아시아 평화 번영』, 형설 출판사, 2015, 179~189쪽)

경제 · 경영 전문가

세계적인 투자자 짐 로저스는 그의 책 『세계경제의 메가트렌드에 주목하라』에서 통일한국은 북쪽의 값싸고 숙련된 노동자와 천연자원이 남쪽의 자본, 기술, 경영 능력과 결합하면 일본을 앞설 것이라고 말한다. 그는 또한 "통일한국은 대박이고 노다지다. 통일이 한국을 더 흥미진진한 나라로 만들 것이다. 남한은 물론 북한도 이미 충분한 준비가 돼 있다. 통일이 되면 큰 돈을 투자할 생각이다"라고 밝힌다. 그는 통일이 되면 합법적으로 북한에 투자할 수 있게 된다면서 통일 후 한국은 10~20년 안에 세계에서 가장 성공한 국가가 될 것으로 확신한다. 또 생필품부터 인프라 등 북한에 팔 수 있는 것을 만드는 모든 산업이 수혜를 입을 것으로 전망한다. 그는 지금 북한은 공장, 호텔, 음식점 등을 지을 여건이 무르익었다고 보며, 관광과 결혼 관련 사업이 좋은 투자 기회가 될 수 있다고 말한다. 2007년 북한을 방문한 적이 있는 짐 로저스는 남과 북의 변화를 통해 사람들이 생각하는 것보다 훨씬 더 빨리 통일이 될 것으로 보고 있다. 통일은 한국인 모두에게 환상적일 것이라고 강조한다. 또한 북한은 빠른 속도로 개방을 하고 있다고 본다. "나진·선봉 등 자유무역지대가 존재하고 중국을 비롯한 많은 외국인들이 물건을 팔기 위해 국경을 넘나든다. 러시아도 마찬가지다. 이런 상황은 3년 전, 5년 전에 없던 일이다. 교류를 통해 북한은 통일을 더 원하게 됐다. 북한 사람들의 마음 속에도 이미 통일이 있다. 그들은 준비가 돼 있다. 한국도 통일을 준비한다. 모든 것이 함께 다가오고 있다." 그래서 짐 로저스는 북한이 인도나 중국보다 더 매력적인 투자처라고 생각한다. (짐 로저스, 이건 옮김, 『세계경제의 메가트렌드에 주목하라』, 이레미디어, 2014, 268~272쪽)

2009년 미국 투자회사 골드만 삭스에서 작성한 보고서에 따르면 북한은 리스크가 아니라, 통일한국의 막대한 자산이라고 분석했다. 북한의 풍부하고 경쟁력있는 노동력, 젊은 인구구조와 지하자원을 잘 활용하면 2050년에 통일한국의 경제 규모는 세계 7위(중국, 미국, 인도, 브라질, 일본, 러시아, 한국, 독일)로서 독일, 프랑스, 영국 등을 넘어설 것이라고 한다. 1인당 국민소득은 2위(미국, 한국, 독일, 일본, 러시아, 브라질, 중국, 인도)가 될 것으로 예측한다.

매일경제, 한국경제연구원, 현대경제연구원이 공동 기획한 『기회의 땅, 북한-다가오는 대동강의 기적』에서도 2006년 골드만 삭스가 발간한 책에 나오는 미래전망에 북한의 미래상을 적용하여 통일 한반도가

2035년 주요 10개국(G10) 수준, 2050년 세계 8위로 도약한다고 자신 있게 말한다. 2035년 한반도는 프랑스 수준으로 경제력이 커지면서 명실상부한 아시아 경제권의 중요한 축이 된다고 한다. (매일경제, 한국경제연구원, 현대경제연구원 공동기획, 『기회의 땅, 북한-다가오는 대동강의 기적』, 매일경제신문사, 2013, 49~51쪽)

남북한이 공동 번영의 마음으로 하나로 뭉친다면 새로운 차원의 부를 만들어내고, 남북한 모두를 승리하게 만들 것이라고 본다. 이러한 한민족 번영의 미래는 북한 경제 개발 계획에 따라 좌우될 것이라고 전망한다.

GE-인터내셔널 페르디난도 베칼리팔코 회장은 "일본과 중국 사이에 샌드위치가 되어있는 한국이 살 길은 기술, 세계화, 북한, 이 세 가지다. 한국이 통일되면 지금보다 더 큰 시장이 생길 것이다. 북한은 앞으로 많은 사회적 인프라를 필요로 할 것이나, 한국 입장에서는 또 하나의 기회가 될 것이다"라고 주장하였다. (정세현 전 통일부 장관이 2005년 연세대생을 대상으로 통일의 필요성에 대해 강의했을 때 인용한 내용을 한반도평화포럼이 기획한 『다시 한반도의 길을 묻다』에서 뽑았다.)

역사학자

브루스 커밍스 시카고 대학 교수는 『브루스 커밍스의 한국현대사』에서 "한국인들은 대단한 가족애와 교육의 미덕에 대한 놀라운 믿음을 가진 기백 넘치고 근면한 도덕적인 사람들이다. 이들 한국인들은 그 지도자는 물론, 반세기 동안 한국인들의 삶에 깊이 관여해 왔으면서도 아직도 한국인을 잘 모르는 미국으로부터도 지금까지 받아온 대접보다는 더 나은 대접을 받아 마땅하다"고 하면서 그의 책을 남북한의 화해와 통일에 헌정한다고 밝힌다. 한국은 세계 정상급 인재들이 많은 나라, 세계를 놀라게 한 기록적인 경제 성장에 만족하지 않는다. 왜냐하면 분단된 한국은 거대한 병력이 언제라도 싸울 수 있는 태세로 대치하고 있으며, 통일된 경우에 비하면 세계에서의 비중이 훨씬 적고, 훨씬 약하고, 쉽게 공격받을 수 있기 때문이다. 그러면서 "통일된 한국은 세계 무대에서 강력한 경제적 경쟁자이자 동아시아에서 하나의 정치세력이 될 것이다. 남북한의 통합경제가 재능있고 교육 잘 받은 국민들과 결합되면 일본의 경쟁자로 부상할 것이다"라고 한국의 도약을 예상하고 있다. 지금은 용서하고 화해하고 재결합을 할 때이니, 통일을 위해 민간의 인적 교류, 통상, 관광, 민족유산 공유 등을 정치 분야보다 앞서 추진하자. 정치는 한국통일의 마지막 국면이 되어야 하고 그렇게 될 것이다. 앞으로 남북의 지역 주권체가 상당기간 지속되고 나면 통일한국이 탄생될 것이다. 커밍스는 격변 속에서 확립되고 이제 내란에 의해 완성된 자유를 지닌, 통일되고 당당하고 근대적인 한국을 상상해볼 때라고 말한다. (브루스 커밍스, 김동노 외 3인 옮김, 『브루스 커밍스의 한국현대사』, 창비, 2001, 718, 722~725쪽)

케네스 B. 파일 미국 워싱턴대 역사학과 교수는 통일한국은 무시할 수 없는 전략적 중요성을 가진 국가가 될 것이라고 전망하고 있다. (케네스 B. 파일, 이종삼 옮김, 『강대국 일본의 부활』, 한울, 2008, 559쪽)

그는 국민의 최소한의 경제적 요구조차 충족시킬 수 없는 파산국가인 북한은 정권 생존이라는 최우선 과제를 위해 개혁과 개방을 거부하고 있다고 하면서 장기적인 생존은 의문이라고 본다. 한반도 통일 시나리오는 ① 전쟁, 지배층의 알력에 의한 내부 분열, 또는 인도주의적 위기로 인한 북한 붕괴와 남한의 흡수 통일 ② 남북이 성공적인 공존으로 단계적 변화를 거친 후 협상을 통한 통일 등 두 가지로 보고 있다. 한반도 통일은 장기적인 과정을 거칠 수도 있고, 남북한이 대치 상태로 현상 유지할 수도 있으며, 남북한이 평화공존할 수도 있는 등 다양하게 변화할 수 있다고 본다. (같은 책, 561~562쪽)

민족통일기원호국보탑(民族統一祈願護國寶塔)
1300년간 면면히 내려온 호국기도 도량의 맥을 후세에 남기며 남북으로 분단된 조국과
민족의 통일을 염원하는 목적으로 승가사에서 세운 9층석탑(북한산 승가사 소재)

제 2 장

한반도
**통일의
역사**

여는 글

　고조선 이후 과거 우리 역사를 돌이켜 보면서 세 번의 통일국가를 살펴보았다. 7세기 신라의 삼국 통일, 10세기 고려의 후삼국 통일, 14세기 말 조선의 역성혁명을 통한 통일국가 인수 등으로부터 미래 한반도 평화 통일에 대한 전략과 실천 방안에 대한 시사점을 얻고자 하였다.

　삼국 중 가장 약소국인 신라가 어떻게 통일을 이루었을까, 신라의 지도자와 국민들의 통일을 이루겠다는 열정과 염원은 어느 정도였을까, 7세기 당대 외교의 달인 김춘추의 과감한 통일외교 정신과 역량을 21세기 오늘날 주변 4대 강국과의 통일외교에 어떻게 살려나갈 것인가 하는 고민을 담았다. 고려의 후삼국 통일의 큰 힘은 민심을 얻는 자가 천하를 얻는다는 신념으로 추진한 태조 왕건의 민심수습책이었다. 또 다른 고려 통일의 원동력은 지방세력은 물론 불교계까지 끌어안은 태조 왕건의 관용과 포용정책이었다.

　고려라는 통일국가를 접수한 조선의 역성혁명의 성공은 곧 정도전 등 신진사대부가 표방한 개혁정책과 민본주의의 성공이었다. 대표적인 개혁정책이 경작 농민이 토지의 경작권을 갖는 과전법과 같은 토지개혁이었다. 고려 귀족 세력들의 기득권은 약화되었다.

　현대사에서는 북한이 무력으로 남한을 침략하여 통일을 시도한 1950년대 한국전쟁은 실패했고 우리 민족이 엄청난 고통을 받았다. 그

통일! 역사를 배우자

나마 6·25전쟁으로부터 위로를 얻는다면 평화통일의 필요성이 너무나 크다는 것을 늦게나마 깨달았다는 것이었다.

　보수정부든 진보정부든 1970년대부터 남북한이 합의하여 한반도 평화통일로 정책의 방향을 정한 것은 다행이다. 앞으로 정부 교체와 관계없이 평화통일을 이룰 때까지 강한 국력을 토대로 남북 교류협력을 일관되게 추진하는 정부를 탄생시키는 것이 국민들이 해야 할 일이다.

신라의
삼국 통일

우리 민족이 한반도에서 고구려, 신라, 백제로 나뉘어 서로 다투고 있을 때 한반도 북방에서는 오랫동안 계속돼 오던 남북조시대의 분열 상태가 끝나고 589년 수나라가 통일을 이루었다. 수나라는 만주와 한반도 북부에 걸친 대제국 고구려가 위협이 된다고 판단하였다. 수나라는 100만 명이 넘는 대군으로 고구려를 공격하였으나, 결국 고구려의 을지문덕에 참담하게 패하여 망하게 된다. 이어 중국에는 618년에 당나라가 건국되었다. 당나라는 영토 확장을 위해 그 전신인 수나라에 이어 고구려와 대립하기 시작했다. 당 태종 이세민은 고구려 정복을 위해 요동을 공격하였으나 양만춘이 지키는 안시성 공격에서 크게 패하고 말았다. 이렇게 고구려는 7세기 세계 최고 선진강국 수나라·당나라와의 싸움에서 이기긴 했지만, 국력이 크게 약해지고 있었다.

신라는 지증왕이 503년 국호를 신라로 정한 뒤 그 아들 법흥왕이 가야를 비롯한 주변 부족연맹체를 통합하였다. 532년 금관가야와는 무력이 아닌 합의에 의해서 합병하는데 신라는 가야의 왕족은 왕족으로, 귀족은 귀족으로 받아들인다. 이런 포용·융합정책으로 혜택을 받은 가야 출신 김유신은 나중에 삼국 통일의 일등공신이 된다. 또한 법흥왕은 이 차돈의 순교를 계기로 불교를 수용하며, 이때부터 신라는 호국불교사상을 중시하게 되었다. 당시의 불교 수용은 현대적 의미로 볼 때 엄청난 개혁개방정책이라고 할 수 있고, 신라는 그런 개혁개방정책의 효과를 톡톡히 누리게 되었다.

진흥왕은 562년 여섯 가야연맹체 중 나머지 대가야까지 합병한다. 가야는 비옥한 토지에서의 높은 생산력, 철의 생산, 마한·왜·낙랑 등과의 중계무역, 토기 제작기술의 발달 등으로 경제적으로는 발전했다. 하지만 가야는 느슨한 소국 간의 연맹 시스템이었기 때문에 변동하는 국제관계에 대처할 만한 정치 시스템이라고는 할 수 없었다. 이것이 가야 멸망의 원인이 되었다.

반면 신라는 정치력과 외교력을 발휘하여 백제와 동맹을 맺어 함께 고구려를 쳐서 한강유역을 차지하고 함경도 지역까지 진출하였다. 진흥왕은 승전과 감격을 기념하여 창녕, 함경도 황초령·마운령과 북한산에 순수비를 세운다. 555년 세워진 북한산 순수비를 누가 왜 세웠는지 약 1300년 정도 지난 뒤에야 밝혀졌다. 추사 김정희는 1816년 북한산 비봉에 올라 무학대사비로 잘못 알려져 있는 것을 마모된 비문을 탁본하여 파악한 결과 진흥왕의 것으로 밝혀내었다. 김정희는 1817년에도 북한산 비봉에 올라 북한산 순수비와 황초령 순수비를 비교검토한 논문을 발표하기도 했다. (유홍준, 『김정희』, 학고재, 2006, 80~83쪽)

당시 신라 진흥왕의 한강유역 점령은 곧 서해 제해권을 장악한 것으로서, 이는 훗날 서해를 통해 신라의 김춘추가 당나라와 동맹을 맺는

북한산 신라 진흥왕 순수비
신라의 진흥왕이 새로 공략한 국경지대를
순시한 다음 세운 비

것을 가능하게 해 삼국 통일까지 이룩하게 한 크나큰 역사적 의미를 지 닌다.

태종 무열왕 김춘추는 660년 백제를 무너뜨린 다음, 진흥왕이 확보 한 전략적 요충지 북한산에 주둔하면서 고구려를 공격하고, 결국 668년 아들 문무왕 때 고구려를 멸망시키게 된다. 동양에서는 보통 나라를 건 국한 군주에게는 태조라 하고, 2대 군주에게는 태종이라고 하는 관행이 있었다. 그런데 김춘추에게 태종이라는 묘호를 부여한 것은, 김춘추가 현덕이 있었고 양신 김유신을 얻어 함께 정사를 다스려 삼한을 통일하 여 그 공업이 크기 때문이다. (김부식, 신호열 역해, 『삼국사기』, 동서문화사, 2007, 신문왕 편 188쪽)

필자는 북한산이 한반도 통일에서 역사적으로 크나큰 의미가 있으며, 옛날부터 '해동오악'이라 하여 정기가 빼어난 한반도 오대명산 중의 하나라는 것을 알게 된 다음부터는 통일을 염원하며 북한산을 평생에 1000번 이상 오르고자 다짐하고 실천하는 북한산 등산 애호가가 되었다.

원효대사와 자장율사가 중심이 되어 발전시킨 호국불교사상은 화랑도 정신과 결합해 사회 안정과 삼국 통일의 원동력으로 작동하게 되었다. 진흥왕은 화랑도를 국가의 지도관리하에 운영하여 국가 발전의 역량을 강화하고자 했다. 화랑도는 귀족 및 서민대중의 청소년을 대상으로 전국적으로 선발하고 교육해서 국가의 인재로 등용하는 국가정책으로 정착되었다. 삼국 통일의 주역이 된 김춘추와 김유신도 화랑도 출신이었다. 신라의 화랑도는 명산대첩을 누비고 심신을 단련하면서, 특히 민족 전통 등 정신교육을 강조했다.

화랑도는 국가 인재양성의 요람이 되었다. 화랑도를 통해 사회 통합을 도모하고 국력을 결집하면서 민족 통일의 역량을 축적한 것이다. 이런 가운데 신라는 삼한일통의 대업을 내걸고 통일 의식을 고취하였다. 민족의 분열과 갈등을 극복해 민족 공동체를 건설해야 한다는 민족 통일의 당위성을 강조하였다.

신라의 삼국 통일 노력은 선덕여왕이 632년 즉위하면서 '신라중심사상'으로 드러났다. 신라가 낳은 세계적인 위인 원효가 신라 내부의 사상 통일에 기여하였다면, 자장은 삼한일통 이후 신라세계 중심사상이라는 신라의 비전을 제시한다. 신라중심사상은 마치 당시의 중화사상과 유사하다고 할 수 있다. 선덕여왕은 민족 전통의 조상 숭배사상과 불교사상을 접목해 불교의 이상세계인 불국정토를 신라에서 현실화해야 한다고 역설하였다. 그래서 자장율사의 건의를 받아들여 통일의 염원을 담아서 640년대 중반에 황룡사 9층탑을 건립한다. 당시 신라 삼보 중의 하나였던 황룡사 9층탑은 안타깝게도 1220년대 말 몽골의 2차 침입 때 불타버리고 만다. 일연이 『삼국유사』에서 황룡사 9층탑에 대하여 자세하게 기록하고 있는 것을 볼 때, 그 탑이 상징하는 통일 염원의 간절함과 신라중심사상을 짐작할 수 있다. (일연, 권상로 역해, 『삼국유사』, 동서문화사, 2007, 253~256쪽에서 황룡사 9층탑에 대해 자세히 설명하고 있다.)

이는 또한, 신라가 한민족 공동체 정신을 계승 발전한 중심에 위치하며 신라 중심으로 삼국을 통합한다는 신라중심사상을 현실에 접목한 행동이었다. 일반 백성들 사이에도 통일에 대한 관심과 통일 의지를 확산시켰다. 이와 같은 신라의 지속적인 통일 교육과 의지가 통일의 강한 기반이 되었다. 신라의 한민족 통일에 대한 교육은 훗날 백제와 고구려 정권의 도덕성 문제가 발생하고 전쟁으로 민생이 크게 피폐해졌을 때 그 유민들이 신라로 도주하거나 귀순하는 현상으로 효과가 나타나기 시작했다.

신라는 통일에 대한 국민들의 열망, 단결된 힘과 국력 신장을 바탕으로 당나라와 연합하여 660년에 백제를 공격하여 멸망시켰다. 당시 백제는 지배층 내부가 분열되어 나당연합군의 공격에 효과적으로 대처할 수 없었다. 이후 신라는 여세를 몰아 668년에는 고구려를 공격하여 멸망시키게 된다. 고구려는 수나라와의 수백만 대군과의 전쟁에서도 이겼다. 그리고 연개소문의 리더십하에 세계 최강 당나라와 몇 차례 싸워 단 한 번도 패배하지 않았지만, 연개소문이 죽은 다음 아들들 간의 권력 다툼과 내부 분열로 결국 패망하고 말았다. 단재 신채호는 수나라가 전투병

113만 명과 군량 및 군수물자 운송병 400만 명을 동원했으니, 이는 중국 역사상 없었던 대병력의 동원이었다고 말한다. (단재 신채호, 박기봉 옮김, 『조선상고사』, 비봉출판사, 2006, 403쪽)

그럼에도 불구하고 수나라는 영양왕의 아우 고건무, 을지문덕 등이 지휘하는 고구려에 패해서 결국 망하게 되었다. 이어서 당나라 태종 이세민도 수나라 양제의 패인을 분석하여 그 반대 전략을 가지고 충분히 준비하여 고구려를 공격하였다. 당 태종은 수십만 명의 정예병으로 안시성을 공격하였으나, 연개소문으로부터 전권을 위임받은 안시성 성주 양만춘에게 크게 패했다. 단재 선생은 "안시성 전투는 동양 고대 역사상 큰 전쟁이었다. 동원된 군사는 살수 전투에 못 미치지만 군사의 정예로움과 물자와 장비 등의 소모는 살수 전투보다 컸고, 전투 기간도 길었다"고 말한다. (같은 책, 463쪽)

당시 세계 최대 강국과의 수차례 전쟁과 내부 국론 분열로 인해 만주 지방까지 다스렸던 고구려가 멸망하니 안타깝기 그지없다. 만주를 호령하고 세계 최강국을 물리쳤던 고구려의 기상을 되살려서 앞으로 한반도 통일에 반드시 활용해야 할 것이다.

신라는 국력이 신장되긴 했지만 아직 독자적인 힘으로 통일하기에는 부족하였다. 더구나 신라의 국력이 커지자 백제와 고구려가 계속 협공해서 한때는 위기를 맞았다. 그래서 신라는 국가 위기 상황을 돌파하기 위해 국력 부족을 외교를 통해 해결했다. 신라가 현대적 의미로 '당나라의 시대'가 왔다는 변화의 흐름을 잘 읽었다고 할 수 있다. 이런 시대적 상황을 읽고 적극적으로 외교에 나선 사람이 김춘추였다. 『고대 최고의 외교전략가 김춘추』의 저자 일본 나카무라 슈야 교수는 "김춘추는 당시 동아시아를 움직인 탁월한 외교가"라고 말한다. 김춘추는 고구려, 일본, 중국 당나라에 직접 가서 위기에 빠진 신라를 구하기 위해 치열한 외교전을 펼쳤다. 결국 당나라와의 동맹에 성공하였다. 나당동맹의 대가는 물론 자존심을 버리는 것이었다. 추가적인 대가는 백제 웅진도독부 설치, 고구려 안동도호부 설치 등으로 당나라가 실질적으로 고구려와 백제의 옛 영토를 지배하는 형국을 초래한 것이다. 당나라는 심지어 신라까지도 지배하려고 했다.

신라는 삼국 통일 과정과 그 후에도 한민족 통합을 위해 적극적으로 노력했다. 백제인과 고구려인을 회유·동화하는 정책을 쓰는 것은 물론, 유민들을 적극적으로 포섭하고 정착시켰다. 통일 직후에는 백제와 고구려의 구 지배층과 유민들을 규합해 단합된 힘으로 싸워 676년 당나라를 물리쳤다. 통일 이후 신라는 고구려와 백제 지역까지 포함해 전국적으로 단일 행정조직체제를 구축했고, 유능한 인재도 선발하여 신라의 관리와 군인으로 등용하는 등 적극적인 민족융합정책을 추진하였다.

신라의 삼국 통일에는 당연히 한계도 있었다. 역사의식이 부족해 고구려의 영토 대부분을 상실하면서 평양 이남 지역만 확보하는 것으로 만족했다는 점에서 민족의 활동 영역이 크게 축소되었다.

사실 신라가 삼국 통일을 한 것은 고구려가 몇백 년을 두고 북쪽의 침략자와 피를 흘리며 고된 싸움을 했던 덕분이었다. 함석헌 선생은 신라 통일사업 공로의 거의 절반은 고구려의 영 앞에 제물로 바쳐야만 한다고 말한다. 그는 이어 신라는 너무 비싼 값을 주고 통일을 샀으나 그 통일은 청천강 이북을 가보지 못한 보잘 것 없는 통일이었으며, 한국 역사는 고구려의 패망을 계기로 비극의 역사가 시작되었다고 통탄해 한

다. (함석헌, 『뜻으로 본 한국역사』, 한길사, 2003, 176~177쪽)

또한 당나라라는 외세를 이용해 동족의 나라인 고구려와 백제를 멸 망시켰다는 한계가 있었다. 나아가 698년 신라 북쪽 옛 고구려 영토에 대조영이 고구려 유민들을 이끌고 "나는 고구려의 후손이며, 이 나라는 고구려의 옛 땅과 정신을 계승하고자 일어나게 되었노라"라면서 발해국 을 세운 취지를 밝혔다. 발해가 926년까지 200년 이상을 존속하던 기간 에 신라와 발해는 적극적인 통합 노력이 없었고, 오히려 적대적 관계를 유지했다는 점도 1000년 이상 지난 지금에 와서 통일 관점에서 회고해 보면 무척 아쉬운 점으로 남는다.

그러나 신라의 통일이 고조선 이후 700년 정도 분열되어 있던 한민 족이 하나의 나라에서 단일민족국가로서 살 수 있는 터전을 마련했다는 의의는 결코 과소평가 되어서는 안 된다. 당시 당나라의 야욕에 비추어 보면 신라가 자칫 잘못했다면 한반도 전체가 중국의 지배하에 들어갔 을지도 모르는 상황이었다. 또한 우리 민족 고유의 문화 공동체를 형성· 발전시킬 수 있게 되었으며, 한민족의 역량을 통합함으로써 민족국가의 위상을 높일 수 있는 토대도 강화되었다. 약소국 신라가 통일을 이루기 위해서, 안으로는 상당히 장기간인 100년 이상을 국력 배양에 매진하였 다. 신라는 지도자와 백성이 한 마음 한 뜻으로 통일을 염원했고 또 철 저히 준비를 하였다. 밖으로는 외교의 달인 김춘추를 중심으로 국제정 세를 파악하고 활용하는 공세적이고 능동적인 통일외교를 전개하였다. 이는 지구상 4대 강국이 한반도 주변에 포진하고 있는 상황에서, 70년 간 분단된 남북의 통일을 민족의 지상과제로 삼고 있는 오늘날에도 깊 이 새겨야 할 대목이라 하겠다.

또한 당나라가 힘을 빌려주어 고구려와 백제를 무너뜨렸지만, 그 후 신라까지 포함하여 한반도 전체를 지배하겠다는 당나라의 야욕을 간파한 신라가 고구려와 백제 유민들과 함께 7년이나 당나라와 싸워 한반도에서 당나라를 몰아낸 것도 우리 한민족의 크나큰 성과였다. 미국의 힘이 다소 약해지고 중국의 힘이 강해지는 요즈음, 중국과의 통일외교에 있어서 우리 대한민국이 어떻게 대처해야 할지에 대한 교훈도 남겨주고 있다.

고려의
후삼국 통일

통일신라가 하대에 들어서면서부터 왕권이 약화되고 진골과 지방 호족 등의 힘이 강해지면서 왕위를 둘러싼 권력쟁탈전이 심화되었다. 동시에 호국불교정신과 화랑도의 충효정신도 약화되고, 집권 세력인 귀족들은 사치와 허영에 빠져 사회적 기강이 해이해지고 도덕성이 추락하였다. 귀족들의 탐욕과 부정부패가 심화됨에 따라 대다수가 농민인 백성들의 경제적인 삶은 매우 어렵게 되었다. 특히 당시 대다수를 차지하던 농민들은 경제적으로 궁핍해졌는데도, 사치에 빠진 신라의 귀족들은 대당 무역을 통해 비단, 공예품, 아라비아산 보물 등을 수입해 사용할 정도였다. 그래서 사회의 조화와 단결이 깨지기 시작했고, 도처에서 농민 봉기와 반란이 일어났으며, 사회개혁을 요구하는 지방의 신흥 세력들도 이합집산을 거듭하게 되었다.

이들 세력 중 900년 견훤이 세워 전주에 도읍을 둔 후백제와 901년 궁예가 세우고 송악을 수도로 정한 후고구려(태봉)가 세력을 키워나갔다. 민심을 잃은 궁예를 몰아내고 왕으로 추대된 왕건은 918년 민족정신을 고취하고 고구려의 강토를 회복하겠다는 명분을 내걸고 나라 이름도 고구려를 본따서 지은 고려를 건국하게 된다. 그래서 기존 국가 신라, 후백제, 고려의 삼국이 한반도의 패권을 다투게 된 것이다. 신라는 견훤의 공격을 받아 약탈당하고 살육당하는 고통을 겪을 때마다 고려 왕건에 지원 요청을 하고, 고려 왕건은 요청에 응해 신라인들의 민심을 얻게 된다. 그 결과 약화된 신라의 많은 지역이 고려에 귀순하게 된다. 한편, 견훤은 후계자를 둘러싼 권력투쟁으로 인해 김제 금산사에 유폐되어 있다가 탈출하여 왕건에 투항하였다.

신라 경순왕 역시 견훤의 투항에도 영향을 받고, 더 이상 신라라는 국가체제를 존속하기 어렵다고 판단하여 경주에서 신하들을 이끌고 개성으로 가서 고려 왕건에게 935년 귀순하였다. 경순왕의 아들 마의태자는 천년사직을 버릴 수 없다고 반대하였으며, 신라 멸망 후에는 금강산에 들어가 베옷을 입고 초근목피로 연명하였다고 한다. 경순왕은 목숨을 걸고 싸웠다면 종족이 멸망되고 죄 없는 백성들만 무참하게 죽었을 것이라고 하면서 항복하였다. (김부식, 삼국사기, 278~280쪽)

현대적 의미로, 고려의 신라 통합은 협상과 포용력을 통해 원만하게 평화적으로 상대 국가를 흡수통합한 사례라고 할 만하다.

936년 고려 태조 왕건은 견훤의 아들 신검이 지배하는 후백제를 10만 명의 대군을 이끌고 공격해서 항복을 받고 다시 삼국을 자주적인 힘으로 통일하게 된다. 후백제의 멸망 원인은 군사적 실책이 아니었다. 그것은 무리한 후계자 선정으로 비롯된 내부 분열 때문이었다. 고려의 후백제 통합은 최종적으로는 무력을 통해 이루었지만, 통일 과정에서는 후백제 고위층을 적극 포섭하는 등 포용정책과 외교적 협상정책을 최대한 사용하였다.

고려 태조 왕건이 후삼국 통일의 주역이 될 수 있었던 것은 무엇보다도 당시 분열된 사회의 모순에 대한 적절한 해법으로 분열과 혼란의 근본 원인인 민생의 파탄을 돌파하기 위한 적절한 민심수습책 등 새로운 한민족 공동체 건설을 제시하고 지향했기 때문이다. 또한 왕건은 골품제 등으로 지방 엘리트의 성장을 방해하는 신라의 한계를 개혁하고자 했다.

고려 건국 초기에는 권력이 안정되지 않았기 때문에, 왕건은 정략 결혼 등 여러 방법을 동원해 지방 호족 세력을 적극적으로 포섭했다. 왕건의 이러한 정책을 현대적 의미로 표현하면 열린 리더십을 바탕으로 네트워크형 정치연합체를 형성했다고 볼 수 있다. 당시 지방의 호족 세력은 그 지역의 백성들을 직접 장악하고 있었던 만큼, 얼마나 많은 지역의 호족들을 포섭하느냐가 후삼국의 판도를 좌우할 수 있는 상황이었다. 고려는 건국 후 각지의 호족들에게 사신을 보내어 화친을 맺는데 주력하였으며, 심지어는 견훤과 신라에 대해서도 화친정책을 썼다. 이런 호족과의 화친정책의 결실로 신라와 고려가 연맹을 맺어 후백제와 맞서게 되는 등 정세 변화까지 가져왔다.

특히 호족 세력과도 연결된 신흥 불교 세력을 회유하고 결집함으로써 고려 중심의 새로운 한민족 공동체를 만들 수 있게 되었다. 당시 불교는 새로운 종파인 선종이 기존 교종의 권위에 도전하고 있었고, 선종은 그들의 세력을 확산시키기 위해 지방의 호족 세력과 손을 잡았던 것이다.

경제적으로 피폐해져 크게 흐트러진 민심의 수습책이 필요했다. 수조율이 30% 수준으로 너무 높아 수탈이 심해서 농민들의 생활이 매우 곤궁한 상황을 해결하기 위해 수조율을 낮추는 조치를 한 것이다. 왕건의 민심을 중시한 애민사상은 김종서 등이 편찬한 『고려사절요』에도 잘 나타나 있다. 왕건은 훈요십조의 제7조에서 "백성을 시기에 맞추어 부리고 부역을 가볍게 하며, 납세를 적게 해주고 농사의 어려움을 알아주면 저절로 민심을 얻어 나라가 부유하고 백성이 편안해질 것이다"라고 하며 후대 왕들이 마음속 깊이 간직하라고 하였다. (김종서 외, 민족문화추진회 옮김, 『신편 고려사 절요』, 신서원, 2004, 88쪽)

아울러 왕건은 건국 초기에 기근, 질병, 고물가 등의 요인으로 하층 평민이 부채를 지게 되어 노비로 전락하게 된 사례를 조사하여 왕실 재정을 투입하여 1000여 가구를 평민으로 만드는 조치를 하였다. 이 조치는 광종 때 양민이었다가 귀족들의 개인 노비로 전락한 사람들을 다시 양민으로 환원시키는 노비안검법이라는 획기적인 조치를 낳게 한다. 왕건 자신도 지도자로서의 도덕성과 신뢰성을 갖추었고, 민족 통일에 대한 각별한 의지를 가지고 있었다.

통일 의지와 관련하여 왕건은 "신라는 9층탑을 만들어 통일의 대업을 성취하였다. 우리 고려도 개경에 7층탑, 서경에 9층탑을 세워 불공을 얻어서 삼한을 통일하고자 한다"라고 하였다고 전해진다. 태조 왕건은 불교 세력의 도움으로 통일의 위업을 달성한 다음, 훈요십조의 제1조에서 "우리 국가의 대업은 여러 부처님의 호위에 힘입은 것이다. 그러니 불교를 진흥시켜라"라고 선포하였다. (같은 책, 87쪽) 왕건은 훈요십조의 제10조에서는 "경전과 역사책을 널리 읽어 옛일을 교훈삼아 반성하는 자세로 정사에 임하라"고 후손들에게 당부하였다. (같은 책, 89쪽)

900년대 초에 중국에 후당이 건국되는 것을 계기로, 고려는 오대와의 외교관계를 강화하여 당시 동아시아의 국제 정세에 민감하고 적절하게 대응하였다. 당시 후백제가 중국과의 외교가 활발하였기 때문에 고려가 통일을 위하여 중국과 경쟁적인 외교정책을 적극 펼친 것으로 보인다. 즉, 고려가 추진하던 북진정책을 위해서는 거란과 발해의 움직임이 주목의 대상이었는데, 거란이 발해를 멸망시키자 후당과의 외교관계를 강화하여 거란에 적극 대처하고자 했던 것이다. (민현구 외 3인, 『역사상의 분열과 재통일 (상)』, 일조각, 1997, 68~72쪽)

어쨌든 고려는 중국 오대와의 적극적인 외교를 통하여 국제적 지위를 인정받았는데, 이는 대내적 권위 강화 효과도 있었던 것으로 보인다.

고려는 통일 과정에서 군사적 우월성을 내세우기보다 같은 민족으로서의 동질성과 신뢰를 강조하는 문화적 차원의 선전과 홍보 전략을 적극 사용하였다. 통일 이후에도 적극적인 민족 통합과 포용 노력을 했다. 먼저 당시의 대세 종교였던 불교를 장려하는 숭불정책으로 민심을 수습하고 백성들의 힘을 결집해 굳건한 사회 통합을 이루고자 했다. 후백제와 신라는 물론 926년 거란족에 의해 망한 발해의 유민도 받아들이는 한민족 융합정책을 적극 추진했다. 934년 고려 태조 왕건은 발해의 마지막 왕 대인선의 세자 대광현이 이끌고 온 유민 수만 호를 받아들였다. (유득공, 송기호 옮김, 『발해고』, 홍익출판사, 2001, 95쪽)

고려의 후삼국 통일은 우리 민족 스스로의 노력으로 이룬 자주통일로서 옛 고구려 영토의 일부인 청천강 지역을 회복한 통일이라는 의미가 있다. 900년대 초중반 당시에는 907년 당나라의 멸망 후 960년 송나라가 건국되기 전인 5대 10국 시대로서 한반도 북방 지역이 분열되고 혼란스러웠기 때문에, 고려는 외부 세력의 영향과 간섭 없이 한반도의 자주통일을 이룰 수 있었다.

물론 고려가 옛 고구려의 회복을 명분으로 건국했음에도, 요동이나 만주 등 옛 고구려 지역에 대한 보다 적극적인 관심을 기울이지 못했던 아쉬움은 있다. 하지만 태조 왕건은 고려 건국 직후 후삼국 통일 전에 이미 북진정책의 일환으로 고구려의 수도였던 평양을 서경으로 건설하여 북방 개척의 요충지로 삼고 자주 행차하는 등 고구려 옛 영토 수복과 대국 건설 및 민족 통일에 대한 강한 의지를 보여주곤 했다. 함석헌 선생도 왕건은 반도 안에서 임금질함으로 만족하려는 인물이 아니라 북으로 가서 장래의 서울을 평양으로 정하고 더 큰 조선을 만들려는 생각을 한 인물이었다고 말한다. (함석헌, 같은 책, 191쪽)

이러한 왕건의 북진정책의 실천은, 견훤이나 궁예가 난세의 평정과 천하통일을 명분으로 나라를 세웠으나 실제로는 통일신라의 판도 안에서 각축전을 벌이는 현상유지적인 느낌을 준 것과 비교해 보면 큰 차이가 있었다.

조선의 역성혁명
– 통일국가 인수

　　　　　　고려 말에서 조선 초를 혁명과 문명의 전환을 이룬 시기라고 규정하고, 고려 말과 조선 초는 진정한 의미에서 혁명의 시대였다고 평가한다. 고려 사회의 폐단을 시정하기 위해 가능한 모든 정책이 개진되고 강력한 개혁이 추진되었기 때문이다. 조민수 등 온건개혁파가 있는가 하면, 정도전 등 급진개혁파도 있었다. 결국 급진적 개혁을 주장하던 사람들에 의하여 조선이 건국되었지만, 역설적으로 조선은 정몽주 등 개혁보다 이념을 중시했던 사람들을 국가정신의 모범으로 삼았다는 것이다. (김영수, 『건국의 정치-여말 선초 혁명과 문명 전환』, 이학사, 2006, 541~543쪽)

　　조선은 역성혁명을 통해 1392년 세워진 나라다. 역성혁명 사상은 동양의 맹자가 정립했다. 임금에 대한 무조건적인 충성이 강요되던 봉건시대에 임금이 임금답지 못하면 죽여도 좋다는 맹자의 주장은 동양의 정치개혁가들에게 천금같은 사상적 힘이 되었다. 2000년 이상이 지나서 서양의 영국 존 로크는 18세기 후반에 정치권력은 인민의 평화, 안전 및 공공의 선이 아닌 다른 목적으로 행사되어서는 안된다고 하면서 "정당방위는 자연법의 일부이며, 그것이 왕 자신에 대항하는 것이라고 해서 부정될 수는 없다"고 주장하였다. (존 로크, 강정인·문지영 옮김, 『통치론』, 까치, 1996, 215~220쪽)

말하자면 모든 사람은 스스로를 방어하고 침략자에게 저항할 권리가 있다고 한 것이다. 미국에서도 헨리 데이빗 소로우가 19세기 중반에 『시민의 불복종』에서 이렇게 말했다. "모든 사람의 혁명의 권리를 인정한다. 다시 말하면, 정부의 폭정이나 무능이 너무 커서 참을 수 없을 때에는 정부에 대한 충성을 거부하고 정부에 저항할 권리를 가진다." (헨리 데이빗 소로우, 강승영 옮김, 『시민의 불복종』, 은행나무, 2011, 25쪽)

맹자의 역성혁명 사상과 유사한 주장이다.

역성혁명 사상의 핵심은 백성의 마음을 얻으면 천하를 얻고, 백성의 마음을 잃으면 천하를 잃는다는 데 있다. 역성혁명의 방식은 평화적인 방법인 선양과 폭력적인 방법인 방벌이 있다. 조선의 건국은 이성계의 위화도 회군이라는 무력을 바탕으로 했으나, 형식은 고려의 왕이 선양하는 방식을 빌려 평화적 방법으로 이뤄졌다.

정도전은 "나라는 백성이 근본이고, 백성은 먹는 것이 하늘"이라는 민본주의 신념을 가지고 이성계의 조선 건국을 뒷받침했다. 정도전의 민본정치 사상은 『조선경국전』에 잘 나타나 있다. "인군의 지위는 존귀한 것이다. 그러나 천하는 지극히 넓고 만민은 지극히 많다. 만일 천하 만민의 민심을 얻지 못하면 크게 우려할 만한 일이 생긴다. … 민심을 얻으면 민은 군주에게 복종하지만 민심을 얻지 못하면 민은 군주를 버린다." (정도전, 한영우 옮김, 『조선경국전』, 사단법인 올재, 2014, 36쪽)

물론 정도전이 이방원한테 죽임을 당한 후부터 정도전이 그린 조선의 민본사상과 입헌군주제라 할 수 있던 새로운 정치체제 개혁은 크게 후퇴하고 말았다. 말하자면 한나 아렌트가 주로 18세기의 위대한 두 혁명인 미국 독립혁명과 프랑스 대혁명을 다루면서 쓴 『혁명론』에서 말한 새로운 정신과 새로운 것을 시작하는 정신인 '혁명정신'이 이방원의 정도전 제거로 약화된 것이다.

그나마 조선의 역성혁명이 정권교체에 성공할 수 있었던 것은 고려가 그 말기에 백성들의 민심을 잃었기 때문이었다. 당시 백성들의 주된 생계수단인 토지의 경우 그 제도가 문란해서 백성들이 먹고살기가 너무나 어렵게 되었다. 『조선경국전』에는 고려 말 토지제도의 문란상을 이렇게 표현하고 있다. "토지제도가 파괴된 후부터는 호족이 토지를 겸병하여 부자는 땅이 더 많아지고 가난한 자는 송곳 꽂을 땅도 없다. 가난한 자는 부자의 토지를 빌려 경작하고 일년 내내 고생해도 식량이 부족할 지경인데, 부자는 편안히 앉아 소작인을 부려 그 수입의 태반을 먹는다. 국가는 팔짱을 끼고 바라보고 있을 뿐 그 세를 받지 못한다. 따라서 백성은 더욱 곤궁하고 국가는 더욱 가난해진다." (같은 책 70쪽)

마치 로마시대 그라쿠스 형제가 로마의 자영농이 붕괴되고 있는 상황을 보고 "조국을 위해 싸우다 죽은 로마 시민들에겐 집도 없고 땅도 없다. … 로마는 승리자요, 세계의 패권자다. 그러나 수많은 로마 시민들은 자기 소유의 흙 한줌도 없다"라고 절규했던 것과 시대적 상황과 귀족들의 탐욕이 비슷하다.

이러한 상황에서 정도전은 가난한 농민의 입장에서 전국의 토지를 국가에 귀속시켜 나라 안의 모든 농민에게 식구 수대로 분배하는 이른바 '계민수전' 방식으로 자작농을 만드는 철저한 토지개혁을 주장했다. 현대적 표현으로는 농사짓는 농민이 땅을 소유해야 한다는 사상인 경자유전 원칙을 주장했던 것이다. 그런데 실제 개혁 과정에서는 조준이 주도한 전제개혁안(과전법)으로 대폭 후퇴해 기존 지주제의 틀을 유지한 채 그 폐해를 부분적으로 고치는 수준에 머물렀다. 1388년 위화도 회군 직후 군권을 장악한 이성계와 정도전 등 개혁 세력이 칼과 창만으로는 개국의 대업을 이룰 수 없다는 것을 잘 알고 민심을 얻는 철저한 토지 개혁을 단행하려 했지만, 대지주였던 권문세가들의 저항이 만만치 않아 1391년 과전법 제정으로 타협하고 말았던 것이다.

그러나 과전법의 시행만으로도 권문세족들의 토지가 몰수되어 권력 기반이 약화되었고, 농민들은 수확물의 절반 이상을 바치던 세금이 1할의 세금으로 크게 줄어들었다. 농민의 토지 소유도 늘어나 조선 초기에 자작농 비율이 7할 정도 되는 등 안정된 경제 기반이 마련되었다.

우왕과 최영이 주도한 요동 정벌 과정에서 벌어진 위화도 회군은 철령위 설치로 고려를 압박하던 명나라에 대해 평화적·외교적으로 해결하자는 전략의 일환이기도 했다. 우왕과 최영 등 친원파가 추진한 요동 정벌은 당시 원나라가 쇠퇴하고 대신 명나라가 흥기하는 주변 정세를 잘못 판단한 것이기 때문에 요동을 정벌하더라도 더 좋은 시기를 기다리자는 이성계·정도전 등 친명파 주장에 설득력이 있어서 위화도 회군이 가능했던 것이다.

실제 이성계·정도전 등 개혁 세력은 조선을 건국하고, 국명을 과거의 고조선인 단군 조선을 연상시키는 민족의 자부심이 담긴 조선으로 했으며, 건국 초기에 요동 정벌을 추진했다. 정도전은 고구려 이래 700년 만에 찾아온 만주 정벌의 기회를 놓치고 싶지 않았을 것이다. 정도전은 고려 태조 왕건이 북진정책을 추진하여 동명왕 때의 옛 땅을 회복하려 한 것을 중요한 업적으로 높이 평가하기도 했다.

사실 조선이 건국된 1390년대 당시 기준으로 역대 만주를 지배했던 기간을 비교해 보면, 고구려가 기원전 37년에서 668년까지 약 700년으로 단연 으뜸이었다. 그 뒤에 당나라와 발해가 약 200~300년 정도 만주를 분할했고, 10세기 초부터는 거란족의 요나라가 약 100년, 다음에는 여진족의 금나라가 약 100년, 이어 몽골의 원나라가 조선이 건국되기 직전인 고려 말까지 약 100년 정도 만주를 차지했었다. 이런 만주 지배 역사를 보면서 야심만만했던 정도전이 고구려의 옛 땅을 회복하려 했던 것으로 보인다.

그러나 조선에서는 안타깝게도 건국 초기 정도전의 북방정책 구상 같은 야심은 완전히 사라지고, 임진왜란 이후부터는 그렇게 수모를 당하고도 국력 배양에 힘쓰지 않고 오히려 19세기까지 외국을 철저히 배척하는 폐쇄정책을 고수한 결과 봉건주의 체제가 지배했고 기술과 무역이 발달하기 어려웠다. 그러다가 메이지 유신으로 국력을 키운 일본이 1904년 러일전쟁에서 승리하면서, 조선은 사실상 일본의 지배하에 들어가게 된다. 러시아의 세력이 커지는 것을 두려워한 서구 열강들이 일본의 승리를 환영했고, 고종 시절 일본의 조선 점령을 인정하지 않으려고 서구 열강에 호소해도 어느 나라도 조선을 도우려 하지 않았다. 오히려 1905년 7월 미국은 일본과 '가쓰라 태프트 밀약'을 맺어 필리핀과 대한제국에 대한 서로의 지배를 인정함으로써 일본이 제국주의 열강들의 승인 아래 한반도의 식민화를 노골적으로 추진하는 직접적인 계기를 제공했다.

조유식은 그의 책『정도전을 위한 변명』에서 공자와 맹자를 진심으로 이해할 수 있었던 몇 안 되는 인물 중에서 혁명을 성공시킨 유일한 사람

은 정도전이 아닌가 하는 평가를 한다. (조유식, 『정도전을 위한 변명』, 휴머니스트, 2014, 4쪽)

필자도 정치란 무릇 백성을 위한 것이어야 한다는 일념으로 행동한 민본주의자이며 혁명가인 자랑스러운 한민족의 스승 정도전의 정신이 오늘날 우리의 지상과제인 한반도 통일을 이루는 과정에서 되살아나길 기원한다. 한반도 통일은 우리 조상들이 민본주의 정신에 입각하여 만든 건국 이념인 홍익인간의 숭고한 정신을 북한 동포들에게도 확산시키는 지름길이기 때문이다.

조선이 수도로 삼은 서울의 진산 북한산은 한반도 통일의 기운이 있는 산이구나 하는 생각을 해본다. 6~7세기 삼국이 치열하게 다투던 한강유역의 전략적 요충지 북한산을 신라가 확보한 덕분에 태종 무열왕 김춘추는 고구려를 공격하는 거점으로 북한산을 활용하였다. 불교국가 고려의 태조 왕건은 물론 역대 고려의 왕들도 북한산 승가사와 서울(남경)에 자주 행차하곤 하였다. 이성계는 왕이 되기 전에 북한산에 올라 중국 땅까지도 차지하겠다는 북방정책과 야심찬 포부를 가지고 「등백운봉」이라는 시를 읊었다.

담쟁이덩굴 잡고 푸른 봉우리에 오르니
암자 하나 높다랗게 백운 속에 누워 있네
눈 안에 드는 것이 모두 내 땅이 된다면
중국 초와 월나라 강남도 어찌 내 땅이 되지 않으리오.

– 등백운봉(백운봉에 올라서)

이성계는 조선을 세우고는 고려 기득권 세력의 아성인 개성을 떠나서 도읍을 서울로 옮겼다. 서울을 도읍으로 정하기 위해 이성계는 무학대사와 함께 북한산 만경대(국망봉)에 오르는가 하면, 북한산 승가사에 머물면서 비봉에도 올랐다고 한다. 이중환은 『택리지』에서 수려하고 큰 힘이 있는 북한산 등 우리나라 명산에 대해서 이렇게 말한다. "산 모양은 반드시 수려한 돌로 된 봉우리라야 산이 수려하고 물도 또한 맑다. 또 반드시 강이나 바다가 서로 모이는 곳에 터를 잡아야 큰 힘이 있다. 이와 같은 곳이 나라 안에 네 곳이 있다. 개성의 오관산, 한양의 삼각산(북한산), 진잠의 계룡산, 문화의 구월산이다." (이중환, 이익성 옮김, 『택리지』, 을유문화사, 2002, 189쪽)

문인 이병주는 그의 시 「북한산 찬가」에서 "나는 북한산과의 만남을 계기로 인생 이전과 인생 이후로 나눈다…"라고 읊었다. 북한산이 한 사람의 인생에 얼마나 큰 영향을 주었는지를 느끼게 하는 시다. 우리도 북한산에 오르면서 새로운 인생을 산다는 각오로 통일을 기원하고 실천해 보면 어떨까?

북한의
무력통일 시도 – 실패

　　1948년 9월 조선민주주의인민공화국을 출범시킨 후 김일성은 하나의 영토를 하나의 주권으로 완전히 통일하는 '국토완정'을 주장하기 시작하였다. 국토완정은 중국의 국공내전 때 공산당이 내세웠던 모토였다. 1949년 10월 마오쩌둥의 중국 공산당이 국공내전에서 승리하여 중화인민공화국 건국을 선포하자 김일성은 더욱 고무되었다. 무력 적화통일을 위하여 군사력의 대폭 증강에 박차를 가하였다. 김일성은 협의에 협의를 거듭하여 스탈린의 승인을 받아내고 중국을 참여시켜 남침을 위한 국제동맹을 맺음으로써 준비를 마쳤다. 클라우제비츠가 그의 책 『전쟁론』에서 "전쟁은 정책과는 다른 수단을 가지고 하는 정치의 연장"이라고 한 말은 김일성이 6·25전쟁을 준비하면서 스탈린과 마오쩌둥과 협의하는 과정을 보면 더욱 실감난다. 6·25전쟁은 한반도의 무력통일을 위한 김일성의 정치적 행위이면서 정치적 도구였다. 그러나 김일성은 『손자병법』에서 말하는 '싸우지 않고 이기는 것이 최상'이라는 기본적인 가르침을 무시하고 전쟁을 일으켜 수백만 남북한 동포들의 생명을 빼앗고, 수천만 명의 삶을 고통에 빠뜨렸다는 역사적 책임을 면할 수 없다.

1950년 6월 25일, 북한의 조선인민군은 선전포고나 사전 예고 없이 삼팔선을 넘어 남침하였다. 한민족의 비극이 시작된 것이다. 북한 김일성은 전쟁에 앞서 소련의 스탈린과 중국의 마오쩌둥과 사전에 긴밀하게 상의하였다. 북한이 우세한 화력으로 공격했지만, 전쟁 초기 남한 지도부의 대응에 문제가 있었다는 지적도 많다. 이승만 정부는 1950년 5·30 국회의원 선거기간 중에 북한의 침략 가능성을 언급하면서도 충분히 대비하지 않았고, 국방력이 충분하지 않으면서도 북진 무력통일론을 주장하였다.

이승만 정부가 북진하여 북한 주민들을 해방시키겠다는 의사를 여러 번 밝혔지만, 시간이 갈수록 한국인들과 한국 주재 미국인들은 한국 정부와 미국 정부가 적절한 대응책을 마련하지 않으면 북한이 전쟁을 일으킬지 모른다는 우려를 하게 되었다. 그럼에도 불구하고 미국 정부는 한반도 전쟁 발생의 가능성에 대한 정보를 완전히 무시하였다. (김계동, 『한반도의 분단과 전쟁』, 서울대학교 출판부, 2000, 204~208쪽)

이는 다시는 같은 전란을 겪지 않도록 지난날 정부의 여러 실책들을 반성하고 앞날을 대비하기 위해 유성룡이 지은 『징비록』의 교훈을 무시했던 것이다. 반정으로 집권한 인조 또한 당시의 국제정세와 청나라를 무시한 숭명외교를 펼치자 정묘호란과 병자호란이 발생했다. 백성들은 참으로 힘든 고통을 겪었다. 모두 정권을 담당하고 있던 지도층의 잘못이었다. 6·25전쟁도 당시 지도층이 크게 반성해야 할 부분이 많았다.

이영훈은 『대한민국 현대사』에서 "정부가 서울의 함락을 시민들에게 알리고 체계적으로 피난을 유도할 시간이 충분하였음에도, 대통령 이

하 정부의 각료와 정치인들은 무책임하게 시민들을 방기하고 서둘러 서울을 탈출하였다. … 전쟁 초기 대통령과 정부가 보여준 무책임한 행동은 국민들의 마음에 상처로 남았다"고 말한다. (이영훈, 『대한민국 역사』, 기파랑, 2013, 191쪽)

서중석의 『한국 현대사』는 "이승만 대통령은 겉으로는 전쟁을 불사하는 북진 무력통일을 강력하게 주장했으면서도, 막상 전쟁이 터지자 6월 27일 새벽 서울 사수를 결의한 국회도 모르게, 늦게 소집한 비상국무회의에 참석한 국무위원들에게도 알리지 않고, 대통령이 혼자서 대전으로 피신하였다.… 대전에서 또 다시 혼자 부산으로 피신했다"고 적고 있다. (서중석, 『사진과 그림으로 보는 한국 현대사』, 웅진지식하우스, 2013, 131~133쪽)

임진왜란 때 선조가 백성들을 내팽개치고 계속 피신만 하던 몰염치한 최고지도자의 모습을 이승만은 다시 보여주었다.

북한 김일성의 남침 결정에는 에치슨의 미국 극동방위선 제외 선언도 영향을 주었다. 1950년 1월 애치슨은 미국의 극동방위선은 알류샨 열도로부터 일본, 오키나와, 필리핀을 연결하는 선으로서 한국과 대만은 제외되었다고 선언하였다. 이른바 '애치슨 라인' 선언은 한반도를 미국의 방위선에서 제외함으로써 북한의 김일성과 소련의 스탈린에게 남침을 하더라도 미국이 개입하지 않을 것이라는 오판의 빌미를 제공했다. 하지만 미국은 자유 진영에 대한 공산권의 도전이 확산되는 것을 방지하기 위해 신속히 참전을 결정하고 단호하게 응징에 나섰다. 6월 25일 군대 투입을 결정했고, 26일 유엔 안전보장이사회에서는 북한의 행위를 불법이고 평화를 파괴하는 침략 행위로 규정하여 남한에 군대를 파견하기로 결정하였다.

6·25전쟁 때 한국을 도운 나라들은 총 67개국으로서 16개국은 유엔군의 일원으로 전투병을 파견하였고, 5개국은 의무지원을, 40개국은 물자지원을, 6개국은 전후 복구사업지원을 하였다. 전투부대는 미국 179만 명을 비롯해 영국, 캐나다, 터키 순으로 많은 병력을 파견했다. 당시 터키는 우리와 국교를 맺지 않았음에도 불구하고 케말 파샤 대통령의 결단으로 대규모 병력을 파견했고, 이를 계기로 오늘날까지 터키와 한국은 혈맹관계를 유지하고 있다.

지상전에서는 인민군이 남진을 계속했다. 서울 시민 대부분은 이승만 대통령의 서울 사수 방송을 믿고 있다가, 6월 28일 한강 인도교를 폭파하는 바람에 피난을 가지 못했다. 8월 중순경에는 인민군이 마산-왜관-포항을 연결하는 선까지 밀고 내려왔다. 그런 가운데 이승만 대통령은 7월 18일 한국군의 작전지휘권을 미군에게 넘겨주었다. 미군이 빠르게 움직여 7월부터는 제공권과 제해권을 장악하였다. 미 극동 사령관 겸 유엔군 사령관 맥아더 장군은 9월 15일 육해공군 합동 인천 상륙작전을 감행하였다. 탁월한 리더십에 따라 261척의 거대한 함대가 8만 명의 해병대를 거의 손실없이 상륙시켰다. 9월 28일 서울을 수복한 유엔군과 국군은 삼팔선을 넘어 북진하고자 했다. 중국은 유엔군이 북상한다면 중국의 안보가 크게 위협받기 때문에 삼팔선을 넘는 것을 좌시하지 않겠다고 경고하였다. 유엔군과 국군은 북진하여 10월 20일에는 평양을 장악하고, 24일에는 청천강을 넘었다. 국군과 유엔군은 압록강을 눈앞에 두었고, 동부전선에서는 혜산진에서 청진까지 진출했다.

11월 하순, 중국군이 전면적으로 공격에 나섰다. 한국전쟁은 자본주의 진영과 사회주의 진영의 대결로 확전되었다. 중국군의 참전으로 1951년 1월 4일, 서울을 다시 중국군에게 빼앗겼다. 원자폭탄의 사용과 확전을 주장한 맥아더가 해임되고, 리지웨이가 사령관이 되어 반격함에 따라 평택-제천선에서 중국군을 저지하였다. 유엔군은 반격을 거듭하여 3월 14일 서울을 다시 수복하고 3월 하순에는 문산-임진강선까지 북상했다. 그러면서 지금의 휴전선 일대에서 일진일퇴하는 소모전이 계속되었다.

미국은 휴전이 합리적이라고 판단했고, 소련 대표가 유엔에서 휴전협상을 제안했으며, 7월부터 휴전협상이 시작되었다. 협상이 무려 2년이나 걸리는 바람에 피해가 더 커졌다. 한국전쟁이 이데올로기 전쟁이자 강대국의 자존심이 걸린 전쟁이었기 때문에 협상이 오래 걸렸다. 결국 1953년 7월 27일 휴전협정이 체결되었다. 미군, 중국군, 북한군 대표가 참여하여 휴전협정에 서명하였고, 한국군 대표는 서명하지 못했다.

한국전쟁은 김일성이 무력으로 남한을 공산통일하기 위한 동족상잔의 전쟁이었으며, 미국 등 많은 국가가 참전한 국제전쟁이었고, 수백만 명이 목숨을 잃은 비극적인 전쟁이었다. 남북한 할 것 없이 전 국토가 황폐화되었다. 국제적으로 보면, 자본주의와 공산주의 간의 냉전체제를 고착화시켰다. 그렇지만 김일성이 당초 의도했던 공산통일은 물론 아무것도 해결하지 못한 전쟁이었다. 오히려 남북 간의 이념의 벽이 더 높아졌고, 민족 간의 불신은 더 깊어졌다.

이영훈의 『대한민국 역사』는 1953년 10월 1일 이승만 대통령의 끈질긴 노력에 힘입어 한미상호방위조약이 체결되었다고 말한다. 그나마 불행 중 다행이었다. 한미상호방위조약에 따라 앞으로 한반도에 무력충

돌이 발생할 경우 미국은 유엔의 결의 없이도 즉각 개입할 수 있게 되었다. (이영훈, 같은 책, 204~206쪽)

이인호, 김영호, 강규형이 펴낸 『대한민국 건국의 재인식』에 따르면, 이승만 대통령은 "우리 한국민 전체의 생명과 희망이 한미상호방위조약에 달려 있다. … 이 조약이 있기 때문에 우리는 앞으로 번영을 누릴 것이다"라고 강조하였다. 한국전쟁은 전쟁에 의한 통일은 결코 있어서는 안된다는 점과 함께 한반도에서 전쟁을 막아야 하는 일차적인 책임이 우리 남북한 한민족에게 있다는 점을 일깨워주었다.

박지향, 김철 교수 등이 엮은 『해방 전후사의 재인식』에 의하면, 한국전쟁이 아시아인들에게 주는 교훈은 아시아인들의 평화와 번영을 위해 스탈린이 거대한 전략적 지대라고 생각했던 소련-만주-북한을 잇는 지역을 경제협력의 지대로 전환시켜 유럽연합과 북미자유무역지대처럼 경제광역화의 기반을 닦아나가야 한다는 것이다. 한반도에서의 전쟁 재발은 한국은 물론 아시아 지역 전체에 부정적인 영향을 줄 것이므로, 아시아인들의 경제광역화에 대한 노력이 뒤처지면 19세기 서구의 팽창 때문에 동양이 겪은 고통이 되풀이될 것을 우려하는 것이다. (박지향, 김철, 김일영, 이영훈, 『해방 전후사의 재인식』, 책세상, 2006, 213쪽)

한국전쟁 이전부터 이승만은 꾸준히 무력에 의해 통일을 하자는 북진통일론을 주장했다. 반면 조봉암은 한국전쟁과 같은 참혹한 동족상잔의 전쟁이 다시는 되풀이되어서는 안되고, 우리나라는 총알 한 발, 트럭을 움직이는 휘발유 한 방울까지 미국에 의존하는데 북진통일론은 유엔과 미국이 반대하기 때문에 현실성이 없다는 논리로 평화통일을 주장했다. (서중석, 같은 책 169쪽과 『서중석의 현대사 이야기 3』, 오월의 봄, 2016,

당시 조봉암은 미소 냉전을 헤치고 민족이 자주적이고 평화적으로 통일을 이루어야 한다고 주장한 것이다.

고려대 사학과 강만길 교수도 "평화통일론자 조봉암이 간첩 누명을 쓰고 사형된 지 불과 9개월 뒤에는 이적론으로 취급되던 평화통일론이 당당한 민주혁명론의 일부로서 역사적 정당성을 확보하게 되었다"고 말한다. (강만길, 『분단고통과 통일전망의 역사』, 선인, 2013, 225쪽)

조봉암의 주장은 남북협상과 평화적 방법을 통한 통일정부 수립을 주장해온 김구, 김규식과 임시정부 세력의 주장과 같은 많은 사람들이 공감한 합리적 주장이었기 때문일 것이다. 실제 조봉암은 "우리 민족의 남북통일이나 자주독립은 우리 민주 세력을 중심으로 성취되어야 한다. 그렇지 않고 소련의 주구 노릇을 하는 공산당의 독재 천하가 된다면 그 결과가 어찌될 것인가"라고 하면서 전 국민이 단결하여 공산통일을 막고 평화, 자주, 민주 통일을 해야 한다고 주장하였다. (조봉암, 『우리의 당면과업』, 범우, 2009, 111~112쪽)

오히려 강력한 국방력의 뒷받침도 실현가능성도 없었던 이승만 대통령의 북진통일론은, 민주주의와 평화통일의 길을 연 4·19혁명으로 정권을 잡은 장면 정권에 의해 폐지되었다. 전쟁의 목적은 전쟁 이전보다 더 나은 상태로 만드는 것이라고 하는데, 이런 관점에서만 보면, 6·25전쟁은 아무것도 얻지 못한 전쟁이었다.

그럼에도 불구하고, 6·25전쟁에서 얻은 것이 있다면 대내적으로는 평화통일의 중요성에 대한 뼈저린 학습과 전쟁을 억제할 수 있는 강력한 국력 배양의 필요성에 대한 인식을 하게 된 것이라고 보아야 할 것이다.

대외적으로는 한미상호방위조약 체결을 통해 우리의 취약한 안보력을 보충할 수 있어 경제 개발에 올인할 수 있었던 것이 또 다른 소득이라면 소득일 것이다.

한반도
평화통일 노력

　　우리 역사에서도 이미 무력이 아닌 평화적
방식에 의하여 한 나라가 다른 국가를 통합한 사례가 몇 차례나 있었
다. 532년 신라 법흥왕은 무력이 아닌 합의 방식으로 금관가야를 통합
하였다. 935년 신라의 경순왕이 고려 태조 왕건에 항복하고 귀순하였기
때문에 고려는 평화적으로 신라를 통합하였다. 이성계의 위화도 회군이
라는 무력이 실질적인 바탕이 되었지만, 역성혁명을 통해 1392년 조선을
건국할 때도 형식적으로는 고려 공양왕이 이성계에게 왕위를 선양하는
평화적 방식으로 추진되었다.

　　1. 100여 년 전 안중근의 동양평화론은 한반도 평화통일과 동북아
경제공동체, 동북아 다자 안보협의체 등 오늘날에도 추진이 필요한 선
구자적인 주장이었다. 안중근 의사처럼 프랑스 레지스탕스로서 독립을
위해 싸웠던 스테판 에셀은 그의 책『분노하라』에서 정의가 아닌 것에 비
분강개하여 분노하라고 하면서도 평화적 봉기를 강조한다.『손자병법』
에서조차 싸우지 않고 이기는 것이 최상이라고 가르친다. 특히 전쟁 기
술을 가르치는 것이 아니라 전쟁을 극복하는 지혜를 가르친다. 한반도

　　　　　　　　　　　　　　　　　　　　　통일! 역사를 배우자

통일도 무력통일보다는 평화통일을 이루는 것이 싸우지 않고 이기는 최상의 경지가 아니겠는가?

2. 이승만 정부의 북진무력통일론은 1960년 4·19혁명으로 들어선 윤보선, 장면 정부에서 공식 부인되었다. 4·19혁명은 민주주의운동에서 출발했지만, 새로운 정부가 들어서고 난 뒤에는 평화적 민족통일운동으로 그 방향이 바뀌었다. 한나 아렌트의 새로운 것을 시작하는 '혁명 정신'의 관점에서 보면, 민주주의 외에 평화적 민족통일운동까지 추구했던 4·19혁명은 우리 민족사에서 참으로 값진 혁명이었다. 덕분에 죽은 조봉암의 평화통일론이 살아있던 이승만의 무력통일론을 이기게 되었다. 이때부터 한반도에서 평화를 증진시켜 통일을 실현하는 일은 역대 한국 정부의 일관된 국가 목표였다고 『한반도 평화통일론』의 저자 이종석 전 통일부 장관은 말한다.

3. 1970년 박정희 대통령은 남북 교류협력을 통해 평화통일 여건을 조성하는 내용을 골자로 하는 '평화통일구상 선언'을 발표하였다. 1972년 7·4남북공동성명에서도 자주·평화통일을 선언하였다.

4. 전두환 정부에서도 평화통일을 위한 노력이 있었다. 박철언 전 정무장관은 1985년 10월 남북 정상회담을 준비하기 위한 고위급 비밀회담의 수석대표로 평양을 방문했다. 당시 그는 출발에 앞서 "남북은 이념체계, 당면 목표 등 모든 것이 다르다. 그러나 이제 이데올로기에 대한 광신의 시대는 지나갔다. 통일의 길이 멀다고만 할 것이 아니라 통일의 길을 향해 출발해야 한다"고 말했다. (박철언, 『바른 역사를 위한 증언』, 랜덤하우스중앙, 2005, 182~183쪽)

한반도 평화통일 노력의 가장 상징적인 제도적 결실은 헌정사상 처음 통일 관련 내용을 규정한 1987년 개정헌법이었다. 헌법 전문에서는 '조국의 평화통일 사명'을 천명하고, 제4조에서 '자유민주적 기본질서에 입각한 평화적 통일정책의 수립과 추진'을 명시하였다. 제66조 제3항에 서도 '대통령은 조국의 평화적 통일을 위한 성실한 의무를 진다'고 규정 하였다.

5. 이러한 제도적 결실과 동서냉전의 종식이라는 세계사적인 흐름 속 에서 노태우 대통령은 대한민국이 88올림픽을 개최한 자신감, 민주화와 경제 성장의 진전으로 생긴 힘을 바탕으로 대북포용정책과 북방수교정책 을 포괄하는 북방정책을 추진하였다. 1989년 7월 7일에는 '민족자존과 통일번영을 위한 특별선언', 소위 7·7선언을 발표하였다. 이어서 같은 해 9월에는 국회에서 '한민족 공동체 통일 방안'을 발표하였다. 그 핵심은 남북 간 교류협력을 통해 먼저 민족 공동체를 회복 발전시키고, 이를 바 탕으로 정치적 통일을 이루어나가야 한다는 것이었다. 통일 원칙으로 자 주, 평화, 민주 통일을 제시하였다. 통일국가 수립을 위해 남북 대화 추 진으로 신뢰를 회복하는 가운데 남북 정상회담을 통해 민족 공동체 헌장 을 채택하고, 과도적 통일체제인 남북연합을 거쳐 통일헌법이 정하는 바 에 따라 총선거를 실시하여 통일국회와 통일정부를 구성함으로써 완전 한 한반도 통일국가인 통일민주공화국을 수립하는 절차를 제시하였다.

이와 함께 노태우 정부는 소련 및 중국과 국교 수립을 하는 등 북방 수교정책을 적극 추진하였다. 즉, 1990년 6월 4일 노태우 대통령과 미 하일 고르바초프 소련 공산당 서기장이 정상회담을 통해 한국과 소련 의 수교 원칙을 합의하고, 9월에 양국 외무장관이 '한·소 수교 공동성명 서'에 서명함으로써 국교가 맺어졌다. 1992년 8월 24일에는 중국의 수도 베이징에서 양국 외무장관이 한·중 수교 공동성명에 서명함으로써 한국과 중국 관계의 새로운 장(章)을 여는 역사적인 국교가 수립되었다. 1991년에는 '남북 사이의 화해와 불가침 및 교류협력에 관한 합의서', 소위 남북기본합의서를 만들어 남북한의 총리가 서명하였다.

노태우 정부의 북방정책은 독일의 동방정책에 견줄 수 있다고 하여, 독일에 동방정책을 추진한 브란트 수상이 있었다면 한국에는 북방정책을 추진한 노태우 대통령이 있었다고 평가하기도 한다. (임혁백, 이은정, 『한반도는 통일독일이 될 수 있을까?』, 송정문화사, 2010)

6. 김영삼 정부가 통일에 대해서 한 것이 없다는 세간의 비판이 있는데 이는 결과만 본 가혹한 평가라고 본다. 김영삼 대통령은 1993년 취임사에서 "민족의 화해와 통일에 전심전력을 다하겠습니다. … 김일성 주석에게 말합니다. … 세계는 대결이 아니라 평화와 협력의 시대로 나아가고 있습니다. … 남북한 동포의 진정한 화해와 통일을 원한다면 언제 어디서라도 만날 수 있습니다"라고 남북통일의 강력한 의지를 가지고 남북 정상회담을 제안했다. 1994년 1주년 기자회견에서도 김일성을 만날 용의가 있다고 거듭 밝혔다. 이에 대한 화답으로 김일성은 카터 전 미국 대통령을 통해 정상회담을 수락하였다. 그래서 판문점에서 부총리 회담을 먼저 하고, 1994년 7월 25일 남북 역사상 처음으로 김일성과 정상회담을 할 계획이었는데, 정상회담 2주 전 7월 8일 김일성이 갑자기 사망하는 바람에 무산되었던 것이다. 하늘이 막았으므로, 당시에는 천시(天時)가 없을 뿐 의지가 없던 것은 아니었다. 같은 해 8월 제시한 '민족 공동체 통일 방안' 속에 통일은 7000만 민족이 다 함께 잘 살기 위한 것이며, 통일 주체는 민족 구성원 모두임을 강조하였고, 통일에 따르는

부담과 고통을 분담해야 한다는 국민의 자세를 일깨워 주었다.

7. 김대중 정부는 남북관계의 개선을 우선적 목표로 설정하고 대북화해협력정책(햇볕정책)을 추진하였다. 2000년 6월에는 처음으로 남북정상회담을 개최하여 6·15남북공동선언을 채택하였다. 6·15선언의 골자는 다음과 같다.

① 남과 북은 나라의 통일 문제를 그 주인인 우리 민족끼리 서로 힘을 합쳐 자주적으로 해결해 나간다. ② 남측의 연합제 안과 북측의 낮은 단계의 연방제 안의 공통점을 바탕으로 통일을 지향한다. ③ 흩어진 가족, 친척 방문단을 교환하고 인도적 문제를 풀어나간다. ④ 경제협력으로 민족경제를 균형적으로 발전시키고, 사회·문화·체육·보건·환경 등 제반 분야의 협력과 교류를 활성화하여 신뢰를 다져나간다.

김대중 정부는 평화통일 기반 조성을 위해 안보와 화해협력을 병행 추진하면서 남북관계를 통일지향적으로 구체적으로 발전시키고자 하였던 것이다. 그래서 2000년 이후 남북 간의 경제협력은 철도와 도로 연결 사업, 개성공단 건설사업과 금강산·개성 관광사업 등 3대 경제협력 사업을 중심으로 추진되었다. 특히, 개성공단은 남북 경제협력을 상징하는 사업으로서 한반도 평화와 번영을 구가할 수 있는 통로 역할을 하는 등 작은 통일 공간이기도 하며, 전쟁을 억지하는 기능도 하고 있다. 최근 정부의 공단 폐쇄조치 직전 개성공단에는 남한의 입주기업 124개, 북한 근로자는 약 5만 5000명이 근무하고 있었다. 금강산 관광은 1998년 11월 18일부터 중단된 2008년 7월 11일까지 약 200만 명을 기록했다.

클린턴 전 미국 대통령은 『김대중 자서전』 추천사에서 "김대중 대통령의 햇볕정책은 한반도 문제에 외교와 협력으로 접근한다는 그의 믿음에서 비롯되었다. 햇볕정책은 고립이 아닌 파트너십이 남북한 모두에게 한층 더 밝은 미래를 가져다줄 것이라는 그의 확신을 보여주었다"고 말한다. (김대중, 『김대중 자서전』, 삼인, 2010, 14쪽)

8. 노무현 정부도 한반도 평화 증진과 남북 공동 번영 실현 및 동북아 공동 번영 추구를 목표로 하는 평화번영정책을 추구하였다. 이를 위해 제시한 추진 원칙은 ① 대화를 통한 문제 해결 ② 상호 신뢰 우선과 호혜주의 ③ 남북 당사자 원칙에 기초한 국제협력 ④ 국민과 함께 하는 정책이다. 노무현 대통령은 2007년 10월 2일부터 4일까지 북한을 방문하여 10월 4일 '남북관계 발전과 평화번영을 위한 선언'을 발표하였다. 2007년 10·4남북공동선언은 2000년 6·15남북공동선언을 보다 구체화하였다. 예컨대, 개성공업지구 1단계 건설 조기 완공 및 2단계 개발 착수, 개성-신의주 철도와 개성-평양 고속도로 공동이용을 위한 개보수, 안변과 남포 조선협력단지 건설, 백두산 관광을 위한 백두산-서울 직항로 개설 등을 합의하였다.

9. 이명박 정부에서는 한반도의 평화와 안정을 위해 필수적인 북한 비핵화를 국제사회와 긴밀한 협조 속에서 우선 추진하고자 하였다. 그러나 북한의 2차 핵실험, 연평도 포격 도발, 제3차 핵실험 강행 등으로 남북 교류협력이 크게 감소하고, 남북관계가 어려운 국면으로 가게 되었다.

10. 박근혜 정부에서는 2013년 남북 간 신뢰 형성-남북관계 발전-한반도 평화정착-통일기반 구축을 핵심으로 하는 '한반도 신뢰 프로세스'를 제시하였다. 통일준비위원회도 구성하였다. 2014년에는 "통일은 대박"이라고 선언하였으며, 독일 드레스덴에서 '한반도 평화통일을 위한 구상'을 발표하였다. 주요 내용은 ① 이산가족 상봉 정례화 등 남북한

주민들의 인도적 문제 우선 해결 ② 남북한 공동 번영을 위한 건설, 교통, 통신 등 민생 인프라 구축 ③ 민간 접촉 확대 등 남북 주민 간 동질성 회복 등이다. 그러나 사실상 남북협력은 중단된 상태다.

11. 보수정부인 노태우 정부에서 제시한 한민족 공동체 통일 방안에 입각해서 진보정부인 김대중·노무현 정부에서 평화통일을 위한 교류협력정책을 추진하여 평화통일 분위기가 점차 형성되기 시작했다. 그런데 안타깝게도, 보수정부인 이명박 정부와 박근혜 정부에서 남북관계가 6·25전쟁 이후 가장 어두운 터널 속으로 가는 상황에 직면하게 되었다.

한반도평화포럼에서 지은 『통일은 과정이다』에서는 독일 통일의 교훈을 말해준다. 독일은 1982년 보수적인 기민당이 정권을 잡고는 헬무트 콜 총리가 진보적인 사민당 브란트의 통일외교정책인 동방정책을 계승하여 탄핵론 등 당 내의 반발을 무릅쓰고 밀고 나갔다. 결국 기민당 집권 7년 만에 베를린 장벽이 무너지고 그 다음해 독일 통일이 이루어졌다. (한반도평화포럼, 『통일은 과정이다』, 서해문집, 2015, 52쪽)

이 같은 독일 통일의 교훈을 행동으로 실천하자. 경제협력으로 남북한 민심을 연결하여 평화통일의 구심력을 키우자. 가능하면 빨리 개성공단 가동, 금강산 관광 재개 등 남북관계를 정상화하기 위한 모든 노력을 경주해야 할 것이다. 돈 오버도퍼와 로버트 칼린은 『두 개의 한국』에서 정책을 왜곡하고 발전을 저해하는 적대적인 정권이 한반도 양국에 계속 이어진다면, 한반도뿐만 아니라 동북아시아 전체에도 비극이 되고 발전도 지지부진할 것이라고 경고하고 있다. (돈 오버도퍼, 로버트 칼린, 이종길·양은미 옮김, 『두 개의 한국』, 길산, 2015, 824~825쪽)

다행인 것은 유엔총회가 한반도 평화통일을 만장일치로 지지했다는 점이다. 2007년 두 번째 남북 정상회담 직후 유엔이 같은 해 10월 남북 대화와 평화통일을 지지하는 총회결의안을 만장일치로 채택한 것이다. 유엔의 평화통일 지지 결의안 채택은 국제사회가 남북한의 평화와 안정을 넘어 한반도 통일을 지지했다는 점에서 국제정치적으로 의의가 큰 것으로 평가되고 있다. (이상만 외, 『이제는 통일이다』, 헤럴드 경제, 한반도 개발협력연구네트워크, 2014, 199쪽)

남북한이 서로 이해하는 교류협력은 남북한 경제 통합의 초석이 되고 민족의 동질성 회복에도 큰 도움이 될 것이다. 아울러 유럽이 석탄과 철강이라는 한 분야의 공동체를 만들어 경제, 사회, 정치 분야로 폭을 넓혀 통합을 지속해온 경험을 한반도 통일에 교훈으로 삼자. 나아가 한반도의 평화를 제도화하는 것이 필요한데, 그 방안으로 유럽안보협력기구와 유사한 평화공동체의 설립이 바람직하다고 본다. (김계동, 『한반도의 분단과 전쟁』, 서울대학교 출판부, 2000)

요하문명, 동북아문명을 동북아시아 공동의 문명권으로 가꾸어 나가자. 홍산문화와 요하문명의 주맥은 한반도로 이어지는 북방문화 계통이므로, 요하문명과 홍산문화는 결국 한국 문화의 원류이고 그 주인공은 우리 민족의 선조들이다. 앞으로 한국, 중국, 일본과 몽골이 공동으로 동방 르네상스를 실현해 나가는 방안도 포함하여 동북아 평화공동체 설립의 꿈을 실천하자. (우실하, 『동북공정 너머 요하문명론』, 소나무, 2007, 395~396쪽)

12. 평화통일의 간절한 꿈은 참으로 소중하고 결국 이루어진다. 지중해와 홍해를 연결하는 운하는 3000년 동안 지속된 인류의 꿈이었다. 나폴레옹도 수에즈 운하 연결의 꿈을 가졌다가 포기하였다. 그러다가 1832년 페르디낭 드 레셉스라는 젊은 프랑스인이 동양과 서양을 하나

로 묶어 인류를 나누고 있던 장벽을 허물겠다는 꿈을 가지고 수에즈 운하 건설에 도전하였다. 레셉스는 열정, 실행력, 자원 동원력, 목표 달성을 위한 기회 포착 수완 등 리더십을 발휘해 1859년 착공하여 1869년 역사적인 지중해와 홍해 연결에 성공하였다. 수에즈 운하 연결로 레셉스는 웰링턴과 넬슨에 필적할 만큼 명성을 올렸다. 프랑스 대통령은 위대한 프랑스인으로 그를 환영했고, 프랑스 학술원 회원도 되었다. (제임스 맥그리거 번스, 조중빈 옮김, 『역사를 바꾸는 리더십』, 한국방송대출판부, 2006, 82~86쪽)

수천 년 인류의 꿈이 젊은이 한 사람의 뜨거운 열정과 도전적인 리더십으로 결국 실현되었다. 레셉스와 같은 위대한 꿈에 도전하는 젊은이들이 한반도 평화통일에도 동참했으면 하는 소망 간절하다.

평화통일을 말할 때 함께 떠오르는 것이 비폭력 평화운동이다. 1940년대에 마하트마 간디가 비폭력 평화운동을 통해 영국으로부터 인도 독립을 성취했다. 1960년대에는 마틴 루터 킹 목사가 비폭력 평화운동으로 미국의 흑백 인종차별의 종식에 획기적인 진전을 이루었다. 1990년대에는 넬슨 만델라가 비폭력 평화운동에 용서와 화해 리더십을 추가하여 남아공의 흑백 인종차별에 종지부를 찍었다. 이러한 세계사적인 비폭력 평화운동의 결실이 결코 남의 나라 일이 아니고, 한반도 평화통일에 충분히 응용할 수 있는 사안이다.

20세기 최고의 경제학자 케인스는 제1차 세계대전 후 1919년 개최된 파리평화회의에 영국 대표단으로 참석했었다. 당시 케인스가 구상했던 평화조약의 기본 정신은 관용을 바탕으로 독일에 대한 배상금을 100억 달러 이상 과도하게 요구하지 말고, 미국이 유럽 부흥을 도울 프로그램을 제공하는 것이 바람직하다는 것이었다. 그러나 케인스의 제안은 반영되지 않고 독일의 배상금은 330억 달러로 정해졌다. 케인스의 예상대로 과도한 배상금 문제는 프랑스와 독일 간에 갈등 요인으로 작용했고, 결국 2차 세계대전이라는 비극으로 이어졌다.

케인스는 "정의가 간단한 것이라면 국가들은 부모들이나 통치자들의 비행을 이유로 적의 자식들까지 괴롭힐 권리를 갖지 못한다"고 인식하였다. (존 메이너드 케인스, 정명진 옮김, 『평화의 경제적 결과』, 부글북스, 2016, 206쪽)

케인스는 독일을 돕는다는 생각이 바람직하다는 견해가 서부유럽의 민주주의 국가들 사이에 채택되고 미국의 재정적 지원이 더해진다면 하늘은 유럽인들 모두를 도울 것이라고 믿었다. 나아가 한 나라의 번영과 행복이 다른 나라들의 번영과 행복을 증진시키며, 인간의 연대가 진실이라고 믿어야 한다고 보았다. (같은 책, 246쪽)

1차 세계대전과 2차 세계대전 후 전후처리 방식은 극명하게 대비되었다. 1차 세계대전의 전후처리를 다룬 파리평화조약에는 케인스의 견해가 반영되지 않고 관용이 부족했기 때문에 결국 더 큰 전쟁을 불러일으켰다. 하지만 2차 세계대전 후 유럽 부흥을 위한 마셜 플랜은 관용과 유럽의 이익을 위하는 것이 곧 미국의 이익을 위한 것이라는 이른바 '자리이타' 정신을 바탕으로 했기 때문에 유럽의 경제적 부흥과 세계평화로 연결되었다. 케인스가 말하는 평화의 경제적 결과는 2차 세계대전 후 마셜 플랜의 성공에서 보듯이 실로 상상을 초월한다. 한반도 평화통일의 경제적 결과도 마찬가지로 엄청날 것이다.

독일 통일의 상징이 된 브란덴부르크 문
한때 서 베를린과 동 베를린의 경계선이었다.

제 3 장

세계 각국의
분열과 통합,
통일의 역사

여는 글

그동안 외국의 통일 사례를 말할 때는 일반적으로 19세기 이탈리아와 독일 통일, 20세기 초 폴란드 통일, 20세기 후반 베트남, 독일과 예멘 통일 정도를 소개했다. 하지만 여기서는 물리적인 국토 통일 외에 심리적인 국민 통합 사례와 외국의 내전과 통합 사례 등을 포함한 세계 각국의 분열과 통합 및 통일에 대한 소중한 경험을 망라하기 위해 세계사를 두루 산책하면서 20개국이 넘는 국가의 자료를 분석하였다.

동양에서는 고대 중국 진(秦)나라 통일에서부터 한나라, 서진(西晉)의 삼국 통일, 수나라와 당나라 통일, 국민당과 공산당의 내전, 중국과 대만의 양안 문제, 13세기 몽골 통일, 16세기 말 일본 통일, 20세기 말 베트남 통일을 다루었다.

유럽에서는 2000여 년 전의 로마 내전, 1871년 이탈리아 통일, 1870년 비스마르크의 독일 통일과 1990년의 독일 통일, 프랑스의 위그노 전쟁과 영국의 청교도 혁명, 20세기 총체적인 이념의 격돌 스페인 내전, 123년 만의 폴란드 통일과 오스트리아 통일을 살펴보았다. 오랫동안의 폭력과 투쟁을 끝내고 평화를 정착시키고 있는 아일랜드의 평화 프로세스와 하나의 유럽이라는 유러피언 드림을 위한 유럽연합까지도 포함하여 한반도 평화통일과 국민 통합에 대한 시사점을 얻고자 하였다.

그리고 미국연방을 유지시켜 미국의 재통일을 이룩한 링컨의 남북전

114

쟁 승리, 이집트와 시리아 통일, 남북 예멘 통일 및 남아공의 흑백 분리
와 만델라의 흑백 통합까지 종합적으로 살펴보았다.

중국의 분열과 통일 역사에서 한반도 통일에 시사점을 얻으려고 하
는 과정에서 2000여 년 전의 고대사가 과연 어느 정도 도움이 될까 하는
생각도 해보았다. 우선 개인 생활에 중요한 종교- 불교, 유교, 기독교 등
은 대부분 2000여 년 전에 탄생했다. 오늘날에도 우리들에게 영향을 주
고 있는 소크라테스, 플라톤, 노자, 장자 등의 철학적인 가르침도 마찬
가지다. 개인 생활에서도 2000여 년 전의 가르침이 오늘날에도 영향을
줄진대, 8000만 명의 삶의 질에 관련되는 국가적 중대사인 통일도 당연
히 아무리 오래된 다른 나라의 역사라 해도 분명히 중요한 가르침을 얻
을 수 있다고 판단하였다. 그래서 중국의 진나라와 한나라 통일, 서양
의 로마 내전 등 2000여 년 전의 고대사도 충실하게 살펴보았다.

20세기 전까지 세계 각국의 통일은 거의 대부분이 무력통일이었지만,
20세기에 들어서는 오스트리아 통일, 아일랜드 평화 프로세스, 유럽 통
합, 예멘 통일, 독일 통일 등 평화통일의 사례가 많이 나오고 있는 것도
큰 특징이다.

동양 » 중국
고대국가의 통일

진나라

기원전 221년 진나라는 마침내 기원전 770년부터 시작된 춘추전국시대의 종지부를 찍으며 중국 천하를 처음으로 통일하였다. 이로써 진시황은 중국 역사에서 가장 큰 영향을 미친 역사인물로 평가되고 있다. 전국시대에 군웅이 할거하고 밀고 밀리는 전쟁이 200여 년 계속되자 진나라를 제외한 나머지 여섯 나라는 이미 국력이 약화되어 강대한 힘을 가진 진나라에 의해 차례차례 멸망하였다. 진왕 정(통일 후에는 진시황)은 이사, 정국과 같은 유능한 관리를 등용하여 법가의 정책으로 나라를 강력하게 다스렸으며 군사력을 키웠다.

진왕 정이 집권하기 약 130년 전인 기원전 356년에 진의 효공은 개혁론자 상앙을 재상으로 등용해 법질서의 개혁을 단행하고 귀족들의 특권을 폐지해 군주제를 강화했다. 상앙은 법치를 치국의 관건으로 삼았고, 국가가 흥할 수 있는 방법으로 농업의 발전과 군사력 강화를 추진하였다. 특히 상앙은 전쟁에서 얻는 이익은 모두 병사들에게 돌아가게 했고, 시장에서 얻는 이익은 모두 농민들에게 돌아가게 만들었다. 그래서 백성이 기꺼이 농사짓고, 병사들은 즐거이 전쟁에 나아가는 사회기풍을 만든 것이다. 또한 토지 매매의 자유화, 황무지 개간의 장려, 소농 보호 등의 경제정책을 실시했다. (상앙, 우재호 옮김, 『상군서』, 소명출판, 2005. 상앙의 『상군서』는 총 26장으로서 1장 경법, 2장 황무지 개간, 3장 농업과 전쟁을 다루고 있으며, 법치와 농업과 전쟁의 장려, 부국강병의 사상이 집약되어 있다.)

이런 부국강병정책으로 사회가 안정되고 산업이 발달해 통일의 기반이 구축되고 있었다. 변방의 후진국 진나라가 강대국으로 발전할 수 있었던 까닭은 중원의 선진국보다 상대적으로 귀족들의 힘이 약해 과감한 혁신정책의 시행이 가능했으며, 주변의 황무지를 개척하여 농지를 확대하는 등 경제력을 탄탄히 할 수 있었기 때문이다. 이처럼 진나라는 하루아침에 국력이 강대해져 통일한 것은 아니었다. 100여 년 전의 획기적인 상앙의 국가 개혁이 밑거름이 되었다. 그리하여 전국시대 후기에 진나라의 영토는 전국의 3분의 1에 불과했으나, 그 경제력은 60% 정도를 차지할 만큼 성장했다.

사마천은 효공과 상앙의 국가 개혁을 이렇게 서술하고 있다. "위앙(상앙)이 법령을 바꾸고 형벌을 정비하며, 안으로는 농사일에 힘쓰고 밖으로는 죽음을 무릅쓰고 싸운 자들에게 상벌을 분명히 할 것을 권하자, 효공이 좋다고 했다." (사마천, 김원중 옮김, 『사기 본기』, 민음사, 2010, 191쪽)

상앙이 진나라의 국력은 신장시켰다. 상앙이 진나라를 다스렸을 때 법령이 잘 집행되었고 공평무사하였다. 벌을 내릴 때에는 강한 자와 큰 자에게 조금도 거리낌이 없었고, 상을 줄 때도 친하거나 가깝다고 사사로이 하는 경우가 없었다. 그러나 법이 너무 가혹하여 인의은덕이 적어 강권으로 복종시킨 것 뿐이었다고 말한다. (유향, 임동석 역주, 『전국책』, 동서문화

사, 2009, 141쪽)

　진왕 정은 6국에 대하여 군사적으로 차례로 침략하여 각각 격파하는 방법을 쓰는 한편, 정치적으로는 6국이 서로 연합하여 진나라에 대항하는 합종책을 방지하고, 때로는 6국 지배자 집단 내부의 부패를 이용하여 그 대신이나 장군을 매수하고 군주와 신하 사이를 이간시키기도 했다. 이런 방책이 효과를 거두면서 기원전 230년 6국 가운데 지리적으로 인접한 가장 약소국이며 외교 역량도 부족했던 한을 먼저 멸망시켰다.

　한비는 "이윤이 은나라의 옛 법을 바꾸지 않고, 태공망이 주나라의 옛 제도를 바꾸지 않았다면, 탕왕이나 무왕이 천자가 될 수 없었을 것이다. 관중이 제나라의 옛 법을 바꾸지 않고, 곽언이 진나라의 제도를 바꾸지 않았다면 제나라 환공과 진나라 문공이 천하의 패주가 될 수 없었을 것이다"라고 말한다. 그래서 잘못된 옛 법도와 오래된 풍습을 과감하게 개혁하라고 강조한다. (한비, 김원중 옮김, 『한비자』, 글항아리, 2010, 195~196쪽)

　한비는 국가 경영에서 인정을 철저히 배제하고, 재능을 기준으로 관리를 선발하고, 법치주의와 신상필벌을 강조한 것이다. 진왕은 이런 한비의 개혁사상이 마음에 들어 한비를 흠모하였는데, 순자 밑에서 같이 공부한 이사에 의하여 한비는 진나라에서 죽임을 당한다. 진왕의 정책은 한비의 죽음에도 불구하고 그의 학설에 많은 영향을 받았다.

　진나라는 중국 역사에서도 대단히 큰 규모의 전쟁으로 불리는 기원전 262년의 장평대전과 기원전 259년의 한단의 전쟁을 하면서 가장 완강하게 저항하던 조나라의 국력을 약화시켰다. 특히 장평대전은 전국시대의 판도를 바꾼 전쟁으로 평가된다. 이 전쟁으로 진나라는 중국 통일의 기반을 구축하고 조나라는 몰락의 길로 가게 된다. 조나라는 이렇게 큰 전쟁에서 패배한 데다가 인재의 잘못된 활용, 정치적 부패 등으로 거의 재기 불능으로 약화되었다. 이때 진왕은 조나라를 전면 공격하여 기원전 228년 멸망시켰다. 기원전 225년에는 유능한 인재들이 대량으로 유실된 위나라를 멸망시켰다. 이어서 연나라를 무너뜨렸다. 강한 나라 초나라와의 싸움에서는 젊은 장군 이신이 20만 대군으로 초나라를 쳤으나 패하고 말았다. 그 뒤 노장 왕전이 60만 대군이 필요하다고 진왕에게 요구해 60만 대군으로 정치적으로 크게 부패해졌던 초나라를 기원전 222년 물리치게 된다. 마지막 남은 제나라와는 싸우지 않고 제왕을 회유하여 항복을 받는다. 흥미로운 것은 제나라 출신 손무의 『손자병법』에서 '싸우지 않고 이기는 것이 최상의 전략'이라고 했는데, 진나라는 제나라 항복에서 손자의 이런 사실을 증명하였으니 역사의 아이러니라고나 할까. 마침내 진나라 왕 정은 기원전 221년에 중국 최초의 천하통일이라는 대업을 이룬다. 아울러 진왕은 북쪽의 흉노를 물리치고 남으로도 광활한 영토를 개척하였다.

천하를 통일한 진왕은 진시황이라 칭하며 봉건제를 폐지하고 군현제를 실시하여 중앙정부의 권한을 강화하였다. 중앙에는 전국 각 지역을 다스리는 국가기구로 각 방면의 정무를 담당하는 구경(九卿)을 두었다. 구경 위에는 정치를 담당하는 승상, 군사를 담당하는 태위, 감찰을 담당하는 어사대부의 삼공(三公)을 두었다. 최종적으로는 모든 군사, 정치권력을 황제 한 사람이 장악하는 강력한 중앙집권체제를 확립한 것이다. 이때부터 중국의 왕조는 청나라에 이르기까지 2000여 년 동안 끊임없이 교체되었으나 시황제가 확립한 왕조의 국가체제는 기본적으로 이어져 내려갔다.

또한 문자를 통일하고 금화와 동전의 무게를 일정하게 해 화폐를 통일하고 나아가 도량형을 통일하는 등 통일국가에 걸맞은 제도의 개혁도 단행하였다. 교통을 원활히 하기 위하여 수도인 함양을 중심으로 하는 방사선 모양의 도로를 만들고 남과 북을 잇는 운하도 만들었다. 새로운 도로를 통해 황제의 명령을 신속하게 지방에 전달하였다. 반란이 일어났을 때도 신속한 진압이 가능하게 되었다. 문자, 화폐, 도량형, 제도와 법률을 통일하는 진나라의 국가 개혁은 10년 이상 걸려 완성되었다. 이는 인류 역사의 진보를 보여준 성과라는 평가가 지배적이다. 사마천은 "법률과 도량의 무게와 길이를 통일하였다. 수레바퀴의 폭을 동일하게 했으며, 문자를 통일했다"고 진시황의 성과를 압축하여 기록하고 있다. (사마천, 같은 책, 222쪽)

시황제는 진정한 정치적 통일을 이루기 위해서는 제도와 법률의 통일 외에도 사상의 통일이 뒷받침되어야 한다고 보았다. 그래서 의약책, 농사책 등 실용적인 서적만 남기고 봉건제도를 사상적으로 뒷받침해온 유학서적 등 모든 책을 불태우는 인류사에 부끄러운 분서정책을 자행하였다. 백가쟁명의 상태를 겪어 사상의 자유를 누려온 유생들이 반발하자 이들 유생들 460명을 체포해 생매장시켰다. 기원전 212년에 발생한 이른바 비극적인 분서갱유 사건이다. (같은 책, 237~238쪽)

시황제는 정권 강화를 위해 이렇게 했겠지만, 오히려 창의적인 문화를 말살시키고 사상의 자유에 재갈을 물리게 되어 통치기반을 결정적으로 약화시키는 결과만 가져왔을 뿐이었다.

아울러 진시황은 여산 기슭에 자신의 능묘를 만들고, 아방궁을 건축하는가 하면 만리장성을 축조하는 등 연속적으로 대규모 공사를 추진하였다. 그러다 보니 백성들은 과중한 부역과 조세, 가혹한 법과 형벌, 가난과 굶주림으로 크나큰 고통을 겪게 되었다. 여산능 공사 75만 명, 아방궁 공사 70만 명, 만리장성 공사 30만 명 등 수백만 명의 백성들이 무상노동에 동원되었다. 전국시대부터 오랜 전란에 고통받아 지친 백성들은 평화와 안정을 원했으나, 통일된 진 왕조가 백성들에게 베푼 것은 고통 완화는커녕 과중한 조세와 부역, 가혹한 형벌, 굶주림과 때로는 죽음뿐이었다. 특히 2세 황제는 오로지 잔인하고 포악한 정치만 일삼았다. 그러자 백성들의 마음이 진 왕조를 떠나고 원성이 커지면서 기원전 209년 중국 최초의 농민 반란이라 불리는 진승과 오광의 반란이 일어난다. 진승과 오광이 일으킨 난은 실패로 끝났지만, 그들은 새로운 시대를 연 선구자로 높이 평가되고 있다.

진승과 오광의 농민 봉기를 기폭제로 전국 각지에서 일어난 포악한 진 왕조 타도의 파도는 마침내 항우와 유방의 각축전으로 이어진다. 진나라는 중국 통일을 이룬 지 불과 10여 년 만에 지나치게 백성들을 고통받게 하고 핍박시킨 정책으로 인해 전국적인 반란의 물결에 휩싸인다. 백성은 물이요, 군주는 배다. 진시황의 아들은 물이 배를 띄우기도 하지만 뒤집기도 한다는 진리를 잊어버린 것이다.

왕리췬은 그의 책 『진시황 강의』에서 진나라가 빨리 망한 이유를 세 가지로 든다. ① 진시황의 통치 사상인 법가사상은 군왕의 독재를 강화하는 시스템이었지만, 군왕의 독재를 제어할 수단이 없었다. ② 귀족들이 대단히 부정부패했다. ③ 후계자의 선정이 실책이었다. 20여 명의 아들 중에서 가장 무능한 아들이 정변을 일으켜 후계자가 되었던 것이다.

한나라

초나라의 항우를 물리치고 진시황에 이어 최초로 아시아적 전제국가를 세운 인물은 한나라의 유방이었다. 평범한 농민 출신 유방이 집안 좋은 대장군의 아들 항우를 이긴 것은 그 자신의 역량도 있었지만 소하, 한신, 장량이라는 걸출한 인재를 적절히 활용했기 때문이었다.

진시황 사후 폭정에 시달린 농민들은 거친 물이 되어 군주라는 배를 뒤집었다. 농민들은 진나라의 정치에 말할 수 없는 고통을 더 이상 겪을 수는 없다고 주장하면서 진나라 타도의 깃발을 높이 쳐들었다. 진승과 오광의 농민 봉기를 기폭제로 진 왕조 타도 물결이 일어나다가 마침내 초나라의 항우와 한나라의 유방이 천하의 패권을 다투게 되었다.

기원전 206년 '홍문의 연회' 때 40만 대군의 항우가 10만 부대의 유방을 없앨 수 있는 기회가 있었다. 항우의 참모 범증은 굴욕적인 항복을 한 유방을 죽여 화근을 없애라고 했다. 장량은 유방에게 항우한테 항복하는 것처럼 사과하고 수모를 참아 견디라고 조언하였다. 유방은 참모 장량의 간곡한 조언대로 항우에게 사죄하였다. 반면 항우는 유방의 사과에 마음이 누그러져 그의 참모 범증의 말을 듣지 않았다. 그래서 장량의 기지로 유방은 위급한 상황에서 탈출할 수 있게 되었다. 항우와 유방의 운명이 바뀌는 순간이었다. 그래서 범증은 "항우는 정말 큰일을 못할 사람이야. 저런 사람을 도와주는 내가 부질없지"라고 한탄하였던 것이다.

유방이 관중을 차지하고 그 위세를 떨치기 시작하자 항우는 격분했고, 다시 56만 명의 군사로 팽성을 점령했다는 소식을 듣고 정예병 3만을 거느리고 팽성을 향해 달렸다. 유방의 군대가 포위당하는 또 한 번의 위기가 있었으나, 이번에는 갑자기 폭풍이 불어닥쳐 전선이 혼란해진 틈

통일! 역사를 배우자

을 타 도망칠 수 있었다. 항우 옆에 범증만 없다면 승산이 있다고 보고 유방의 참모 진평은 이간계로 범증을 제거했다.

마침내 유방과 항우는 광무에 진을 치고 대치하게 되었고 수개월이 지나도 승부가 나지 않았다. 장기적인 소모전으로 항우군은 점점 피폐해지고 전쟁의 주도권은 한군의 수중으로 넘어갔다. 기원전 203년 양군은 홍구를 경계로 천하를 양분하고 강화하기로 했다. 이에 장량과 진평이 지금 초나라 군사가 피로하고 군량도 다 떨어졌는데 이 기회를 놓치면 안된다고 유방에게 건의하였다. 유방이 이를 받아들여 항우의 초군을 추격하자 항우는 해하에서 진을 치고 한군과 대치했다. 이때 항우의 군대는 10만, 한신은 20만의 군대를 지휘하고 있었다. 한신의 계책으로 밤마다 한나라 병사들이 초나라 노래를 불렀다. 밤마다 들려오는 초나라 노래 소리를 들은 초나라 군인들은 점점 마음이 약해져 전투 의지를 상실했다. 유명한 '사면초가'라는 말은 여기서 유래된다. 이런 상황을 뒤집기 어렵다고 판단한 항우는 자살하고 만다.

사마천은 항우에 대해 "항우는 스스로 공로를 자랑하고 사사로운 지혜만을 앞세웠으며 옛것을 본받지 않고 패왕의 공업이라 하면서 힘으로 천하를 정복하고 다스리려다 오년 만에 결국 나라를 망하게 했다. 게다가 죽으면서도 여전히 깨닫지 못해서 스스로를 꾸짖지 않았으니 잘못된 것이다"라고 평가한다. (사마천, 같은 책, 328~329쪽)

왕리췬의 책『항우 강의』에서는 힘은 산을 뽑을 만하고 기운은 세상을 뒤덮을 만하다는 '역발산 기개세'의 항우가 실패한 요인을 몇 가지 제시하고 있다. 첫째, 인사 관리에 실패했다. 인정에 치우쳐 무능한 사람을 중용하고 이적행위를 한 친척을 단죄하지 않았다. 둘째, 마지막 순간

신임했던 측근들까지 항우를 배신하였다. 셋째, 군사투쟁은 정치투쟁의 연속인데도, 항우는 정치적으로 매우 무능했다. 넷째, 잔인하고 포악했다. 항복한 진나라 병사 20만 명을 생매장시키기도 했다.

이로써 초나라와 한나라와의 싸움에서 유방이 승리하게 되었다. 진승과 오광이 반란을 일으킨 후 진나라 타도의 공은 항우가 훨씬 더 컸으나, 최후의 승자는 유방이 된 것이다. 기원전 202년의 일이다. 농민 출신이었던 유방은 항우보다 뛰어나지 않았으나 자신의 힘을 과신하지 않고 인재를 적재적소에 잘 활용했다. 감정에 휘말리지도 않고 언제나 현실을 직시함으로써 마침내 천하를 통일하고 황제가 되었다.

사마천은 유방이 천하통일을 한 까닭을 이렇게 적고 있다. "군막 속에서 계책을 짜내 천리 밖에서 승리를 결판내는 것은 내가 장량만 못하오. 나라를 어루만지고 백성들을 위로하여 양식을 공급하고 운송 도로를 끊기지 않게 하는 것은 내가 소하만 못하오. 백만대군을 통솔해 싸우면 어김없이 이기고 공격하면 어김없이 빼앗는 것은 내가 한신만 못하오. 이 세 사람은 모두 빼어난 인재이지만 내가 그들을 쓸 수 있었으니, 이것이 내가 천하를 얻을 수 있었던 까닭이오. 항우는 범증 한 사람만 있었으면서도 그를 중용하지 않았으니 이것이 그가 나에게 사로잡힌 까닭이오."(사마천, 같은 책, 367쪽)

통일 후 봉건제의 장점과 군현제의 장점을 살린 군국제로 한 왕조의 기틀을 잡았다. 군국제란 수도 인근 지역과 군사요충지는 황제 직속의 군현을 두고, 나머지 땅은 공신과 제후들에게 분봉하여 다스리게 한 제도다. 이어 한신, 팽월 등 창업 일등공신들을 차례차례로 숙청하여 황제권을 강화하였다. 수도는 대부분의 신하들이 낙양을 주장했으나, 장량

　　　　　　　　　　　　　　　　　　　　통일! 역사를 배우자

의 건의에 따라 장안에 정하기로 했다. 무엇보다도 진나라 때 과도한 수탈과 수년에 걸친 전쟁으로 도탄에 빠져있던 백성들을 구제하기 위해 수확량의 반 이상을 거두던 것을 15분의 1로 대폭 경감하는 등 민생 안정에 주력했다. 또한 진나라 때의 연좌제나 삼족을 멸하는 법 등 가혹한 형벌을 폐지하였다.

공산당의 대장정을 이야기 하면, 장제스와 마오쩌둥의 국공전이나 항우와 유방의 초한전은 비슷한 면이 많다고 한다. 마오쩌둥과 유방은 초기에는 자주 도망다니고 불리한 처지에 있었지만, 막판에 판세를 뒤집는 드라마틱한 역전극을 벌였다. 유방이 한신·소하·장량 등 매우 뛰어난 참모들을 두었듯이, 마오쩌둥도 주덕·팽덕회·임표·저우언라이 등의 걸출한 인물과 손잡고 함께 일했던 것이다. 운 좋게도 천시가 함께 하여 위기 때마다 하늘이 유방과 마오쩌둥을 돕기도 하였다.

삼국 통일 – 서진

후한 말 농민들은 부패한 정권과 관료 세력에 의해 토지를 빼앗기고 무거운 세금으로 더욱 피폐해져 갔다. 이러한 좌절과 가난에 빠진 농민들 사이에 태평도 등 도교적 신흥 종교가 유행병처럼 번져갔다. 184년 일어난 황건적의 난은 태평도의 지방조직이 군사조직으로 전환되어 일어난 대규모 농민 봉기다. 황건적의 난을 계기로 전국 각지에서 군웅들이 할거하게 되었다. 이들 할거 세력들은 원소를 맹주로 하는 관동연합군을 조직하여 정권을 제멋대로 휘두르던 동탁을 제거하고자 하였다. 그런 과정에서 192년 동탁은 오른팔이라고 믿었던 부하 여포에게 살해당하고 말았다. 동탁의 제거를 계기로 전국의 군웅들은 그들의 세력 확장에 힘을 기울이게 되었다. 이런 세력 가운데 천하를 삼분하여 대치하고 있었던 나라가 위나라, 오나라, 촉한인데 이 시기를 삼국시대라고 한다. 정사 삼국지인 진수의 『삼국지』에 의하면 당시 위나라는 66만 호 440만 명, 오나라는 52만 호 230만 명, 촉나라는 28만 호 94만 명으로서 위나라가 호수와 인구 면에서 절대적 우위에 있었다.

하지만 이 시대는 한마디로 난세였다. 전쟁이 빈번하여 백성들은 살아가기 매우 힘들었다. 난세는 영웅들을 배출한다.

이 삼국 가운데 중원 지역에서 먼저 부각된 영웅은 위나라의 조조였다. 조조는 장안에서 도망해 온 후한의 마지막 황제 헌제를 맞아들여 천자의 명을 빙자하여 군웅들을 다스렸다. 서기 200년 조조는 당대 최고의 명문 출신 원소를 황하 근처에 있는 관도의 대전에서 물리침으로써 중원 통일의 기초를 닦았다. 이 관도대전에서 조조는 2만여 명의 군사로 원소의 10만 대군을 대파하였다. 그 후 조조는 승상이 되어 권력을 휘둘렀다. 이중텐은 『삼국지 강의』에서 조조는 능력 본위로 인재를 발탁하고, 발탁한 인재는 믿었다고 평가한다. 이는 조조의 가장 큰 장점이었다.

손권은 아버지 손견과 형 손책이 다져놓은 강남의 기반 위에서 유능한 신하 장소, 주유, 노숙 등과 여몽 등 능력있는 장군을 등용해 오나라의 세력을 키워나가고 있었다. 촉한의 유비는 제갈량(제갈공명)이라는 걸출한 인재를 얻어 세력을 규합하고 있었다. 유비는 사람들의 신망, 사람들과의 인연, 인심이 자본이며 그의 근본이었다. 제갈량은 성실한 마음으로 공평하게 상을 주고 벌을 주는 등 예의와 법도로 나라를 다스렸다. 더구나 매우 충성스러웠으며 죽을 때까지 나라를 위하여 온 힘을 다했던 인물로서 세상을 다스리는 이치를 터득했다는 점에서 관중과 소하와 견줄 만하다. 눈앞의 이익만을 탐하는 난세 속에서 성실하고 진실된 모습을 보인 제갈량의 명성은 약 2000년이 지난 오늘날에도 빛나고 있다. 두보가 남긴「승상 제갈량」이라는 시 한 수를 맛보자.

> 승상의 사당이 어딘지 찾으니
> 금관성 밖의 잣나무 숲이라네.
> 계단에 드리운 풀은 봄기운이 완연하고
> 나뭇잎 사이로는 꾀꼬리 울음 울리네.
> 세 번 찾아준 은혜에 천하삼분의 계책을 내고
> 두 대를 정성껏 섬긴 늙은 신하의 마음이여.
> 출사하여 이기기 전에 몸이 먼저 가니
> 후세의 영웅들은 옷깃을 적시네.
>
> – 승상 제갈량

조조는 서기 208년 천하통일을 이루기 위하여 100만 대군을 강동으로 출전시켜 손권·유비의 연합군과 적벽 부근에서 양자강을 사이에 두고 일대 결전을 벌였다. 진수는『삼국지』에서 주유가 위나라 조조와의 결전에 임하는 논리로 네 가지 용병의 근심거리를 다음과 같은 요지로 적고 있다. 첫째, 위나라는 오나라와 물 위에서 싸워 이길 수 없다. 둘째, 위나라 북쪽 땅이 아직 평안하지 못하고, 마초와 한수가 동관 서쪽에 있어 조조의 후환이 되고 있다. 셋째, 기병을 버리고 수군에 기대어 오나라나 월나라와 다투는 것은 중원에서 잘하는 방법이 아니다. 넷째, 날씨가 추워 말에게 먹일 풀도 없고, 위나라 병사들이 강호의 물과 땅에 익숙하지 못하여 반드시 질병에 걸릴 것이다. (진수, 김원중 옮김, 『삼국지-오서』, 민음사, 2007, 310~311쪽)

이 전투에서 오나라의 주유와 촉한의 제갈량이 화공법으로 조조의 전선들을 불바다로 만들었다. 불에 타 죽거나 물에 빠져 죽은 병사들이 수를 헤아릴 수 없었다. 조조는 겨우 목숨을 건져 허창으로 도망쳤는데, 이 전투가 유명한 적벽대전이다.

이중톈은 『삼국지 강의』에서 적벽대전은 중국 역사상 적고 약한 병력으로 강한 적을 물리친, 삼국시대에서 가장 중요한 전쟁으로 평가된다고 말한다. 손권과 유비의 연합 가능성을 예측하지 못한 조조가 적벽대전에서 크게 패배함으로써 천하통일의 꿈은 깨어지고 한동안 삼국이 정립하는 형세로 전환되었다. 적벽대전을 계기로 유비는 제갈량의 계책에 따라 형주와 익주를 차지해 219년 한중왕이 되었다가 221년 황제가 되어 수도를 청두(成都)로 정하고 촉한을 건국하였다. 형주를 둘러싼 촉한과 오나라의 대립이 해결되지 않자, 유비가 친히 군대를 이끌고 오를 쳤으나 백제성에서 223년 병사하고 말았다. 유비는 후주 유선에게 "너는 승상과 함께 나라를 다스리고 그를 아버지같이 섬겨라"라고 유훈을 남긴다. 후사를 위임받은 제갈량은 후주 유선을 보좌하여, 오나라와의 국교를 회복하고 산업을 장려하고 국력을 강화하였다.

제갈량은 227년 명문 출사표를 올려 출병한다. 진수의 『삼국지』에서 기록하고 있는 출사표의 요지를 소개한다. "이제 남방은 평정되었고, 군대와 무기도 이미 넉넉하므로 마땅히 삼군을 거느리고 북으로 나아가 중원을 평정시켜야 할 것이옵니다. … 한나라 왕실을 부흥시키는 것이

신이 선제와 폐하께 충성하는 직분이기 때문입니다." (진수, 김원중 옮김, 『삼국지-촉서』, 민음사, 2007, 120~121쪽)

제갈량은 중원을 회복하고자 자주 북벌을 시도하였으나 뜻을 이루지 못하고 234년 우장위안에서 대전 중 병사하였다. 결국 촉한은 위나라와의 잦은 전쟁 때문에 국력이 쇠퇴하여 263년 위나라의 18만 대군의 공격에 유선이 항복함으로써 멸망하였다. 222년 손권도 오나라 황제가 되었다. 삼국이 다투던 시기는 비교적 짧았으나 이 시기 동안의 삼국의 활약은 나관중의 소설 『삼국지연의』 덕분에 많이 알려지게 되었다.

220년에는 조조의 아들 조비가 한나라 황제의 양위를 받아 황제가 되었다. 촉한의 제갈량이 위나라를 공격해 왔을 때 그 방어를 맡은 총사령관이 사마의였다. 촉한의 공격을 물리치고 성장한 사마의는 권력투쟁으로 약화된 위나라 조씨 정권에 대항하여 249년 쿠데타를 일으켜 정권을 잡았다. 이때 사마의는 71세의 고령이었다. 이 사건을 계기로 위나라의 실권은 조씨에서 사마씨로 바뀌고 사마염에 의한 삼국 통일의 토대가 마련된 것이다. 탁월한 정치가이자 군사전략가인 사마의의 건의로 전투를 수행하는 군인들이 적과 대치하면서 장기전으로 들어가게 될 경우 논밭을 경작하게 하여 식량을 확보하는 둔전제가 위나라 조조 시대에 실시되었다. 위나라는 둔전제 덕분에 국방이 강화되고 농업생산력이 크게 증가하였다.

결국 사마의의 손자 사마염이 위나라로부터 선양을 받아 265년 황제가 되어 국호를 진(晉)으로 하고 낙양을 수도로 정하였다. 그리고 280년 진나라는 손권의 손자가 포악하고 난폭한 정치를 하고 있던 오나라를 20만 대군으로 공격하여 무너뜨리고 중국을 다시 통일하였다.

오나라 멸망의 원인은 외부가 아닌 권력다툼과 신하들 간의 반목이라는 내부의 균열에 있었다. 후한 말부터 시작된 90여 년간의 난세가 마침내 끝났다.

천하를 삼분하여 대치하던 삼국은 결국 위의 뒤를 이은 진나라에 의하여 통일되었다. 진나라(서진)가 중국 천하통일의 주역이 된 것이다. 그래서 중국 역사에서는 위를 정통으로 삼아 이 시기를 위진남북조시대라고 부른다. 진나라를 세운 무제 사마염은 즉위 당시에는 검소한 기풍을 솔선수범하는 등 어진 정치를 하였으나, 점차 사치와 방종으로 흘러갔다. 이에 관리들도 사치에 빠져 지배계급 전체가 부패하게 되었고, 백성들의 생활은 곤궁해졌다.

수나라와 당나라

중국의 첫 통일국가 진나라가 망하고 항우와 유방이 싸우다가 유방이 기원전 202년 한나라를 개국하여 통일국가를 유지했다. 그러다가 후한 말 황건적의 난을 계기로 각지에서 군웅이 할거하는 가운데 위, 오, 촉한의 삼국시대가 전개되었다. 위나라의 뒤를 이은 진나라에 의해 서기 280년에 다시 중국이 통일되었다. 진나라는 수도를 낙양에 두었을 때를 서진, 수도를 건강(남경)에 두었을 때를 동진이라 하는데 420년까지 존속하였다. 4세기 초 중국의 북부와 서부에 근거를 두고 있던 흉노, 갈, 저, 강, 선비 등 이른바 오호들이 다투어 중원 지역에 정권을 수립하였다. 양자강 상류와 황하 유역에 무려 16국이 할거하는 양상을 보여서 이 시대를 오호십육국시대라고 한다. 동진으로부터 선양을 받은 송 왕조 때부터를 남조시대라 하는데 남조는 동진, 송, 제, 양, 진나라로 이어졌다.

북조는 16국으로 분열되었던 것을 북위가 병합했다가, 다시 서위와 동위로 분열되었다. 동위는 북제이고 서위는 북주인데, 북주는 북제를 병합했다가 북주의 요직에 있으면서 정권을 장악하고 있던 양견에 의해 무너졌다.

위진남북조시대에는 불교와 도교가 크게 유행하였다. 불교는 외래문화에 편견이 적은 북조의 상류층에 널리 퍼지기 시작하여 오호십육국시대에 뿌리를 내리고 북위 때에는 매우 성행하였다. 그 상징물이 돈황 막고굴과 함께 세계 3대 석굴로 꼽히는 운강, 용문의 석굴 사원이다. 남조에서도 불교는 지배층과 민중의 문화에 부응하면서 남조의 철학적·문학적 전통과도 융화되었다. 도교 또한 전쟁과 정치적 혼란 시기인 이 시대에 널리 유행하였다.

양견은 북주의 실권자로 있을 때 어린 황제가 즉위하는 등 황권이 크게 약해진 상황에서 어렵지 않게 수나라를 세웠다. 이어 양견은 589년 50만 대군을 이끌고 출동하여 황제가 주색과 유흥에 빠져 무력해진 남조의 진을 병합함으로써 진나라 통일로부터 약 300여 년 후에 다시 중국의 통일을 이루게 되었다.

수나라를 창건한 문제 양견은 통일의 힘으로 발휘되었던 백성들의 열망을 토대로 정치에 힘써 상당한 발전을 이루었다. 당나라의 기초가 되었던 제도들은 수 문제가 정비한 것이다. 강력한 중앙집권체제 확립, 병농일치의 원칙을 마련한 군사개혁, 중앙에서 시험을 통해 관리를 등용하는 과거제도 등이 그러한 제도개혁들이었다. 또한 부역과 세금을 경감함으로써 경제가 발전하는 등 역사상의 선정으로 일컬어지는 '개황의 치'를 이룩하였다.

문제가 무력으로 중국을 통일하는데 성공했다면, 양제는 대운하 개통으로 남북 문물 교류를 활발히 함으로써 오랜 남북 분열을 통합하여 통일을 실질적으로 완성했다. 최초 중국 통일을 이룬 진나라의 상징물이 만리장성이라면, 수의 중국 재통일 상징물로는 대운하를 꼽을 만하다.

수나라가 국경을 마주하는 만주의 실력자 고구려에 대한 원정과 실패 등으로 인해 민심이 흉흉한 상황에서 농민 반란, 지방 세력의 반란이 이어졌다. 민심은 거의 수나라를 떠나버렸다. 반란 세력 가운데 최강의 반란 세력은 이연의 세력이었다. 한족과 돌궐족의 피가 섞인 북부 벌족 출신으로 처음에는 반란의 생각이 없던 이연은 후에 당 태종이 된 걸출한 아들 이세민에게서 곤궁에 빠진 백성들을 구하기 위해서는 혼연히 나서야 한다는 의견을 듣고는 반란을 일으켰다. 당시 중국의 북부 초원지대는 돌궐족, 위구르족, 거란족, 티베트족, 고구려에 이르기까지 비한족 국가들의 위협에 시달리고 있었다. 이런 위협 속에서 통일된 중국을 유지하기 위해서는 만리장성은 물론 수많은 주변 민족들과의 동맹이 필요했다. 이와 함께 불교, 도교, 토착신앙 등을 아우르는 종교에 대한 관용정책도 당나라 건국에 힘이 되었다.

에이미 추아는 『제국의 미래』에서 이방의 문화와 종교 및 영향력에 대해 중국 역사상 가장 관용적인 왕조 당나라가 탄생하였다고 말한다. (에이미 추아, 이순희 옮김, 『제국의 미래』, 비아북, 2008, 116쪽)

자오커야오와 쉬다오쉰은 『당 태종 평전』에서 수 문제는 천하를 안정시키려면 백성의 생존을 우선으로 삼아야 한다는 이치를 깨닫지 못했다고 말한다. 당 태종 이세민은 "수 문제는 백성을 불쌍히 여기지 않고

통일! 역사를 배우자

오히려 창고의 재물을 더 아까워했다"고 비판한다. 아울러, 수 양제의 잔혹하고 포악한 통치 때문에 수 왕조의 몰락이 앞당겨졌다고 평가한다. (자오커야오, 쉬다오쉰, 김정희 옮김, 『당 태종 평전』, 민음사, 2011, 13쪽)

수나라 패망에는 양제의 오판도 한몫했다. 양제는 반란군들이 모두 수도 낙양으로 진격하고 있었기 때문에 일단 식량과 물자가 풍부한 남쪽에 근거지를 확보해야 한다는 생각으로 수도를 버리고 남쪽 강도로 갔다.

이런 상황에서 이연은 반란군을 이끌고 장안으로 입성하여 그곳에 있던 양제의 손자를 황제로 옹립하고 양제는 태상황으로 삼았다. 강도에 있던 양제가 그를 호위하던 친위대에 시해를 당하자 이연은 선양의 형식으로 618년 장안에서 황제의 위에 올랐던 것이다.

당나라는 37년 만에 무너진 수나라의 멸망을 교훈 삼아 안으로는 중앙집권체제를 더욱 공고히 하고, 밖으로는 영토를 확장하여 당 왕조 300년의 기초를 구축하였다. 농민들에게 땅을 골고루 나누어 주는 균전제와 새로운 부역제도로서의 조용조법, 부병제의 실시와 과거제도의 확립으로 사회가 안정되고 경제가 발전하였다. 이세민은 622년 현무문의 변으로 불리는 골육상잔의 싸움에서 형과 아우를 죽이고 황제가 되었기 때문에, 적대 세력에 대하여 관용을 베풀어 민심을 수습하였다. 치국의 핵심은 안정에 있다고 하면서 안정을 '안민치국'의 근본으로 삼았다. 626년 당 태종은 안민치국을 위한 4가지 조치방안을 제시하였다. ① 사치를 그만두고 비용을 줄인다. ② 요역과 부세를 경감한다. ③ 청렴한 관리를 선발하여 임용한다. ④ 백성들의 의식을 넉넉하게 한다.

같은 해 당 태종은 다시 "군주는 나라에 의지하고, 나라는 백성에 의지한다. 백성을 착취해 군주를 받드는 것은 제 살을 잘라 배를 채우는 것과 같다. 배는 부를지라도 몸은 죽게 되고 군주는 부유할지라도 나라가 망하게 된다"라며 '치국'을 하려면 '안민'해야 한다는 그의 식견을 강조했다. 백성이 나라의 근본이라는 그의 정치사상은 '나라는 백성을 근본으로 하고, 백성은 음식으로 목숨을 잇는다'는 농본주의 경제사상을 낳았다.

당 태종은 636년 신하들에게 창업(創業)과 수성(守成) 중 어느 것이 더 어려운가 하는 질문을 던졌다. 위징이 "창업은 하늘이 주고 백성들이 받는 것이기 때문에 어렵다고 할 수 없습니다. 그러나 일단 천하를 얻은 뒤에는 마음이 교만하고 음란하게 됩니다. … 나라가 쇠락하고 피폐해지는 것은 이로부터 발생하므로 수성이 더 어렵습니다"라고 답하였다. 이에 당 태종은 "위징은 나와 함께 천하를 안정시키며 교만하고 음란한 병폐가 발생할 조짐을 걱정하며, 이것이 위태롭고 멸망의 길로 가는 것이기 때문에 수성이 어렵다고 생각한 것이오"라고 말하였다고 한다. (오긍, 김원중 옮김, 『정관정요』, 글항아리, 2010, 35~36쪽)

당 태종은 끝없이 "군주는 배고, 백성은 물이다. 물은 배를 띄울 수도 있지만, 배를 뒤엎을 수도 있다"는 가르침을 새기며 노심초사하면서 국정에 임했던 것으로 보인다.

아울러 당 태종은 천하를 안정시키기 위해서는 재능과 덕행을 고루 갖춘 인재를 얻어야 한다고 하면서 위징, 방현령, 두여회 등의 인재를 중용하는 뛰어난 용인술과 직언을 기꺼이 받아들이는 놀라운 포용력을 발휘하였다. 그렇게 하여 중국 사회가 안정되고 경제가 발전하여 태평시대를 이룬 당 태종 이세민의 시대를 '정관의 치'라고 한다. 창업과 함께 수

　　　　　　　　　　　　　　　　　　통일! 역사를 배우자

성에도 성공한 당 태종으로부터는 통일한국의 국운을 융성하게 하여 어떻게 세계로 웅비시킬 것인가 하는 전략을 배울 수 있을 것이다.

몽골
통일

　　서기 1001년에서 2000년까지 지난 1000
년 동안 지구상에 살다간 사람들 중에서 이 세상에 가장 큰 영향을 끼친
사람은 바로 몽골의 칭기즈칸이라고 한다. 칭기즈칸은 당시 가장 앞선
중국 문명과 스페인에서 인도까지 퍼진 이슬람 문명 등 동양과 서양의
문명을 연결시켜 지구를 축소시킨 장본인이다.

　　약 800여 년 전 몽골 유목민들은 몽골, 타타르, 나이만, 메르키트,
케레이트 등 다섯 부족으로 세력 다툼하는 내전에 휘말려 있었다. 목초
지와 가축 그리고 약탈물을 차지하고 다른 유목민들을 복속시키는 부
족 간의 싸움이었다. 서로 약탈하거나 약탈당하는 극도로 불안정한 시
대였다.

　　12세기 후반에 나타난 칭기즈칸은 '가난과 내전의 공포로부터 몽골
인들을 해방시키는 길은 몽골 고원 바깥에 있다. 고원 밖으로 나가야
동족상잔하지 않고 모두가 잘 살 수 있다' 는 꿈과 비전을 가졌다. 몽
골의 성공 비결은 한마디로 분석하면 꿈이라고 한다. 그들은 한 사람이
꿈을 가지면 그냥 꿈으로 끝날지 모르지만, 모든 사람들이 같은 꿈을

꾸면 얼마든지 현실로 만들어 낼 수 있다는 강한 신념으로 무장하고 있었다.

칭기즈칸에게는 그와 함께 통일의 꿈을 품고 온몸을 불태운 동지들이 있었다. 몽골같은 척박한 자연환경을 극복하기 위해서는 사람과 사람 사이에 강한 믿음과 결속력, 인화가 생명이다. 이른바 '안다(평생동지)'와 '너커르(평생친구)'가 그런 인간관계다. 이들은 태어난 곳은 달라도 죽는 곳은 같다는 각오로 똘똘 뭉친 사람들이다.

칭기즈칸에게는 너커르와 안다가 매우 많았다. 오갈 데 없는 사람, 어려운 사람, 꿈은 있지만 뜻을 펴지 못하는 사람들을 모았다. 4준마와 4맹견이라 불리는 사람들을 곁에 두었다. 4준마는 참모나 정책통이었다. 4맹견은 전쟁 지휘관이었다. 4준마는 보오르초, 모칼리, 보로콜, 칠라운을 말한다. 모칼리는 천민 출신이고, 보로콜은 전쟁고아였다. 4맹견은 제베, 수베에테이, 젤메 고아, 코빌라이다. 수베에테이는 최고의 장군이요, 젤메 고아는 오늘날에도 몽골인의 가슴속에 충용의 상징으로 남아 있는 사람이다. 칭기즈칸이 몽골족 최고통치자의 자리를 향해 나아갈 때 한때 친한 친구였던 자무카는 가장 강력한 경쟁자가 되었다. 1201년 자무카와 전쟁하는 도중에 타이치우드를 추격하다가 칭기즈칸은 목에 화살을 맞고 쓰러졌다. 이때 충신 젤메가 상처에서 피를 빨아내고 밤새 간호하여 칭기즈칸의 목숨을 구했다. 칭기즈칸과 60년 동안 함께한 장군들 가운데 칭기즈칸을 버린 사람은 한 명도 없었다. 칭기즈칸 역시 장군을 벌하거나 해를 끼친 적이 없었다. 잭 웨더포드는『칭기스칸, 잠든 유럽을 깨우다』에서 역사 속의 다른 위대한 왕과 정복자들을 살펴보아도 이런 충실한 군신관계는 찾아보기 힘들다고 한다. (잭 웨더포드,

정영목 옮김, 『칭기즈칸, 잠든 유럽을 깨우다』, 사계절, 2005, 101~102쪽)

1202년 타타르 원정에서 칭기즈칸은 그들의 꿈을 공유하기 위해 완전히 새로운 제도를 고안해 냈다. 기존의 선착순 전리품 약탈 방식 대신에 전리품 공동분배라는 혁신적인 제도를 도입한 것이다. 개인적인 약탈을 금지한 것은 물론이다. 전쟁에 승리하면 공적만큼 대가가 돌아가게 한 이 혁신 방식은 앞에서 싸운 전투원은 물론 후방에서 수송, 군수 지원 등으로 이들을 도운 사람들에게도 몫이 돌아갔다. 모두가 신나게 싸울 수 있도록 한 방식이었다. 당연히 칭기즈칸은 이런 혁신에 힘입어 타타르 원정에서 승리했다.

영국 군사전문가 존 키건은 몽골 칭기즈칸의 군사조직이 얼마나 세련되었는지 많은 규명자료가 있다고 한다. 1203년 칭기즈칸은 초원지대를 분열시켰던 씨족별·혈통별 분할제도를 타파하고, 군 지휘관을 부족과 민족에 관계없이 능력에 따라 임명하는 개방적이고도 혁신적인 조치를 단행했다. 특히 군대를 10명, 100명, 1000명 단위로 나누는 합리적인 방식을 사용했는데, 이는 현대 서양의 군대체계와도 유사하다. (존 키건, 유병진 옮김, 『세계전쟁사』, 까치, 1996, 299쪽)

1203년 칭기즈칸은 오랜 주군 옹칸의 딸과 자기 아들의 결혼을 통해 경쟁자 자무카를 앞서겠다는 의도로 양가의 결혼을 요청했다. 처음에는 옹칸이 거부했으나, 곧 양가의 결혼을 환영한다고 하면서 결혼을 축하하기 위해 칭기즈칸을 초청했다. 칭기즈칸은 본대를 두고 소규모 파견대 만으로 옹칸에게 가던 도중에 그 초청이 칭기즈칸을 제거하기 위한 음모인 것을 알고 도망가게 된다. 이때 남은 부하가 19명에 불과했다. 발주나 호숫가에서 칭기즈칸은 부하들의 충성에 감사하고, 부하들은 끝까지 충성을 서약했다. '발주나 맹약'이라 불리는 이 사건은 친족관계, 인종, 종교를 떠나 상호 헌신과 의리에 기초하여 결집한 몽골 민족의 다양성을 상징적으로 보여주었다. 동시에 귀족적 특권과 출생에 기초한 봉건제를 무너뜨리고 개인의 장점과 충성심, 성취에 기초한 새롭고 혁신적인 체제를 탄생시키는 계기가 된다.

19명에 불과한 그들은 몽골, 메르키트, 키타이, 케레이트 등 9개 다른 부족 출신이었다. 종교도 칭기즈칸은 샤머니즘이었지만, 무슬림 3명, 기독교인과 불교도도 몇 명이 있었다. 그들은 오직 칭기즈칸에 대한 헌신과 서로 간의 서약을 통해 결합되었다. 칭기즈칸이 발주나에 은신하면서 반격 계획을 세우는 며칠 동안 수만 명의 군대가 다시 모였다. 칭기즈칸은 지친 말을 새 말로 바꿔 타면서, 승리를 착각하고 잔치를 벌이고 있던 옹칸의 케레이트 왕궁으로 빠른 속도로 달리는 '번개 진격'이라고 부르는 기습을 감행하여 대승을 거둔다. 옹칸과 자무카는 나이만 부족 땅으로 달아났다.

1204년 칭기즈칸은 마지막 남은 나이만 부족을 공격했다. 이 전쟁에서 칭기즈칸은 전사들 사이의 긴밀한 협동과 지휘관에 대한 완전한 복종을 바탕으로 새로운 유형의 초원 군대를 만들었다. 당시 몽골 군대에는 이런 말이 있었다고 한다. "그가 나를 불로 보내건 물로 보내건 나는 간다. 그를 위해 간다." 이러한 일치단결된 힘에 나이만은 무너졌다.

칭기즈칸이 나이만에 승리한 1년 뒤인 1205년 자무카의 부하들이 그들의 주군 자무카를 잡아왔다. 칭기즈칸은 의리를 중시하였기에 자무카를 데려온 사람들에게는 상을 주는 대신 자기 칸을 배신한 대가로 모두 처형했다. 칭기즈칸은 자무카에게는 "우리 다시 친구가 되자. 이제 다시 힘을 합쳐 잊었던 일들을 서로에게 일깨워주자. 서로를 잠에서 깨워주자"라고 하면서 힘을 합치자고 제안한다. 그러나 자무카는 살아서는 칭기즈칸을 실망시켰지만, 죽음으로 더 나은 친구가 되겠다고 하면서 자비를 구하지 않았다. 『몽골비사』에 의하면, 자무카는 "죽어 누우면 나의 유골이라도 높은 곳에서 영원히 그대의 후손의 후손에 이르기까지 가호해 주겠다. 내가 축복이 될 것이다"라고 말하며 대장군답게 명예롭게 죽는다. (유원수 역주, 『몽골비사』, 사계절출판사, 2004, 191~195쪽)

이제 칭기즈칸은 남쪽의 고비로부터 북쪽의 툰드라까지, 동쪽의 만주 삼림으로부터 서쪽의 알타이 산맥까지 모든 것을 통제했다. 1206년 몽골 초원 역사상 가장 중요한 쿠릴타이가 열렸다. 여기서 칭기즈칸의 지위에 오르게 된다.

에이미 추아 예일대 교수는 칭기즈칸의 몽골이 세계의 패권국가가 될 수 있었던 비결은 잔인함이 아니라, 인종적·종교적 관용에 있었다고 말한다. (에이미 추아, 이순희 옮김, 『제국의 미래』, 비아북, 2008, 147쪽)

앞에서 말한 대로 칭기즈칸은 군 지휘관에 인종을 불문하고 유능한 인재를 임명하였을 뿐만 아니라, 정부의 공직에도 피정복민들 가운데서도 재능 있고 능력 있으면 등용하였다. 칭기즈칸의 종교적 관용은 종교의 자유를 낳고, 이는 제국 건설의 강력한 수단으로 작용했다.

이와 함께 몽골은 간단명료한 법의 원칙을 세웠다. '대자사크'라고 불리는 몽골의 헌법은 36개 조에 불과하다. 최소로 정해놓고 최대로 지키도록 한 것이다. 그러나 법을 어기면 그야말로 엄벌하였다. 몽골 헌법 몇 조항을 간단히 소개한다. 제1조 간통한 자는 사형에 처한다. 제3조 거짓말한 자, 남의 싸움에 끼어들어 한 쪽 편을 든 자는 사형에 처한다.

통일! 역사를 배우자

제4조 물과 재에 오줌 눈 자는 사형에 처한다. 제11조 모든 종교는 차별없이 존중해야 한다. (김종래, 『CEO 칭기스칸-유목민에게서 배우는 21세기 경영전략』, 삼성경제연구소, 2002, 95~102쪽)

몽골 군대의 스피드를 중시한 속도전은 상상을 뛰어넘는 효율을 낳았다. 『손자병법』에서 전쟁을 할 때는 속전속결로 승리해야 한다고 가르친다. (손무, 유동환 옮김, 『손자병법』, 홍익출판사, 2005, 75쪽) 이런 가르침을 몽골 군대는 철저하게 실천했다고 볼 수 있다.

말의 효율성을 높이기 위해 말의 가축화를 이루어 냈다. 군사장비의 경량화 차원에서 갑옷과 무기 등을 7㎏ 수준으로 대폭 줄였다. 당시 유럽의 군장 무게는 70㎏이나 되었다. 또한 육포라고 할 수 있는 전투식량 '보르츠'를 개발했다. 소 한 마리분의 고기를 말린 보르츠는 병사 한 명의 1년 식량을 거뜬히 해결할 수 있게 했다.

몽골이 부족한 식량 등 보급품을 현지에서 조달한 것은 말할 것도 없었다. 『손자병법』에서도 식량 10섬을 현지 조달하면 본국에서 200섬을 보급받는 것과 같다고 하면서, 본국 보급보다 20배 정도로 효율적인 식량의 현지 조달이 최상의 방책이라고 강조하고 있지 않는가? (같은 책, 77~79쪽)

몽골 군대는 눈과 귀를 많이 확보하고 열었다. 오늘날도 감탄할 뛰어난 정보 마인드가 있었다. 정보를 가져다 주는 외지인을 최대한 정보 요원으로 활용했다. 적의 군대까지도 아웃소싱할 정도로 열린 마인드가 있었다. 점령지의 종교나 문화 부분에는 일체 관여하지 않았다. 적이든 아니든 쓸모있는 모든 사람을 확보하려 했다. 특히 기술자들은 매우 우대했다. 다수의 하층민은 그대로 두고 주로 상층민만 공략하였다.

김종래 조선일보 출판국장은 『밀레니엄맨 칭기스칸』에서 칭기즈칸의 삶을 통하여 한국의 젊은이들에게 이렇게 충고한다.

"한국의 젊은이들아! 집안이 나쁘다고 탓하지 말라. 나는 어려서부터 아버지를 잃고 고향에서 쫓겨났다.

가난하다고 말하지 말라. 나는 들쥐를 잡아먹으며 연명했다. 목숨을 건 전쟁이 내 직업이고 유일한 일이었다.

작은 나라에서 태어났다고 탓하지 말라. 세계 정복에 동원한 몽골인은 병사 10만, 백성 200만도 되지 않았다.

배운 게 없다고 힘이 약하다고 탓하지 말라. 나는 배운 게 없어 내 이름도 쓸 줄 몰랐지만, 남의 말에 항상 귀를 기울였다. 그런 내 귀는 나를 현명하게 가르쳤다.

너무 막막하다고, 그래서 포기해야겠다고 말하지 말라. 나는 목에 칼을 쓰고도 탈출했고, 뺨에 화살을 맞고 죽었다 살아나기도 했다. 나는 전쟁을 할 때면 언제나 죽음을 무릅쓰고 싸웠다. 숨이 끊어지기 전에는 어떤 악조건 속에서도 포기하지 않았다. 숨을 쉴 수 있는 한 희망을 버리지 않았다.

적은 밖에 있는 것이 아니라 자신의 안에 있다. 나 자신을 극복하자 나는 칭기즈칸이 되었다." (김종래, 『밀레니엄맨, 칭기스칸』, 꿈엔들, 2005, 14~23쪽)

생사고락을 같이하는 평생동지들과 미래를 향한 가치 있는 비전을 함께 지닌다면 얼마든지 세상을 바꿀 수 있다는 것을 800여 년 전 몽골인들은 알았던 것이다. 비전의 공유는 활짝 열린 사고를 할 때 가능하다. 관용의 리더십도 몽골제국 건설에 빼놓을 수 없는 덕목이다.

한반도 통일도 마찬가지다. 교류와 협력으로 남북 동포들이 가깝게 되고 평화통일을 이루어 지구촌에서 몇 손가락 안에 드는 살기 좋고 행복한 나라를 만들자는 꿈을 모두가 다시 꿀 때, 통일은 성큼 다가올 것이다.

일본
통일

　　1467년 시작된 이른바 '오닌의 난' 이후 100여 년간 계속되던 군웅할거의 전국시대는 백성들이 불안과 고통 속에 허덕이던 시대였다. 그러다가 일본의 통일작업이 오다 노부나가에 의해 시작되어 도요토미 히데요시에 의해 1590년 완성되었다.

　　오다 노부나가가 통일작업을 진척시킬 수 있었던 것은 비옥한 평야지대인 근거지가 철포 등 우수한 무기의 구입을 경제적으로 가능하게 하였기 때문이다. 교통 개혁을 하고 산업 발전에도 힘을 기울여 상공업자들에게 활력을 불어넣었다. 아즈치성 신축 등도 천하통일을 위한 정치적 포석이었다고 말한다. 무엇보다 오다 노부나가는 용맹했고, 시세의 흐름을 파악하는 안목이 뛰어났으며, 주어진 여건을 이용할 줄 아는 지략이 있었다. 또한 오다 노부나가는 철포와 기독교로 대표되는 신기술과 신사상을 수용한 합리적인 근세인으로 일본 근세사회의 토대를 구축한 창조적 지도자로 평가된다. 오다는 1575년 도쿠가와와 연합하여 조총으로 무장한 보병부대로 당시 기마부대의 기동성으로 주력을 삼고 있던 다케다 신겐의 군대를 괴멸시키고 만다. 그리고 천하통일을 앞두고 마지막 남은 사이고쿠 다카마스 지역을 토벌하러 군사를 꾸렸다. 그러다가 서부 지역의 모리씨를 토벌하러 간 도요토미 히데요시가 열세에 몰리고 있다는 소식을 듣고 군대를 돌린 오다는 교토의 혼노지에서 잠시 군장을 풀었다. 하지만 그날 밤 수족처럼 믿었던 부하에게 배신당하여 습격을 받는다. 1582년 6월 오다는 교토의 절 혼노지에서 결국 자살로 생을 마감한다. 이를 일본사에서는 '혼노지의 변'이라고 한다.

오다 노부나가가 죽자 도요토미 히데요시는 아직 독자적인 힘이 약하다는 것을 인식하였다. 그래서 도쿠가와 이에야스가 토우고쿠를 지배하는 것을 양해하고 강화를 체결한 다음해인 1585년 기이, 이즈미, 시코쿠 등을 잇따라 토벌 평정하였다. 1590년에 히데요시는 호조씨의 본성인 오다와라성을 포위하고 결국 함락하였다. 히데요시는 노부나가가 죽은 지 불과 8년 만에 일본 천하를 통일한 것이다.

히데요시가 일본을 통일할 수 있었던 것은 우선 다른 다이묘들보다 정치적 재능이 뛰어났기 때문이다. 월등한 군사력도 보유하고 있었고 이를 뒷받침할 경제력도 큰 힘이 되었다. 시대의 흐름을 정확히 파악하여 무사와 농민을 유효적절하게 활용한 것도 큰 도움이 되었다. 히데요시는 개인적으로도 부지런하고 성실한 데다가 재치 있고 기발한 아이디어도 있었다. 그래서 오다 노부나가의 신임을 받았던 것이다. 예컨대 1583년 시즈가타케의 싸움에서 승리한 히데요시는 노부나가처럼 신고에 의한 토지 조사가 아닌 검지관을 파견하여 토지를 실제 측정하여 조사하는 혁신적인 방법을 도입하였다. 이러한 토지 제도는 수확물을 중간에서 차지하는 것을 줄이고 농민의 수입을 증대시키는 한편, 영주의 몫도 증가시킬 수 있는 제도이기 때문이다. 히데요시는 전쟁에서 몰락한

다이묘와 무사들의 불만을 해소하기 위해 해외에서 영토를 획득하여 나누어준다는 생각으로 1592년 임진왜란을 일으킨다. 이때 도쿠가와 이에야스, 고니시 유키나가 등 유력한 다이묘들이 만류했으나, 이를 무릅쓰고 전쟁을 결정한 것이다.

오랜 혼란 속에서 서로 싸우던 힘이 하나로 모아지면 주변 국가들에게는 전례없는 위협이 될 수 있다. 이런 위협 요인이 될 수 있는 일본에 대해 당시 조선은 율곡의 십만양병설 등의 대비책을 무시하고 오판한 나머지 침략을 허용하고 만다. 물론 이순신 장군의 연전연승 해전, 전국적인 의병과 승병의 활동, 명나라 원군의 힘 등을 당하지 못한 채 히데요시는 성공하지 못하고 1598년에 병으로 죽는다. 히데요시의 죽음은 결과적으로 이에야스의 통일로 연결되면서 200여 년 동안이나 일본의 안정과 평화를 가져 왔다. 노부나가-히데요시-이에야스의 업적으로 연결되는 일본 통일은 100여 년 동안의 전쟁에 지친 일본 민중들의 평화에 대한 열망의 실현이었던 것이다.

도쿠가와 이에야스는 히데요시에 이어 천하를 통일할 사람은 자신이라는 신념을 가지고 실력을 키우면서 때를 기다리고 있었다. 중국 주나라를 크게 발전시킨 태공망 여상(강태공)도 때를 기다리던 걸출한 인물이었다. 이에야스는 임진왜란에 군사도 파견하지 않고 있었다. 그러다가 1600년 10월, 10만 대군을 이끈 이에야스는 세키가하라 전투에서 미쓰나리의 8만 대군과 맞붙었다. 일본 역사상 가장 큰 규모의 전투였다. 전투 초기에는 미쓰나리가 분투했으나, 이에야스의 이간책과 회유책으로 배신자와 관망자들이 늘어나면서 불리해지기 시작했다. 특히 고바야카와 히데아키가 이에야스와 내통하여 오히려 미쓰나리를 공격하면서 전세가 완전 역전되어 하루 만에 이에야스가 승리하게 된다. 드디어 오랫동안 인내하고 기다리던 이에야스는 히데요시에 이어 실질적인 통일일본의 주인공이 된다. 1603년에는 250년 지속된 에도 막부 시대를 연다. 이에야스는 국정의 전 분야에서 개혁을 추진하는 한편, 외국인을 외교와 무역의 고문으로 삼아 포르투갈·스페인·네덜란드·영국 등과 교섭을 시도했다. 조선과의 국교도 회복하고, 동래에 왜관을 설치하여 무역을 정상화시켰다. 조선과 일본의 국교 회복에는 사명대사가 맹활약을 하여 포로 송환과 일본의 사과까지도 받아내는 외교적 성과도 올린다.

세간에는 일본 통일 과정을 묘사하면서 "오다 노부나가가 쌀을 찧어 도요토미 히데요시가 반죽한 떡을 도쿠가와 이에야스가 먹었다"고 한다. 새를 울게 할 때도 세 사람은 극명하게 대비된다. 오다 노부나가는 "새여 울어!"라고 명령해서 울지 않으면 죽인다. 히데요시는 온갖 방법으로 울게 하려고 노력한다. 이에야스는 울 때까지 기다린다.

카리스마적 지도자인 오다 노부나가와 드라마틱한 인생역전을 이루어 낸 도요토미 히데요시와 달리 도쿠가와 이에야스는 비교적 인기가 없는 인물이었다. 죽은 뒤에는 중생을 구원하기 위해 부처나 보살이 일본의 신으로 현현한 화신이라고 하는 '곤겐'이라는 호칭을 부여했다. 천황은 이에야스에게 '도쇼다이곤겐'이라는 시호를 내렸다. 과거에는 인기가 없던 이에야스가 현대사회에서는 크게 재평가되고 있다고 한다. 닛코의 도쇼 궁에는 인내와 끈기로 육십이 넘어 최후의 승자가 된 도쿠가와 이에야스의 일생을 대변하기에 적절한 글을 소개하고 있다.

"사람의 일생은 무거운 짐을 지고 먼 길을 가는 것과 같다. 서두를 필요가 없다. 부자유를 친구로 삼으면 부족할 것이 없다. 욕심이 생기면 궁핍했을 때를 생각하라. 인내는 무사장구의 근원이요, 분노는 적이다. 이기는 것만 알고 지는 것을 모르면 그 피해는 너 자신에게 돌아갈 것이다. 스스로를 탓하고 남을 탓하지 말라. 모자람이 지나친 것보다 낫다." (양은경 엮음, 『일본사를 움직인 100인』, 청아출판사, 2012, 259쪽)

한림대 이삼성 교수는 그의 책 『동아시아의 전쟁과 평화』에서 당시의 일본 통일이 그 후 250여 년간의 안정과 평화의 시대로 이끌고 가게 되는 것은 히데요시의 죽음, 그리고 일본 자국과 조선·중국을 포함한 아시아 대륙의 민중들에게 크나큰 고난을 안기고 난 이후였다는 점을 잊어서는 안된다고 지적한다. (이삼성, 『동아시아의 전쟁과 평화 1』, 한길사, 2009, 459쪽)

히데요시가 개인적 야욕으로 일으킨 전쟁 때문에 동아시아의 평화가 희생되었다. 그 자신의 아들이 통일일본의 지도자가 되지 못하고 도쿠가와에게 모든 것을 빼앗긴 것은 당연한 인과응보가 아니겠는가.

에도 막부가 끝나고 일본에서는 1868년부터 메이지 유신이 일어나 산업혁명과 헌정개혁, 부국강병 등 거대한 국가사회 변혁운동이 성공하였다. 메이지 유신의 성공은 하급 사무라이 등 구지배층의 뼈아픈 자기혁신에 의한 것이었다. 이것은 일본으로서는 크나큰 행운이었다.

'일본 기업의 아버지'라고 불리는 시부사와 에이치는 메이지 유신이 도덕과 경제가 두 수레바퀴처럼 굴러가게 하는 데도 크게 이바지하였다고 한다. 정당한 부를 올바르게 쓰고, 경쟁사회에서도 따뜻한 유대를 잃지 않게 하는 등 기업의 사회적 책임성과 공공성을 강조하는 방법에 입각하여 일본을 경제대국으로 굴기시킨 행운도 함께 있었다. (시부사와 에이치, 노만수 옮김, 『논어와 주판』, 페이퍼로드, 2009. 시부사와 에이치의 11장으로 되어 있는 그의 책에서 4장 정당한 부를 올바르게 쓰라, 7장 경쟁사회에서도 따뜻한 유대를 잃지 말라, 8장 윤리 없는 부자는 반드시 망한다를 참조)

베트남
통일

베트남은 중국 명나라의 지배로부터 벗어난 100년 후인 1527년 권신 막당중이 레 왕조의 왕위를 빼앗게 되자 남북으로 분할된 남북조 시대가 시작되었다. 막 왕조가 망한 1592년부터 실권자 찐과 응엔에 의해 영토가 남북으로 분단되어 2세기 동안 레 왕조는 분열과 혼란에 휩싸이게 되었다. 그러다가 1788년 떠이 썬 삼형제가 남부에서 반란을 일으켜 베트남을 통일했다. 응엔은 프랑스 신부의 도움을 받아 떠이 썬 세력을 물리치고 베트남을 다시 통일하는데, 이 왕조가 베트남의 마지막 왕조인 응엔 왕조로서 1802년부터 1945년까지 존속되었다.

프랑스의 도움으로 베트남 통일을 이룬 응엔 왕조 초기에는 프랑스의 선교활동에 호의적이었으므로 우호적인 관계를 유지했으나, 그 후에 점차 중국 흠모 사상과 서구에 대한 의구심 때문에 프랑스와 관계가 악화되었다. 이에 프랑스는 베트남을 침략하여 1883년 보호조약을 체결하고, 사이공과 메콩강 사이 등 남부 3개 성을 프랑스 지배하에 확보하는 등 베트남을 보호국으로 만들었다. 남부 코친차이나는 직접 통치하였고, 중부 안남은 보호국 형식으로 간접 지배하였으며, 북부 통킹은 고등판무관을 파견하여 지배하는 반보호국 성격의 통치를 하였다. 전형적인 분할지배정책을 실시한 것이다. 이민족의 침략에 굴복하지 않는 강인한 민족정신을 가진 베트남은 이때부터 약 100년 동안의 민족 독립과 해방 투쟁을 전개하게 된다. 때로는 구지배계급의 하급 관리들이 민중을 규합해서 봉기를 일으켰고, 전국 각지의 밀림에서 게릴라전을 벌이는가 하면, 농민들이 일종의 의병운동을 지속적으로 전개하였다. 20세기에 들어서면서는 혁명적 민족주의자들이 쑨원의 신해혁명에서 역할을 한 동맹회를 본받아 광복회를 결성하였고, 농민을 중심으로 한 천지회라는 비밀결사도 만들어 독립운동을 하였다. 1920년대에는 인텔리와 청년 혁명가들을 중심으로 지하운동시대가 열렸는데, 이 운동의 지도자가 호치민이었다. 호치민은 1925년에 베트남 혁명 청년동지회를 만들고, 이를 토대로 1930년에 베트남 공산당을 창립하였다. 베트남 공산당은 민족혁명 세력을 규합하여 베트남독립연맹(베트민)을 조직하였다. 1945년 일본이 항복하자 9월에 공산당은 통킹, 안남과 코친차이나 전역을 점령하고 호치민을 수반으로 하는 베트남 공산정권을 세웠다. 호치민이 공화국 수립을 선포할 때 베트남 민족 독립선언에 미국 독립선언서의 요지를 포함시켰다. 훗날 미국과 격렬하게 싸운 베트남 전쟁을 생각하면 역사의 아이러니가 아닐 수 없다. (스테파니 슈워츠 드라이버, 안효상 옮김, 『세계를 뒤흔든 독립선언서』, 그린비, 2005, 115~117쪽)

프랑스는 다시 식민지 종주권을 주장하면서 베트남의 남부 지역을 점령하였다. 호치민과 프랑스가 수차례 협상을 하였으나 결렬되어 1946년 12월 전쟁이 터졌다. 프랑스와 호치민의 베트남 사이에 제1차

통일! 역사를 배우자

인도차이나전쟁이 시작된 것이다. 프랑스는 옛날 식민지를 회복하기 위하여 베트남과 전쟁을 했으나 베트남군의 1953년 총반격에 밀리다가, 1954년 봄 디엔비엔푸 전투에서 크게 패하였다. 1954년 7월에는 베트남과 프랑스가 제네바에서 휴전협정을 맺었다. 프랑스는 휴전협정에 따라 잠정 경계선인 북위 17도선 이남으로 철수하였다. 1800년대 중반부터 80여 년간 프랑스 지배하에 있던 베트남이 1954년 제네바 협정에 의해 다시 남북으로 분할된 것이다. 평화는 얻었지만 그 대가는 분단이었다. 남쪽에는 미국과 프랑스 등 자본주의의 지원을 받은 남베트남이, 북쪽에는 사회주의 북베트남이 세워졌다.

여기서 호치민은 베트남의 독립과 통일은 혼자의 힘으로만 얻어지는 것이 아니라, 세계무대에서의 복잡한 외교 속에서 달성해야 함을 깊이 인식하게 되었다. 남베트남은 고 딘 디엠이 대통령이 되어 토지개혁을 실시하였으나, 일부 토지만 농민들에게 분배하고 많은 토지를 지주들에게 넘겨주는 바람에 농민들의 반발을 샀다.

프랑스가 남베트남에서 체제를 유지하려고 했으나 공산반군들의 세력 증대로 당해내지 못하자, 미국은 1954년 아이젠하워 대통령의 도미노 이론을 내세워 공산주의의 확산을 방지한다는 명분으로 베트남에 처음 개입하였다. 중국 공산당의 지원을 받은 북베트남은 사회주의로 통일하기 위해 남베트남을 대상으로 테러, 파괴, 게릴라 활동을 지속적으로 전개했다. 나아가 남베트남의 사회주의 세력을 규합해 1960년 남베트남 민족해방전선(베트콩)을 결성했다. 베트콩의 게릴라 전술로 인해 베트남의 전 지역은 전쟁터로 변했다.

남베트남은 미국의 지원을 받아 전쟁을 했지만, 북베트남과 베트콩의 조직적인 공세로 많은 피해를 입게 되었다. 더구나 남베트남은 공산주의자들의 반란으로 국내 정세가 혼란스러운 데다가, 군부 쿠데타가 연속으로 발생하는 등 정국이 극도로 불안정해졌다. 미국은 케네디 대통령이 공산주의 봉쇄정책의 일환으로 미국 정규군을 베트남에 파견하여 특수전을 전개하기 시작했다. 그러다가 1964년 북베트남의 소형 어뢰정이 미국 구축함을 공격하는 소위 통킹만 사건이 발생하였다. 통킹만 사건을 계기로 미국 존슨 대통령은 북베트남 해군기지에 항공 폭격을 감행하였다. 이로써 내전 성격의 전쟁이 북베트남과 미국이 참여하는 국제전으로 확대되었다. 한국도 주한 미군의 규모 유지를 통한 북한 대응 안보력 약화 방지, 한미 동맹, 미국의 주한 미군 감축정책에 대한 대응 및 자유민주주의 수호 등을 이유로 베트남전에 한국군을 파병하였다. (박태균, 『베트남 전쟁』, 한겨레 출판, 2015, 21~28쪽)

1969년에는 베트남전에 참전한 미군의 규모가 54만 명에 달하였다. 미군의 대규모 참전에도 불구하고 북베트남군의 공세로 미군이 큰 피해를 입고, 미국 국내외 여론이 악화됨에 따라 미국은 철수 압력을 받게 되었다. 베트남 전쟁에 미국은 너무 많은 비용을 지출했고, 국방비의 과다한 증가는 미국 정부의 재정적자를 가져왔다. 1969년 미국 대통령에 취임한 닉슨으로서는 정부지출 감축으로 통화팽창을 막고 인플레이션을 잡아야 했는데, 이를 위한 가장 좋은 방법은 전쟁 종식이었다. 이에 1969년 미국의 키신저와 북베트남의 레득토 사이에 비밀협상이 시작되어 1973년 휴전협정에 합의했다.

결국 미국은 남북 베트남 정부, 베트콩 대표와 함께 1973년 베트남 전쟁 종결과 평화 회복에 관한 파리조약을 맺었다. 이 조약에 따라 미군이 철수했는데, 유지열의 『베트남 민족해방운동사』에서는 이를 베트남 인민의 저항전쟁의 승리며, 미국의 군사적 정치적 패배였다고 말한다. (유지열 편역, 『베트남 민족해방운동사』, 이성과현실사, 1986, 223~228쪽)

이후 호치민의 후계자 레두안의 북베트남이 1974년 전면전을 재개했다. 닉슨 사임 후 후임자 포드 대통령이 미군 전투부대의 남베트남 파견을 망설이는 동안 북베트남군은 1975년 3월 다낭과 북반부를 점령하고, 4월에는 사이공을 점령하여 남베트남 정부를 붕괴시켰다. 그리고 1976년부터 베트남사회주의공화국이란 이름으로 통일국가를 건설하였다. 제2차 세계대전 이후 베트남의 공산화 통일은 1949년 중국 본토의 공산화 통일에 이어 두 번째 공산화 통일이 되었다.

북베트남이 승리할 수 있었던 것은 몇 가지 요인 때문이었다. 먼저, 북베트남은 남베트남에 통일전선을 구축하여 남베트남의 사회 통합을 저해하였다. 남베트남 스스로도 체제의 안정 유지 목적으로 독재정치를 했지만, 독재정치가 결국 정부와 국민 간의 대립을 통한 정치 불안정과 국민 통합 저해라는 결과를 만들었다. 이로써 남베트남에 대한 국민의 지지가 약화되었다. 게다가 남베트남은 정통성 시비로 인해 국론이 분열되었다. 더구나 미군이 철수함으로써 남베트남의 전쟁 수행 능력이 크게 약화되고 사회혼란이 만연하면서 남베트남 주민들의 국가안보에 대한 의식도 무뎌졌다. 또한 남베트남은 지도자들이 부패하고 무능한 데다가 도덕성까지 부족했다. 더욱이 외부 세력에 의지해 정권을 유지하겠다는 나약하고 어리석은 생각까지 가지고 있었다. 국민이 지키고 싶은 정부와는 너무나 거리가 멀었다.

반면 북베트남의 지도자 호치민은 공자를 존경하는 전략가이자 국민들에게 영감을 불어넣는 낮은 자세로 임하는 지도자였다. 호치민은 공자의 '수신제가치국평천하'라는 가르침을 늘 염두에 두고 있었다. 한 국가를 다스리는 일은 자기를 닦는 일로부터 시작된다고 하면서 수신은 곧 개혁의 시작이라고 생각했다. 호치민은 자기 마음속으로부터의 혁명이 세상을 바꾸는 시초라고 확신했다. 역사학자 윌리엄 J. 듀이커는 『호치민 평전』에서 호치민은 베트남의 모든 아이들을 자신의 친조카처럼 사랑하는 자세와 특유의 낮은 자세로 인해 베트남 국민들 사이에 '호 아저씨'라고 불리곤 한다고 말한다. 그리고 호치민을 빈틈없는 최고 전략가이자 카리스마 넘치는 지도자이며 재능있는 조직가로서, 반은 레닌이고 반은 간디였다고 평가한다. (윌리엄 J. 듀이커, 정영목 옮김, 『호치민 평전』, 푸른 숲, 2003, 832~840쪽)

드골은 프랑스 군대를 철수시키면서 케네디에게 "이 지역에 한번 발을 들여놓으면 당신은 끝없는 미로에 빠질 것이다. 민족이라는 것이 한번 눈을 뜨고 궐기한 다음에는 아무리 강대한 외부 세력도 자기의 의사를 강요할 수 없다. … 반공주의를 내세워 깊이 개입할수록 그곳 민중은 공산주의자를 민족 독립의 기수로 보게 될 것이다"라고 충고했다. 케네디 대통령은 프랑스 드골 대통령의 베트남에 대한 충고를 무시했다. (유시민, 『거꾸로 읽는 세계사』, 푸른나무, 1995, 286~287쪽)

마틴 루터 킹 목사도 1967년 베트남 전쟁에 대하여 "어떻게든 이 광기는 반드시 중단되어야 합니다. … 이 전쟁을 일으킨 커다란 책임은 우리에게 있습니다. 이 전쟁을 끝내는 것도 우리에게 달려 있습니다"라고 말하였다. (하워드 진, 레베카 스테포프, 김영진 옮김, 『하워드 진 살아있는 미국역사』, 추수밭, 2008, 234쪽)

호치민은 프랑스와의 전쟁으로 피폐해진 경제를 살리기 위해 북베트남 전역에서 부농의 과다한 땅을 농촌 주민의 다수를 이루고 있는 땅 없는 농민들에게 분배하는 농지개혁을 1954년에 시작하였다. 약 80만ha 이상의 농지가 200만 이상의 농가에 분배된 성과가 있었지만, 교회 소유 땅 등을 부당하게 몰수함으로써 상당한 반발을 불러왔다는 점에서 농지개혁은 절반의 성공이라는 평가를 받았다. 그러나 농민들의 마음을 사로잡고 농업생산성도 높였다. 농민의 마음을 사로잡은 북베트남의 농지개혁 성공은 베트남 전쟁 승리의 한 요인으로도 작용했다.

호치민은 "베트남은 하나이고 베트남 국민은 하나다. 강이 마르고 산이 무너져도 이 진리는 변하지 않을 것이다" 라고 베트남을 분할하려던 서방제국에 경고를 했다. 최고지도자로서 국민들에게도 "독립과 자유보다 귀중한 것은 없다"고 영감을 불어 넣었으며, 이를 초지일관의 노력으로 관철하여 베트남 통일을 실현하는데 절대적인 공을 세웠다.

베트남 민중들은 100년이라는 긴 세월 동안 강대국 프랑스, 일본, 미국의 군대와 싸워 독립과 통일을 이루었다. 베트남 민족은 자부심이 강하다. 세계 최강 미국을 물리쳤다. 아직은 관리들의 부정부패도 적다. 국민들의 교육 수준과 근로 의욕도 매우 높은 장래성이 있는 국가다. 통일베트남은 폐쇄적인 사회주의 계획경제의 문제점을 인식하고 개혁개방 정책을 펼쳐 1992년에 우리나라와 외교관계를 맺었으며, 1994년에는 미국과도 수교하였다.

자크 아탈리는 베트남이 정치·금융·교육 체제 개혁에 성공하고, 도로 등 사회자본 확충을 도모하며, 부패를 척결한다면 2025년 약 1억 2000만 명의 인구 대국, 아시아 3위 경제 세력으로 부상할 것으로 본다. 그래서 베트남은 아시아 경제의 견인차로서 외국 투자자들에게 매력적인 투자처가 될 것으로 전망한다. (자크 아탈리, 『미래의 물결』, 169쪽)

국력이 강화된 통일한국은 베트남에게는 더 큰 수출시장, 더 큰 투자자가 되어 아세안 지역 경제에도 막대한 이득이 될 것으로 본다.

국공내전
-중국 공산당 통일

         중국에서는 1890년대부터 청나라 만주족을 무력 혁명으로 몰아내고 새로운 공화국을 세우기 위한 노력이 전개된 결과, 1910년 10월 10일 우창에서 봉기가 일어났다. 이 사건이 신해혁명으로서 중국 현대사에 가장 중요한 분기점이며, 중국은 이날을 혁명기념일로 삼고 있다. 신해혁명의 성공으로 1912년 1월 1일 남경에 중화민국 임시정부가 수립되어 쑨원을 대총통으로 선출했다. 이로써 260여 년의 청 왕조 등 2000여 년 동안의 중국 황제 독재시대가 막을 내렸다.

         중화민국 정부는 서양의 제도를 받아들이는데, 가장 앞선 미국의 체제를 도입했다. 중국 혁명의 아버지로 불리는 쑨원은 민생주의, 민족주의, 민권주의라는 삼민주의를 표방하였다. 쑨원의 혁명사상을 가장 간결하고 명쾌하게 보여주는 것은 '4억 인민 모두가 밥을 먹을 수 있도록 하자'는 것이었다. 이를 위해서는 '경작하는 농민에게 땅을 준다'는 경자유전 사상이 핵심이었다. (손문, 권오석 옮김, 『삼민주의』, 홍신문화사, 1995. 손문은 이 책의 355~882쪽까지 민생주의 중 '밥의 문제'를 집중적으로 다루고 있다.)

         중국인민대학 교수 장밍은 중화민국이 사람들의 기대에 부응하지 못하고 나라가 불안정해지자, 많은 국민들이 청나라 왕조가 더 좋았다고 생각했다고 말한다. 그 이유는 새로운 질서가 형성되지 못했기 때문이었다. 또한 혁명의 목적이 백성들의 고통을 구제하는 것이었지만, 영웅사관에 도취된 혁명파들은 하층민의 고통에는 큰 관심을 두지 않았다고 한다. (장밍, 허유영 옮김, 『신해혁명』, 한얼 미디어, 2011, 467쪽)

이런 불안정한 상황 가운데 중국혁명동지회가 발전되어 1912년에는 국민당이 만들어졌다. 1921년에는 상해에서 중국 역사에서 획기적인 중국 공산당 창립 모임이 있었다. 창립 멤버는 천두슈 등 13명에 불과했으나 마오쩌둥도 그 멤버 중의 하나였다. 중국 공산당은 창립 후 30년이 채 못된 짧은 기간에 중국 대륙을 완전 장악하게 된다. 중국 공산당은 국민당과는 다르게 쑨원의 사상을 철저히 따랐고, '민심을 얻는 자가 천하를 얻는다'는 옛말대로 국민의 마음과 힘을 모아 중국 수천 년 역사상 처음으로 완전히 새로운 패러다임의 중국을 건설하게 된 것이다.

공산당이 군벌과 외국의 침략에 대응하는 세력으로 성장하여, 1923년 공산당과 국민당은 군벌 타도를 목적으로 손을 잡게 된다. 제1차 국공합작이다. 하지만 1925년 반군벌 세력을 연합해 신해혁명이라는 중국혁명을 완수할 수 있었던 유일한 인물인 쑨원이 죽자 국민당 내 반공세력은 공산당을 배척하려는 움직임을 드러내기 시작했다. 반공파 중심 인물 장제스가 국민당 권력을 잡으면서 1927년 상해에서 공산당에 대한 테러를 개시하였다. 제1차 국공합작은 이렇게 끝났다.

공산당은 무장봉기를 통하여 근거지를 확보하기 위해 2만여 명의 홍군을 동원하여 남창에서 봉기했다. 그러나 군벌을 물리치는데 성공한 장제스의 국민당이 공산당 소멸에 주력하자 무장봉기는 실패한다. 도시 중심의 거점(소비에트)을 확보하려던 공산당의 전략은 잘못된 노선이었다고 판단해 이 노선에 반대했던 마오쩌둥이 새로운 지도자로 부상하여 농촌을 장악해 도시를 포위한다는 전략을 채택했다. 1927년 그는 싸움에서 진 군대를 이끌고 정강산으로 들어갔다. 공산당은 정강산에서 조직을 정비하고 홍군을 재편성하여 다시 주변 세력을 확장하였다. 특히 농촌 농민들에게 토지를 분배하는 등 토지개혁을 통해 근거지를 확보하는 노력을 지속하였다. 1930년 중국 공산군이 후난성의 성도 창사를 점령하여 후난성 소비에트 정부 수립을 선포하였다. 물론 창사를 점령한 공산군은 반격을 받아 일주일 만에 철수해야 했다. 하지만, 이시카와 요시히로 교토대 교수는 인구 30만의 대도시가 공산당에 제압되었다는 것이 장제스와 국민당에 큰 충격을 주었다고 말한다. 1930년대 초까지 중남부 지방의 여러 성에 공산당 근거지가 확보되었으나, 공산군의 약진에 충격을 받은 장제스는 100만의 국민당 군대로 공산군 토벌에 나섰다. 국민당군의 총공세에 수많은 병력을 잃는 등 1934년경에는 공산당이 거의 섬멸 위기에까지 몰렸다. (이시카와 요시히로, 손승희 옮김, 『중국근현대사 3 : 혁명과 내서널리즘』, 삼천리, 2013, 146~151쪽)

마침내 1934년 10월 저우언라이가 마오쩌둥의 주장을 지지하여 중국 공산당은 100만 명의 국민당 군대와 정면 대결을 하지 않고, 중남부 소비에트 지구에서 과감한 철수 결정을 내린다. 10만 명의 주력 부대가 그들을 따르는 수십만 명의 농민들과 함께 국민당의 공격을 피해 역사적인 대장정에 오른다. 10월 탈출을 시작한 홍군은 국민당군의 봉쇄망을 뚫고 지방 군벌과 싸운다.

오직 인민에게 봉사한 중국의 등불 저우언라이는 대장정 기간 중인

1935년 1월 중국 공산당 정치국 확대회의인 쭌이 회의에서 농민의 마음을 움직이는 호소력이 뛰어나고 중국 인민의 희망과 꿈을 진심으로 존중하는 마오쩌둥을 홍군 사령관으로 추천하는 결단을 내렸다. (데이빗 히넌, 워렌 베니스, 최경규 옮김, 『위대한 이인자들』, 좋은책 만들기, 2000, 128~130쪽)

마오쩌둥의 리더십하에 홍군은 마침내 11개 성을 통과하고 18개 산맥을 넘고 17개 강을 건너 1935년 10월 섬서성에 도착한다. 대장정에서 홍군의 적은 백군(국민당군)만이 아니었다. 추위, 더위, 굶주림, 갈증, 산과 강, 숲과 늪, 독충과 질병과 야만족이 모두 홍군의 적이었다. 그러한 엄청난 역경 속에서도 홍군은 무려 1만 2000㎞나 되는 대장정에 성공했다.

유시민은 『거꾸로 읽는 세계사』에서 펑더화이가 말한 대로 '승리는 삶이요, 패배는 죽음'이라는 그런 싸움인 대장정을 해낸 것이라고 하면서, 군사적으로 거의 불가능한 대장정의 성공을 중국 공산당에서는 불요불굴의 혁명정신이라 한다고 말한다. 홍군은 대장정 기간 중 '땅은 경작 농민에게' 라는 공산당 강령을 실행하고 항일투쟁 정책을 설명하였으며 유격대를 조직하여 농민들을 무장시켰다. 대장정을 마쳤을 때 남은 병력은 처음의 10분의 1에 불과했으나 이들은 최정예 부대로 성장해 이후 항일투쟁과 공산혁명의 중심 부대가 되었다. 대장정 후 중국 공산당은 섬서 지방에 새로운 근거지를 마련하였다. (유시민, 『거꾸로 읽는 세계사』, 푸른나무, 1995, 162~175쪽)

공산당이 전열을 정비하고 항일투쟁에 나서는 상황에서 1936년 12월 이른바 '서안사변'이 발생한다. 만주의 실력자 장쉐량이 장제스를 감금하고 공산당과 협상을 해서 국공합작을 복구하라고 강요한 것이다.

이에 장제스는 저우언라이와 담판하여 공산당을 합법적인 존재로 인정하였다. 동시에 항일투쟁에서 단결할 것을 선언하는 이른바 2차 국공합작을 1937년에 추진하게 되었다.

이러는 동안에 공산당은 일본이 점령한 배후 지역과 국민당군이 철수한 지역에서 게릴라전을 전개하면서 농촌에 해방구를 건설하였다. 공산당은 해방구를 사회정의가 이루어지는 새로운 중국의 모델로 제시하였다. 이른바 장제스의 일당독재와 족벌지배, 부패가 만연한 국민당 지배 지역과 대비시켜 국민당 정권의 대안 정치 세력으로 공산당을 국민들에게 인식시켰다. 공산당의 급성장에 또 다시 불안을 느낀 국민당은 1939년 초 공산당과 전면 충돌한다. 이로써 2차 국공합작도 종지부를 찍었다. 중국에는 그 당시 일본군 지배 지역, 공산당 지배 지역, 국민당 지배 지역이라는 3가지 세력이 병존하게 되었다.

1945년 5월 마오쩌둥은 국민당에게 연립정부 수립을 제안했으나, 협상이 결렬되었다. 그해 8월 일본이 항복하자 미국 중재하에 국민당의 장제스와 공산당의 마오쩌둥·저우언라이가 내전을 막고 통일정부를 이루기 위한 협상을 추진했다.

트루먼 대통령은 1945년 11월, 2차 세계대전의 영웅 조지 마셜에게 대사로서 중국 관련 임무를 맡겼다. 마셜의 임무는 장제스의 국민당 정부와 마오쩌둥의 공산당 정부 간의 투쟁에 협상을 제의하는 것이었다.

트루먼은 중국에 친서구적인 자본주의의 장제스와 친소비에트적인 공산주의자 마오쩌둥 간의 연립정부를 세우고자 했다. 1945년 12월부터 1947년 1월까지 마셜은 두 진영 간의 화해를 위해 많은 노력을 했으나 성공하지 못했다. 결국 다시 시작된 국공내전에서 패배한 장제스의 국민당을 두고 마셜은 이렇게 말했다. "만약 장제스가 부패하지 않고 비참한 중국 국민들의 처지를 돌보면서 그들과 함께 했더라면, 마오쩌둥의 지지 세력들을 이길 수 있었을 것이다." (H. 폴 제퍼스, 앨런 액설로드, 박희성·박동휘 옮김, 『전쟁 영웅들의 멘토, 천재 전략가 마셜』, 플래닛 미디어, 2001, 351~352쪽)

공산군 해체를 중심으로 한 국군통일 문제, 공산정부 해체를 전제로 한 지방자치 문제, 양측에 모두 만족스러운 헌법 제정 등 난제를 두고 협상을 거듭한 결과 1946년 1월 협상이 타결되어 통일정부를 향한 결의를 했다. 그러나 이는 국공 누구도 협상을 깼다는 책임을 지지 않기 위한 명분 쌓기의 결과였을 뿐이었다. 국민당과 공산당 모두 협상을 위해 평화의 가면을 쓴 채 전쟁 준비에 전념했던 것이다. 미국도 친기독교적이고 자본주의체제를 희망하는 국민당만 일방적으로 지지하였다.

1946년 6월 장제스가 국민당군에게 공산 해방구로 진격 명령을 내려 공산군을 섬멸하도록 지시함으로써 3년에 걸친 국공내전이 시작되었다. 공산당은 일본군이 점령했던 지역을 해방구로 지정하고 일제에 협력한 친일 매국노를 처벌하고 그들의 재산을 몰수해 소작하던 농민들에게 토지를 분배하였다. 이로 인해 공산당은 농민들의 열광적인 환영과 지지를 받았다. 이는 "전쟁 승리의 결정적 요인은 물자가 아니라 사람에게 있다. 힘은 군사력과 경제력뿐만 아니라 사람과 민심에서 나온다. 그런데 사람은 군사력과 경제력을 통제할 수 있다"고 한 마오쩌둥의 생각을 실천하고 반영한 결과였다.

1946년 7월 국공 전면전이 시작되었을 때, 국민당은 미국의 최신 무기로 무장한 200만 정규군 등 430만 대군이었고, 공산당은 일본군 무기로 무장한 120만 명에 불과했다. 마오쩌둥은 세 가지 작전명령을 하

통일! 역사를 배우자

달한다. 그것은 지구전, 유인작전, 인민지지 세 가지 원칙이었다. 지구전은 전투력을 소모하지 말고 이길 수 있는 전투가 아니면 싸우지 않는 것이고, 유인작전은 중요한 곳이라도 필요하면 포기하고 다음 기회를 노리는 것이다. 인민들에게는 친절히 대하고 민폐를 끼치지 말고 공산군을 그들 인민의 군대로 만드는 것이었다. 반면에 국민당군은 정치적인 상징성을 강조하기 위해 각 성의 성도 등 주요 도시의 점령에 총력을 기울였다. 국민당군이 분산되자 공산군은 농민들의 지원 아래 도시를 포위 공격해 국민당군을 함락시켜 나갔다. '농민들이 승패를 좌우한다. 도시 몇 개를 얻는 것보다 농민 열 명의 지지가 더 중요하다'고 한 마오쩌둥의 전략 덕분이었다.

중국 전문가 김명호 교수도 농촌 경험이 풍부한 공산당은 토지개혁과 친일 매국노 처벌을 통해 농민들의 지지를 얻는 등 농민들의 심리를 꿰뚫어 볼 줄 알았다고 말한다. (김명호, 『중국인 이야기』, 한길사, 2012, 76쪽)

본격적인 국공내전에서 초기에는 미국 자본주의 국가에서 대량의 군수품을 지원받은 국민당이 우세하였으나, 1947년경부터는 공산당이 우위를 점하기 시작했다. 당시 공산당 홍군의 힘은 무기와 군수품이라기보다는 그들의 의지와 정신이었다. 초기 국민당은 이기고 있는 것처럼 보였지만, 내부의 부패를 다스리지 못했고 생존하고자 하는 대다수 국민들의 고통을 외면함으로써 민심을 잃고 있었다. 한마디로 국민당은 상대가 공격할 필요도 없이 부패해서 스스로 무너진 것이다. 반면 공산당은 해방구에서 토지개혁을 실시해 농민들의 토지 소유욕을 충족시켰고, 공산당 관리들이 부패하지 않았기 때문에 농민들은 착취당하지도 않았다. 결국 국공내전에서 공산당이 이기고 장제스의 국민당은 50만 명의 군인과 함께 대만으로 도주했다. 1949년 10월 공산당은 중국인민공화국이라는 이름으로 정권을 세우고 주석으로 마오쩌둥을 선출하는 등 중국 대륙을 지배하게 되었다.

『모택동 vs 장개석』의 저자 이건일 대륙전략연구소 부소장은 국공내전에서 공산당은 인화와 천시를 얻어 승리했다고 한다. 승리의 내적 요인인 인화면에서 보면, 공산당은 중국 인민의 80% 이상이 소농과 소작농이었다는 데 착안하여 내전 중에도 지속적인 토지 분배를 통해 농민의 마음을 완전히 장악하였다. 공산군은 혁명군으로서 사기와 투쟁 의지가 국민당 군대보다 크게 높았다는 것도 인화면에서 공산당이 승리한 것이다. 외적 요인인 천시 측면에서 보면, 공산당은 괴멸 직전까지 갔다가 중일전쟁이 발발하여 역전의 계기를 만들 수 있었다. 이는 하늘이 공산당을 도운 것이라 하겠다. 중국 대륙에서 미국과 소련의 이해관계 충돌도 공산당에게 유리하게 작용했다. 소련은 공산당에게만 지원하였다. 뿐만 아니라, 미국도 국공합작으로 중국이 통일되면 소련을 견제할 것으로 기대하면서 공산당에게 기회를 주었던 것이다. 미국과 소련의 이런 태도 또한 하늘의 뜻이었다고 할 것이다.

마오쩌둥 리더하의 중국 공산당의 정권 장악은 혁명적이었다. 그래서 오늘날에도 천안문 광장에 초상화가 걸려있는 마오쩌둥이 없었다면 중국혁명은 불붙지 않았을 것이라고 말한다. 하지만 미국 닉슨 대통령이 정확히 보았듯이 '저우언라이가 없었다면 그 불길은 꺼져서 재가 되고 말았을 것'이라고도 말한다. 중국 전문가 김상문은 저우언라이가 1974년 세상을 떠났을 때 천안문 광장에 세워진 추도시비에 '인민의 총리로 인민이 사랑하고, 인민의 총리로 인민을 사랑하고, 총리와 인민이 동고

동락하니 인민과 총리의 마음이 이어졌다'고 새겨져 있었다고 한다. (김상문, 『UN도 감동한 위대한 지도자 저우언라이』, 아름다운 사람들, 2009, 12쪽, 259쪽)

마오쩌둥과 함께 중국혁명 동지 2인자 인민의 총리 저우언라이를 가졌던 것은 현대 중국의 축복이었다. 중국의 축복은 계속되었다. 저우언라이는 문화대혁명 당시 숙청으로 큰 위기에 놓였던 덩샤오핑을 보호하였다. 덩샤오핑은 1978년 75세의 고령에 중국 최고지도자가 되어서 인민들에게 '사상해방'을 부르짖었고, 부국강병과 인민 생활 수준 향상을 목표로 삼아 과감한 개혁개방 정책을 펼쳤다. 그 개혁개방 정책 덕분에 덩샤오핑은 중국을 오늘의 세계 2대 강국으로 만든 주인공이 되었다. 덩샤오핑은 1985년 "중국의 개혁개방 정책은 어떤 책에서도 기록된 바 없는 위대한 실험이다"라고 선언하였다고 말한다.

중국의 부강을 이끈 리더들에 관한 책 『돈과 힘』을 보면, 덩샤오핑은 1991년 "개혁과 개방만이 국가를 강하게 하고 국민을 부유하게 한다. … 경제 발전을 이루지 못하면 대내적으로는 인민의 지지를 잃고, 대외적으로는 외세의 억압과 착취에 시달리게 될 것이다"라고 재차 개혁개방을 강조하였다고 한다. (존 델러리, 오빌 셸, 이은주 옮김, 『돈과 힘』, 문학동네, 2015, 438쪽)

그래서 세상 사람들은 중국혁명 지도자 세 사람을 두고 이렇게 말한다. "마오쩌둥은 산이고, 저우언라이는 강이며, 덩샤오핑은 길이다."

에드가 스노우는 홍군에 의한 농지 분배 등으로 농민들의 환영을 받고 마음을 얻은 대장정의 과정을 그의 저서 『중국의 붉은 별』에서 서방세계에 소개한 바 있다. 중국 공산당의 승리는 민중들에게 고통을 덜어주고 즐거움을 주는 '발고여락'의 자세를 견지한 공산당이 부패하고 국민들을 착취하는데 급급했던 국민당을 이긴 전형적인 사례다. 홍군의 힘의 원천은 그 홍군의 전사가 새로 얻은 토지의 소유자인 농민이라는 사실이다. 중국 농민들은 2000여 년 전의 로마 농민들처럼 대부분 자기 땅을 위해서라면 죽기를 각오하고 싸울 태세가 되어 있는 사람들이었다. 그래서 펑더화이는 "홍군은 인민의 군대이며, 인민들이 도와주었기 때문에 비로소 홍군이 성장할 수 있었다는 것보다 더 중요한 것은 없다"고 말했다. (에드가 스노우, 홍수원·안양노·신홍범 옮김, 『중국의 붉은 별, 상』, 두레, 2002, 312쪽)

중국 공산당은 농민들에게 토지를 소유하게 한 정책을 중시했다. 1947년 9월 공산당은 중국토지법대강에 따라 토지를 분배하는 농민토지소유제 정책의 시행을 발표하였다. 1949년 상반기에 중국의 동북, 북부, 서북 지방 및 동부 지역의 산둥성과 수베이 등 조기 해방구와 인근 지역에서는 1억 명의 농민이 토지를 소유하게 되었다. 농민토지소유제는 중국에서 2000년 이상 외쳐 온 난제였는데, 공산당이 바로 이러한 난제를 해결한 것이다. 반면, 국민당은 토지개혁을 등한시하는 등 농촌에서 결정적으로 실패했다. 국민당은 농민의 토지와 안전, 끼니를 보장해주지 못했던 것이다. (셰춘타오, 이정림 옮김, 『중국공산당은 어떻게 성공했는가』, 한얼미디어, 2012, 29~31쪽)

당시 중국은 강력한 군사력의 침공을 받은 것이 아니고, 새로운 이념의 도전을 받았다. 새로운 이념 전쟁에서 이기는 길은 더 큰 호소력으로 민중의 지지를 받는 것이었다. 이 점에서도 국민당은 공산당에게 확실하게 패배하였다. '민심을 얻는 자가 천하를 얻는다'는 옛말은 중국 공산당의 승리에서도 확실히 증명되었다. 에드가 스노우는 『중국의 붉은 별』을 마무리하면서 세계의 어떤 세력도 아시아 국가들의 인민대중이 요구하는 영웅적인 민주주의를 이 지구상에서 말살하지 못할 것이며, 중국의 사회혁명 운동은 계속 성장하고 변화발전하여 결국에는 최후의 승리를 거둘 것이라고 결론을 맺었다. (에드가 스노우, 같은 책 하, 152~153쪽)

미국과 중국의 역사적인 수교를 지휘했고 베트남전 종식에 큰 역할을 한 전 미국 국무장관 헨리 키신저도 "모든 위대한 업적은 현실로 변하기 전까지는 하나의 비전이었다. 그런 의미에서 위대한 업적은 불가피한 것을 그냥 받아들이는 것이 아니라, 굳게 확신하고 몸을 던지는 데서 이루어진다"고 말한다. (헨리 키신저, 권기대 옮김, 『헨리 키신저의 중국 이야기』, 민음사, 2011, 633쪽)

키신저의 말처럼, 중국 마오쩌둥의 공산당은 2000년 이상 지속된 중국의 황제 통치에 종지부를 찍었으며, 역사상 처음으로 공산주의 국가를 세운 것도 그들이 굳게 확신하고 몸을 던졌기 때문일 것이다.

중국과
대만 문제

1949년 마오쩌뚱의 중국 공산당이 북경에 정권을 수립하고, 장제스의 국민당 정권이 대만으로 이주하면서 중국과 대만의 분단이 시작되었다. 김명호 교수는 장제스가 패배를 예견하고 있었을 때 공산당은 공군과 해군이 없으므로 대만으로 가면 한동안 추격을 저지할 수 있다는 건의를 받아 대만으로 가기로 결정했다고 한다. 장제스는 1949년 10월 중국 대륙에서 대만으로 통하는 길목인 진먼다오 상륙을 서둘렀다. (김명호, 『중국인 이야기』, 한길사, 2012, 379~380쪽)

17세기 후반 명나라의 정성공도, 청나라의 강희제도 진먼다오를 장악한 후 대만을 점령했었다. 중국 본토는 청 왕조가 1911년 쑨원이 주도한 신해혁명으로 무너지면서 국민당이 주도하는 중화민국이 수립되었다. 쑨원의 사후에는 국민당과 공산당이 정국 주도권을 다투는 형국으로 전개되다가, 공산당이 승리하여 결국에는 사회주의 국가가 되었다. 한편 대만은 1895년부터 1945년까지 일본의 식민통치를 받았고 이런 영향으로 자본주의를 채택하게 되었다.

중국은 마오쩌뚱 시절에는 대만 해방을 위해 군사적 해결을 하려고

통일! 역사를 배우자

했다. 그러나 미국이라는 변수로 인해 무력통일이 어렵게 되자 정치적 협상을 통한 평화적 수단도 강구하였다. 개혁과 개방을 중국의 지상과제로 채택한 덩샤오핑 시절부터는 하나의 중국을 견지하되, 통일정책도 대폭 수정하여 1979년부터는 무력통일 방식을 지양하고 일국양제라는 평화통일 방안을 제시하게 된다. 해방이라는 용어도 사용하지 않고, 자본주의 체제를 인정하였다. 3통(통항, 통우, 통상)정책으로 각종 교류를 실시하게 하였다. 통일정책을 수립할 때 대만인들이 손해를 보지 않게 한다는 실용적인 내용도 포함시켰다. 덩샤오핑은 대만 문제는 시간이 필요하여 너무 조급해서는 안된다고 생각하였다. 미국이 대만 관계법을 통해 대만 불포기 정책을 고수하기 때문이다. 일국양제는 미국과 대만 모두 받아들일 것이라고 판단한 것이다.

대만에서 민진당이 집권하던 2000년부터 2007년까지는 양안의 대치 시기였다. 국민당의 대만 집권 50년을 끝낸 천수이볜 총통은 대만 독립정책을 고수했기 때문에 하나의 중국을 내세우는 중국과 충돌하게 되었다. 이에 중국 정부는 2005년 대만이 독립을 강행할 경우 무력공격을 합법화한 반국가분열법을 통과시켰다. 이런 양안의 대치 상황 속에서도 후진타오 정부는 하나의 중국 정책을 토대로 대만과 대화와 담판을 재개하여 적대관계를 끝내고 양안의 평화발전 관계를 구축하는 한편, 경제협력·문화교류·인력왕래 강화 등 다방면의 교류협력을 더욱 적극 추진하고자 하였다. 2005년에는 후진타오 주석이 대만의 국민당 당수를 베이징에 초청하여 상봉을 했는데, 이는 국공내전으로 공산당과 국민당이 결별한 지 56년 만에 이루어진 회담이었다. 양안의 정치적 관계가 개선되자 양안 간의 경제교류가 다시 활발하게 되었으나, 민진당 집권기간 동안 대만 경제가 크게 약화되어 민진당 집권 후반에는 대만의 경제성장 속도가 동남아 지역에서 최저를 기록했다.

대만은 장제스가 통치하던 초기 반공과 국가영토 수복이라는 입장을 고수하다가, 1980년대 후반 대만 출신 리덩후이가 총통이 되면서부터는 이념보다 현실적인 통일정책을 추진하게 되었다. 양안 간의 민간 교류는 1987년 국민당 정부를 따라 대만으로 이주한 사람들 중에서 일부 퇴역자들 가족의 친척 방문을 허용하는 차원에서 출발하였지만, 중국 본토와의 경제교류 요구가 증가함에 따라 민간교류를 공식적으로 허용하였다. 이와 함께 1990년 통일기구로 국가통일위원회를 총통 직속 자문기구로 설치하였다.

중국과 대만은 하나의 중국이라는 원칙과 통일의 당위성에는 공감하고 있다. 그래서 통일 여건을 조성하기 위해 교류협력의 확대, 지도자 상호방문, 통일 협상 등 평화적 방법을 점진적으로 추진한다는 데도 공감하기 시작했다.

중국과 대만은 긴장관계를 겪기도 했으나, 2000년대 중반 이후부터는 서로 조금씩 양보를 하며 평화적인 통일 방안을 추구하고 있다. (이종훈, 『양안 통일이 시작되었다』, 한국학술정보(주), 2009, 16쪽)

중국도 공산당과 국민당 간의 내전이 터져 수년 동안 크게 싸웠다. 우리나라도 6·25전쟁으로 이념이 다른 남북이 3년 동안 처절한 싸움을 벌였다. 그런데도 중국은 서로 조금씩 양보하는 지혜로 큰 통일을 기약하고 있다. 최근 남북관계가 악화된 우리나라로서는 중국과 대만의 교류협력과 평화가 부러울 뿐이다.

중국과 대만은 중국이 덩샤오핑 시대부터 개혁과 개방을 실시하고,

통일! 역사를 배우자

이어 대만 정부도 대만인들의 대륙 친지 방문을 허용한 후, 정치관계의 냉각에도 불구하고 경제교류는 발전해 왔다. 다만, 중국의 개혁개방정책 추진과 함께 미국에서는 종전의 우방 타이완과의 관계를 제한적으로 유지한다는 뜻을 담아 1979년 '타이완 관계법'을 제정했는데, 중국이 타이완에 무력을 사용하면 미국이 개입하고, 미국이 대만에 무기를 수출하는데 중국과 협의하지 않아도 된다는 내용 등을 골자로 하고 있다. 당연히 중국은 이 법의 폐지를 강력히 요구하고 있다. 대만의 중국본토에 대한 투자가 빠르게 증가하자 대만 경제의 중국 의존도를 완화시키기 위해 대기업과 첨단산업의 대중 투자를 규제하는 등의 조치를 하기도 했다.

2001년부터 중국은 미국을 제치고 대만의 최대 수출시장으로 부상하였으며, 취업 기회도 증가하였다. 대만에서 양안무역 관련 취업 종사자는 300여만 명으로서 대만 인구의 15% 이상을 차지한다. 더구나 중국이 대만의 가장 큰 무역흑자 시장으로 되면서 대만 경제의 중국 의존도가 높아지고 있다. 중국과 대만의 인적 교류는 문화, 교육, 예술 분야 등 정치를 제외한 광범위한 분야에서 거의 제재 없이 이루어지고 있다.

2005년 9월에는 대만 4대 항공사의 여객기와 화물기들이 중국 영공을 통과하게 되는 획기적인 조치가 이루어졌다.

최근 중국 시진핑 국가 주석은 평화통일과 일국양제를 원칙으로, 국가의 통일은 형식상의 통일보다는 정신적 통일이 더욱 중요하다는 입장을 밝히고 있다. 시진핑은 또한, 중국 본토와 타이완 양안 동포들이 손에 손을 잡고 한마음으로 중화민족의 위대한 부흥이라는 중국의 꿈을 함께 이루어나가자고 기회 있을 때마다 대만에 그 뜻을 전달한다. 특히 중국의 국부 쑨원 선생의 숙원임을 내세워 국가의 부강, 민족의 진흥, 인민의 행복을 함께 실현하자고 한다. (시진핑, 차혜정 옮김, 『시진핑, 국정운영을 말하다』, 미래엔, 2015, 298쪽)

쑨원은 생전에 "도도히 흐르는 세계의 물결 속에서 흐름을 타면 번창할 것이요, 이를 거스르면 패망할 것이다"라고 하였는데, 이런 가르침은 그의 사후에도 평화, 발전, 협력, 공영이라는 이름으로 중국과 대만 양쪽 정부에 지침이 되고 있는 것 같다.

노자는 『도덕경』에서 "큰 나라를 다스리는 것은 작은 생선을 조리하는 것과 같다"고 말한다. 중국의 대스승 노자의 가르침은 오늘날에도 중국 최고 지도자들의 국정운영의 철학이 되고 있다. 시진핑 주석은 "지도자는 국가 실정을 깊이 파악하고 인민이 생각하고 바라는 바가 무엇인가를 잘 알아야 하며, '큰 나라를 다스리는 것은 작은 생선을 조리하는 것과도 같다'는 태도로 추호의 나태함이나 소홀함이 없이 업무를 열심히 수행해야 한다. 인민들은 우리 역량의 원천이다. 인민들과 동고동락하고 단결하여 분투하면 극복하지 못할 어려움이 없으며 수행하지 못할 과업도 없다"고 말한다. (시진핑, 같은 책, 500쪽)

시진핑 주석의 중국과 대만과의 관계 정책을 보면, 비록 통일을 이루지는 못했지만 한 나라, 한 민족이라는 사실이 변하지 않는다는 인민들의 생각을 바탕으로 양안관계를 작은 생선 조리하듯이 다루고 있는 듯하다.

중국과 대만의 관계와 남한과 북한의 관계는 오랫동안 이념과 체제 대립을 경험하였고 현재도 그런 대립을 주축으로 하고 있다는 점에서 매우 유사하다. 예컨대 1949년부터 1978년까지 중국은 '해방 대만', 대만은 '광복 대륙'을 내세우는 등 구호에서부터 첨예하게 대립한 것이 사실이다. 하지만 1978년부터 중국의 개혁개방과 함께 대만에 대한 평화통일을 촉구한 것을 계기로 정치적 관계 이외의 다른 부분은 교류와 협력이 확대되고 있는 것도 사실이다. 중국 정부의 포용적인 양안정책으로 중국대륙 자본의 대만 유입이 확대되고, 일국양제 중심의 평화통일을 위해 양안 간 공동시장 구축이라는 기치하에 중화경제 일체화가 강화되고 있다. 중국은 대만과의 인적, 물적 교류가 활성화되고 경제 협력이 강화되면 대만 경제가 자연스럽게 중국 경제에 편입되면서 통일의 토대가 구축된다고 판단한 것으로 보인다.

동북아 경제권 안에서 궁극적으로는 교류협력의 확대를 통해 민족화해와 통합을 지향하고 있는 중국과 대만은 평화적으로 공존하고 공동 번영하는 관계로 정착되어 가고 있다. 특히, 중국은 대만을 포함하여 전 세계의 대만을 지지하는 화교들에게 중국의 정치, 경제, 무역, 문화 등 모든 분야를 적극적으로 소개하고 화교들의 이야기를 인터넷으로 경청해 공감할 수 있는 답을 주면서 중국에 대한 잘못된 고정관념을 바로잡는 소통 노력을 하고 있다. 양안 간의 젊은 세대들은 미래 중국의 주인공이므로 인터넷을 통한 양안 간의 상호 이해와 소통이 큰 효과가 있다고 한다. 우리도 양안 간의 사례를 눈여겨보면서 인터넷을 통한 남북 소통과 관계 개선 프로그램을 본격적으로 가동해야 할 것이다.

유럽 » # 로마의
내전과 통합

기원전 1세기의 로마는 서민개혁을 주창하는 민중파와 과두정치를 유지하려는 보수주의파인 원로원파의 대립으로 내전의 불씨가 싹트고 있었다. 원로원은 야심가라고 지목된 폼페이우스, 카이사르와 크라수스를 고립시켰다. 기원전 59년에는 카이사르가 집정관에 당선되었다.

이때부터 원로원이 우위에 있던 상황이 달라지기 시작했다. 카이사르는 폼페이우스와 크라수스를 설득해서 서로 간의 오해를 풀고 세 사람의 비공식적인 연합인 삼두동맹을 결성했다. 삼두동맹은 공식적인 동맹이라기보다는 보수적인 원로원파의 위협으로부터 자신들을 보호하기 위한 개인 간의 결속이었다.

카이사르가 집정관으로서 수행한 통치를 보고 그의 정적들은 그가 갈리아 총독에서 돌아오면 군사력으로 원로원을 무력화시킬 것을 우려했다. 기원전 56년에 폼페이우스와 크라수스의 사이가 벌어지면서 삼두동맹이 붕괴의 위기에 직면한다. 이에 카이사르는 기원전 56년 봄에 루카에서 폼페이우스, 크라수스를 만나 삼두정치와 로마의 미래 발전계획을 수립했다. 이때 120명의 원로원 의원들이 회담에 따라왔다. 폼페이우스와 크라수스는 회담 결과를 실행에 옮기기 시작했고, 두 사람은 기원전 55년에 공동집정관에 선출되었다.

그러나 폼페이우스의 아내이자 카이사르의 딸인 율리아가 출산 도중에 죽게 되고, 크라수스도 파르티아와의 전쟁에서 전사함으로써 삼두동맹이 무너지기 시작했다. 더구나 로마도 민중파와 원로원파 간의 대립으로 폭동과 소란이 지속되었다. 이에 원로원은 대중적 명성이 있고 독재적 성향이 적다고 생각한 폼페이우스에게 손을 내밀었다. 원로원은 비상사태를 선포하면서, 폼페이우스가 군대를 소집해 공공질서를 회복시킬 권한을 부여했다. 기원전 52년에 폼페이우스는 단독집정관이 되어 질서 회복 조치를 추진하였다. 이런 조치들의 상당한 부분은 카이사르에게 불리한 것들이었다.

비상사태가 해결되자 폼페이우스와 카이사르의 관계는 새로운 문제가 되었다. 결국 폼페이우스가 카이사르에게 등을 돌리면서 로마 내전의 기운은 무르익는다. 기원전 50년 8년간의 갈리아 원정을 마무리한 카이사르는 원로원에 폼페이우스가 군사 지휘권을 포기하면 자신도 군사 지휘권을 포기하겠다고 제안하면서, 이 제안이 수용되지 않으면 자신의 권리와 로마의 권리를 수호하기 위해 군사적 행동에 나설 수밖에 없다는 최후통첩을 했다. 카이사르는 원로원이 자기의 제안을 받아들이지 않았을 뿐만 아니라, 군대를 해산하고 즉각 로마로 복귀하라는 원로원의 최종권고를 받게 된다. 비상사태 시에나 선포되는 원로원의 최종권고를 따르지 않으면 국가의 적, 반역자로 몰리게 되어 사형을 당하게 된다. 기원전 그라쿠스 형제 가운데 동생인 가이우스 그라쿠스도 원로원의 최종권고 때문에 역적으로 몰려 목숨을 잃었고, 그들이 로마와 민중을 위해 추진하던 농지개혁도 중단되었다.

그러나 시오노 나나미의 『로마인 이야기』에 의하면, 카이사르는 그의 신념이 로마 국가체제의 개조이고 로마 세계에 새로운 질서를 수립하는 것이었기 때문에, 통치 능력이 없다고 판단한 원로원의 최종권고를 무시하고 로마로 진격하기로 결심하였다는 것이다. 갈리아와 로마의 국경지대인 루비콘 강 앞에 도착한 카이사르는 기원전 49년 1월 결국 루비콘 강을 건너면서 다음과 같은 말을 남긴다. "이 강을 건너면 인간 세상이 비참해지고, 건너지 않으면 내가 파멸한다. 나아가자, 신들이 기다리는 곳으로. 우리들의 명예를 더럽힌 적이 기다리는 곳으로. 주사위는 던져졌다." 게으르고 부패한 귀족정치가 로마에 질서, 정의, 번영을 주지 못하고 있는 것을 알던 병사들은 카이사르가 루비콘 강을 건너고자 했을 때, 한 명도 카이사르를 거절하지 않았다. (시오노 나나미, 김석희 옮김, 『로마인 이야기 4』, 한길사, 1996, 493~509쪽)

20세기를 대표하는 문명사학자 윌 듀런트는 가난한 일반 대중들은 카이사르를 희망으로 삼아 그가 돌아오기만을 기다렸다고 한다. (윌 듀런트, 안인희 옮김, 『역사속의 영웅들』, 김영사, 2011, 215쪽) 왜냐하면 귀족 원로의원들과 사업계의 부자들이 경쟁적으로 사치를 과시하는 동안, 빈민가에서는 보통사람들이 굶어 죽어가고 있었기 때문이다.

카이사르가 군대를 이끌고 로마로 진군한다는 소문이 나자 폼페이우스와 원로원 의원들은 로마를 탈출한다. 이들을 추격하다가 로마로 돌아온 카이사르는 기원전 48년 집정관에 취임하여 로마의 내정을 처리한 후 다시 폼페이우스를 추격한다. 히스파니아의 일레르다에서 카이사르의 중무장 보병 2만 7000명과 기병 2000명, 폼페이우스의 7만 8000 명의 보병과 5000명의 기병이 대치하였다. 갑자기 쏟아진 폭우로 인해 카이사르 군대가 고립되어 보급로가 끊기자 폼페이우스는 승리를 자신한다. 그러나 카이사르는 자연에 맞서지 않고 자연의 추세를 이용하는 작전을 세운다. 발상의 전환으로 운하를 만들어 강의 물길을 바꾸어 오히려 적진을 고립시키는 역전극을 펼친 것이다. 결국 폼페이우스 군대는 이 전투에서 항복하여 그리스로 도망가고, 카이사르는 지중해 서쪽을 장악한다.

기원전 48년 그리스 파르살루스에서 양 군대는 최대의 격전을 치른다. 폼페이우스 군대가 보병 4만 7000명, 기병 7000명인 반면, 카이사르 군대는 보병 2만 2000명, 기병 1000명에 불과했다. 그러나 질적인 면에서 카이사르 군대는 8년간 갈리아 전쟁을 치른 역전의 용사들이었다. 더구나 7000의 기병을 인간 울타리 안에 몰아넣어 무력화시키는 등 군사전략에서 월등히 앞선 카이사르의 역량이 발휘되어 카이사르가 완승을 거둔다. 파르살루스 전투에서 카이사르 군대는 잃은 병사가 200명도 채 되지 않았으나, 폼페이우스 군대는 약 1만 5000명이 죽고 2만 4000명 이상이 항복했다. (율리우스 카이사르, 박광순 옮김, 『내란기』, 범우, 2005, 213~214쪽)

이집트 알렉산드리아로 도망간 폼페이우스는 이집트인들에게 살해당하여 최후를 마친다. 폼페이우스를 추격해 알렉산드리아로 들어간 카이사르는 클레오파트라와 만나게 되고, 왕위를 둘러싼 이집트 내전(알렉산드리아 전쟁)에서 클레오파트라를 도와 이집트 왕으로 오르게 한다.

폼페이우스의 죽음으로 두 영웅의 대결은 끝나지만, 파르살루스 전쟁 이후 도망친 폼페이우스 잔당들과의 내전이 3년이나 더 지속된다. 기원전 46년 폼페이우스의 두 아들과 아프리카에서 싸워 승리함으로써 마침내 5년간의 내전은 끝난다. 기원전 47년 카이사르는 소아시아의 젤라에서 미트라다테스 대왕의 아들 파르나케스를 격파함으로써 소아시아의 패권을 잡게 된다. 이때 그 유명한 "왔노라, 보았노라, 이겼노라!(Veni, Vidi, Vici!)"라는 세 단어 보고를 원로원에 보낸다.

로마로 돌아와 원로원 지배체제를 종식시키고 독재관이 된 카이사르는 1년도 못돼 기원전 44년 그의 친구 브루투스에게 암살당하게 된다. 하지만 전쟁기간 중 잠시 돌아와 마련했던 재정, 사회개혁 프로그램은 지속적으로 추진되었다. 카이사르는 복수나 재산몰수 등을 하지 않았다. 로마 시민과 속주민들의 삶을 개선하고, 속주의 로마화를 촉진하기 위한 계획을 추진하였다. 정치의 효율성과 투명성을 높이는 조치도 병행하였다.

카이사르가 한 가장 탁월한 조치 중의 하나는 1년을 열두 달로 나누고 윤년을 두는 새로운 달력을 도입한 것이었다. '율리우스력'이라 불리는 이 달력은 오늘날의 달력과 거의 일치한다. 그리고 그라쿠스 형제가 의욕적으로 추진하다 중단된 자영농을 살리고 대토지 소유(라티푼디움) 제도의 확산을 방지하는 획기적인 농지개혁도 용감하게 다시 추진하여 퇴역군인들과 가난한 사람들에게 토지를 나누어 주었다. 자영농은 당시 로마 강군의 원천이었기 때문에, 전쟁으로 점점 몰락해가는 자영농을 살리기 위한 농지개혁은 로마 제국에서는 정말 중요한 국가적 과제였다.

기원전 130년대에 호민관에 당선된 티베리우스 그라쿠스는 당시 로마의 자영농 상황을 다음과 같이 웅변했다고 플루타르크의 『영웅전』과 시오노 나나미의 『로마인 이야기』는 말한다. "들짐승도 돌아가면 쉴 수 있고 몸을 감출 수 있는 자기 집이 있다. 그런데 조국을 위해, 다른 사람들의 재산과 행복을 지키기 위해 싸우다 죽은 로마 시민들에게는 햇빛과 공기 외에는 아무것도 없다. 집도 없고 손바닥만 한 땅도 없다. 가족을 데리고 거리를 헤맬 수밖에 없다. 로마는 승리자요, 세계의 패권자다. 그러나 수많은 로마 시민들은 자기 소유의 흙 한 줌도 없다." (플루타르크, 이성규 옮김, 『플루타르크 영웅전 전집 2권』, 현대지성사, 2000, 티베리우스 그라쿠스 편 1508쪽. 시오노 나나미, 김석희 옮김, 『로마인 이야기 3』, 한길사, 1996, 36쪽)

　　카이사르의 죽음으로 원로원이 기대했던 문제는 해결되지 않았다. 헌법의 권위가 추락하고 공공질서와 통치의 효율성도 떨어지면서 절대 권력의 요구가 크게 싹트게 되었다. 카이사르 사후 10여 년이 지나 또 한 번의 내전을 겪은 후에야 로마는 카이사르의 양자 옥타비아누스에게 절대 권력을 허용했고, 그가 로마 초대 황제 아우구스투스가 되었다.

　　특히 카이사르는 돈과 사랑에 있어서의 자유로운 성격, 부하를 감동시키는 리더십, 적은 군사력으로도 전세를 승리로 이끄는 전쟁 수행 능력, 루비콘 강을 건너는 결단력, 40세가 넘어 성공가도에 본격 진입하는 중년의 힘, 보통 민중의 삶을 잘 어루만지는 정치력, 그리고 문필력 등 다방면에서 많은 매력을 보여주는 인물이다. 카이사르가 지은 로마의 당시 내전 상황을 잘 기록한 『내전기』와 8년간의 갈리아 전쟁터에서 쓴 『갈리아 전쟁기』는 그의 뛰어난 문장력을 보여주는 대표적인 글들이다. 정치인으로서 문장력을 보여준 20세기의 또 한 사람의 위대한 인물은 전 영국 수상 처칠이다. 그는 『제2차 세계대전 회고록』으로 1953년 노벨문학상을 수상했다.

로마사를 연구하고 배운 사람들은 한결같이 로마의 개방성과 자유가 로마를 위대하게 했다고 말한다. 마키아벨리는 그의 책 『로마사 논고』에서 로마인들이 자신의 번영의 원천인 자유를 지키기 위해 어떠한 위험을 무릅쓰고도 싸웠으며, 주변 도시를 정복하고 외국인들을 고위직에 쉽게 받아들임으로써 로마는 위대한 도시가 되었다고 말한다. 반면, 자유로운 공동체에 참주정(독재정치)이 들어서면 그 도시는 발전을 멈추고 국력이나 부도 증대하지 않으며 심지어는 도시가 쇠퇴했다는 것이다. (니콜로 마키아벨리, 강정인·안선재 옮김, 『로마사 논고』, 한길사, 2003, 272~281쪽)

시오노 나나미 역시 『로마인 이야기』에서 로마가 1000년 동안 번영할 수 있었던 것은 전쟁에 패한 민족을 로마에 동화시키는 등 타민족에 대한 개방성과 유연함 때문이었다고 말한다. 그는 또한 로마는 크나큰 자유를 누렸고 그래서 그만큼 발전했다는 것이다. 로마는 기득권을 개방하여 반체제 인사도 기용하는 등 국가지도층 충원의 폭넓은 인적 기반을 마련하고 내부 자원의 총동원 체제를 확립함으로써 제국으로 성장하는 토대를 닦았다. (김경준, 『위대한 기업 로마에서 배운다』, 원앤원북스, 2008, 29쪽, 42쪽)

로마 제국이 인재 확보의 개방성과 유연성을 통해 1000년의 번영을 누렸듯이, 1200년대 몽골도 종교적, 인종적 관용에 힘입어 세계 최대 제국을 건설하였다. 이런 역사의 교훈이 있음에도 불구하고, 현대인은 2000년 전 로마가 보여준 개방성·포용·관용보다 크게 후퇴해서 종교적 관용도 베풀 줄 모르고, 정치에서도 능력보다는 이념에 얽매이며, 타민족이나 인종을 배척한다. 같은 민족인 남북한 관계에서도 개방성과 포용·관용이 대폭 후퇴하기는 마찬가지다. 한반도 통일을 위해서 다시 로마의 개방성과 유연성을 배우자.

프랑스
신교와 구교 내전

　　16세기 중엽 프랑스는 개신교를 철저하게 탄압하던 스페인과 오스트리아에 비해 개신교도인 위그노들이 무서운 속도로 증가하였다. 이런 상황에서 1562년 1월 칙령으로 신교도들이 대도시 밖의 일정 장소에서 예배드리는 것을 허용했다. 3월에 프랑수아 공작은 신교도들의 한 회합이 칙령이 허가하지 않은 장소에서 열렸다고 하여 그들을 덮쳐, 수십 명이 사망하는 사건이 터졌다.

　　이 사건을 계기로 프랑스에서는 위그노 전쟁이라 불리는 종교전쟁 (내전)이 시작되어 이때부터 1593년까지 약 30년 동안 무려 여덟 차례의 전쟁이 일어났다. 가톨릭과 위그노 진영은 각각 외국 동맹 세력의 지원을 요청했고, 특히 1585년부터의 내전에서는 독일의 군대와 영국의 자금을 지원받은 신교도들이 스페인과 교황의 지원을 받은 가톨릭교도들과 맞서 싸웠다. 종교전쟁은 군주제의 권위를 약화시켰다. 지방의 자치 세력이 성장하여 무정부 상태에 가까운 상황이 나타났고 프랑스 왕국은 분열의 위험에 빠지게 되었다. 이 전쟁 시기의 국민들은 약탈과 학살 등을 당하기도 하면서 불안과 공포 속에서 보내야 했다.

1572년 8월 24일 성 바돌로매의 축일 새벽 국왕의 근위병과 가톨릭 측의 병사들이 성당 종소리를 신호로 위그노들을 무차별 학살하는 이른바 바돌로매 축일의 학살사건이 일어났다. 파리에서 2000~3000명의 시민들이 죽고, 유사한 학살이 10월까지 지방에서도 일어나 1만~2만 명이 죽는 비극이 발생했다. 열악한 생활에 허덕이며 위그노에 대해 매우 격앙되어 있던 파리 가톨릭교도 하층민들이 이 사건에 개입되어 위그노 부자들을 약탈하기도 했다. (다니엘 리비에르, 최갑수 옮김, 『프랑스의 역사』, 까치, 2013, 157쪽)

이 사건은 메디치 집안의 여인으로 프랑스 왕비가 되었던 카트린 드 메디치가 섭정을 하는 동안 왕비가 개신교에 대한 적대감으로 군대와 가톨릭 신도들에게 개신교도들을 보는 대로 죽일 것을 명령하였기 때문에 일어났다. 이 사건으로 일부 위그노들은 네덜란드·스위스 등 외국으로 도피했으나, 다른 위그노들은 남부 지방에서 독자적으로 세금을 징수하고 도시들을 요새화하는 일종의 자치적인 신교 공화국을 조직하기도 했다. 개신교도들의 희생은 순교의 피가 되어 오히려 개신교가 더욱 성장하였다. 이날을 추모하여 지금도 프랑스의 개신교회는 8월 24일에는 교회의 종을 치지 않는다.

인구의 대부분이 가톨릭교도인 프랑스에 신교도인 앙리 4세가 1589년 즉위하였다. 많은 지방에서 새로운 왕을 거부했으며, 즉각적으로 가톨릭 동맹의 반란을 다시 불러일으켰다. 다행히 전쟁이 교착 상태에 빠진 가운데 가톨릭 세력이 강경파와 온건파로 분열되었다. 온건파는 앙리 4세에 가담했지만, 파리와 북부 지방에서 스페인 주둔군은 왕군에 맞선 가톨릭동맹군을 지원했다.

이런 상황에서 앙리 4세는 1593년 5월 가톨릭으로 개종할 것임을 천명했다. 앙리 4세의 가톨릭 개종을 계기로 왕을 지지하는 국민적 분위기가 확산되자 왕의 세력도 강화되었다. 스페인군의 주둔을 비난하는 비방문도 크게 늘어났다. 지방의 많은 도시들이 앙리 4세에 가담했다. 1594년 앙리 4세는 파리를 포위했으며, 스페인 군대는 도망쳤다. 앙리 4세는 그의 온건함과 관용을 통해 파리 시민들의 지지를 받았다. 1598년 드디어 앙리 4세는 저항 세력과 이들을 지원한 스페인 세력을 완전히 축출하였다. 같은 시기에 낭트에 모인 신교도 대표자들과 협상을 벌인 결과 종교적 평화를 되찾았다.

1598년 4월 낭트 칙령은 유럽에서는 처음으로 왕국 내 모든 사람들에게 종교의 자유를 인정했다. 누구든지 종교를 이유로 불이익을 받지도 않게 했다. 낭트 칙령은 일찍이 프랑수아 1세와 앙리 3세에 의하여 규정된 '구교 이외의 이단(異端)은 엄벌에 처하며, 이의 밀고자는 벌금 또는 몰수재산의 1/4을 양여한다' 등의 조항을 삭제시킨 조치였다.

1598년 낭트 칙령으로 평화가 다시 찾아왔지만, 프랑스 왕국은 매우 황폐해져 있었다. 36년의 내전 기간 동안 만성적인 무정부 상태를 겪으면서 도둑떼들이 들끓고, 흉작까지 겹쳐 식량이 부족해 많은 농민들이 귀리, 풀, 나무껍질로 만든 빵을 먹고 연명하기도 했다. 국왕의 권위도 많이 실추되어 있었다. 부르봉 가문의 첫 왕인 앙리 4세는 국민적, 종교적 화해를 위해 정부에 가톨릭교도와 신교도를 함께 등용했다. 신교도들이 국가의 재정과 상업을 담당했고, 가톨릭교도들은 국내 문제와 외교를 맡았다. 유능하고 헌신적인 관리들의 도움을 받아 앙리 4세는 왕실의 재정과 권위를 회복하고 농업과 산업을 발달시켜 프랑스를 유럽 대류의 강대국으로 도약시켰다.

특히 위그노인 쉴리 공작은 금리 인하, 화폐 개혁, 직접세 축소 및 간접세 증세 등 세제 개혁 등으로 30여 년간의 내전으로 큰 적자를 보고 있던 국고를 건실하게 만들었다. 쉴리는 '경작과 목축은 프랑스의 젖가슴'이라는 표현으로 유일한 부가 토지에 있다는 중농주의적 신념하에 농업과 목축업을 일으키고 농촌 공동체를 회복시켰다. 아울러 도로, 운하 및 교량 건설 등 사회간접시설을 확충하기 위한 대규모 토목공사도 착수하였다.

앙리 4세는 진정한 화해와 타인을 배려하는 넓은 포용력으로 유능한 인재들을 널리 등용하여 국가 재건에 힘썼다. 또한 나라가 분열되면 허약해지고, 단결하면 강한 나라가 된다는 지극히 단순한 역사적 진리도 보여주었다.

청교도 혁명의 시대에 살았던 존 로크는 1689년 네덜란드에서 출판된 그의 책 『관용에 관한 편지』 서문에서 정치와 종교를 분리하여 종교에 관해서는 절대적 자유, 공정하고 진정한 자유, 공평하고 불편부당한 자유가 진정 우리에게 필요하다고 용기있게 웅변한다. (존 로크, 공진성 옮김, 『관용에 관한 편지』, 책세상, 2008, 11쪽)

프랑스 앙리 4세가 1598년 낭트 칙령으로 프랑스에서 종교의 자유를 인정했으나, 100년도 지나지 않았는데 루이 14세는 1685년 낭트 칙령을 완전 폐지하여 프랑스 신교의 종교적, 시민적 권리를 박탈하였다. 이와 관련해서 존 로크가 관용으로 억압을 극복하고 개인과 공동체의 자유를 보호하기 위해 '관용에 관한 편지'를 썼을 것으로 본다.

낭트 칙령에서 보여준 배려와 관용의 정신은 이후 18세기 볼테르, 몽테스키외, 루소 등과 같은 계몽주의 철학자들에 의해 자유주의, 평등주의로 확산돼, 급기야는 1789년 프랑스 대혁명으로 이어졌다.

빅토르 위고는 그의 명저『레 미제라블』에서 프랑스 대혁명을 인류의 위대한 과업인 진보를 위해 많은 생명들이 몸을 던진 숭고한 신의 몸짓이라고 규정하였다. 혁명에 몸을 던진 전사들은 사제였다. (빅토르 위고, 송면 옮김,『레 미제라블 II』, 동서문화사, 2010, 1638~1642쪽)

프랑스 대혁명은 예수 그리스도 이후 인류의 가장 진보적인 발걸음이었다. 숭고한 것이었다. 대혁명은 사회의 수많은 비천한 사람들을 해방시켰다. 사람들의 정신을 부드럽게 하고, 안정과 위안과 빛을 주었다. 지상에 문명의 물결이 넘실거리게 한 훌륭한 일이었다. 대혁명은 실로 인류를 신성화시켜 주었다.

영국 내전
–청교도 혁명

1625년 제임스 1세의 아들 찰스 1세가 국왕이 된 후 1628년 의회가 '권리청원'을 국왕에게 제출하였다. 이 청원에는 국왕이 절대군주가 아니라는 내용과 불법으로 국민에게 과세하거나 투옥해서는 안되는 등 왕이 해서는 안될 사항을 담고 있었다. 왕의 권한 제한에 대해 분노한 왕은 의회를 해산하여 의회 없는 통치를 하였다. 그러던 중 1637년에 왕은 스코틀랜드에 영국 국교회를 받아들이도록 강요하였다. 장로교를 신봉하는 보수적인 스코틀랜드인들이 영국 국교회의 상륙을 거부하였다. 이에 찰스 1세는 무력으로 해결하려고 했으나, 군대 모집과 전쟁경비 조달을 위한 재정이 궁핍해지자 불가피하게 11년 만인 1640년에 특별의회를 소집했다. 하지만 왕과 의회 사이에 불화가 생겨 18일 만에 다시 해산된다. 단기의회라고 불린 이 의회가 해산된 뒤 왕은 재정 확보를 위해 노력했으나 여의치 못하자 다시 의회를 소집했는데, 이 의회는 소집 후 20년간 지속되었다고 하여 장기의회라 불리게 되었다. 이 장기의회도 초반부터 왕과 의회가 대립하기 시작했다. 그러다가 1641년 후반에 아일랜드 가톨릭교도들이 수천 명의 잉글랜드 정착민들을 학살하는 사건, 일종의 반역 사건인 아일랜드 봉기가 일어난다. 영국인들은 분노했고 왕과 의회는 봉기의 진압에 합의하였다. 그러나 누가 군대를 지휘할 것인가라는 문제가 남아있었다. 의회는 군대 통수권이 왕에게 주어지면 왕은 그것을 의회를 무력화시키는 데 사용할 것이라고 의심했다. 그래서 의회는 이를 진압할 민병대의 지휘권을 의회가 지명하는 자에게 넘기는 민병법안을 1641년 12월에 제출했다.

이에 찰스 1세와 그를 지지하는 왕당파는 의원들을 체포하기 위해 무장 호위병을 이끌고 의회에 진입하였다. 런던은 의원들을 보호하기 위해 민병대를 소집하였다. 결국 왕당파와 의회파 간에 발생한 충돌로 1642년 내전이 벌어지게 된다. 이른바 청교도 혁명이 일어난다.

많은 귀족들과 구교도들이 왕당파였으며, 청교도들과 런던 등 도시의 상공업자들은 의회파에 가담했다. 의회파는 당시 인구 50만 명이 넘고 재정이 풍부한 대도시 런던을 확보하고, 해군을 자기 편으로 만들어 유리한 국면에 서게 되었다. 하지만 내전 초기에는 유능한 지휘관과 실전 경험이 많은 기병 등 우월한 군대를 보유한 왕당파의 힘도 만만치 않았다. (나종일, 송규범, 『영국의 역사』, 한울, 2005, 368~369쪽)

양 진영이 팽팽히 맞서자 잉글랜드에 장로교를 세울 것을 약속하며 스코틀랜드의 군대를 끌어들이는 외부 원군 확보에 성공한 의회파가 1644년 7월 요크 외곽 마스턴 무어 전투에서 대승을 거두게 된다. 1645년 6월, 런던 근처 핵심 지역인 네이즈비 전투에서 크롬웰의 지휘를 받은 의회군이 결정적인 승리를 거두었다.

왕당파는 세금이 주로 징수되는 런던 등 주요 도시를 상실하여 경제적, 군사적으로 타격을 입게 되었다. 군비 조달이 막혔고, 이에 따라 외

국 군대의 동원이 불가능해졌다. (주연
종, 『영국혁명과 올리버 크롬웰』, 한국학술정보(주),
2012, 101쪽) 크롬웰은 철기대와 신형군
이라는 새로운 군대를 조직하여 그
들의 가슴속에 뜨거운 열정을 불어넣
었다. 신실한 자작농으로 구성된 철
기대는 종교적 사명감이 투철한 장교
들이 통솔했다. 왕당파의 연전연패로
1646년 찰스 1세가 스코틀랜드인들

올리버 크롬웰

의 포로가 되었고, 그들은 마침내 1647년 1월 찰스 1세를 의회파에 넘
긴다.

　내전은 의회파의 승리로 일단락되었지만, 전투보다 더 어려운 과제
인 어떤 입헌정부와 개혁교회를 세울 것인가 하는 문제가 남았다. 내전
의 과정을 거치면서 의회파는 의회를 주된 세력 기반으로 하는 장로파와
군대를 기반으로 하는 독립파로 분열되었다. 장로파는 전쟁에 대해서는
신중하고 종교적으로는 비관용적이었다. 반면 독립파는 전쟁에서는 공
격적이고 신앙의 자유를 허용하는 등 종교에 관용적이었다.

　군인들이 주축인 독립파도 지휘관을 중심으로 하는 고급장교파와
사병들 중심의 수평파(급진파)로 분열되었다. 1647년 10월 런던의 교외
인 퍼트니에서 열린 군평의회에서 공화정의 도입, 군주제 폐지, 투표권의
범위, 종교적 관용 등 광범위한 논의를 했으나 결론을 얻지 못했다. 이런
상황에서 찰스 1세가 탈출하여 스코틀랜드와 비밀협정을 맺고 장로교
회복 약속 등을 한 대가로 군대 지원을 받는다. 찰스 1세와 연결된 스코

틀랜드 군대가 잉글랜드를 침공했으나, 크롬웰은 1648년 8월 이들을 신속히 격파했다. 2차 내전은 짧은 기간 안에 끝나고 말았다.

그러나 크롬웰 철기대의 한 장교인 프라이드 대령이 의회에 진입하여 아직도 국왕과 화해를 원하는 온건파 의원들을 의회에서 축출하였다. 이를 '프라이드의 추방'이라고 한다. '잔당 의회'라 불리던 잔류 의원들은 상원의 반대를 물리치고 찰스 1세를 심문하여 '폭군, 매국노, 살인범, 조국의 원수'로 몰아 사형을 선고한다. 1649년 통치권의 신성을 내세웠던 찰스 1세는 결국 참수형을 당한다. J. 네루는 상당히 보수적이며 급격한 변화를 좋아하지 않는 영국 국민이 압제적이고 매국적인 국왕을 본보기 삼아 처형한 것은 보기 드문 일이었다고 평가한다. (J. 네루, 곽복희·남궁원 옮김, 『세계사 편력』, 일빛, 1999, 552쪽)

1649년 찰스 1세의 죽음은 엘리자베스 여왕이 죽은 1603년부터 사실상 시작된 왕과 의회의 40여 년간의 싸움에서 왕의 권력이 의회의 권력 앞에 결정적으로 패배한 것을 의미한다. 이 의회는 군주제를 폐지하고 역사상 처음으로 공화정을 수립하였다. 귀족원과 국교회마저도 폐지했다. 대신 국정을 이끌어갈 기구로 국무회의를 설치하였다. 이 공화국은 형식상으로는 의회가 최고 권력기구였지만, 실권은 군대, 그것도 사실상 크롬웰의 수중에 들어가게 되었다. 왕당파, 장로파, 정치적 급진파인 수평파 등 모든 정파가 급속도로 약화되었다.

내부 위협을 극복한 크롬웰은 대외 문제에 적극 나섰다. 그가 이끄는 새로운 공화국에 위험한 존재는 아일랜드였다. 1649년 8월 크롬웰은 직접 군대를 이끌고 아일랜드를 공격해 1652년에 아일랜드 정복을 마무리한다. 잉글랜드에 맞서 싸운 아일랜드인들의 토지를 몰수하여 잉글랜드의 개신교 이주민들에게 분배하였다. 아일랜드 토지의 약 3분의 2가 이들 개신교 이주민들에게 돌아갈 정도였다. 크롬웰의 이러한 식민정책은 아일랜드의 개신교도와 가톨릭교도 사이에 큰 증오와 분열의 씨앗이 된다.

크롬웰은 스코틀랜드도 정복하였다. 1649년 스코틀랜드 의회는 처형된 왕의 장남 찰스를 그들의 새로운 왕 찰스 2세로 맞아들였다. 찰스 2세는 찰스 1세가 거부했던 국민맹약에 서명함으로써 대다수 스코틀랜드인의 충성을 확보할 수 있게 되었다. 스코틀랜드인들은 그들의 새 왕을 잉글랜드 왕으로도 만들고자 했다. 1651년 찰스 2세는 스코틀랜드 군대를 이끌고 잉글랜드로 침입했으나, 크롬웰의 군대에 대패한다. 크롬웰은 북으로 진격하여 스코틀랜드를 평정했다. 아일랜드와 스코틀랜드는 잉글랜드에 통합되어, 잉글랜드 의회에 각각 30명의 의원을 보내게 되었다. 무력으로 이룬 통합은 불안정하여 1658년 크롬웰이 죽은 다음 왕정 복고와 함께 아일랜드와 스코틀랜드는 각각 자신의 의회를 회복하였다.

1653년 크롬웰은 정부 수반인 호국경이 되어 사실상 독재를 하게 된다. 그러나 엄격하면서도 유능한 크롬웰의 리더십 덕분에 영국은 네덜란드, 프랑스, 스페인 함대를 격파하고, 유럽 대륙에 무역 거점을 확보했다. 크롬웰의 이런 노력으로 영국은 유럽 제일의 해군력과 상업력을 가진 유럽의 강국으로 등장하게 되었다. 사실 영국을 바다의 패권자로 만든 것은 엘리자베스 여왕이라기보다는 크롬웰이었다는 평가를 받기도 한다.

크롬웰의 사망은 그의 개인적 지도력에 의존하던 호국경 체제의 종말을 의미했다. 크롬웰이 죽자 전통적인 영국을 개조하려고 성급하게 구축한 모든 제도는 기초부터 흔들리기 시작했고, 크롬웰이 죽은 지 불과

2년도 못되어 그의 모든 사업은 그 자신처럼 잔해만 남게 되었다. (앙드레
모루아, 신용석 옮김, 『영국사』, 김영사, 2013, 465~466쪽)

우리가 통일을 추진할 때도 충분한 준비 없이 성급하게 밀어붙이면
그만큼 값비싼 대가를 지불해야만 할 것이다.

1660년 장기의회는 20년 만에 종말을 고했다. 잉글랜드는 다시 왕정
으로 돌아갔지만 지난 20년 동안의 내전과 혁명은 종교의 자유가 확산
되어 신교도가 뿌리를 내리게 했고, 절대주의를 무너뜨리고 의회를 항구
적 통치기구로 만들었다. 절대왕정에서 공화정으로, 여기에 호국경 정치
와 군사통치로, 다시 왕정으로 돌아가는 과정에서 영국은 정치와 사회
사상이 활발하게 논의되고 발전하게 되었다.

이탈리아
통일

이탈리아는 서로마 제국이 476년 멸망한 이후 1860년까지 약 1400년간 하나의 통일된 정치체제를 가져보지 못했다. 14세기 단테가 그의 조국 이탈리아의 통일을 노래했고, 16세기 초 근대 현실주의 정치사상을 처음 주장한 마키아벨리가 이탈리아 통일을 염원하면서 『군주론』을 집필하여 메디치 가문에 바쳤지만, 19세기 중반까지 이탈리아의 정치적 분열을 막을 수는 없었다. 남부는 부르봉 왕가의 왕이 시칠리아 왕국을 지배하고, 중부는 교황이 교황령을, 북부는 합스부르크 제국이 롬바르디아와 베네치아를 각각 다스리고 있었다. 또한 토스카나 공국·파르마·모데나는 오스트리아에 예속된 귀족들이, 사르데냐 섬은 사부아 왕조가 다스렸다. 이러한 정치적 분열 외에 문화적, 경제적으로도 지방을 중시하는 전통이 통일을 향한 열정보다 보편적이었다. 북쪽 도시인들은 남부 시칠리아인을 동족으로 보는 애정이나 친밀감이 부족했고, 경제적인 유대관계도 미약했다.

그러나 프랑스 혁명 기간 나폴레옹이 이탈리아를 점령하면서 프랑스는 이탈리아 내 여러 나라들 간의 장벽을 없애버렸다. 지역을 연결하는 도로를 건설하고 이탈리아 전역에 동일하게 적용되는 법을 제정하여 시행하였다. 헌법과 의회제도도 도입되었다.

이탈리아의 중산층들은 외국인 지배자를 축출하고 통일을 달성하면 경제적 성장이 커질 것으로 믿고 있었다. 상인들과 제조업자들은 분열된 상황에서 상품의 이동, 상인의 여행 등에서 물품세나 통행세 등으로 적지 않은 불편을 겪고 있었다. 화폐단위와 도량형의 기준도 지역마다 달라 경제활동에 치명적인 장애가 나타나고 있었다.

이런 가운데 1815년 나폴레옹의 몰락 이후 이탈리아의 독립과 자유를 위해 여러 비밀결사조직이 나타났는데, 이 중 중산층과 군인으로 조직된 카르보나리 결사가 주목을 끌었다. 그러다가 보수 권력의 탄압과 농민들의 비협조 등으로 좌절되고 말았다.

이러한 좌절 속에서 이탈리아 독립을 위해 전 생애를 바친 투사 마치니가 등장하였다. 마치니는 이른바 이탈리아의 통일과 독립운동을 말하는 리소르지멘토 운동의 기수가 된 것이다. 마치니는 '이탈리아인의 조국은 로마도, 플로렌스도, 밀라노도 아니고 이탈리아 전체다' 라는 사상으로 무장하고 있었다. 마치니는 카부르, 가리발디와 더불어 이탈리아 통일의 3대 영웅으로 평가받게 된다.

J. 네루는 이탈리아 통일의 3대 영웅에 대한 영국의 시인 조지 메러디스의 다음과 같은 시를 적어 그의 딸에게 보냈다.

'우리는 번민하는 이탈리아를 보았다. 그것은 반쯤 싹이 텄다가 이내 진흙에 짓밟혀 버린 전원과도 같았다. 그러던 것이 괭이로 이랑이 다듬어지고 아름답게 경작되어 이삭도 탐스럽게 달린 보리밭처럼, 이토록 아름답게 우리 눈앞에 펼쳐졌다. 그래서 우리는 생각한다. 이런 토지에 생명의 입김을 불어넣은 사람들을. 그들은 세 사람이다-카부르, 마치니, 가리발디. 그들이야말로 이탈리아의 두뇌요 영혼이며 방패다. 앞길에 오직 한 가닥의 빛을 바라보고, 이탈리아를 폐원 상태에서 일으킨 사람은 그들이었다.' (J. 네루, 곽복희·남궁원 옮김, 『세계사 편력 2』, 일빛, 1999, 326쪽)

낭만적 자유주의자 마치니는 공화제 형태로 조국 이탈리아가 통일되기를 염원한 민족주의자였다. 마치니는 1831년 대학생이 중심이 된 '청년 이탈리아' 조직을 결성하였다. 마치니의 청년 이탈리아의 3대 목표는 독립, 통일과 자유 쟁취인데, 자유와 통일된 하나의 국민은 공화정을 통해서 획득될 수 있다고 보았다는 것이다. 또한, 그는 자유와 독립은 이탈리아인 스스로의 힘으로 밑에서부터 민중의 무장봉기를 통해 쟁취해야 한다고 믿었다. (민현구 외 3인, 『역사상의 분열과 재통일 (상)』, 일조각, 1997, 238~239쪽)

마치니는 동족에 대한 깊은 사랑도 필요하고, 전 국민들의 참여를 유도할 미래상 제시도 필요하다고 보았다. 그래서 덕망, 결단력, 용기, 웅변 등 대중을 이끌 지도자가 갖추어야 할 카리스마적 리더십으로 대중들의 지지를 얻기 위해 노력했다. 하지만 1834년부터 1844년까지 소규모 전투를 수차례 벌였으나 모두 실패하였다. 1848년 혁명기에는 마치니가 로마 공화국의 제1집정관으로 선출되었으나, 루이 나폴레옹의 개입으로 다시 교황이 들어서자 쫓겨나는 비운을 맛보아야 했다.

마치니 이후에 카부르 백작이 피에몬테-사르데냐 왕국의 수상으로서 이탈리아 통일 업무를 지휘하였다. 카부르는 대중봉기로 통일을 하기는 어렵다는 현실적인 판단을 하고, 북부 이탈리아 지역에서 오스트리아를 몰아내고 롬바르디아와 베네치아 지역을 피에몬테-사르데냐 왕국의 영토로 편입시키고자 하였다. 1855년 러시아의 남하정책을 견제하기 위해 영국과 프랑스의 연합 세력이 크림 전쟁을 일으켰을 때, 카부르는 이 연합 세력에 가담하였다. 1858년에는 나폴레옹 3세와 동맹 조약을 맺어 오스트리아가 사르데냐를 공격하면 프랑스가 이탈리아를 원조하고 그 후에 롬바르디아, 베네치아, 교황령을 합병한다는 구상이었다. 그러나 프랑스와 오스트리아가 비밀리에 휴전하는 바람에 카부르의 외세를 빌린 통일 노력은 좌절되고 말았다. 하지만 이탈리아 사람들에게 민족이라는 감정을 확산시켜 파르마, 모데나, 토스카나에서 봉기한 혁명 세력이 자발적으로 사르데냐에 통합되기를 희망하는 사건이 일어난 것이다.

카부르의 노력은 남부 시칠리아 왕국의 영토 내에서도 통일을 지향하는 혁명 세력을 자극하였다. 1860년 가리발디가 이끄는 1000여 명의 붉은 셔츠를 입은 애국자들이 시칠리아 섬에 상륙하여 프랑스 통치로부터 해방시키고자 시도하였다. 이들은 의용병들이었다. 제대로 된 무기와 물자도 없으면서 상대방의 정예부대와 싸웠다. 마치니를 후원하였던 혁명가 가리발디에게 민족의 통일은 하나의 종교요 신앙이었다. 카부르가 우선 북부만 통일하자는 현실 중시자였다면 가리발디는 이탈리아 반도 전체의 통일에 관심을 집중하였다. 가리발디의 통일 열정이 시칠리아의 독립을 성취했고, 나폴리도 전투 없이 접수하였다. 가리발디는 "대중의 지도자는 대중을 영웅적인 행동으로 이끌어내야 한다"는 마치니의 신념을 적용해 성공한 것이다. 가리발디의 승리는 이탈리아인들에게 민족주의 정신을 고무시켰다. 가리발디는 정복한 남부 지역을 사르데냐 왕 에마누엘레에게 자진하여 넘겨주었다. 사르데냐 왕 에마누엘레 2세는 1861년 이탈리아의 유일한 국왕임을 선포하였다. 1866년 보오 전쟁에서 이탈리아는 프러시아와 손잡고 오스트리아를 패배시키며 베네치아를 점령하였다. 1870년 보불 전쟁 시 프랑스가 로마에서 수비대를 철수하자 로마에 군대를 진군시켜 교황의 저항을 제압하고 이탈리아 수도로 로마를 지정하였다. 1870년 이탈리아는 통일국가로 거듭나게 되었다.

북부 이탈리아의 통일에 만족하고 있던 외교의 달인 카부르와 달리, 이탈리아 전체의 통일이 아니면 그것을 결코 통일이라 할 수 없다는 마치니의 신념과, 그 신념에 충실한 가리발디의 시칠리아 왕국 점령과 교황령 점령 작전이라는 군사행동이 전체 이탈리아의 통일을 가능하게 한 것이다. 특히 가리발디는 이탈리아의 남쪽 절반을 자기 힘으로 차지하여 지배권을 가지고 있었으면서도 내란을 방지하고 통일 조국을 실현시키기 위해 정치적 욕망과 미련 없이 자기 영토와 지배권을 사르데냐 왕에게 헌상하였다. 가리발디는 자신의 공화국에 대한 열정보다는 조국에 대한 희생으로 사르데냐 왕 에마누엘레에게 굴복함으로써 위대한 인간의 한 면모를 보여주었다. (김용구, 『세계외교사』, 서울대출판문화원, 2006, 116쪽) 가리발디는 19세기 유럽이 낳은 가장 순수한 애국자의 한 사람으로 평가된다.

이탈리아의 통일 과정에서 얻을 수 있는 교훈은 첫째, 통일이 국토의 통합이라는 영토적 차원의 것이 아니라는 것을 확실히 보여 주고 있다. 둘째, 통일국가의 미래상에 대한 충분한 상호 이해와 공감이 없이 이루어졌기 때문에 통일국가에 대한 기대가 각양각색이었다. 그러므로 세계사적인 방향에 입각한 새로운 통일한국의 목표와 비전이 명확해야 한다는 것이다. 셋째, 민족의 재통일이라는 대업은 그 대업에 몸바치는 이탈리아 통일 3걸이라 불리는 마치니, 카부르, 가리발디와 같은 지도자들과 그 지도자들을 따르는 민족의식과 역사의식이 투철한 민중이 있어야 성취될 수 있다는 점이다.

1871년
독일 통일

　　17세기 말부터 18세기의 약 100년간 프로이센의 역대 왕들은 강력한 군대 양성에 온 힘을 기울였다. 그러나 18세기 프로이센은 경제적으로 농업 위주의 사회였기 때문에 상공업 발전이 처져 있었다. 성공할 수 있는 길은 군인이 되어 장교가 되거나 관리가 되어 외교관·장관이 되는 것 이외에는 없었다. 프로이센의 융커 계급은 북동부 독일 지방의 지주층을 말하는데, 그 토지에 있는 농민들을 다스리고 있었다. 융커는 국왕의 권력이 약해지면 그들의 특권을 빼앗길 가능성이 크기 때문에 국왕의 강력한 지지 계층이 되었다. 국왕도 융커들의 특권을 보장하였다. 이런 상황이어서 독일의 근대국가 발전은 국왕과 지주 세력인 융커의 연합에 의해 주도되었다. 독일의 통일도 마찬가지였다.

　　1834년에는 관세동맹이 체결되었다. 관세동맹은 독일의 많은 주권국가들 사이에 물품이 오갈 때 관세를 폐지하는, 경제 활성화라는 목적을 가지고 있었다. 관세동맹은 단일한 독일 민족이라는 민족의식을 일깨우는 데도 역할을 하였다. 39개 독일 주권국가의 경제인들은 독일 민족이 하나의 통일국가로 합쳐지면 엄청난 경제 발전이 가능하다고 믿고 있었다. 의도야 어떠했든 관세동맹은 독일 통일에서 경제 분야의 튼튼한 초석이 되었다.

실제 1850년대 독일 경제는 빠르게 성장하였다. 석탄, 철, 직물 생산이 급증했고, 철도망의 길이가 1850년부터 1870년 사이에 세 배나 확대되었다. 일인당 국민소득도 1855년부터 1870년 사이에 3분의 1 정도 증가했다. (메리 풀브룩, 김학이 옮김, 『분열과 통일의 독일사』, 개마고원, 2000, 183쪽)

반면 오스트리아의 경제는 정체 상태에 있었다. 프로이센과 오스트리아의 경제적 격차는 통일독일을 지배하기 위한 투쟁에서 프로이센이 승리하는 중요한 요인으로 작용하였다. 프로이센이 빈 협상에서 획득한 루르 지방에 엄청난 석탄이 매장되어 있었으며, 이는 프로이센이 유럽 최강의 중공업 국가로 부상하게 되는 역할을 하였다. 독일의 거대 은행들도 루르 경제권의 산물이었다.

프로이센은 루르 지방의 경제 성장 덕분에 1860년대 중반에 독일 석탄과 철 생산량의 90%, 증기기관과 산업노동력의 3분의 2나 차지하는 경제대국으로 성장하였다. 루르 지방의 석탄을 통한 경제 성장을 두고 케인스는 "독일 제국은 피와 철에 의해서라기보다는 석탄과 철을 통하여 창조되었다"고 말한다. (민현구 외 3인, 『역사상의 분열과 재통일 (상)』, 일조각, 1997, 324쪽)

독일 공업의 발달과 노동자 계급의 성장에 따라 1863년에는 페르디난트 라살레가 독일전국노동자협의회라는 노동자 정당을 조직하였다. 독일의 노동자 조직은 더욱 강화되어 1875년에는 사회민주당이 창당되었다. 그러던 중 황제 암살 시도가 감행되자 비스마르크는 1878년 사회주의 활동을 금지하는 반사회주의자법도 통과시켰다.

융커 집안에서 태어난 비스마르크는 독일 통일의 필요성을 절감하고 있었다. 그는 프로이센이 중심이 되어 독일을 통일하면 프랑스, 영국, 러시아와 더불어 세계 강국이 될 수 있고 그렇게 되어야만 한다고 굳게 믿고 있었다. 통일 방법은 힘에 의한 통일밖에 없다고 확신하였다. 1861년 프랑스 대사가 되어 유럽 정치 판도를 익혔고, 1862년에는 드디어 빌헬름 1세의 수상이 되었다. 비스마르크는 의회 연설에서 "독일에서 요구되는 것은 프로이센의 자유주의가 아니라 프로이센의 지배력이다. … 프로이센이 안고 있는 큰 정치적 문제는 탁상공론과 다수파의 투표로 해결될 수 있는 것이 아니라 반드시 철과 피로 처리해야 한다. 독일의 통일은 자유주의라는 사상으로 이룰 수 있는 것이 아니라 강산을 정복할 수 있는 강력한 무력이 뒷받침되어야 한다"고 웅변하였다. 그래서 후세인들은 비스마르크를 철혈재상이라고 부르게 되었다.

비스마르크가 철혈재상으로 불리는 강경한 인물이긴 하지만, 비스마르크는 또한 끝없이 배우는 지도자였다. 1885년 독일 제국 의회의 한 연설에서 비스마르크는 "나는 내가 사는 한 배운다. 나는 오늘도 배우고 있다"는 유명한 말도 하였다. 독일 청년들에 대한 비스마르크의 충고는 철저하고 투쟁적이다. "창조는 투쟁에 의하여 생긴다. 투쟁이 없는 곳에 인생은 없다. … 청년들이여 일하라. 좀 더 일하라. 끝까지 일하라."

비스마르크의 무력정책을 뒷받침한 인물이 몰트케였다. 독일 특유의 군사 시스템인 총참모부를 탄생시킨 전략 전술의 대가인 몰트케는 독일을 통일로 이끈 세 차례의 전쟁을 승리로 만든 장본인이었다. 몰트케는 총참모부 산하에 군사과학처를 두었으며, 독일군의 군수장비를 개량하고 전술을 개혁하기 위해 전국에서 가장 우수한 과학자와 통계·지형·측량 전문가를 총참모부에 집결시켰다. 세 차례 전쟁 수행 전에 수많은 전쟁 예행연습을 했고, 실제 전쟁이 터졌을 때 총참모부가 세운 작전에 따라 전쟁을 수행하여 승리할 수 있었던 것이다. 몰트케가 도입한 총참모부 시스템은 1차 세계대전과 2차 세계대전에서도 중추적인 역할을 수행하게 된다.

덴마크 국왕이 1863년 3월 프로이센과 영토 분쟁 중에 있던 슐레스비히와 홀슈타인을 합병한다고 선언했다. 비스마르크 입장에서는 당시 정규군을 강화하고 국민 경비대를 약화시키는 것을 골자로 하는 군대 개혁을 두고 의회 자유파와 첨예하게 대립하고 있었기 때문에 즉시 덴마크와의 전쟁을 통해 의회 자유파 반대세력을 약화시키고자 마음 먹었다. 문제는 전쟁 비용 조달이었다.

중국의 국제금융학자 쑹훙빙은 『화폐전쟁』에서, 비스마르크는 의회로부터 덴마크와의 전쟁 비용 승인을 받는데 실패하자, 금융 명문 로스차일드 가로부터 융자를 받아 전비를 마련했다고 말한다. (쑹훙빙, 홍순도 옮김, 『화폐전쟁 2』, 랜덤하우스 코리아, 2010, 69~74쪽)

그 후 오스트리아와 함께 독일 연방군 6만 대군을 조직해서 1864년 2월 북유럽 덴마크를 침략하여 4월 승리하게 된다. 그해 10월 강화조약 결과 전략적 요충지 슐레스비히를 프로이센이 차지하게 된다. 이 지역은 북해와 발트해 연안에서 바다로 나가는 중요한 길목이며, 훗날 독일과 영국이 해상 패권을 다툴 때도 중요한 역할을 한 지역이었다.

덴마크와의 전쟁 승리는 독일 민족주의 운동의 크나큰 성과이자 비스마르크의 정치적 업적으로 부각되었다. 비스마르크 스스로도 슐레스비히의 확보를 가장 자랑스러운 외교적인 업적으로 보고 있었다. (강미현,

『비스마르크 평전-비스마르크, 또 다시 살아나다』, 에코 리브르, 2010, 382~383쪽)

비스마르크는 이제 오스트리아와의 전쟁이 불가피하다고 판단하였다. 프로이센은 오스트리아를 제외한 나머지 독일 통일 이른바 소독일주의였는데 반해, 오스트리아는 여러 민족이 섞인 제국, 즉 대독일주의를 유지하려고 하였기 때문이다.

비스마르크는 그의 철혈정책의 구체적 조언자 참모총장 몰트케의 도움을 받아 46만 대군으로 1866년 6월 오스트리아를 공격하였다. 오스트리아와의 전쟁은 국운을 건 전쟁이었기 때문에 비스마르크는 "누구든 오직 한 번 죽을 뿐이고, 패배할 것이라면 차라리 죽는 편이 더 낫다"고 하면서 비장한 심정을 토로했다. (같은 책, 409~416쪽)

오스트리아는 28만 대군으로 응전하였으나 성능이 뛰어난 무기와 정보력에 신속하고 합리적인 지휘체계를 갖춘 프로이센 군대에 불과 7주를 버티지 못하고 항복하게 된다.

비스마르크는 이탈리아가 오스트리아의 통치에 저항하는 것을 보고는 외교력을 발휘하여 이탈리아와 전략적 동맹 관계를 체결하였다. 그리고 전쟁 기간 중에 프랑스 나폴레옹 3세와 러시아가 개입하지 않는다는 중립 약속을 받아냈다. 러시아에 대해서는 오스트리아와 러시아가 발칸반도를 놓고 벌이는 분쟁을 활용하고, 폴란드에서 일어난 혁명을 진압하는 것을 지지하는 대가로 전쟁 중립 약속을 받아냈다. 또 프랑스 나폴레옹 3세를 비밀리에 만나 프랑스가 룩셈부르크 등의 지역을 차지하는 것을 지지하는 조건으로 전쟁 중립 약속을 받아낸 것이다. 외교적 정지작업을 한 다음, 이와 함께 덴마크와의 전쟁에서 전비 조달의 중요성을 뼈저리게 느끼고 1864년부터 1866년까지 전쟁 경비 조달에 박차를 가했다. 그런 다음 전쟁에 들어간 것이다.

1866년 프로이센이 오스트리아와의 전쟁에서 이긴 것을 두고, 사실상 독일 통일이 실현되었다고 말하기도 한다. 전쟁의 승리로 프로이센은 진정한 강대국이 되었고, 비스마르크는 프리드리히 대제 이후 처음으로 오스트리아에 정면 도전한 프로이센 최고의 실력자로 올라섰다.

1870년 7월 프로이센은 프랑스와 유럽 패권을 놓고 전쟁에 들어간다. 40만 프로이센 대군은 발달된 철도망으로 신속하게 이동하여 일찌감치 전열을 갖추고 프랑스군의 공격을 기다리고 있었다. 프로이센은 국경지대에서 프랑스 공격을 물리치고 진격하여 8월에 프랑스군의 본거지 메츠를 점령하였다. 9월에는 20만 대군으로 스당을 공격하여 운명의 일전을 겨뤄 함락시키고 나폴레옹 3세와 8만 명을 포로로 잡는다. 영국 등 많은 국가들의 예상을 뒤엎고 프로이센이 승리한 것이다.

1871년 1월, 프로이센의 빌헬름 1세는 프랑스 파리 베르사유 궁전에서 독일 제국의 황제로 추대되었다. 드디어 독일은 세 차례의 전쟁을 모두 승리로 이끌고 하나의 통일 민족국가가 되었다. 비스마르크는 전후 처리 과정에서 강경하게 나서 프랑스로부터 알자스와 로렌의 일부를 할양받았다. 이 알자스와 로렌의 할양은 프랑스의 굴욕, 분노와 보복 의식을 자극해 다음 세기 1차, 2차 세계대전과 국제적 대립의 근원이 된다.

스당 전투 직후 칼 마르크스는 "알자스의 병합은 두 나라를 불구대천의 적으로 만드는 것이며 이것으로 일시적인 휴전은 얻을 수 있어도 결코 평화는 오지 않을 것"이라고 예언했다고 한다. (J. 네루, 같은 책 336쪽)

독일 통일은 오랫동안의 민족적 분열을 극복한 최초의 정치적 통합이었을 뿐 아니라, 경제적 후진성을 극복하고 경제대국이 되는 기반이 되었다. 1800년대 초 프랑스 나폴레옹이 독일을 점령하자 독일의 대표적 철학자 피히테가 1807년에 「독일 국민에게 고함」을 외치면서 외국군의 침략으로 유린된 독일을 재건하기 위해서는 민족주의를 진작해야만 한 다고 호소한 노력이 약 반세기 후에 독일 통일의 성과로 나타난 것이다. 그러나 비스마르크의 철혈정책에 따른 통일은 자유와 민주주의의 유보 라는 값비싼 대가를 지불한 것으로서 독일의 자유민주주의를 후퇴시키 고 기형적으로 발전시켰다.

통일! 역사를 배우자

폴란드
통일

16세기에 경제, 학문, 예술, 문화 등이 두루 발전하여 황금 시기를 이룬 강대국 폴란드는 1610년에는 러시아의 모스크바까지 점령했었다. 러시아 모스크바를 함락시킨 최초의, 유일한 정복자가 폴란드였다. 17세기의 폴란드는 그 역사상 최대의 영토를 보유했고 그 광채가 그렇게 먼 데까지 번진 일이 없었다고 할 정도로 큰 나라였다. 그러다가 폴란드는 선동정치, 반동, 무기력, 비참함이 그득한 나라로 변해갔다. 1773년 러시아, 프로이센, 오스트리아 3대 강국이 폴란드의 3분의 1에 해당하는 주변 지역을 분할 점령하였다. 1793년에는 러시아와 프로이센이 다시 폴란드의 동쪽과 서쪽을 분할하였다. 1795년에는 이 세 나라가 폴란드의 나머지 영토마저 완전히 분할하였다. 3개국이 세 번에 걸쳐 여덟 토막을 내어 나누어 먹었다.

폴란드의 분할을 목격한 루소는 폴란드 민족에게 "당신들이 원수들에게 삼켜질 수밖에 없었다면, 최소한 그들이 당신들을 소화하지 못하게는 할 수 있다"고 충고하였다. 폴란드 민족은 뒤늦게나마 123년 동안 3국에 동화되지 않고 그 민족적 주체성을 잃지 않았기에 3국이 폴란드를 결국에는 토해내고 말았다.

폴란드 멸망의 원인에 대해 어떤 사람은 폴란드보다 더 강해진 주변 강국들의 음모와 탐욕에 있다고 하고, 또 다른 사람은 나라라는 것이 외적의 공격만으로 망하는 것이 아니라고 말한다.

어쨌든 폴란드 쇠퇴의 뿌리는 포토프(대홍수)라고 부르는 1648년부터의 코사크 대반란과 그와 연결된 사건에 있었다고 한다. 폴란드 귀족(슐라흐타)들은 매우 배타적인 세습 계급으로서 일반 시민들의 지위 상승을 반대하여 시민의 토지 소유를 금지하고 재판 농노제를 확립하였다. 당시 폴란드의 영토이던 우크라이나 지방에 정착하여 유목과 농경을 일으킨 코사크족은 토지는 신에게만 속하는 것이므로 먼저 정착하여 경작하는 자가 소유자가 되는 것으로 생각하고 있었다. 그러나 폴란드의 보수적인 귀족들은 무리하게 법을 적용하여 귀족 이외에는 토지 소유를 인정하지 않고, 따라서 소유가 없는 것으로 인정된 우크라이나 토지를 귀족들이 분할하였다. 이에 코사크족 개척자들은 그들이 개척한 토지의 소유가 인정되지 않고 농노제를 강요하자 반란을 일으키게 되었다. 특히 1648년의 코사크 대반란은 러시아의 모스크바 공국과 연합하여 폴란드군을 우크라이나에서 축출하고 본토까지 침입하였다. 이로 인해 폴란드는 크게 황폐해지고 인구가 격감하였다. 이런 혼란 속에서도 소수 대귀족들의 지배력은 더욱 강화되었다.

코사크의 대반란과 함께 지배계급인 귀족들의 탐욕도 폴란드 멸망의 근본 원인으로 지목된다. 우크라이나에까지 재판 농노제를 적용하여 코사크족들의 토지 소유를 부정한 것은 지배계급의 탐욕이 지나쳤다는 것이다. 귀족들이 소유한 토지에서 생산된 농산물 가격의 인상 등 귀족들의 계급적 이익을 중시하고 국가적 이익을 소홀히 한 것이 대부분의 국민들을 어렵게 만들었다.

1672년과 1673년에는 터키가 폴란드를 침공했다. 폴란드는 얀 소비에스키 장군 덕분에 호침 전투에서 막강한 터키의 공격을 물리칠 수 있었다. 호침 전투 승리에 힘입어 소비에스키 장군은 의회의 추대를 받아 왕으로 즉위하게 되었다. 터키는 1683년 오스트리아 정복에 나서 빈을 함락시키기 직전이었다. 오스트리아 황제는 폴란드에 구원 요청을 하였다. 이에 소비에스키 왕이 출동해 오스트리아, 폴란드, 프러시아 등 가톨릭 연합군의 총지휘관을 맡아 전쟁에서 대승을 거두었다. 유럽을 위협하던 터키 세력이 완전히 꺾였다. 소비에스키 왕은 유럽 기독교인들 사이에서는 이슬람의 위협으로부터 가톨릭을 지켜낸 기독교의 수호자로 불리게 되었다. (김용덕, 『이야기 폴란드사』, 한국외국어대학교 출판부, 2013, 216~225쪽)

이런 승리에도 불구하고, 연속된 전쟁으로 폴란드는 황폐해지고 귀족들의 이기심과 탐욕이 겹쳐서 급속히 몰락의 과정을 밟게 된다.

1700년대 초에는 북부 유럽의 세력 판도를 결정짓게 되는 제3차 북방전쟁이 시작되었다. 스웨덴이 폴란드를 침략하여 닥치는 대로 파괴한 결과 10년도 되지 않아 800만 명의 인구가 640만 명으로 격감할 정도로 폴란드의 쇠퇴는 심각하였다. 1709년에는 스웨덴이 우크라이나 폴타바 전투에서 러시아 황제 피터에게 참패하자, 폴란드는 사실상 러시아의 보호국으로 되었다. 러시아와 폴란드의 이런 종속 관계는 폴란드가 멸망하는 1795년까지 계속되었다.

유럽의 모든 국가들이 부국강병책에 몰두하는데, 폴란드의 군대는 무능한 국회로 인해 병력이 크게 감소되었고, 사병보다 장교가 많아 제

기능이 되지 않게 되었다. 이웃 강대국이 폴란드의 군사력 강화를 원치 않는 것은 이해되지만, 폴란드 귀족들까지도 왕권 강화를 우려한 나머지 군사력 강화를 원하지 않았다는 것이 폴란드의 비극이었다. 국회는 왕권을 크게 제약하여 제때에 군대를 일으키고 전쟁하기 어렵게 만들었다. 귀족들의 계급적 이익이 국가 이익을 저버리는 소탐대실이 폴란드 멸망의 근본 원인이었다. 귀족들은 왕권을 극도로 제약하였다. 예를 들면, 만장일치제 원칙과 함께 한 표의 반대표로도 절대다수의 찬성안을 부결시킬 수 있고 전체 의회를 마비상태로 만들 수 있는 '리베룸 베토'라는 특이한 제도를 운영하였던 것이다. 그래서 17세기 이래 폴란드는 귀족들의 천국, 도시민과 농민들의 지옥이라고 조롱받았다. (노명식 외 3인, 『역사상의 분열과 재통일 (하)』, 일조각, 1997, 12쪽)

1차 분할 이후 폴란드 개혁파 국회의원들은 1791년 5월 3일, 리베룸 베토 폐지, 선거제 왕위의 세습제 변경 등 혁명적인 정치 개혁안을 담은 헌법을 통과시켰다. 세계에서 두 번째로 제정된 성문헌법인 5·3헌법은 정부가 농민 계층을 보호한다고 선언하였다. (김용덕, 같은 책, 257쪽)

5·3헌법은 폴란드의 권리장전으로 개방과 진보의 구현이고, 자유롭게 살려는 폴란드 민족의 의지의 표상이며, 분할 3국의 폭력에 대한 질책이었다. 1918년 독립하여 통일된 폴란드는 5월 3일을 폴란드의 국경일로 제정하였다.

5·3헌법 제정으로 폴란드는 독립과 안전을 되찾기를 희망하였으나, 국제정세가 급변하여 제2 분할전쟁으로 불리는 러시아-폴란드 전쟁이 1792년 5월 시작되었다. 러시아의 침략에 프러시아가 가세하여 결국 1793년 추가로 폴란드를 두 나라가 분할하였다. 나폴레옹의 프랑스와

전쟁하느라 여력이 없었던 오스트리아는 이번 분할에는 참가하지 않았다. 러시아가 2차 분할에 만족하지 않고 폴란드 전체를 합병하려고 하자, 코시치우슈코 장군 주도하에 1794년 3월 독립전쟁을 일으켜 바르샤바 전투 등에서 일시적으로 승리하기도 했다. 하지만 기대했던 프랑스 혁명군은 도우러 오지 않고 오스트리아가 분할에 동참하고자 러시아와 함께 폴란드 침공 준비를 하고 있었다. 결국 11월에 코시치우슈코군이 바르샤바 인근에서 러시아군에 패배함으로써 독립전쟁은 막을 내리고 1795년 폴란드는 세 나라에 완전히 분할되고 말았다. (같은 책, 267~269쪽)

1795년 멸망 이후 1863년까지 폴란드는 기회 있을 때마다 민족주의 열망을 분출시켜 무력에 의한 독립운동을 전개하였다. 이런 민족주의는 프랑스 혁명의 이념을 이상으로 삼았다. 하지만 폴란드 독립운동은 부르주아 혁명을 수행할 수 있는 사회경제적, 지적 조건을 갖추고 있지 않았다. 아울러 부르주아 혁명의 지주가 될 수 있는 근대적 자영농민 계층이 형성되어 있지 않았다. 1800년대 초 프랑스 나폴레옹이 프러시아와 오스트리아를 물리치면서 1807년 프러시아와 오스트리아가 삼국 분할로 얻었던 영토를 폴란드에 돌려주었다. 꼭두각시 정부이긴 했지만 폴란드는 바르샤바 공국으로 탄생해 자체 정부와 군대를 보유하게 되었다. 짧은 기간이었지만, 바르샤바 공국 기간 동안에는 폴란드가 잠시나마 독립을 찾을 수 있다는 희망을 갖게 되기도 했었다.

1863년 농민해방령을 계기로 분할국에 정면충돌하기보다는 제한적이라도 자치권을 얻어 사회문화적 힘을 길러 독립 준비를 해야 한다는 분위기가 형성되었다. 다른 민족들만큼 높은 교육과 경제적 번영과 지적·의식적 수준을 성취해야 한다는 것이다. 산업화와 지적 향상으로 폴란드에도 젊은 지식층과 노동자들 사이에 사회주의가 번지게 되었다. 이러한 토대 위에서 1890년대부터는 정치조직을 만들어 정치 투쟁을 전개하기 시작했다. 특히 드모프스키는 폴란드인의 교육과 행정의 자치를 요구하고, 피우수트스키는 1904년 파리에서 전투부대를 조직하여 러시아 혁명분자들과 싸울 계획을 세우기도 했다. 드모프스키는 독일이 폴란드 민족의 정체성에 위협이 된다고 보고, 반면 피우수트스키는 폴란드 독립 최대의 적은 러시아라고 보았다.

이런 상황에서 제1차 세계대전을 계기로 러시아, 독일, 오스트리아 및 터키 등 유럽의 4대 제국이 붕괴되자 그 지배하에 있던 소수민족들이 독립하게 되었다. 4대 제국의 패전이 바로 혁명이었다. 분리 독립한 체코슬로바키아, 유고슬라비아와 폴란드 모두 공화국으로 되었기 때문이었다. 미국의 참전과 연합국의 승리로 폴란드의 독립에 주저하고 있던 영국, 프랑스, 이탈리아도 민족자결주의를 제창한 미국 윌슨 대통령의 폴란드 독립 제안에 동의하였다. 이러한 때에 독일에 감금되어 있던 피우수트스키가 석방되자 그가 폴란드의 무질서를 극복할 적임자로 인정받았다. 사회주의자로서의 그의 경력은 좌익에 영향을 줄 수 있고 군사 경력은 독일군 당국과 협상하기에 적합하였다. 피우수트스키는 1918년 국가 주석이 되어 독립 폴란드를 이끈다. 폴란드의 독립은 제1차 세계대전에서 독일, 오스트리아, 러시아 등 분할 3국 모두가 패전하여 생긴 힘의 공백 속에서 민족자결주의의 영향으로 이루어진 것이었다.

1920년 1월부터 러시아 레닌은 세계혁명이론의 실천 차원에서 독일의 공산화를 위한 전 단계 조치로 70만 대군을 투입하여 신생 폴란드 공화국을 공격하였다. 신생 폴란드의 피우수트스키는 57만 명 이상의 징

집병과 16만 명 이상의 지원병과 프랑스 등 연합국의 도움으로 소련군을 격파하였다. 이에 당황한 레닌은 휴전을 제의하였고 10월 휴전조약이 발효되었다. 이 폴란드와 러시아의 전쟁은 기독교 세계를 볼셰비즘의 침공에서 막아준 중대한 역할을 하였다. 또한 이 전쟁은 제1차 세계대전에서 숙명적으로 동족끼리 싸워야 했던 폴란드 민족을 독립 수호를 위해 공동의 적 앞에서 하나로 뭉치게 하였다. 나아가 신생 폴란드 공화국이 안고 있던 중요한 과제인 국민 통합에도 크게 이바지하였다. 하지만 소련과의 전쟁 승리는 소련에 폴란드에 대한 복수심을 심어주었다.

운명의 신은 폴란드에 얼마나 가혹한지 123년 만의 폴란드의 독립과 통일은 다시 20년 뒤인 1939년 제2차 세계대전을 일으킨 독일에 의해 유린된다. 2차 세계대전에서 패배한 독일의 지배에서 해방되자마자, 다시 그 자리를 채운 2차 세계대전의 승전국 소련에 정복당한다. 제2차 세계대전 기간 중 폴란드는 600만 명의 인명이 희생되었다.

제2차 세계대전 후 폴란드 국민들은 자유와 민주주의 시대가 도래할 것으로 믿었다. 당시 폴란드에서 가장 세력이 컸던 정당은 로만 드모프스키가 이끄는 우파 정당인 민족민주당이었다. 그래서 공산당이 폴란드에서 합법적인 정권을 잡는다는 것은 거의 불가능하였다. 하지만 불행하게도 초강대국 공산주의자 스탈린의 주도면밀한 계획에 따라 폴란드는 1945년 강제로 공산화되었다가, 1952년에는 공산주의 체제가 완성되었다. 그러다가 바웬사 주도의 자유화 물결에 따라 1989년 폴란드 사회주의 체제가 무너지고 동유럽에서 처음으로 민주공화국이 출범하였다.

폴란드가 완전 분할되어 있던 1795년부터 1918년까지 세계 정세를 보면, 분할 초기에는 2대 시민혁명인 프랑스 대혁명과 미국 독립혁명이

성공을 거두었다. 분할 후반에는 이탈리아와 독일이 통일되었다. 말하자면 19세기는 유럽의 모든 국가들에 혁명과 발전의 시기였으나, 폴란드에는 패배와 독립 상실과 치욕의 시기였다. 민족주의와 개혁이 폴란드에는 적용되지 않았다. 왜냐하면 유럽의 다른 나라들은 모두 평화를 원하고 있었는데, 폴란드 문제 해결은 전쟁을 의미하는 것이었기 때문이었다. 2000만 폴란드인을 구원하려면 2억의 유럽인들이 고통을 당해야 했기 때문에 나설 수 없었다는 것이다. 아이러니하게도 실제 제1차 세계대전이라는 전쟁이 분할 3국을 패전시켜 폴란드에 독립과 통일을 안겨주었다. 폴란드에는 전쟁이 바로 혁명이었다. 불행 중 다행스럽게도, 폴란드가 민족의 주체성을 123년이 지나도록 유지하고 있었기에 분할 3국의 패전으로 생긴 역사적 기회를 잡았던 것이다.

폴란드 역사를 돌이켜 보면, 유럽의 강대국으로서 17세기 초에는 러시아의 모스크바를 점령하기도 했고, 17세기 말에는 터키의 침략으로부터 유럽의 기독교를 지킨 수호자로 칭송되기도 했다. 그러다가 귀족들의 탐욕과 이기심으로 결국 18세기 말에는 완전 멸망의 길로 빠지게 되었다.

광활한 만주 대륙을 호령했던 광개토대왕, 수나라와 전쟁에서 이겨 멸망하게 만든 기백 넘치고 강력했던 고구려의 유전자를 가진 우리 한민족도 망하게 되었던 점은 그 맥락이 비슷해 보인다. 일부 귀족들의 이기심과 탐욕이 나라를 망하게 했던 폴란드의 역사를 교훈 삼아, 우리도 충신들의 끊임없는 국가 개혁과 국가 개조 요구를 활용하지 못했던 무능한 지도자들에 의한 오욕의 역사를 되풀이하지 말아야 할 것이다.

통일! 역사를 배우자

스페인
내전과 통합

1931년 스페인에서는 왕정 반대 세력이 선거에서 승리하였다. 보수적인 농촌은 사유재산을 보호하고 현체제인 군주제를 지지했지만, 진보 성향인 도시인들이 압도적으로 공화제를 지지했기 때문이었다. 공화제와 군주제 지지자 간에 전쟁의 기운이 무르익자, 국왕 알폰소 13세는 내전을 막기 위해 왕위를 내려놓고 프랑스로 망명하였다. 스페인에서 왕정이 무너지고 공화국이 탄생한 것이다.

자유주의와 사회주의 연합 세력이 노동자 계급이 주도하는 공화국을 탄생시키고, 스페인 역사상 처음으로 국가와 종교를 분리하였다. 이에 스페인 공화국은 지주, 성직자, 군인 등 옛 지배 계급의 거센 저항에 직면하게 되었다. 대토지의 국가 몰수, 군대 장교의 감축, 예수회 해체, 종교계 학교 폐쇄 등 공화국의 개혁안이 옛 지배 계급과 보수주의 교회 세력을 크게 자극했던 것이다. 뿐만 아니라 스페인 공화국은 카탈루냐 분리주의자들의 독립운동을 제압해야 하는 과제를 안고 있었다. 이들의 집요한 자치 요구는 구체제 세력과 보수적인 교회 세력의 저항과 더불어 국내의 불안을 심화시키는 요인이 되고 있었다.

당시 보수우파들은 왕당파, 팔랑헤당, 자본가와 지주, 성직자, 군부 세력, 기득권층 등을 결집하여 '국민전선'을 형성하였다. 진보좌파는 프랑스의 영향을 많이 받은 사회주의 정당, 노동자 단체, 공화주의자, 분리주의자, 무정부주의자 등을 규합하여 '인민전선'을 결성했다. 진보좌익 세력인 인민전선은 보수우파가 결성한 국민전선에 근소한 표 차이로 이겨 1936년 2월 집권하였다. 이에 보수우파들이 선거 결과에 승복하지 않고 파업, 테러, 폭동, 암살 등을 자행하자 스페인의 국내 정세 불안은 최고조에 달하게 되었다.

이런 상황에서 보수우파 지도자가 좌파 세력에 의해 마드리드에서 암살당하는 사건이 터졌다. 이 사건은 내란을 준비 중이던 군부 세력에게 결정적인 이용 기회를 제공했다. 당시 스페인령 모로코에 주둔하였던 프랑코 장군이 공화국에 대항하여 1936년 7월 반란을 일으킨 것이다. 이른바 제2차 세계대전의 서막이자 세계 여러 세력의 대리전쟁 격인 스페인 내전의 발발이었다. 이 전쟁은 역사상 보기 드문 잔인하고 파괴적인 동족상잔의 전쟁으로서 스페인 역사상 최대의 비극이라고 평가받기도 했다. 35만 명의 사망자, 50만 명의 외국 망명자, 30만 명의 수감자를 만들어내었다. '내전의 승자는 공포와 증오의 악순환 때문에 더 많은 사람을 죽이게 된다'는 역사가들의 주장처럼, 전쟁이 끝난 뒤에도 프랑코 정권의 정치적 탄압으로 20여만 명의 인명이 더 희생되었다.

영국의 전쟁사학자 앤터니 비버는 그의 책 『스페인 내전』에서 스페인 내전은 20세기 모든 이념들의 격전장이라고 평가한다. 흔히 생각하는 좌파와 우파의 충돌 외에, 국가의 중앙집권과 지역적 독립 간의 갈등과, 권위주의와 개인의 자유 간의 갈등이라는 세 가지 갈등이 충돌한 격전장이라는 것이다. 우파 국민 진영은 결속력이 강한 세 극단적 경향의 집단으로서 모두 우익이고, 중앙집권적이며, 권위주의적이어서 통일성도 있었다. 반면 공화당 진영은 중앙집권주의자, 공산주의자로 대표되는 권위주의자, 지역주의자와 자유주의자들이 섞여 있어서 통일성이 부족했다고 분석했다.

대립하는 두 전선은 마치 선과 악의 투쟁인 것처럼 필사적으로 싸웠다. 무정부주의자는 종교적인 각오로 죽기 살기로 싸웠고, 공산주의자와 자유주의자는 계몽이라는 목적을 위해, 프랑코 반란군은 스페인의 신성한 가치를 옹호하는 십자군인 양 처절하게 싸웠다. (헤이르트 마크, 강주헌 옮김, 『20세기, 유럽을 걷다-유럽사 산책』, 도서출판 옥당, 2011, 546쪽)

프랑코의 지지 세력은 옛 지배 계층과 보수적인 농민 세력 그리고 1933년 새로 결성된 팔랑헤라는 파시스트 조직이었다. 공산주의에 저항한 팔랑헤는 1936년 7월부터 1939년 4월까지 약 3년에 걸친 스페인 내전 기간 동안 공산주의의 확산을 용납하지 않던 독일 나치의 지원을 받게 되었다. 독일 나치는 무기와 자금을 국민전선에 공급한 것은 물론, 의용군으로 위장한 콘도르 군단 등 약 2만 명의 병력을 스페인 내전에 투입했다. 독일과 경쟁관계에 있던 이탈리아 무솔리니도 5만 명의 병력을 투입했다. 미국조차도 중립을 지키는 척했지만, 파시스트 쿠데타가 공산주의 혁명보다는 덜 위험하다고 판단해 원유와 트럭을 지원했다. 이들 국가들의 지원을 받아 세력을 확대한 프랑코는 내전에서 승리하여 1939년 4월부터 독재체제를 구축하게 되었다.

스페인 내전에서 외국의 원조와 개입이 군사적 균형을 깨뜨린 것은 아니었다. 국민파의 프랑코가 승리한 것은 프랑코 장군의 능력과 판단력 덕분이었다. 프랑코는 호감 가는 인물은 아니었지만, 차가운 가슴과 냉철한 두뇌, 예리한 지성과 용기를 지니고 있었다.

공화파가 정치적 전쟁을 하고 있었다면, 프랑코는 군사적 전쟁을 하고 있었다. 프랑코는 전쟁에 관해서는 지형, 군사, 훈련, 병참, 제공권 등 전문가였다. 어떤 의미에서는 재정이 전쟁의 열쇠였다는 사실을 프랑코는 잘 알고 있었기 때문에 재정을 스마트하게 다루었다. 프랑코가 독일과 이탈리아에서 무기를 신용으로 구입했기 때문에, 그들은 채무를 상환 받기 위해서라도 프랑코의 전쟁 승리를 적극 지원할 수밖에 없었다. 국민파는 군부, 가톨릭교회, 팔랑헤당, 자본가와 지주 등 여러 세력이 승리라는 공동의 목적을 위해 단결하였는데, 이러한 국민파의 단결이 프랑코의 능력과 함께 전쟁 승리의 중요한 요인이 되었다. (폴 존슨, 조윤정 옮김, 『모던 타임스 1』, 살림, 2008, 606~618쪽)

반면 공화파는 당시 스페인이 세계 최대 금 보유고를 자랑하고 있었으면서, 러시아 스탈린에게 금 보유고의 3분의 2나 넘겨주고 무기를 구입하는 등 재정 문제를 매우 미숙하게 다루었다. 스탈린은 투자자로서 공화파의 승리에 매달릴 필요도 없었다. 당시 스페인 공산주의자들은 무능한 것이 모자라 내부 분열도 심각한 수준이어서 자멸의 길로 가고 있었다. 그래서 게르니카 사건을 계기로 세계 여론을 공화파 쪽으로 돌려놓고도 참패한 것이다. 다시 말하면, 죽음을 무릅쓰고 참전한 국제여단의 용기와 희생을 헛되이 낭비함으로써 전쟁을 공화파의 패전으로 몰고 간 것은 다름 아닌 공화파의 지도부였다. 프랑코는 스탈린이 공화파의 금을 손에 넣고는 원조를 중단하게 되자, 전쟁 종식에 대한 확신을 가지고 크리스마스 직전에 마지막 카탈루냐 공격을 개시하였다. 바르셀

로나는 1939년 1월에, 마드리드는 3월에 점령되었다.

1939년 2월 카탈루냐가 함락되면서 프랑스 국경을 넘은 망명자들은 45만 명 수준에 이르렀다. 프랑스 정부는 대규모 난민 유입에 대비하지 못했고, 많은 인명의 희생이 생긴 뒤에도 신속하게 대처하지 못했다. 난민을 돌보는데 하루에 700만 프랑이나 되는 엄청난 비용도 들었다. 그래서 프랑스 정부는 난민들에게 국민파에 항복하고 스페인으로 돌아갈 것을 권유했다. 1939년 말까지 14만에서 18만 명 정도가 스페인으로 돌아가기로 했으며, 약 30만 명은 다른 유럽 국가나 라틴 아메리카로 망명하기로 결정했다. (앤터니 비버, 김원중 옮김, 『스페인 내전』, 교양인, 2009, 703~707쪽)

1930년대 세계는 이념 대립이 심각한 시대였다. 마치 이념의 전시장 같았던 스페인에서 공화파와 국민파의 전쟁이 터지자 전 세계의 시선이 스페인 내전으로 쏠렸다. 이 전쟁은 자신이 신봉하는 이념을 지켜야 하는 종교전쟁과도 같아져서 전 세계의 많은 젊은이들이 의용군으로 스페인 내전에 참전하였다. 노동자의 권익과 인민의 자유를 지키려던 젊은이들은 공화파의 군대로, 공산주의를 배척하고 그 확산을 막으려던 젊은이들은 국민파의 군대로 참전하였다. 특히 공화파에는 무려 53개국에서 3만여 명의 젊은이들이 국제여단을 조직해서 무솔리니와 히틀러의 지원을 받는 프랑코의 파시스트 군대인 국민파와 싸웠다. 국제여단에는 헤밍웨이, 조지 오웰 등 세계적인 문인들도 참전하였다.

헤밍웨이는 비참한 전쟁의 현실을 목격하고 『누구를 위하여 종은 울리나』를 써서 전쟁의 실상을 세계에 알렸다. 한편, 스페인 내전에 좌파 사상으로 공화파군에 참가했던 조지 오웰은 소련에서 파견된 공산당 간부들의 행태에 크게 실망한 나머지 공산주의를 고발하는 소설 『동물농장』을 발표하였다. 1937년 4월 스페인 북부 바스크 지방의 작은 도시 게르니카는 프랑코의 요청을 받은 독일의 전투기로부터 폭격을 받아 초토화가 되었다. 스페인 내전이 보여주는 대표적인 학살극이었다. 스페인이 낳은 화가 피카소는 게르니카의 비극 소식을 듣고 「게르니카」라는 대작을 그려 게르니카의 비극과 전쟁의 야만성을 전 세계에 고발하였다.

대화와 타협보다는 자신의 주장을 굽히지 않는 자존심 강한 국민성이 말보다 힘을 앞세우는 스페인 내전을 일으키고, 폭력의 시대를 열었던 것이다. 내전에서 승리한 프랑코의 집권으로 스페인은 독재정치에 봉착했지만, 비로소 불안보다는 안정의 길로 들어서게 되었다.

통일! 역사를 배우자

오스트리아
통일

오스트리아는 15세기부터 19세기 초까지만 해도 신성 로마 제국의 중심에 있었던 대제국이었고, 제1차 세계대전 때까지는 오스트리아-헝가리 제국이라는 유럽의 강대국 지위에 있었던 나라였다. 그러다가 제1차 세계대전 패전 이후에는 오스트리아-헝가리 제국이 해체되어 소국이 되었고, 1938년부터 히틀러의 독일 제국의 일부로 흡수 합병되었다.

오스트리아 국민들 중 일부는 오랫동안 전 독일주의 제국의 꿈을 키웠고, 이런 정서는 합스부르크 제국 붕괴 후 더욱 강해졌다. 그러다가 1938년 4월 독일과 오스트리아 합병 비준을 위한 국민투표에서 찬성하지 않는 인물은 요주의 인물로 전락되기 때문이었던지, 99%가 넘게 찬성했다. 사실 대부분 독일어를 사용하는 오스트리아 국민들은 대다수가 독일을 기적적인 경제 회복의 본보기로 생각했고, 또한 주요 교회단체와 정치단체가 합병을 지지했기 때문에 합병을 원했을 것이다. (헤이르트 마크, 강주헌 옮김, 『20세기, 유럽을 걷다-유럽사 산책 1』, 도서출판 옥당, 2011, 489~494쪽)

독일이 제2차 세계대전 후 패전하게 되자 오스트리아도 패전국으로 취급되어 1945년 7월 미국, 영국, 프랑스, 소련 등 4대 전승국에 의하여 분할 점령되었다. 오스트리아는 분할 점령 3개월 전에 이미 제2차 세계 대전 후 오스트리아 해방과 총선거 후의 국회에 의해 초대 대통령에 선출된 카를 레너 주도하에 통합 임시정부를 수립할 수 있었다. 4대 강국이 분할 점령하고 통제위원회가 엄연히 있음에도 불구하고, 이 오스트리아 임시정부는 협상력을 발휘하여 오스트리아 전체를 단일 행정구역으로 통일 전까지 10년간 유지하였다. 이것이 오스트리아 통일의 굳건한 토대가 되었다.

온건사회주의자 카를 레너는 소련을 이용하여 권력 욕구 충족이라는 작은 목표를 선택하는 대신, 각계 각층의 지도자들과 협력하여 중립화 통일 방안을 만들어 오스트리아 통일이라는 위업을 이루겠다는 큰 선택을 하였다. 그래서 레너가 대통령이 된 후 1947년 중립화 통일 방안을 제시하자, 사회당도 국민당도 모두 중립화 통일 방안에 찬성하였다.

그러면서 오스트리아는 1946년부터 4대 강국과의 끈질긴 외교와 협상을 전개하였다. 1952년에는 자국 문제를 UN에 상정하여 국제적 관심을 불러일으켰고, 이런 노력에 힘입어 그해 말 UN은 오스트리아의 점령 종결과 주권 회복을 위한 조약 체결 촉구 건의안을 채택하게 되었다. 1953년 오스트리아는 비동맹국의 맹주 격인 인도를 통하여 외국에 군사기지 제공과 군사동맹 체결을 하지 않는다는 뜻을 전달하고 소련의 협력을 촉구하였지만 소련의 반응이 여의치 못했다. 소련이 마지막 걸림돌이라고 판단한 오스트리아는 1953년 3월 소련에 영세 중립국이 되겠다는 다짐을 하는 각서를 쓰는 외교로 오스트리아가 자본주의 진영에 붙을지 모른다는 소련의 불안감을 불식시켰다.

300회가 넘는 끈질긴 외교와 협상을 통해 4대 강국의 동의를 받아내고 결국 분단된 지 약 10년 만인 1955년 5월에 독립적이고 민주적인 오스트리아의 재건을 위한 조약을 체결하여 영세 중립국으로 통일 정부의 지위를 부여받았다. 같은 해 10월에는 4대 강국의 분할 점령군들이 모두 철수하여 오스트리아는 주권 회복과 함께 통일을 실현하였다.

전후 오스트리아는 재정적자와 주택 부족의 극복, 국토 재건 등 여러 가지 경제 문제에 봉착했다. 더구나 소련은 그들의 점령지역 안에 있던 구 독일 제국의 재산을 몰수하고, 소련으로 수송 가능한 공장시설 등을 반출해 갔기 때문에 오스트리아의 상당한 국부가 유출되어 경제적 어려움이 가중되었다. 다행히 1948년 마셜 플랜을 통한 미국의 경제원조 덕분에 오스트리아 경제는 재건되었다. 마셜 플랜을 통해 약 10억 달러가 경제복구 비용으로 지원되었기 때문이다. (임종대, 『오스트리아의 역사와 문화』, 유로, 2014, 329~330쪽)

4대 강국에 의해 분할 점령되었으면서도 임시정부를 중심으로 단일 행정체계를 이룩할 수 있었다는 데서 민족 내부의 이데올로기 대결과 분단 고착화라는 악순환을 피할 수 있었다. 이처럼 민족적 에너지를 통일 독립정부 수립에 결집시킬 수 있었다는 것이 오스트리아에는 행운이었다.

오스트리아는 민족 내부의 갈등이나 대결 없이 평화적인 협상을 통해 통합을 성취해 냈다. 특히 이 나라는 내부적으로 민족 지도자들이 단합되어 있었던 만큼, 내적 갈등 극복에는 거의 신경을 쓰지 않았고 오로지 대외적으로 점령 강대국들로부터 통일의 승인을 받아내는 데만 힘을 집중시킬 수 있었다. 오스트리아의 통일 독립정부 수립은 민족 내부의 단결과 중립적인 외교노선을 통해 성취될 수 있었다. 오스트리아는 제2차 세계대전 말 분단된 국가로서 민족의 단합과 슬기로써 외압을 뿌리치고 중립화를 내세워 평화적으로 통일 독립정부를 수립한 첫 케이스로 기록된다. 과거에는 강대국이었지만, 두 차례 세계대전을 겪으면서 소국으로 전락한 오스트리아가 영세 중립국 스위스처럼 중립화 통일 방안을 추진한 것은 이념 대결이 치열했던 당시의 시대 상황과 강대국들로 둘러싸인 지정학적 여건에서는 매우 적절한 선택이었다고 평가된다. 이러한 전략의 선택이 사회주의 국가 소련의 불안감을 덜어주고 자본주의 진영인 서방 국가들의 긴장감을 줄임으로써 통일의 국제 환경을 조성하는데 결정적인 도움이 되었다.

통일 후 오스트리아는 자유민주주의에 바탕을 둔 복수정당제도를 견지하고 있으며, 선진 자유민주국가로서 언론·출판·결사의 자유가 보장되어 있다. 경제 구조에 있어서도 오스트리아는 소유권을 인정하여 시장경제 원리를 존중한다.

아일랜드
독립과 통일 노력

영국은 12세기 중엽부터 아일랜드를 지배하였다. 이후 아일랜드는 영국의 식민통치하에서 14세기까지는 반 자치 상태로 유지되었으며, 그때까지는 남북 아일랜드의 분리는 문제가 되지 않았다. 16세기 말 스페인의 도움을 받은 귀족들의 반란이 계기가 되어 분리 문제가 부각되었다. 1642년 영국에서 청교도 혁명이 일어나자 아일랜드에서는 대규모 반란이 일어났다. 1649년 크롬웰이 이끈 영국군이 아일랜드를 침공하여 1653년에는 아일랜드 전체를 완전 식민지화하였다. 반란에 실패한 귀족들이 해외로 도피하고 영국 왕실이 그들의 토지를 몰수해 영국과 스코틀랜드 주민을 이주시킨 것이 분리 문제의 시작이었다. '얼스터 식민화'로 불리는 이 식민정책으로 북아일랜드에는 토착민 외에 새로운 정주민 사회가 구성되었다. 북아일랜드의 토착민인 아일랜드인은 가톨릭교도였으며, 정주민은 주로 개신교도로서 이때부터 지속적인 종교 갈등이 발생하였다. 가톨릭교도는 주로 토착 세력으로 하층민이었고, 지배 계급인 정주민은 개신교로서 종교 갈등이 정치·경제적 갈등과 중첩되어 점차 민족의식으로 변화되어 갔다.

크롬웰 시대 이후 아일랜드계 가톨릭 소작농을 지배하기 위해 잉글랜드 개신교도로 구성된 새로운 지주 계급을 구축하는 것이 필요해 가톨릭 신자들로부터 몰수한 토지를 개신교 이주민들에게 분배하였다. 그 결과 크롬웰과의 전쟁 전까지만 해도 가톨릭 신자들의 토지 소유 비중이 60% 정도 되었으나, 18세기 후반에는 5% 이하로 크게 하락하여 대부분의 토착 아일랜드인들은 소작농으로 전락하였다. 상당수의 영국계 지주들은 부재지주인 데다가, 그들은 아인랜드인들에게 높은 소작료를 부과했다. 이는 전형적인 대영제국의 식민지 수탈정책이었다. (김정노, 『아일랜드 평화 프로세스』, 늘품플러스, 2015, 86~88쪽)

아일랜드 사람들의 토지에 대한 애착은 유명하다. 톰 크루즈와 니콜 키드먼이 주연한 1992년에 나온 영화 《파 앤드 어웨이》는 19세기 말 아일랜드의 젊은 소작농이 미국이라는 신천지로 고생 끝에 들어가서 땅을 분배받는다는 내용을 그리고 있다. 여기서 "땅이 없으면 인간은 의미가 없어. 땅은 바로 인간의 영혼이야"라는 아일랜드인의 절규가 나온다.

아일랜드 민족주의자들의 분리독립운동의 강도는 점점 세어지다가, 1845~1852년 아일랜드 대기근을 계기로 대중적인 지지를 확보함으로써 영국이 손을 드는 전기를 마련하게 되었다. 아일랜드 대기근으로 수백만 명이 굶어 죽거나 미국 등으로 이주하게 되었고, 남북 아일랜드의 불균형이 심화되자 영국은 아일랜드 민심의 이반을 크게 우려하게 되었다. 이에 당시 영국의 명수상 글래드스턴은 아일랜드 소작인들의 토지 소유권 문제를 해결하기 위한 토지개혁법인 지주소작인법을 의회에서 통과시켰다. 하지만 이 법으로도 소작농을 보호하기 어렵게 되자, 아일랜드 전국 각지에서 소작인 권리 옹호를 위한 아일랜드전국토지동맹이

1879년 결성되어 찰스 스튜어트 파넬을 대표로 선출했다. 토지개혁법을 통과시켜 지도자로 부상한 스튜어트 파넬은 아일랜드 의회당을 창립하여 대표가 되었다.

몇 차례 아일랜드 자치 법안 통과 노력과 좌절 끝에 마침내 1914년 아일랜드 정부법이라는 명칭으로 통과시켰지만, 제1차 세계대전으로 법안이 잠정 유보되었다. 제1차 세계대전 중 아일랜드 공화국을 선포한 민족주의 세력이 독일을 지원했기 때문에 민족자결주의에 의거한 아일랜드 독립은 지지를 받지 못했다. 결국 영국 정부를 상대로 1919년 아일랜드 독립전쟁이라는 이름의 게릴라전을 전개했다. 독립전쟁 와중에 1920년 영국 의회는 아일랜드 정부법을 통과시켜 아일랜드를 남과 북으로 분단시켰다. 1921년 7월에는 독립전쟁도 끝나고, 수차례 협상 끝에 12월 '영국-아일랜드 조약'이 체결되었다.

이 조약에 따라 아일랜드 섬의 총 32개 주 가운데 남부 아일랜드 26개 주는 1921년 수백 년간 지속된 독립투쟁 끝에 영국의 식민통치로부터 독립하여 아일랜드 자유국을 형성했다. 하지만 북부 6개 주는 영국에 잔류함으로써 아일랜드 섬은 남북으로 갈라지게 되었다. 이렇게 되자 조약 찬성파와 조약 반대파 간에 내전이 발생했다. 아일랜드 자유국 정부의 지도자들은 자유국 체제를 유지하기 위해 반대파와 싸웠다. 결국 반대파가 투쟁 중단을 선언하자 정국은 안정되었다. 여전히 북부 6개 주의 아일랜드계 주민들은 1960년대 말부터 IRA라는 준군사조직을 결성해서 요인 암살, 주요 시설 대상 테러 공격 등을 통해 영국을 상대로 무장투쟁을 전개해왔다. 영국 잔류를 원하는 북아일랜드의 다수를 차지하는 주로 개신교도들인 영국계 주민들도 주로 가톨릭교도들인 아일랜드계 주민들의 독립운동을 저지하기 위해 폭력으로 맞대응했다. 그 결과 북아일랜드 내부의 영국계 주민과 아일랜드계 주민 사이, 영국과 북아일랜드, 북아일랜드와 새로 독립한 아일랜드 공화국 사이에도 긴장이 고조되었다. 폭력 유혈사태가 계속되는 가운데 수많은 생명들이 희생되었다. 국제적으로는 이를 북아일랜드 분쟁이라고 부른다.

이런 가운데 평화 구축을 위한 노력도 진행되었다. 1993년에는 북아일랜드의 아일랜드 귀속 여부는 주민들의 뜻에 맡기고, IRA가 무장 투쟁을 포기하면 평화협상에 참여시키고자 하는 다우닝가 선언으로 돌파구를 찾고자 했다. 1995년에는 영국과 아일랜드 양국 정부가 분쟁 해결의 기본 틀을 마련하기도 했다. 1997년에는 드디어 IRA가 휴전을 선언함으로써 북아일랜드 평화협상에 획기적인 발판이 마련되었다. 평화의 길은 참으로 험난하고 지루했다. 협상과 결렬, 무장 충돌의 악순환이 반복되었던 것이다. 문제의 핵심은 북아일랜드의 완전 독립을 요구하는 아일랜드계 민족주의 세력과 이에 반대하는 영국계 통합주의 세력 간의 상호 신뢰 부재였다. 양대 세력 내 강경파와 온건파 간의 노선 차이도 문제였다. 마침내 아일랜드 독립 후 약 80년이 흐른 1998년 영국과 아일랜드 공화국 정부, 북아일랜드의 삼자 사이에 평화협정이 북아일랜드 벨파스트에서 체결되었다. 이른바 '아일랜드 평화 프로세스'가 시작되고, 분쟁과 폭동의 시대가 끝난 것이다.

'성금요일 협정'의 주요 내용은 다음과 같다. ① 북아일랜드가 영국의 일부로 남을 것인가, 통일 아일랜드가 될 것인가는 북아일랜드 주민 다수의 선택으로 결정한다. ② 아일랜드 공화국 헌법을 개정하여 아일랜드 섬에서 태어난 사람은 아일랜드 민족의 구성원으로 하고, 아일랜드 섬의 통일은 평화적으로 이루어야 한다는 내용을 담았다. ③ 제도적인 면에서 북아일랜드 내에서의 권력 공유와 남북 아일랜드의 협력과 영국과 아일랜드의 협력을 명문화하였다.

'성금요일 협정'이라는 이름의 3자 평화협정은 수백 년간 대립해온 민족주의와 통합주의 세력 간의 갈등을 극복하고 공존할 수 있는 가능성을 제시했다. 동시에 남북 아일랜드 사이에 상생의 토대도 제공했다. 북아일랜드 내부의 화해와 남북 간의 협력을 통해 아일랜드 섬에 평화를 구축할 수 있게 된 것이다.

협정이 체결된 지 불과 15년 남짓 짧은 기간에도 남북 아일랜드 사이에 자유로운 통행을 규제하던 국경 초소가 사라지고 국경이 철폐되었다. 남북은 양측 정부 수반을 대표로 하는 공동회의체를 통해 정책을 협의하고 12개 경제 분야에서 합의사항을 이행하며 교류와 협력을 확대하고 있다.

구체적으로는 남북각료위원회를 운영하고 이를 지원하는 상설 공동사무국이 설립되었다. 12개 경제분야 합의사항을 이행하기 위한 남북 공동 경협기구로 아일랜드 수로위원회, 식품안전증진위원회, 고유언어 보존위원회, 아일랜드 무역기구 등을 설치하여 운영하고 있다. (같은 책, 296~305쪽에서 남북각료위원회 등 합의이행체계에 대해 자세히 설명하고 있다.)

아일랜드는 다양한 재원을 통해 북아일랜드 경제 재건 및 남북 갈등 해소에 소요되는 비용을 조달하고 있다. 남북 아일랜드 정부의 공동 부담금과 북아일랜드 경제 개발과 사회 발전을 지원하기 위한 독립적 국제아일랜드기금이 대표적인 통일비용 재원이다. 국제아일랜드기금은 1985년 영국과 아일랜드의 합의에 따라 1986년 설립된 독립적인 국제

기구다. 이 기금은 미국, EU, 캐나다, 호주, 뉴질랜드 등의 기여금에 의해 재정이 조달되어, 폭력 원인 치유, 주민과 주민 간, 지역 간, 지역 내부의 차별 해소 및 화해 촉진에 사용된다. 기금 기부국의 면모를 보면 아일랜드계 이민이 대거 거주하고 있는 국가들이다. 우리나라도 중국 270만 명, 미국 200만 명 등 700만 명의 해외동포가 있으므로 이들을 활용한 통일비용 조달 방안도 검토해봄 직하다.

'성금요일 협정'은 차선을 선택한 정치적 타협의 산물이었다. 북아일랜드의 독립을 원하는 민족주의 세력과 영국의 일부로서 존속을 원하는 통합주의 세력 간의 타협을 가능하게 한 것은 권력 공유를 통한 북아일랜드 자치정부라는 유인책이었다. '성금요일 협정'은 단순한 정치적 선언이 아니고 영국과 아일랜드 정부에 즉각적인 법제화 의무를 부과했다. 그리고 아일랜드 평화 프로세스는 분야별 다양한 협의이행기구 설치 등 제도화를 통해 이루어졌다.

한반도 평화통일은 독일 통일 방식뿐만 아니라, 협력과 평화 공존, 권력 공유, 동반 통일을 골자로 하는 아일랜드 평화 프로세스도 구체적으로 벤치마킹해야 할 것이다. 특히 통일은 오직 북아일랜드 주민 대다수의 분명한 동의에 따라 평화적인 방법에 의하여 이루어져야 한다고 수정헌법에 명시하고 있는 점은 우리 남북한도 본받아야 할 것으로 보인다.

1990년
독일 통일

        독일 통일은 사회주의 동독이 주민들의 의사에 자발적으로 자본주의 서독체제 수용을 결정하고 서독이 이를 받아들여 이룩한 세계사에서 거의 유례가 없는 평화통일 사례다. 이런 동독 주민들의 자발적인 서독 편입 결정을 독일 역사상 최초로 나타난 동독 혁명이라고 말하기도 한다.

    1980년대 후반 당시 미국에 레이건처럼 자유민주체제에 대한 확고한 신념과 리더십이 뛰어난 대통령이 있었던 것도 통일을 염원하던 독일에 중요한 시대적 환경이었다. 독일의 통일은 서독 정부의 꾸준한 노력, 동독의 변화, 집단안보체제를 통한 안보불안 요인 제거, 냉전체제의 붕괴 등 세계사적인 환경의 변화가 복합적으로 작용하여 이루어졌다.

    소련의 마지막 지도자였던 고르바초프의 개혁과 개방정책의 결과 1980년대 말 2차 세계대전 이후 40여 년 지속된 동서 냉전체제가 와해되기 시작했다. 소련의 고르바초프가 경제 등 국내 문제 해결에 치중하기 위해 동유럽 위성국가들에 대한 불간섭 노선을 취하자 폴란드와 헝가리에서 정치적 민주화 요구가 거세어졌다. 1989년 여름 개혁정부가

들어선 헝가리는 오스트리아 국경을 개방했다. 헝가리는 서구로 여행하려는 동독인들에게 비자를 요구하지 않았다. 1989년 헝가리에 휴가차 머물던 동독인 약 22만 명 중 10% 정도가 국경 개방을 기회로 소지품만 가지고 서독으로 탈출했다.(메리 풀브룩, 같은 책, 351~352쪽)

동유럽 국가들이 이처럼 변화를 모색함에 따라 동독 주민들도 개혁을 요구했던 것이다. 특히 라이프치히에서 대규모 시위가 일어나 스탈린식 사회주의가 아닌 인간적이고 민주적인 사회주의를 요구했다. 처음에는 그해 일어난 중국의 천안문 사태처럼 무력으로 진압할지 모른다는 공포감이 있었지만, 10월 9일 동독 정부가 무력 진압 포기를 선언했다. 동독 내부 민중의 개혁 요구에 이어 소련의 고르바초프조차 개혁을 촉구하고 나서자 동독 정부는 위로부터의 혁명을 감행했다. 우선 동독은 반개혁적인 동독의 지도자 호네커를 퇴임시키고 크렌츠를 임명해서 개혁 작업에 들어갔다. 그러나 라이프치히 시위는 10월 9일 7만 명 규모에서 10월 23일에는 30만 명 규모로 더욱 크게 증가하여 개혁, 개방, 통일을 외치게 되었다. 그래서 '우리가 바로 국민이다'라는 구호가 등장하게 된다. 이는 동독 국민들이 40여 년 이상 계속된 공산당의 억압을 부정하고 국가의 주권자는 바로 국민임을 선언하며 주권을 행사할 뜻을 밝혔다는 의미다. 11월 4일에는 베를린에서 100만 명에 달하는 동독 국민들이 민주화와 베를린 장벽 철폐를 요구하였다. 동독 국민의 평화적 시위였다.

베를린 장벽 철폐 요구와 관련해서는, 1987년 6월 12일 미국의 대통령 레이건(Ronald Reagan)이 베를린 시 탄생 750주년을 기념해 브란덴부르크 문 앞에서 행한 연설에서 소련 공산당 서기장 고르바초프

(Mikhail Gorbachev)에게 동유럽 국가들의 자유를 확대하겠다는 징표로 베를린 장벽 철거를 촉구했다. 레이건 대통령은 자유는 번영을 가져오고, 장벽은 자유를 견뎌 낼 수 없기 때문에, 장벽은 결국 무너질 수밖에 없다고 힘주어 말했다. 레이건은 고르바초프에게 "당신이 진정 평화를 원한다면, 소련과 동유럽의 번영을 원한다면, 그리고 자유화를 원한다면, 이 문을 여시오. 이 장벽을 허무시오"라는 명연설을 했던 것이다.

레이건의 연설이 있은 후 2년 정도 지나고, 약 100만 명의 베를린 시민들의 시위가 있은 지 5일 후인 1989년 11월 9일, 기적같은 일이 일어났다. 동독의 정부 관리가 기자회견에서 국민의 여행 규제를 완화한다는 조치를 베를린 장벽을 개방한다고 잘못 해석해서 전달한 것이다. 이 소식이 전해지면서 수만 명의 시민들이 거리로 쏟아져 나왔다. 그리고 그날 밤 베를린 장벽 주변으로 모여든 인파는 통일의 희망을 가로막는 장벽을 해체했다. 무너진 장벽을 넘어 서로 만난 베를린 주민들은 환호성을 지르고 감격의 눈물을 흘렸다. 이때 동독에서 벌어진 시위를 진압하기 위하여 강경파들은 무력 사용을 주장했지만, 러시아의 고르바초프는 인권을 중시하고 평화적 해결을 존중하는 그의 기본 철학을 바탕으로 군대 동원을 거부하였다. 서독의 헬무트 콜 수상에 대한 고르바초프의 깊은 신뢰도 소련의 개입을 막는데 도움이 되었다. 이러한 시대에 인권과 평화를 존중하는 러시아의 지도자가 있었다는 것은 통일을 바라는 독일에는 천운이라 할 정도의 크나큰 행운이었다.

베를린 장벽의 붕괴로 더 이상 동독이 하나의 국가로 존립하기 힘들게 됐다는 것을 잘 드러냈다. 그래서 동독에 새로운 정치 세력이 들어섰고 1990년 3월에는 동독에서 58년 만에 자유총선거를 실시했다. 전체 유권자의 90% 이상이 참여한 선거였다. 여기서 선출된 동독의 더 메치에어 수상과 서독의 콜 수상은 신속한 통일 협상을 전개했다. 베를린 장벽 붕괴로 독일 통일의 일정이 앞당겨진 것이다. 통일을 향한 정치일정 진행 이전에 서독 정부는 경제 통합을 위해 동서독 통화의 통합을 제의해 1990년 7월부터 서독의 마르크로 통일하기로 합의했다. 그러나 이 화폐 통합으로 동독 경제를 부흥시키고 생활 수준을 높이지 못했으며, 오히려 동독 지역의 실업을 증가시키고 사회적 긴장을 높이는 역효과를 낳았다.

1990년 2월 캐나다 오타와에서 동서독 총리와 미국, 소련, 영국, 프랑스 4국 외무장관이 2+4 회담을 열었다. 7월 16일에는 소련 고르바초프와 독일의 콜 총리 간의 정상회담이 열려 독일 통일의 가장 큰 걸림돌이었던 소련과의 최종 협상으로 독일 통일은 사실상 확정되게 된다. 8월 31일에는 두 독일이 역사적인 독일 통일 조약을 체결했다. 이 조약문에서 동독은 서독에 포함되고 서독의 헌법을 준수하며 통일독일의 정치체제는 연방공화국으로서 서독의 국가와 국기를 사용하기로 했다.

9월 12일에는 이른바 동서독 두 독일과 점령국인 미국, 영국, 프랑스와 소련 정부 대표로 이루어진 2+4회담이 열렸다. 여기서 '독일 문제의 최종 해결에 관한 조약'에 합의함으로써 힘든 외교적 정지 작업을 마무리하고, 통일독일은 1990년 10월 3일 공식 출범하게 되었다.

10월 3일 '통일의 날'에 리하르트 폰 바이츠제커 당시 통일독일의 대통령은 중국의 속담 '형제들이 힘을 모으면 산(山)도 금이 된다'는 말을 인용하면서 나눔을 배워야 한다고 했다. 나아가 "나눔을 행할 때가 진정한 온정을 베푸는 것이라는 사실은 모든 문화와 종교를 초월하여 우리가 경험으로 아는 만고의 진리입니다. 서로 온정을 나눌 준비가 되어 있을 때 비로소 우리는 진정으로 하나가 될 것입니다"라고 연설했다고 회고하고 있다. (리하르트 폰 바이츠제커, 탁재택 옮김, 『우리는 이렇게 통일했다』, 창비, 2012, 211쪽)

통일독일은 8000만 명이 넘는 인구에 세계 3위의 국민총생산을 달성하는 위업으로 새로운 세계사의 한 페이지를 장식했다.

독일 통일로 유럽에서 역사적인 냉전 종식이 선언됐다. 1992년 7월 헬싱키에서 열린 유럽안보협력회의(CSCE) 정상회의에서 가맹국들은 유럽에서 대립과 분단의 시대가 끝나고 민주주의, 평화, 통일이라는 새로운 시대가 시작되었다고 선언하였다. (다카하시 스스무, 이종국 옮김, 『분단 종식의 통일외교-지도자들은 독일통일을 위해 어떻게 움직였는가』, 역사공간, 2015, 413쪽)

분단 후 점진적인 통일 준비를 위해 서독은 1969년 용기와 비전 있는 정치인 브란트 수상이 '접근을 통한 변화'와 '작은 발걸음 정책'을 내세운 동방정책을 추진하면서 동독과 교류협력을 적극 추진했다. 사민당 브란트의 동방정책에 대해서는 우방인 미국조차도 처음에는 탐탁지 않게 생각했지만, 기민당의 콜 총리도 동방정책을 자기의 정책으로 추진하였다. 독일은 일관되게 보수, 진보 정권을 뛰어 넘어 교류협력 정책을 추진한 것이다. 브란트는 동방정책의 추진과 함께 1970년 폴란드를 방문해 바르샤바의 전쟁희생자 위령탑에서 무릎을 꿇고 독일 민족을 대신해 참회의 눈물을 흘렸다. 이는 진정 용기있고 지혜로운 행동이었다. 브란트의 이러한 행동은 독일 민족의 평화 의지를 확인시키고 국제사회의 신뢰와 지지를 얻음으로써 통일로 가는 힘찬 걸음을 내딛는 행동이었다. 1972년에는 동서독 기본조약을 체결하여 경제, 과학, 기술, 통신, 문화, 스포츠, 환경보호 분야의 교류에 합의하고 각각 상주대표부를 설치했다.

　　빌리 브란트의 비서실장이며 동방정책의 설계자 에곤 바는 그의 독일 통일에 대한 신념을 이렇게 표현하였다. "독일이 분단되어 있는 한 우리는 국가가 아니다. 통일된 하나의 국가를 포기한다는 것은 우리 민족의 자살이고 민주주의에 대한 배반이 될 것이다." (에곤 바, 박경서·오영옥 옮김, 『독일통일의 주역 빌리 브란트를 기억하다』, 북로그컴퍼니, 2014, 22쪽)

　　에곤 바는 이런 신념으로 동서독의 긴장을 완화하는 브란트의 동방정책을 설계하였을 것이다. 사실 브란트의 긴장완화정책이 없었다면 고르바초프가 소련의 일인자가 되지 못했을 것이고, 고르바초프가 없었다면 독일의 통일이 그렇게 빨리 이루어지지 못했을 것이다. 이러한 서독의 적극적인 포용정책은 동서독 간 평화와 교류협력의 활성화를 가져

왔다. 경제교류는 1970년대 초 50억 마르크 수준에서 1980년에는 약 120억 마르크로 확대됐고 통일 직전에는 200억 마르크를 넘었다. 사회문화 교류를 위해 방문협정, 교통협정, 우편 및 통신협정을 체결하였다. 1973~1985년 사이 서독을 방문하는 동독 주민은 매년 130만~150만 명에 달했으며, 베를린 장벽이 붕괴되기 적전인 1989년에는 약 700만 명에 육박했다.

서독이 적극적으로 포용정책을 추진할 수 있었던 것은 높은 경제성장을 통해 동독보다 월등한 경제적 우위를 확보했고, 북대서양조약기구(NATO) 등 집단안보체제의 확립으로 안보불안 요소가 감소했기 때문이다. 특히 패전 후 잿더미 속의 독일 경제를 불사조처럼 부흥시킨 콘라트 아데나워 수상의 리더십은 돋보였다. 아데나워의 눈부신 성과를 닉슨 대통령은 이렇게 평가했다. "전쟁의 패배로 거의 죽을 지경에 처한 독일 민족이 역사적으로 고달픈 시련을 이겨낼 수 있도록 그는 강철 같은 어깨로 위기를 버텨냈다."

독일이 통일을 이룰 수 있었던 중요한 요인 가운데 하나는 2차 세계대전 후 독일을 분할했던 미국, 소련, 영국, 프랑스의 동의를 이끌어낸 독일의 출중한 외교력이었다. 1989년 11월 베를린 장벽이 무너진 순간에도 미국을 제외한 승전국들은 통일독일의 위상 강화를 경계하면서 독일의 통일에 반대했다. 그러나 독일은 통일에 유일하게 찬성하던 미국과의 외교를 강화하면서 다른 국가들을 설득하는 데 성공했다. 특히 당시 미국 조지 부시 대통령은 민족 분단의 아픔은 끝나야 한다고 생각하고 있었을 뿐만 아니라, 동독이 서독에 흡수통일이 될 경우 유럽에서 나토의 입지는 더욱 강화될 것이 분명하다고 생각해서 독일 통일을 지지하였던 것이다.

또한 서독의 정치 교육이 독일 통일에서 큰 역할을 했다. 서독은 정치 교육을 통해 민주주의 체제의 우수성에 대한 인식을 굳건히 했고 국민들의 관심을 유럽의 평화와 안보 등 국제적 차원으로 확대했다. 아울러 동독에 대한 이해를 증진시키고 통일 의식을 고취하여 통일의 국내 기반을 강화했다.

그러나 독일 통일은 체계적인 준비 없이 빠르게 이루어져 여러 분야에서 시행착오와 혼란을 겪기도 했다. 통합 과정에서 불법행위 청산 문제, 재산권 문제, 동독 경제 재건을 위한 통일비용 문제, 동서독 주민 간 갈등 등의 문제가 발생했다. 물론 이런 문제들은 연방정부의 통합 과정에서 점차 해소되어 갔다. 통일 후 동독 경제는 눈에 띄게 개선되었다. 동독의 1인당 소득 수준은 1991년 서독의 47% 수준이던 것이 지금은 80% 수준으로 개선되었다. 하지만 독일의 통일은 사회 통합이 중요한 과제라는 사실이 부각되었다. 동서독 주민 간 편견과 차별의식 등이 불거졌다. 서독 주민들에게는 조세부담률 증가 등 막대한 재정 지원에 대한 부담과 물가상승 및 실업률 증대 등에 대한 불만이 나타나기도 했다.

학자에 따라서는 통일 후 동독 사회를 규정짓는 것은 가난, 서독으로의 이향, 외국인에 대한 혐오 등 세 가지라고 단정하기도 한다. 특히 동독 사람들의 심리가 실망감에서 의지력이 약해지고 만사를 부정적으로 보는 경향도 나타나고 있다고 한다. (이기식, 『독일 통일 20년』, 고려대학교출판부, 2011, 133~139쪽)

어떤 학자는 큰 틀에서 보면 독일 통일은 위대하지만, 세부적으로는 많은 문제점이 있었다고 지적한다. 가장 큰 문제점은 많은 실업자들을 발생시킨 것인데, 동독 기업들의 갑작스러운 파산은 통일비용의 가장 큰 원인을 제공했다고 한다. 통일에 따른 고통과 부담을 국민들에게 솔직히 알리고 협조를 구해야 하는데, 초기에 이를 은폐시키려 해서 국가 재정이 더 어렵게 되었다는 것이다. (황의서, 『독일 통일 이야기』, 야스미디어, 2009, 246~247쪽)

동독 급변 사태시 서독 정부가 통일에 대한 사전 준비 없이도 대내외적 장애 요인을 극복하고 통일을 성취할 수 있었던 것은 동독 주민들의 통일에 대한 열망이 있었기 때문이다. 독일 경험을 통해 꾸준한 교류협력 등 평시에 북한 주민의 마음을 사로잡는 것이 정말 중요하다. (정상돈, 김진무, 이강규, 『동독급변사태시 서독의 통일정책』, 한국국방연구원, 2012)

이런 점에 유의하면서 정부와 국민 간의 소통 강화 프로그램, 북한 동포들의 마음을 어루만지는 다양한 통일 프로그램 등을 개발해야 할 것이다. 통일 이후 동독의 경제가 점점 활성화되고 동독 출신 정치인 메르켈이 총리가 되는 등에 힘입어 동서독 주민 간에 마음의 벽도 점차 허물어지고 있다.

안정되고 부강한 국가·사회 건설이 통일을 위한 가장 중요한 선결 요건이라 할 수 있다. 다만 굳건한 안보태세 유지와 힘의 우위 정책만으로는 통일을 이루기 어렵기 때문에, 평소 남북한 주민 간의 적대감 해소와 민족의 이질화 방지를 위한 꾸준한 노력이 필요하다. 그래서 우리는 전략적 고려하의 대북 지원, 대북 인도적 지원 지속과 함께 주변국과 우호 협력관계 유지 등 통일 준비를 해야 한다. (염돈재, 『올바른 통일준비를 위한 독일 통일의 과정과 교훈』, 평화문제연구소, 2011, 370~379쪽)

우리나라 보수와 진보 간에 독일 통일을 보는 시각이 사뭇 다르다.

이는 남남대화와 소통으로 그 간극을 좁혀야 한다. 임진왜란 전에 일본을 다녀온 두 사신 간의 의견 차이가 결정적 국가 위기를 초래했다는 점을 명심해야 할 것이다. 다행히 2015년 중앙일보의 '평화 오디세이'에 참여한 이 나라의 내로라하는 지식인들은 이념을 뛰어넘어 서로의 견해를 존중하면서 통일에 대한 합리적인 대안을 제시하고 있다.

예컨대, 서울대 송호근 교수는 남북 내적 통합의 전제조건으로 시민의식의 각성을 촉구하였다. 또 고려대 임혁백 교수는 동북아 에너지 공동체를, 송민순 북한대학원대학교 총장은 동북아 경제 공동체를, 나경원 국회 외교통일위원장은 동북아 평화협력 구상을, 정종욱 통일준비위부위원장은 중국과 러시아 등 주변국들과의 경제협력의 새로운 시대를, 문정인 연세대 교수는 유럽연합과 유사한 동북아 지역 공동체를 제안하고 있다. 쉽게 말하면 표현의 차이는 있지만, 브란트가 동방정책이라는 아무도 가지 않은 길을 용기 있게 갔듯이, 대한민국도 동북아 평화와 협력의 새로운 시대를 주도적으로 열어가야 한다는 주문이다.

통일 문제에 대한 소설을 쓰고 있는 젊은 작가 이응준은 "빛은 어둠과 함께 오는 것이기에, 우리는 통일 한반도를 폐허가 아닌 광야로 삼아 역사의 시험을 기꺼이 감당해야 한다"고 힘주어 말한다. 그러면서 통일의 기회를 놓쳐버린 대한민국은 내부적으로는 갈등과 폭력이 심화되고, 외부적으로는 중국과 일본 사이에서 고립되어 3류 분단국이 되고 말 것이라고 우려한다. 독일 브란트의 동방정책과 아데나워의 힘의 우위 정책을 가미하고, 한반도의 평화적 통일이 동북아의 평화와 번영 나아가 세계 평화에도 도움이 될 수 있으므로, 대한민국의 통일에 대한 확고한 태도를 강대국들에게 밝혀야 한다고 말한다. (이응준, 『미리 쓰는 통일 대한민국에 대

한 어두운 회고』, 반비, 2014, 3쪽, 106~107쪽)

　이런 점들을 종합적으로 고려해 보면, 독일 통일은 통일이라는 독일 민족의 과제를 위해 한마음 한뜻으로 보수와 진보라는 이념의 벽을 과감하게 뛰어넘은 아데나워의 친서방 결속과 힘의 우위 정책, 브란트의 포용정책으로 상징되는 동방정책, 콜의 교류협력 강화정책의 총합적인 결실이라는 게 합당할 것이다. 여기에 하나를 덧붙인다면, 실제 독일 통일을 이룬 콜 총리가 분단 현상을 변경할 수 있는 주체는 독일 스스로라는 냉철한 인식으로 냉전 상황에서도 주인의식을 갖고 통일을 추진하였다는 점이다.

유럽 통합 노력
– 유럽연합(EU)

  제러미 리프킨은 『유러피언 드림』에서 EU 를 고안한 것은 대단한 위업이라고 하면서, 간결하게 설명하고 있다. 유럽연합 EU는 국가가 아닌데도 국가처럼 행동한다. EU의 법은 회원국의 법보다 우선하며 구속력이 있다. EU는 단일통화 유로를 사용하고, 공동어권을 사용한다. 상업과 무역을 규제하며 회원국 사이의 에너지, 교통, 통신, 교육 등의 교류를 조정한다. 의회, 사법기관, 대통령, 군대도 있다. (제러미 리프킨, 이원기 옮김, 『유러피언 드림』, 민음사, 2005, 257쪽)

  역사적으로 유럽 통합의 모델은 고대 로마 제국에서 찾는다. 로마 제국은 문명화된 유럽 전체를 통합한 것으로 인식되었으며, 외부의 침략과 약탈로부터 유럽을 효과적으로 방위할 수 있게 되었다. 또한 10세기부터 19세기 초까지 존재한 신성 로마 제국도 EU와 유사한 체제로 보고 있다.

  EU는 탄생부터 전쟁터에서의 영웅적 승리 신화에서 기원을 찾는 과거 국가와 달리 전쟁 폐허의 잿더미 속에서 탄생한 최초의 대규모 통치 체제다. 고귀한 과거를 기념하기보다는 절대로 과거를 되풀이하지 않도록 애써왔다. 1000년 동안의 끝없는 전쟁과 유혈사태 후에도 20세기 유럽이 50년도 안 되는 기간에 두 차례나 세계대전을 겪는 암울한 그림자 속에서 EU는 탄생했다. 특히 2차 세계대전 후 유럽은 내부적으로는 과거의 적대감을 뛰어넘고 폐허가 된 경제를 일으켜 세우기 위해 협력하고, 대외적으로는 국력이 약화된 유럽을 방어하기 위해서도 뭉쳐야 했다. 전쟁으로 모두가 몰락해버린 뒤에야 유럽은 평화와 번영을 위한 공존과 협력의 필요성을 절실히 느끼면서 통합의 정치적 메커니즘을 찾았던 것이다.

1848년 '레 미제라블'로 유명한 빅토로 위고는 "유럽 대륙의 모든 나라가 형제애로 뭉칠 때가 올 것이다. … 대서양을 사이에 두고 미국과 유럽합중국이 서로 얼굴을 맞대는 날이 올 것이다"라고 하면서 '유럽합중국'이라는 용어를 처음 사용하고 유럽 통합의 출현을 예견하였다.

1948년 윈스턴 처칠은 유럽의회 연설에서 나름대로의 유러피언 드림을 제시했다. 그는 이렇게 말했다. "모든 나라 국민들이 자신이 조국에 소속되어 있다고 생각하는 것처럼 자신을 유럽인으로 생각하고, 이 넓은 대륙에서 어디를 가든 편안하다고 진정으로 느낄 수 있는 그런 유럽을 만듭시다."

이런 유러피언 드림이 제시된 시점을 전후하여 벨기에, 네덜란드, 룩셈부르크 세 나라가 1948년 베네룩스 관세동맹을 채택하여 유럽에서 최초의 경제 통합 사례를 만들었다. 1949년에는 프랑스, 영국, 이탈리아 등 유럽 10개국이 각료위원회 설치를 합의했는데, 이는 유럽평의회의 기초가 되었다. 1950년 프랑스 외무장관 로베르 쉬망은 장 모네, 아데나워 수상과 협의를 거쳐 쉬망 선언을 발표하였다. "유럽 국가들이 결속하기 위해서는 프랑스와 독일의 해묵은 갈등을 해소시키는 것이 필요하다. … 프랑스와 독일의 석탄과 철 생산 전체가 공동 고위 권위체하에 놓여야 한다"는 것이 쉬망 선언의 요지다. 석탄과 철강산업을 초국가적 기구에서 공동관리하자고 한 이 쉬망 선언은 유럽 통합의 시발점이 되었다는 평가를 받게 되었다. 쉬망 선언은 프랑스가 과거의 경쟁을 끝내고 새로운 유럽의 평화를 건설하는 초국가 기구를 설립하기 위하여 국가주권의 일부를 희생할 각오를 하는 가히 혁명적인 제안이었다.

이 선언에 입각해서 1951년 유럽석탄철강공동체(ECSC)가 설립되었다. 유럽연합의 설계자이며 평생을 국제협력, 국가의 평등, 국경통제 완화에 정열을 바친 프랑스 경제학자 장 모네는 처음부터 단순한 유럽 국가 간의 연맹이 아니라 국민들 사이의 연합을 형성하는 것이 목적이라고 밝혔다. 장 모네가 제시한 평화와 통합이라는 두 아이디어를 결합하는 것은 간단하기는 했지만, 과거 수백 년 동안의 익숙했던 개념인 전쟁 승리를 통한 통합과 달리 처음에는 유럽인들에게 쉽게 받아들여지지 않았다. 심지어는 같은 나라 프랑스의 드골 대통령조차도 프랑스의 자주성과 독립성, 우월성을 내세우며 국가 권익을 앞세웠기 때문에 어려움이 있었다. 그렇지만 "우리는 모두 유럽인입니다. 우리는 보다 큰 선(善)을 위해 뭉쳐야 합니다"라고 한 모네의 호소가 유러피언 드림으로 실현되기 시작했다.

미국 케네디 대통령은 장 모네에게 자유상을 수여하면서 이렇게 치하했다. "수세기 동안 황제나 왕이나 독재자들은 힘으로 유럽을 통합하려고 했습니다. 다행인지 불행인지 몰라도 그들은 모두 실패했습니다. 하지만 모네 당신의 영감 덕분에 유럽은 20년도 채 안 되는 기간에 과거

1000년 동안 이루어낸 것보다 훨씬 가까이 유럽 통합의 목표에 다가설 수 있게 되었습니다." (하워드 가드너, 송기동 옮김, 『통찰과 포용』, 북스넛, 2007, 477쪽)

모네는 회원국들이 더 많은 국가주권을 통합정치기구에 넘겨야 평화롭고 번창하는 유럽을 보장할 수 있다고 믿었다. 그래서 먼저 독일과 프랑스 두 나라의 적대관계를 청산하고 평화롭게 살자는 취지에서 두 나라가 서로 차지하려고 싸워 온 루르 강과 자르 강 사이 산업지대의 석탄과 철강 생산을 통합하자고 제안했던 것이다. 그 결과 프랑스의 외무장관 로베르 쉬망과 독일의 총리 콘라트 아데나워가 주도하고 이탈리아, 벨기에, 룩셈부르크, 네덜란드도 참여하여 서명한 ECSC 파리 조약으로 규제권한, 입법권한, 사법권한까지 가진 초국가 권위가 탄생했다.

1957년 ECSC 6개 회원국은 유럽경제공동체(EEC) 설립 등 더 폭넓은 계획을 담은 로마 조약에 서명했다. 임무는 공동운송정책, 공동무역정책, 나아가 공동농업정책 수립, 유럽 공동시장 확립, 세제 일치, 관세장벽 철폐, 자본주의와 노동력의 자유로운 활용에 관한 규정을 시행하는 것이었다. 이때 입법기관, 집행위원회, 유럽의회, 유럽법원이 만들어졌다.

6개국은 원자력 투자를 한 데 모으고 기술을 공유해야 미국, 소련과 경쟁할 수 있다는 것을 깨닫고 원자력 합동개발 협의에 들어갔고, 유럽원자력공동체(EURATOM)가 생겨났다. 그러다가 1965년 세 기구가 통합되었다.

유럽경제공동체는 1970년대와 1980년대에 영국, 아일랜드, 덴마크, 스페인, 그리스, 포르투갈, 스웨덴, 핀란드, 오스트리아가 합류함으로써 15개국으로 더욱 확장되었다.

1992년 체결된 마스트리히트 조약으로 유럽경제공동체는 실제적인 유럽연합(EU)이 되어 하나의 유럽 실현에 성큼 다가섰다. 여기서는 단일 통화 유로를 도입키로 합의했다. 공동안보정책을 포함해 정부 간 협력도 확대하기로 합의했다. 회원국을 동유럽까지 확대한 결과 체코, 키프로스, 에스토니아, 헝가리, 라트비아, 리투아니아, 몰타, 폴란드, 슬로베니아, 슬로바키아까지 가입했다. 2004년에는 EU 회원국이 25개국으로 늘어난 것이다. 이로써 역내 총인구 4억 5500만 명, 총면적 393만㎢, 총생산 9조 6150억 유로에 달해 미국에 필적하는 거대경제권이 탄생하게 되었다.

2004년 이후에도 회원국이 늘어나서 2007년에는 루마니아와 불가리아가, 2013년에는 크로아티아가 회원국으로 되었다. 터키, 아이슬란드와 세르비아는 가입 후보국 명단에 올라와 있다. 유럽연합 회원국 후보 중 터키가 가장 민감한 국가다. 유일하게 이슬람 국가인 터키는 기독교 유럽 국가권과 종교가 다른 게 가장 큰 걸림돌로 작용하고 있다.

EU의 목표에는 균형 잡힌 경제, 성장에 기초한 지속가능한 개발, 사회주의적 시장경제, 환경의 질적 향상과 보호가 명확히 적시되어 있다. EU 헌법은 그 초점이 국민이나 영토, 국가보다는 인류 전체와 우리가 사는 이 지구라는 점을 분명히 함으로써 보편주의를 지향한다. 한마디로 인간의 다양성을 존중하고 포괄성을 증진하며 인권과 자연의 권리를 옹호하고 삶의 질을 높이며 지속가능한 개발을 추구하고 심오한 놀이를 위해 인간의 정신을 해방시키며 인간적 공감대를 확장하는 한편, 항구적 평화를 구축하고 세계적 의식을 함양하는 것이라고 말할 수 있다.

제러미 리프킨은 공동체 내의 관계, 문화적 다양성, 삶의 질, 다원적 협력 등의 가치와 목표가 유러피언 드림의 기초를 상징한다고 말한다.

유러피언 드림을 아메리칸 드림과 단순하게 비교해 보면, 개인의 자유보다 공동체 내의 관계를, 획일성보다 다양성을, 부의 축적보다 삶의 질을, 무제한적 발전보다 환경보전적 지속가능 개발을, 재산권보다 보편적 인권을, 일방적 무력행사보다 다원적 협력을 더 염두에 둔다고 할 수 있다. (제러미 리프킨, 같은 책, 12쪽)

2009년에는 EU의 정치 통합을 위한 미니헌법 격인 리스본 조약이 발효되어 유럽합중국을 궁극 목표로 유러피언 드림은 전진하고 있다. EU의 비공식 별명이 '다양성 속의 조화'인데 오늘과 같은 다원적 사회, 초국가적 글로벌 시대에서 다원적 협력을 하기에 가장 진전된 모델이라고 할 만하다. 이러한 유럽연합이 가능하게 된 동력은 1947년 미국 국무장관이 소련 공산주의의 확산을 방지하고 유럽의 평화를 지키기 위해 제안한 마셜 플랜이었다는 생각을 해본다. 사실 서유럽이 오늘날 경제 부흥을 이룩하고 경제공동체를 넘어 정치공동체를 지향하는 유럽연합으로 발전하도록 기본적인 여건을 조성한 것은 미국의 유럽 부흥 계획인 마셜 플랜이었다.

하지만 EU는 운영이 아직 민주적이지 못하다든가, 소수 엘리트들이 만들어낸 아이디어여서 유럽 유권자들의 견해는 거의 반영되지 못했다는 한계가 있다. 더구나 다른 국제기구보다는 강력한 권한을 가지고 있으나, 정부라고 하기에는 권력의 강제력이 여전히 약하다.

최근에는 영국이 국민투표로 EU 탈퇴를 통과시켰다. 세계화와 반대되는 영국의 유럽연합 탈퇴의 합성어 '브렉시트'가 현실화되었다. 외국 이민자의 증가가 일자리, 안전, 복지를 위협한다는 영국 국민의 정서가 반영된 것이다.

유럽연합에 대한 도전에도 불구하고, 그렇게도 많은 민족과 나라들과 그들의 고유 문화와 역사, 이념을 뛰어넘어 유럽석탄철강공동체에서 유럽연합에 이르는 '하나의 유럽'을 위한 60년이 넘는 유럽 통합운동을 보면, 단일민족의 한반도 통일은 비교적 쉽고 단순한 과제로 생각된다. 유럽 통합운동은 꾸준히 성과를 이루며 전진하고 있는데 반해, 우리는 보수정부냐 진보정부냐에 따라 전진했다가 후퇴하기도 한다. 참으로 가슴 아픈 일이다. 이제 더 이상 낭비할 시간이 없다. 이념의 장벽을 뛰어넘고 감정의 솟구침도 녹여내서 무거운 짐을 지고 먼 길을 가듯이 한 걸음 한 걸음 뚜벅뚜벅 통일을 향해 나아가자.

미국, 중동, 아프리카 ≫ # 미국 남북전쟁
― 연방 재통일

1776년 미국 독립 이후 유럽에서의 반혁명 정치는 이민을 재촉하여 수많은 사람들이 광활한 토지와 고임금의 소식을 듣고 미국으로 모여들었다. 인구가 서부로 몰려들면서 새로운 주가 계속 만들어져 미합중국 연방에 편입되었다. 하지만 북부와 남부의 주들 사이에는 큰 차이가 있었다. 공업을 위주로 하는 북부에는 신식 대기계공업이 빠르게 발전한 반면, 남부는 노예노동에 크게 의존하는 면화와 담배를 재배하는 대농장이 많았다. 1790년 미국 인구 400만 명 중 약 70만 명의 노예가 있었으나 1861년에는 2300만 명이 넘는 인구 중 노예는 400만 명으로 증가하였다. 당시 미국의 폭발적인 인구 증가는 상당부분 유럽으로부터의 이민자들이 증가했기 때문이다. 노예 인구의 급증도 한몫을 했다.

대부분의 국가에서 19세기를 전후하여 법률상으로 노예무역을 금지했지만, 미국에서는 노예무역만 금지되어 있을 뿐 노예제도 자체가 법적으로 인정되고 있었다. 영국이 노예무역을 폐지한 후에는 뉴욕이 노예무역의 중심항이 되었다. 19세기 중반까지 뉴욕을 중심으로 노예무역이 진행되고 있었음에도 북부에서는 노예제도에 반대했다. 남부에서는 대농장의 경우 노예 없이 운영이 불가능해서 대부분의 주가 노예제도를 유지했다.

북부와 남부가 노예제도 인정 여부 등 경제적 이해를 크게 달리하고 있었기 때문에 새로운 주가 연방에 추가 될 때마다 노예를 인정하는 주와 노예제를 폐지하는 주 중 어느 주로 할 것인가 하는 문제를 놓고 언제나 분규가 일어났다. 북부는 유럽으로부터의 이민자들로 인해 인구가 계속 증가하고 있어서, 남부는 인구면에서 부족해서, 모든 주장들이 부결될 위기에 처하게 되었다. 그리하여 남북 간의 긴장은 더욱 고조되었다. 그러는 동안 북부에서는 노예제도 폐지 운동이 활발히 전개되고 있었다.

1860년 링컨의 미국 대통령 당선은 남부의 분열에 신호탄이 되었다. 링컨은 대통령이 되기 전부터 미국이 노예제도로 인해 분열되어서는 안된다고 역설하였다. 1861년 3월 링컨은 16대 대통령 취임 연설에서 연방이 헌법보다 역사가 깊으며, 주의 분리는 불가능하다며 남부 측에 타협을 호소했다. 그러나 남부 측은 반노예주의자인 링컨의 호소에 귀를 기울이지 않고 남부동맹을 결성해 전쟁 준비를 하고 있었다.

당시 남부의 이탈 조짐 외에 내각의 불화도 링컨을 힘들게 하였다. 내각의 거의 모든 구성원들이 자신을 링컨보다 더 뛰어나다고 생각했으며, 증오심이 내각을 휘감고 있었다. 이렇게 안팎으로 힘든 상황 속에서도 링컨은 초인적인 관용과 포용의 리더십을 보여주었다. (데일 카네기, 『데일 카네기의 링컨 이야기』, 매월당, 2013)

남부는 지도층이 분열되어 일사불란한 움직임이 없었다. 각 주는 독자적으로 군대를 조직하고 무력 행사 장소와 날짜, 지휘관 등을 결정했다. 각 주의 상층부는 남부연합보다 자기 주의 권리를 더 중시했다. (폴 존슨, 명병훈 옮김, 『미국인의 역사 I』, 살림, 2016, 728~729쪽)

링컨은 통합과 포용의 리더십으로 이러한 어려움을 극복했지만 남부연합 대통령 데이비스는 지도층의 분열을 극복하지 못했다. 이것도 남부의 중요한 패배 요인으로 작용했다.

남북전쟁의 위험이 고조되는 상황에서 사우스캐롤라이나의 찰스턴 항구 안에 있는 연방 관할의 섬터 요새에서 식량 공급과 병력 증원 요청이 왔다. 고민 끝에 링컨은 섬터 요새에 식량만 보급할 것이며, 남부연합이 방해하지 않는 한 병력 투입은 없을 것이라고 사우스캐롤라이나 주지사에게 통고했다. 남부 측이 집요하게 내놓으라고 했던 섬터 요새에 대한 연방의 구원책은 곧 실력으로 남부 측의 요구를 거부하는 것으로 전쟁이냐 항복이냐의 택일을 강요하는 것이었다. 남부연합의 데이비스 정부는 링컨의 통고를 놓고 협의를 했으나 강경론이 이겨 1861년 4월 남부연합이 섬터 요새에 대한 포격을 개시하였고 다음날 요새가 함락되어 결국 4년간에 걸친 내란, 남북전쟁이 시작됐다. 미국 연방이 건국 84년 만에 분열된 것이다.

링컨은 남북의 갈등을 내부 반란으로 규정하고 의회에 선전포고 요청을 하지 않고 병력을 전쟁터로 파견했다. 국회의 승인 없이 정규군 규모를 확대했고, 남부에 일방적으로 해상봉쇄를 선언했다. (앨런 브링클리, 황혜성 외 5인 옮김, 『있는 그대로의 미국사』, 휴머니스트, 2005, 130쪽)

돈이 없으면 전쟁을 하기도 어렵고 승리하기는 더욱 어렵다. 국제금융재벌에게 전쟁비용을 빌리기도 어려웠다. 그래서 링컨은 새로운 화폐발행이라는 조치를 단행했다. 화폐 발행을 통해 전쟁 초기의 심각한 돈 부족 현상을 해결하고 북부의 자원 지원효과를 극대화함으로써 남북전쟁 승리의 기초를 쌓을 수 있었다. 남북전쟁 기간 전체를 통하여 링컨 정부는 4억 5000만 달러의 새로운 지폐를 발행하였다고 한다. (쑹훙빙, 홍순도 옮김, 『화폐전쟁』, 랜덤하우스 코리아, 2010, 83~85쪽)

1861년 7월 불런 전투라고 불리운 첫 전투에서 북군은 남군을 공격했으나, 예상치 못한 패배를 맛보았다. 하지만 북군은 군대 조직 정비에 뛰어난 장군을 사령관으로 임명하는 등 전열을 가다듬고 1862년 9월 앤티텀 전투에서는 남군에 승리를 거둔다. 이 앤티텀 전투를 계기로 전세는 북부에 유리하게 전개되기 시작했다. 그러자 전쟁의 추이를 보면서 유리한 쪽을 지지하겠다는 태도를 보이던 프랑스가 태도를 바꾸어 남부 지지를 유보하였다. 반면 자국의 섬유산업을 위해 중요했던 면화의 주산지인 남부에 대한 영국의 지지는 바뀌지 않았다. 노예 해방만이 영국의 남부 지지를 바꿀 수 있는 상황이었다. 1862년 4월 북부는 남부의 뉴올리언스를 점령하였는데, 이것이 남북전쟁에서 실질적인 전환점이 되었다는 주장도 있다.

남부의 주요 항구 뉴올리언스가 북부에 넘어가면서, 면화보증채권 등 남부가 발행한 채권에 투자한 투자자들이 남부연맹에서 이자를 지급하지 못하는 경우 채권의 버팀목인 면화를 손에 넣어야 하는데 뉴올리언스의 함락으로 이것이 어렵게 되었다. 남부의 채권에 투자한 사람들은 빈털터리가 되었다. 남부가 뉴올리언스를 지켜내고 면화를 유럽에 처분했다면 전비 조달이 용이했을 것이다. 부득이 전비 조달을 위해 남부가 화폐를 대량 발행하자, 인플레이션이 폭발하여 전쟁 기간 중에 물가가 4000%나 올랐다. 반면 북부는 60% 상승에 그쳤다. (니얼 퍼거슨, 김선영 옮김,

통일! 역사를 배우자

『금융의 지배』, 민음사, 2010, 95~101쪽)

유럽 국가들이 남부 지지를 모색하는 가운데 링컨도 이에 대응하여 유럽 군주들의 숙적인 러시아 황제 알렉산더 2세에게 특사를 보내 파견 원조를 요청하기도 했다. 알렉산더 2세는 1861년 농노해방법을 선포했기 때문에 노예제도 폐지에 대해서는 링컨과 같은 입장이었다.

링컨은 북부의 반노예주의자들의 전폭적인 지원을 받았는데, 노예제를 열렬히 옹호하지 못해 남부의 전폭적인 지원을 받지 못한 더글러스 후보를 물리치고 대통령에 당선되었다. 링컨은 노예제도를 반대하긴 했지만 기존의 것은 간섭하지 않고 새로 만들어지는 주에서는 합법성을 주지 않겠다는 입장이었다. 그러나 남부는 그런 보장에 대해서도 타협하지 않고 여러 주가 연방에서 탈퇴하여 미국은 분열 상태가 되었다. 링컨은 남부의 협력을 얻고 분열을 막기 위해 노예제도를 보장하는 동시에 현재의 것에 영속성을 인정하는 방안까지 제안했다. 평화를 위해서라면 어떤 희생도 치르겠다는 입장이었다. 다만 양보하지 않는 것은 연방이 분열되는 것이었다. 분열된 집안은 살아남을 수 없다는 것이 신념인 링컨은 단 하나의 주라도 연방에서 분리되는 것을 용납하지 않았다. 내전을 막아보려는 링컨의 노력은 실패로 돌아갔다. 남부가 연방 탈퇴를 선언하자 11개 주가 동참했다.

1861년 내전 당시 북부는 인구, 재정, 물자, 밀 재배지역 등 식량 조달 능력, 철도 발달 면 등에서 월등히 유리했다. 예일대 교수 폴 케네디는 북군이 승리한 요인을 몇 가지 언급하고 있다. 자원과 인구 면에서 북부의 인구는 백인 약 2000만 명이었으나, 남부는 겨우 600만 명이었다. 1860년 북부의 제조업체는 11만 개였으나, 남부는 1만 8000개에 불과했다. 철도는 북부의 경우 총연장이 2만 2000마일이었는데 반해, 남부는 9000마일에 그쳤다. 그리고 남부는 전쟁비용을 감당할 수 없었다. 주요 소득원이 면화 수출이었는데, 북부 해군이 남부와 유럽 시장을 봉쇄하자 면화 수출을 할 수 없게 되었기 때문이었다. (폴 케네디, 이왈수·전남석·황건 옮김, 『강대국의 흥망』, 한국경제신문사, 1996, 253~256쪽)

남부는 정예부대와 리 장군 등 우수한 지휘관이 있어서 초기에는 연전연승했다. 그러나 북부는 남부보다 월등한 해군력을 바탕으로 3300마일이나 되는 남부 해안선을 봉쇄하였다. 남부와 유럽 시장 사이를 끊어 남부의 돈줄인 면화와 담배의 수출을 불가능하게 만들고 군수품 수입도 막았다. 면화 수출 금지로 인한 경제적 타격으로 인해 남부는 전투력을 상실하고 피폐해져 갔다.

'빵은 승리를 불러온다.' 나폴레옹의 패배보다 이 말이 더 명백하게 적용될 수 있는 것이 미국의 남북전쟁이다. 남북전쟁의 결과 미국 연방이 유지될 수 있었던 것은 북부가 빵을 먹을 수 있었고, 남부는 면화를 먹을 수 없었기 때문이다. 그래서 갈색 빵 덩어리를 두고 북부군 병참본부 제빵사들은 "남부군에는 이런 무기가 없단다. 이것은 바로 링컨의 대포알이란다"라고 말했던 것이다. (하인리히 E. 야콥, 곽명단·임지원 옮김, 『빵의 역사』, 우물이 있는집, 2005, 428~433쪽)

사실 노예제도가 남북전쟁의 실질적인 원인은 아니었다. 남북 간의 여러 면에서의 이해의 불일치가 진정한 원인이었다고 한다. 1862년 8월에는 남부의 대대적인 공세로 북부가 최대의 위기에 봉착했다. 이런 상황에서 영국과 프랑스가 남부를 인정하고 지원하려는 위기의 순간에 앤티텀 전투에서 북군이 승리했다는 승전보가 날아들었던 것이다.

통일! 역사를 배우자

이에 링컨은 1862년 9월 역사적인 '노예해방 선언'을 발표하였다. 1863년 1월 1일 이후 반란에 가담한 모든 주의 노예를 즉시 해방시켜 영원히 자유를 부여한다는 내용을 담았다. 링컨의 노예해방 선언으로 유럽은 사실상 남부에 대한 지지를 철회하고 북부 지지에 대한 바람을 일으켰다. 영국을 비롯한 유럽의 자유주의자와 혁신파들은 크게 환영하였다. 영국 맨체스터에서는 6000명의 노동자들이 다음과 같은 결의문을 채택하였다. "귀하의 대통령 재임 중에 문명과 기독교 정신의 일대 오점인 노예제도의 폐지가 실현된다면 에이브러햄 링컨의 이름은 후세에 길이 빛날 것이다." 3년 뒤인 1865년 1월 수정헌법 13조에 따라 노예제도는 공식적으로 폐지되었다.

1852년 해리엇 비처 스토가 쓴『톰 아저씨의 오두막』이라는 소설은 비참한 흑인 노예의 삶을 다루었는데, 책을 읽은 많은 사람들이 노예제도 폐지 여론에 불을 지폈다. 스토 부인은 1850년 도망노예법(도망노예의 재판을 금지하고 그를 도와준 이까지 처벌받게 한 법률)이 의회에서 통과되자 깊은 분노를 느껴 이 소설을 쓰기 시작하였다. 스토 부인은 인세를 노예제 폐지 운동에 기부하여 노예해방 운동에 큰 역할을 했다. 프랑스의 저널리스트 장 프랑수아 칸은 드레퓌스의 무죄를 주장하는 졸라의『나는 고발한다』처럼 스토의 작품은 노예제도 폐지에 군대만큼의 위력을 발휘했다고 할 수 있을 정도로 파장이 컸다고 말한다. (장 프랑수아 칸, 이상빈 옮김,『인류역사를 진전시킨 신념과 용기의 외침 NO』, 이마고, 2008, 107~108쪽)

1863년 7월 남북전쟁의 대세를 북부의 승리로 결정지은 게티즈버그 전투에서는 수천 명이 고귀한 목숨을 잃었다. 이곳을 국립묘지로 지정하여 찾아온 링컨은 그 유명한 게티즈버그 연설을 한다. "국민의, 국민에 의한, 국민을 위한 정부는 지구상에서 영원히 사라지지 않는다"는 것이 바로 그 연설의 요지다. 1864년 11월 분열된 국가를 재통합하겠다는 링컨의 의지를 국민들이 지지해서 대통령에 재선된다.

1864년 봄부터 북군은 남부의 수도 리치먼드 공략 작전을 그랜트 장군과 셔먼 장군 주도하에 감행하였다. 1865년 4월 마침내 남부는 총사령관 리 장군이 북부 총사령관 그랜트 장군에게 공식 항복을 했다. 남부 연합 정부는 남쪽으로 도주하였다. 5월에는 북군의 기병대가 조지아 주에서 데이비스 남부 대통령을 포로로 함으로써 4년간의 남북전쟁이 막을 내리고 둘로 갈라졌던 미국은 다시 하나가 되었다. 하지만 남북전쟁의 상처는 깊었다. 남북전쟁은 19세기에 일어난 전쟁 중에서 가장 많은 사상자를 낸 전쟁으로 기록된다. 당시 미국 인구는 3500만 명 정도였는데, 남북전쟁의 군인 전사자 수가 무려 60만 명을 웃돌았다. 제2차 세계

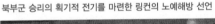
북부군 승리의 획기적 전기를 마련한 링컨의 노예해방 선언

대전 당시 미국 인구는 1억 3000만 명이었는데, 미군 희생자가 29만 명이었던 것과 실로 크게 대비된다.

링컨의 목적은 전쟁 승리만이 아니라, 연방의 진실한 결합을 이루는 것이었다. 결국 링컨은 13개 주와 11개 주로 분리된 남북을 전쟁에 승리함으로써 다시 대서양으로부터 태평양에 이르는 24개 주의 통일된 완전한 조국으로 만들었다. (임윤갑, 『미국 남북전쟁사-미완에서 통합으로』, 북코리아, 2015, 261쪽)

그래서 전쟁 승리 후 링컨은 패배한 남부를 포용하면서 관대한 태도를 취했으며, 원한을 버리도록 촉구했다. 하지만 링컨은 1865년 남부에서 암살되는 비극을 당하고 말았다. 미국의 국민시인 월트 휘트먼은 링컨을 추모하며 「오, 캡틴! 마이 캡틴!」이라는 시를 남겼다. 시 일부를 발췌한다.

> 오 캡틴! 나의 캡틴이여!
> 배는 위험을 견디어 냈고, 우리의 목적은 이루어졌습니다.
> 그러나 갑판 위에 나의 캡틴이 쓰러져 싸늘하게 죽어 있습니다.
> 오 캡틴! 나의 캡틴이여! 일어나 저 종소리를 들으십시오.
> 일어나 보십시오. 당신을 위해 깃발이 휘날리고,
> 당신을 위한 나팔소리가 울리고 있습니다….
>
> – 오, 캡틴! 마이 캡틴!

링컨의 뜻에 따라 남부에 관대하고 유화적인 정책을 펼친 결과 연방을 탈퇴했던 주들이 속속 연방으로 복귀했다. 전쟁으로 인해 북부는 산업과 철도 발달이 촉진되어 경제가 더욱 발전하였다. 한때 예속되어 있던 흑인 노예 350만 명이 전쟁 속에서 자유인이 되었다. 남북전쟁은 미국에 크나큰 상처를 남겼지만, 비온 뒤 땅이 굳어지듯이 이 전쟁을 계기로 미국은 하나임을 깊이 인식하고 강대국, 지구상의 최강국으로 도약하게 되었다.

세계적인 석학 에른스트 H. 곰브리치는 그의 책『곰브리치 세계사』에서 "링컨의 위업은 달성되었다. 다시 통일된 미합중국은 얼마 후 세계에서 가장 부유하고 강대한 국가의 하나가 되었다. 노예가 없어도 멸망하지 않았다"라고 기록하고 있다. (에른스트 H. 곰브리치 글, 클리퍼드 하퍼 그림, 박민수 옮김, 『곰브리치 세계사』, 비룡소, 2010, 409쪽)

이것이 바로 링컨의 유산이다.

통일! 역사를 배우자

이집트와
시리아의 통합

　　이집트와 시리아의 통합은 시리아 측이
1950년대부터 범아랍주의 분위기에 편승하여 아랍권의 지도자로 부상한 이집트의 나세르 대통령에게 호소하면서 빠르게 진행되었다. 1948년부터 1954년까지 시리아는 4차례의 군사 쿠데타를 경험하여서 정국이 매우 혼란스러웠다. 이런 상황에서 보수적인 친서방 세력이 쇠퇴하고 좌익 급진 세력이 급부상했다. 그러다가 1957년 시리아에 친이집트 세력과 친소련 세력이 득세하면서 이집트와의 통합 분위기가 형성되었다. 그해 국회의원 선거에서도 이집트와의 통합 세력이 압도적 다수를 차지하게 되었다. 처음 나세르는 시리아의 통합 요구에 주변 국가들을 의식하면서 소극적이었으나, 시리아의 간청에 못 이겨 시리아 국민들과 정부를 정치적 혼란으로부터 구제하기 위하여 시리아 군부와 정부의 통일 제의를 호의적으로 고려한다는 입장을 밝혔다.

　　시리아에서는 프랑스 소르본 대학에서 공부한 기독교 아랍인 작가인 미첼 아플라크가 범아랍 민족주의 이데올로기를 다듬었다고 한다. 시리아에서 이집트와의 통일을 적극 주장한 정치 세력은 바트당이었다.

'바트'라는 의미는 부활 혹은 르네상스로서 당시 시리아 지도자들이 가졌던 생각을 정당 이름에 담았다. 바트당은 1940년에 미첼 아플라크가 단일 아랍 민족은 단일 연합국가에서 살 권리를 가졌다면서 아랍 통일의 기치를 내걸고 만든 정당이었다.

바트당은 주로 새로 교육을 받은 계층에게 호소하였으며, 미천한 지역 출신의 군 장교들과 농촌 출신의 도시 이주노동자들 사이에서도 인기가 있었다. 바트당은 시리아와 주변 아랍 국가들인 레바논, 요르단, 이라크와 아라비아 반도에 있는 국가들로 퍼졌다. (앨버트 후라니, 김정명·홍미정 옮김, 『아랍인의 역사』, 심산, 2010, 686~687쪽)

미소 냉전의 소용돌이 속에서 시리아에서도 공산 세력이 성장하는 데 따른 불안감 때문에, 바트당과 시리아의 군부들을 중심으로 공산당을 불법화하고 있는 이집트와의 통합을 서둘렀던 것으로 보인다.

이집트 측에서 보면 나세르도 1950년대 초부터 아랍 통합 운동에 관심을 가졌다. 1950년대 후반기부터는 나세르가 다른 아랍국들과 관계가 소원했기 때문에 어떤 돌파구가 필요했던 면도 있었다. 나세르는 요르단, 이라크, 북예멘 등 이웃 나라의 보수, 반혁명적, 친서방 지도자들이 마음에 들지 않았다. 사우디와 레바논도 나세르의 인기 상승이 달갑지 않았다. 또한 나세르는 미국이 아이젠하워 독트린으로 새로운 중동 개입 정책을 추진하고, 이라크와 터키 간의 상호 방위 조약에 영국, 이란, 파키스탄이 참여한 국제 조약인 바그다드 조약이 1955년 체결된 것에 위협을 느끼고 있었다. 이런 측면이 나세르가 시리아와의 통합을 서둘러 추진했던 이유로 보인다.

특히 시리아 군부가 적극적으로 이집트와 통일 막후 접촉을 한 결과,

1958년 1월 시리아와 이집트의 통합 소식이 아랍 세계에 전파되었다. 그 이후 시리아 정부는 뒤늦게 연방제 통일을 제의했으나, 나세르는 단일 통일 정부를 강하게 고집하였다. 결국 극도로 분열된 시리아 정치권이 경쟁적으로 나세르에게 접근한 결과, 시리아 측의 주장이 무시된 채 이집트 주도로 통일이 1958년 1월 31일 이루어지게 되었다. 2월에는 이집트와 시리아의 통일에 대한 국민투표가 이루어져 양국 국민들의 90% 이상의 찬성으로 통일안을 가결시켰다. 그리고 나세르가 통일아랍 공화국의 대통령이 된다. 이집트와 시리아의 통일은 평화적으로 이루어졌으나 매우 불평등하게 이루어진 통합의 사례라고 할 만하다.

통일아랍 공화국의 창립 선포문은 이집트와 시리아의 이번 통일은 아랍의 완전한 통일을 위한 예비 단계라고 규정하고, 가입을 희망하는 모든 아랍 국가들에 문호가 개방되었다고 밝혔다. 나중에 통일아랍 공화국에 가입을 희망한 나라는 예멘이 처음이자 유일한 나라였다.

통일아랍 공화국은 1961년 9월 불과 3년 만에 단명으로 막을 내린다. 가장 큰 이유는 나세르의 경직된 통제경제정책에서 비롯되었다. 통일 후 나세르는 모든 생산 수단을 국유화하고 통제경제정책을 철저히 시행하였다. 재정 부담이 크게 늘어났다. 통제경제체제는 시리아가 제2차 세계대전 이후 구축한 시장경제체제와 모순되었다. 결정적 분열 요인은 1961년 9월 단행한 은행과 민간 기업의 국유화 조치였다. 개인 소유 재산과 이윤에 대한 과격한 재분배정책 시행은 시리아에서 비교적 발달된 민간 기업인들의 큰 반발을 샀던 것이다. 이에 다마스쿠스와 알레포 두 도시 경제계의 후원을 받은 군부가 쿠데타를 일으켜 새 정부를 수립하고 시리아에 있는 모든 이집트인들의 국외 철수를 명하였다.

이집트와의 통일을 지지하는 일부 군부와 쿠데타 세력 간의 교전이 있었지만, 나세르는 시리아 반란군에 대한 진압 계획을 취소하고 시리아 정부의 분열을 묵인하였다. 이집트와의 통합이 공산주의의 위협에 대한 방패가 되지 않고 사회주의 정권, 더구나 이집트의 지시로 움직이는 정권에 시리아는 크게 실망했다. 시리아 군부도 그동안 국내 정치에 개입하다가 통일 이후부터는 군인들의 정치 참여가 일체 금지되자 불만이 고조되었다. 시리아의 정치권도 그동안에는 표현의 자유, 토론과 타협의 정치문화와 정당생활에 익숙했었기 때문에, 이집트의 1인 독재체제에는 적응이 어려웠다. 1960년 통일아랍 공화국의 의회도 선거가 아닌 대통령의 지명으로 구성되었는데, 이는 시리아의 정치 풍토에 맞지 않는 조치였다. 한마디로 이집트는 시리아의 정치, 경제, 사회 환경을 전혀 고려하지 않고 무리한 통합을 실시했고, 이것이 분열의 큰 요인이 되고 말았다.

이집트와 시리아의 통합에 대해 요르단과 이라크 왕 등 다른 아랍 통치자들은 그들의 왕위에 대한 위협으로 받아들여 경계심을 늦추지 않았다. 레바논은 친서방정책을 표방하였다.

통일아랍 공화국의 형성은 22개 아랍 연맹국 중 2개국의 통합에 불과해서, 이 체제가 단명으로 끝나지 않고 발전되었다 해도 아랍 세계 전체의 정치적 통합은 요원하다는 지적도 많다. 하지만 다른 아랍 국가끼리의 부분적인 통합에 상당한 영향을 주었다. 1958년 2월에는 요르단과 이라크가 연방국가를, 1971년에는 이집트, 시리아, 리비아 3개국이 이집트아랍 공화국을, 1984년에는 리비아와 모로코가 아랍아프리카 연방을 출범시켰다. 이집트아랍 공화국은 1977년 사다트의 이스라엘 방문을 계기로 해체되었다.

예멘
통일

현재 인구 2600만 명, 국토 면적 53만㎢로 남한보다 다섯 배나 큰 예멘은 아라비아 반도 남쪽에 유럽, 아시아, 아프리카를 연결하는 위치에 있어서 한반도처럼 지정학적으로 중요한 국가다. 특히 전략적 요충지 아덴 항에 눈독을 들이고 있던 포르투갈을 물리친 오스만 제국이 먼저 예멘에 영향력을 행사했다. 예멘을 포함한 다른 아라비아 반도의 국가들은 수백 년간 오스만이라는 이슬람 제국의 단일 지배체제하에 있었다. 그러다가 오스만 제국이 유럽 열강에 밀려 와해되면서 많은 아라비아의 국경 문제가 발생하였다. 지정학적으로 이렇게 중요한 예멘의 비극은 홍해와 지중해를 이어주는 중요한 항구 아덴 항에서 비롯되었다고 할 수 있다. 오스만 제국의 영향력이 쇠퇴해지자, 영국이 아덴 항의 중요성을 인식하고 침투하게 된다.

그러다가 1873년 오스만 제국과 영국이 협정을 맺어 예맨을 남북으로 분할 점령했다. 오랫동안 외세의 지배를 받았던 예멘은 1차 세계대전으로 오스만 제국이 패망하자 1918년 북예멘이 먼저 독립한다. 북예멘은 1958년에 이집트와 시리아가 통합하여 통일아랍 공화국을 선포한 후 아랍 민족주의 통일 이념을 내세워 이들과 통합을 추진하였다. 그러다가 나세르의 북예멘 가입에 대한 미온적인 태도, 사우디아라비아의 심한 반대 등으로 좌절되었다. 사실 근본적으로는 아무도 원하지 않는 아랍권 통일을 나세르가 주도하여 추진했지만, 나세르의 이집트와 시리아간의 실질적인 정치, 경제, 사회적 통합의 실패로 인해 1961년 이집트와 시리아 통일은 시리아 군부의 쿠데타와 함께 결국 붕괴되었다. 이 결과 북예멘의 통일아랍 공화국과의 통합 노력도 종지부를 찍게 되었다.

남예멘은 분단 후 약 100년이 지난 1967년에 영국으로부터 독립한다. 제2차 세계대전 후 식민통치로부터 해방을 갈망하는 아시아와 아프리카의 여러 민족들의 압력에 더 이상 감당할 수 없게 된 영국은 이들에게 독립을 부여했다. 하지만 남예멘은 상당한 반영 투쟁을 한 결과 독립하게 되었다. 예멘인들이 가장 크게 저항했던 것은 영국이 아덴 식민지와 보호국을 병합하는 남아라비아 연방국 수립 계획이었다. 이렇게 되면 예멘 통일대국에 대한 남북 예멘인들의 꿈이 완전히 무산될 것이라고 보았다. 이들의 격렬한 반대에도 불구하고 연방국이 1963년 수립되자, 남예멘의 민족주의 단체들은 북예멘의 사나에 모여 남예멘 민족해방전선을 결성하여 독립을 위한 무장투쟁을 결의하였다. 북예멘 정부도 남예멘의 게릴라 활동 등 독립투쟁을 지원하였다. 남예멘 민족해방전선이 아덴 배후 지역의 각 성을 차례로 점령하자 영국은 1967년 남아라비아 연방 공화국 정부가 존재하지 않는다고 선언하였다.

북예멘은 이슬람교를 중심으로 하는 시장경제 자본주의 국가로서 소득이 남예멘보다 높고 인구도 많았다. 남예멘은 마르크스·레닌주의를 내세우는 사회주의 국가로서 소련의 위성국가처럼 되다시피한 국가였다.

남북 예멘은 공통된 민족 감정을 토대로 서로 정통성을 주장하면서 상대방을 통합하기 위해 노력했다. 초기에는 이념 대립이 심각했으며, 더구나 각자 자신의 이익을 챙기기에 바빴다. 북예멘은 이슬람교에 입각한 정치체제하의 통일을 주장하였으며, 특히 예멘 통일에 영향을 주는 외부 세력으로 매우 중요한 사우디아라비아와 외교를 강화하였다. 남예멘은 마르크스주의에 입각한 공산통일을 주장했던 것이다.

그 결과 1972년 제1차 국경전쟁, 1979년 제2차 국경전쟁 등 남북 예멘은 자주 전쟁을 했다. 제1차 국경전쟁은 남예멘의 공산화를 막기 위해 사우디아라비아의 지원 아래 북예멘 측에서 선제 공격한 성격이 강한 전쟁이었는데, 이집트와 리비아의 중재로 휴전을 하게 된다. 제2차 국경전쟁은 대통령의 연쇄 암살사건 등으로 인한 북예멘의 정국 불안을 틈타 남예멘군이 감행한 전쟁이라고 분석되고 있다. 2차 전쟁에서는 미국과 사우디가 북예멘에 대한 군사 지원을 소홀히 하자 북예멘이 소련에 군사 원조 재개 요청을 하였다. 남침과 북침을 서로 주고 받은 것이다. 그런 과정에서 홍해를 중심으로 하는 미소 냉전체제와 에티오피아와 소말리아 간의 분쟁은 남북 예멘의 정치 지도자들로 하여금 강한 국가로 홍해 지역에 존재해야 한다는 국제정치의 현실에 눈을 뜨게 해 주었다.

한편 전쟁 때마다 아랍 국가들이 중재한 대화가 더 발전해서 정상회담을 갖고 평화협정까지 체결했다. 그동안 무력충돌-평화협정-통일원칙 합의가 반복되다가 1989년 정상회담을 통해 통일헌법에 합의하고 1990년 5월 통일을 이루었다. 정치와 경제 체제는 북예멘의 자유민주주의 시장경제 원리를 채택하였다. 1990년 예멘 통일을 이끈 지도자는 예멘의 역사적인 영광을 되찾고자 했던 민족주의자 알리 압둘라 살레 대통령이었다. 살레 대통령은 타국과의 분쟁에 말려들지 않고 많은 국가들과 우호 관계를 유지하는 적극적인 외교 정책을 펼쳤다. 1987년에 아랍 연맹이 이집트와의 관계를 정상화하자 여기에 동참했고, 이라크와 시리아와도 관계를 개선하였다. 1989년에는 요르단, 이라크, 이집트와 함께 아랍협력협의회를 만들기도 하였다. 남예멘의 혁명가 알리 살렘 알-비드도 통일의 주역이었다. 알-비드는 통일 협상에 적극적으로 참여하여 통일과도정부의 부통령이 되었다. 그러나 살레 대통령과 원만하지 못해 1994년 5월 통일예멘 공화국으로부터 분리 독립을 선포하는 우를 범하기도 했다.

당시에는 남북 예멘 간의 통일을 위한 여러 가지 분위기가 조성되었다. 첫째, 남예멘에서 이념적으로 온건한 실용주의 지도세력이 출현하였다. 둘째, 소련의 원조 감소와 경제 침체로 재정이 어려워지고 있었다. 셋째, 중립 국경지대에 대규모 유전의 발견 가능성이 대두되었다. 넷째, 남북 지도자들은 통일이 국민적 지지를 가져올 것으로 보았다. 다섯째, 국제적으로 남예멘의 사회당 정권을 지지했던 소련과 동독 등 동구 공산체제가 와해되었다. 이런 요인들이 복합적으로 작용하여 남북 예멘은 통일 협상을 진척시켰던 것이다.

예멘이 합의로 통일을 이룰 수 있었던 큰 이유 중의 하나는 남북 예멘 간의 적절한 권력 배분 덕분이었다. 통일 조약에서 합의한 권력 배분은 대등한 배분을 특징으로 하였다. 당시 대통령은 북예멘에서, 수상과 부통령은 남예멘에서 맡았으며, 각료는 북예멘 19명, 남예멘 15명으로 구성되었다. 그러나 남북 예멘의 지도자들은 기득권 유지에만 관심을 가졌지, 통일 후를 대비하는 통합 정책에는 관심이 부족했다.

통일 직후 경제가 좋아질 것으로 예상했으나, 걸프전 당시 이라크 편에 섰다가 사우디와 미국으로부터 경제 제재를 당해 경제가 큰 타격을 입었다. 정부 기구가 비대해졌으며 관료나 군인들의 명령 계통과 책임 소재도 불분명해졌다. 주민 간의 불신과 갈등은 반정부 시위, 노동자 파업, 주민 폭동으로 연결됐다. 정치 지도자들은 세력 과시를 위해 사회 집단들을 부추겨 사회 혼란을 가중시켰다. 일부다처제, 여성의 사회활동 문제, 음주 허용 문제 등 사회적 이슈마다 극단적으로 대립했다. 훨씬 개방적인 남예멘인은 엄격한 이슬람 문화를 가진 북예멘에 대한 불만으로 반정부 시위를 하기도 했다.

이러한 혼란과 위기를 극복하기 위해 1994년 남북의 지도자들은 다시 회동해 위기 종식을 위한 평화 협정에 서명했다. 그러나 1994년 5월 아라비아 반도에서 냉전 종식 후 처음으로 남북 예멘 간에 전면충돌(내전)이 다시 벌어졌다. 살레 대통령은 비상사태를 선포하고 알-비드 부통령을 파면했다. 여기서 군사력이 우위에 있던 북예멘이 내전 후 약 2달 만에 남예멘의 수도 아덴을 점령하여 승리함으로써 결국에는 무력에 의해 재통합되었다. 예멘은 처음에는 합의에 의한 통일을 이뤘지만, 결과적으로는 전쟁이라는 무력을 통해 통일을 이루었다. 남예멘에 의한 내전이 터진 후, 살레 대통령이 과감하게 전면전을 개시하여 남예멘을 제압함으로써 재통일을 이루었다.

예멘의 통일은 지도층뿐만 아니라 일반 국민들 간에도 충분한 신뢰를 쌓고 동질성을 회복한 다음, 점진적으로 이루어야 바람직하다는 것을 보여준다. 다시 말하면 실질적인 민족 통합 없는 단순한 국가 결합은 위험성을 내포한다는 뜻이다. 통일 후의 바람직한 사회상에 대한 총체적인 국민적 합의도 있어야 통일 후 혼란을 최소화할 수 있다는 것도 마찬가지다. (임채완 외, 『분단과 통합』, 한울아카데미, 2006, 3장 예멘의 사례 참조)

전 예멘 대사 유지호가 지은 『예멘의 남북통일』에서도 남북 양측 지도자들이 국가기구의 통합에만 치중한 나머지, 디테일한 민족 통합 측면을 소홀히 했다고 지적한다. 예컨대 북부의 부족 종교 세력을 통일 협상과 과도정부에서 배제한 점과 군부 통합 등 주요 결정 사항을 유보한 점 등이 실질적인 국민 통합을 이루지 못하게 하였다는 것이다. 아울러 그는 통일이 양측의 정권적 권익을 보장해 줄 것이라는 기대가 통일 협상을 성사시킨 주된 동기 중의 하나였는데, 통일 후 그런 기대가 충족되지 못하자 다시 분리를 시도했다고 말한다. 이런 지적은 남한 주도의 통일을 이룬 뒤 북한 지배층을 어떻게 대우해야 할 것인가 하는 과제로 연결된다.

무엇보다도 예멘의 통일은 독일의 통일과 함께 이념과 체제 차이에도 불구하고, 폭력이 아닌 평화적 방법에 의해 국가가 통합될 수 있다는 가능성을 보여주었다. 더구나 우리나라처럼 남북이 서로 싸워 감정이 매우 악화된 것도 예멘과 비슷하기 때문에 유익한 시사점을 찾아 적극 활용해야 할 것이다.

통일! 역사를 배우자

남아공의
흑백 통합

남아프리카 공화국은 1652년 네덜란드인이 케이프타운을 중심으로 동양무역의 보급기지를 건설하기 위해 개발한 뒤 네덜란드인들의 이주가 계속되었다. 19세기에 남아공은 네덜란드를 물리친 영국의 식민지가 되었다. 1910년에 독립하였지만 전체 인구의 5분의 1에 불과한 백인이 경제와 정치 등 모든 특권을 쥐고 있었다.

1948년 네덜란드계 백인들이 국민당을 만들어 단독정부를 수립하면서, 백인들은 특권을 행사하기 위해 아파르트헤이트(인종 차별정책)를 실시했다. 1949년에 도입한 '인종 간 결혼 금지법'은 백인과 아프리카인의 결혼뿐 아니라 모든 인종 간 결혼을 금지했다. 1950년에 도입한 '주민등록법'은 모든 사람을 백인, 흑인, 유색인, 인도인 등 4가지 인종 등급으로 나누었다. 같은 해 제정된 '집단지역법'은 정부가 인종에 따라 사는 거주지와 업무지역을 지정할 수 있게 하였다. (폴 존슨, 조윤정 옮김, 『모던 타임스』, 살림, 2008, 295쪽)

이 법에 따라 한 가족인데도 피부 색깔에 차이가 나면 짐승처럼 분류되어 서로 다른 지역에 비정하게 흩어져 살아야 했다. 이 외에도 공공시설 이용에 대한 차별 등 70여 종의 인종 차별 법규를 만들었다. 예컨대 1959년 반투 자치 촉진법으로 흑인들의 남아프리카 공화국 국적을 박탈했다.

다른 인종 구역을 지날 때에는 통행허가증을 발급받도록 하는 통행제한법을 만들어 흑인들을 감시했다. 이 통행제한법에 반대해 일어난 시위대를 무차별 진압한 1960년 3월 샤프빌 학살로 약 2만 명의 흑인이 희생되었다. 요하네스버그에 가까운 샤프빌에서 아파르트헤이트 체제 폐지, 인종 차별 반대, 민주화를 외치는 학생과 흑인들을 무자비하게 죽인 이 샤프빌 학살을 계기로 만델라도 피끓는 젊은 시절에 무장투쟁을 결심하게 되었다고 한다. 이후 샤프빌은 흑인 인권운동의 상징이 되었다. 학살이 있었던 3월 21일은 1966년 유네스코에 의해 '세계 인종차별 철폐의 날'로 지정되었다 1994년부터는 남아프리카에서 '인권일'로 기념하고 있다. 1996년 12월, 넬슨 만델라 대통령은 새로 만든 남아프리카 공화국의 헌법을 비준했는데, 바로 샤프빌이 서명 장소였다.

남아공은 오랫동안 국제적인 비난과 고립 속에서도 이 아파르트헤이트(인종 분리정책)를 유지해 왔다. 그러자 1974년 유엔은 남아공의 투표권을 빼앗고 곧이어 남아공에 대한 군사물자 공급을 금지시켰다. 여기에 1986년 미국과 유럽의 여러 나라들이 강력한 경제 제재를 실시하자 남아공은 국제 사회에서 완전히 고립되었다. 그동안 아프리카에서 가장 경제가 발전한 나라였지만, 경제가 어려워지자 국민들의 시위는 점점 심해졌고, 이를 무력으로 진압하려는 백인 정부 때문에 혼란이 갈수록 커졌다. 결국 1989년 새로 취임한 데 클레르크 대통령은 넬슨 만델라 리더십하의 인종 차별 정책 폐지 운동과 국제 여론의 몰매를 맞고 굴복하여 1991년 마침내 인종 차별정책을 폐지하였다.

아파르트헤이트에 대항해 싸우던 넬슨 만델라는 1956년 반역죄로 기소되었지만 1961년에 무죄로 석방되었다. 그러다가 1962년 5년 형을 선고 받고 1964년에는 종신형을 선고받아 약 27년간의 감옥생활을 했으며 결국 1990년에 석방되었다. 감옥생활 중 만델라는 윌리엄 어니스트 헨리의 불굴의 정신을 뜻하는 「인빅터스」라는 시를 암송하고 가슴 깊이 새기며 불굴의 정신과 감사하는 마음을 키웠다.

"… 어떤 신이든 내게 불굴의 영혼을 주셨음에 감사한다. … 나는 내 운명의 주인이요, 나는 내 영혼의 선장이니라."

만델라는 감옥생활을 통하여 한편으로는 두려워하면서도 인빅터스에서 얻은 영감을 토대로 상상을 뛰어넘는 힘을 보여주면서 공격과 고문을 견디어낸 사람들을 보았다. 그래서 만델라는 용기란 두려움이 없는 것이 아니라 두려움을 극복하는 것이라는 점을 배웠다고 말한다.

남아공의 백인 정부는 흑인들의 불굴의 투쟁정신과 국제적인 압력에 굴복하여 만델라를 석방했다. 다시 말하면 인간 존엄성을 무시하는 남아공에 대한 국제사회의 강력한 경제 제재가 효력을 발휘하여 남아공이 굴복한 것이다. 석방 후 만델라는 대화와 타협을 통해 흑인과 백인이 함께 평화롭게 살아가는 남아공의 새로운 역사를 만든 공적으로 데 클레르크 대통령과 함께 1993년 노벨 평화상을 수상했다. 만델라 자신을 포함해 흑인을 탄압한 장본인인 클레르크와 함께 공동으로 노벨 평화상을 수상한 데 대해 많은 사람들이 의아해 했다. 이에 만델라는 클레르크는 남아공의 인종 차별제도가 남아공 국민들에게 행한 매우 나쁜 잘못들을 인정할 줄 아는 용기를 가졌다고 평가했다. 말하자면 적과 평화를 만들기 위해서는 적과 함께 일해야 했고, 따라서 적은 함께 일하는 파트너라고 생각하는 통 큰 지혜와 안목을 가졌던 것이다. 이어서 1994년 최초로 흑인이 참여한 자유총선거에서 아프리카 민족회의(ANC) 총재 만델라는 남아공 최초의 흑인 대통령이 되었다.

1994년 5월, 만델라는 남아프리카 공화국의 대통령에 취임했다. 그는 자신이 투옥되었을 때 그를 감시했던 백인 교도관들을 취임식에 특별 귀빈으로 초청했다. 진정한 용서와 만델라라는 위대한 인간의 크기를 보여주는 상징적인 장면 중의 하나였다.

당선 후 넬슨 만델라는 무지개가 여러 색깔로 이루어져 있듯이 남아공도 모든 인종을 함께 끌어안는 무지개 나라가 되어야 한다는 것을 깨달았다. 그래서 모든 사람들이 나도 우리 정부에 참여하고 있다고 말할 수 있는 국민 통합 정부가 만들어져야 한다고 믿었다. 나라의 미래를 위해서는 관용의 정신으로 화해하는 길밖에 없고, 용서 없이는 나라의 미래가 없다는 신념으로 남아공 사람들은 흑인과 백인이 함께 살아가야 할 운명이라는 점을 깊이 인식하였다. 미국 마틴 루터 킹 목사는 "우리가 모두 형제자매로 살아가는 법을 배우지 않는 한 우리는 함께 바보로 죽을 것"이라고 말했는데, 만델라도 이런 정신을 실천했던 것이다. 무력이나 야만적인 폭력으로 남아프리카를 새로운 나라로 만드는 것이 아니라 화해를 통해 이루어 내야 한다고 생각했다. 이런 신념과 인식을 토대로 인종 분리정책을 펴왔던 백인의 국민당과 험난한 협상을 거쳐 민주주의와 법의 지배, 인권 존중이라는 오랜 염원을 투영하여 1995년 '국민 통합 및 화해 촉진법'을 제정하였다. 이 법에 근거하여 남아공에서 일어난 과거의 잘못된 인권 침해를 청산하기 위해 '진실과 화해위원회'를 설치하고 진실을 철저하게 밝히되, 법적인 책임을 묻지 않고 용서와 화해하는 큰 뜻을 펼친 격조 높은 모델을 전 세계에 보여주었다. 1990년 만델라가 석방된 뒤 5년 후에 얻은 결실이었다. "과거를 잊어버리는 사람들은 그 과거를 되풀이하게 되어 있다"는 미국 철학자 조지 산타야나의 경구를 거울 삼고, 만델라는 "우리는 용서할 수는 있지만, 잊어버릴 수는 없다"고 말했다. 만델라는 거듭 말한다. "용기있는 사람들은 용서하는 것을 두려워하지 않는다. 평화를 위해서는 그렇게 해야 하기 때문이다." "어느 민족이든 발전을 위한 가장 위대한 무기는 평화다." 만델라는 '진실과 화해위원회'를 통해 과거를 잊지 않고, 진실을 밝혀내었다. 이른바 '망각하지 않는 용서'를 보여주었다.

『만델라 자서전』에서는 진실과 화해위원회(TRC)는 형제애를 뜻하는 아프리카의 '우분투'가 정신적 토대가 되었다고 말한다. 우분투는 남아프리카 공화국 헌법에 다음과 같이 표현되어 있다고 한다. "이해할 필요가 있다. 그러나 복수해서는 안 된다. 보상해야 한다. 그러나 보복해서는 안 된다. 우분투가 있어야 한다. 그러므로 희생자를 만들어서는 안 된다."

만델라의 대통령 당선 후, 그동안 백인 아래서 억눌려 살던 흑인들은 흑백 인종 차별의 선두 역할을 한, 백인만의 스포츠라고 여겨진 스프링복스 럭비 팀을 해체하려고 했다. 그러나 만델라는 "그 럭비 팀은 백인들 것이다. 남아공 백인들은 우리의 적이 아니라 이 민주주의 국가에서 우리의 동료요 파트너다. 만약 럭비 팀을 없앤다면 우리는 백인을 잃는 것이다"라고 설득했다. 오히려 럭비를 국민 스포츠로 자리매김하도록 물심양면의 전폭적인 지원을 해서 남아공이 1995년 럭비 월드컵에서 우승하도록 하는데 결정적으로 기여했다. 스포츠의 힘을 통해 국민들을 단결시키고 통합시키는 역사적인 사건을 창출했다. 특히 우승한 남아공의 백인 주장 프랑수아 피나르에게 만델라 대통령이 우승컵을 건네는 장면은 흑백 화합의 상징으로 역사에 길이 남아 있다. 이 광경을 보고 드 클레르크 전 남아공 대통령은 "만델라는 백인 럭비 팬 수백만 명의 마음을 사로잡았다"고 말했다.

물론 반인류적 범죄를 저지른 자들을 모두 법정에 세워 독일의 나치 전범을 처벌한 뉘른베르크식 재판을 받게 해야 한다는 사람들도 많았다. 하지만 이 방식은 남아공에서는 맞지 않는다는 판단하에 진상을 철저히 규명하되, 법적 책임은 묻지 않고 사면하였다. 이는 협상을 통해 이루어낸 역사적인 혁명이었다. 진실과 화해위원회 위원장은 노벨 평화상을 수상한 투투 주교가 맡아 남아공의 국민들이 진실로 하나가 되도록 하기 위한 노력을 하였으며, 산하에는 인권침해위원회, 사면위원회, 보상및명예회복위원회가 설치되었다. (넬슨 만델라, 김대중 옮김, 『만델라 자서전-자유를 향한 머나먼 길』, 두레, 2006. 만델라 자서전 부록에는 남아공의 흑백 통합을 위한 진실과 화해위원회, 만델라의 용서 등이 잘 나타나 있다.)

만델라는 자유, 인권, 민주주의가 치열한 싸움 끝에 어떻게 쟁취되었으며, 불요불굴의 정신이 어떻게 고난과 좌절을 이기고 승리하는지를 잘 보여주었다. 340여 년 전 네덜란드인이 이주한 이후 지속된 백인의 인종분리정책에 저항하고 투쟁하는 과정에서 300만 명 이상이 죽고, 실종되고, 투옥되었다. 이와 같은 반인류적인 범죄를 세계 만방에 고발함으로써 다시는 이런 범죄가 되풀이되지 않도록 노력한 것이다. 더 나아가 용서와 화해로 인종을 뛰어넘는 흑인과 백인 간의 세계사에 영원히 빛나는

통일! 역사를 배우자

국민 통합을 일구어 내었다. 남북한의 화해와 용서, 통합에 대하여 당장 실현할 수 있는 유용한 시사점을 준다.

만델라는 한국과 인연이 깊다. 1995년 7월에 한국을 방문하여 김영삼 대통령과 정상회담을 가졌다. 2001년 3월에도 방문하여 김대중 대통령과 회담을 하였는데, 이때 만델라 대통령이 비무장지대 내에 평화공원을 설치하는 문제를 제안했으며, 이를 위해 북한과도 협의할 용의가 있다는 뜻을 밝혔다. 2004년에는 만해 한용운 선생 서거 60주기를 기념한 '만해 축전'에서 평화부문 대상을 받기도 했다. 『만델라 자서전』도 김대중 대통령이 번역했다.

미래는 경청과 소통, 공감과 협상이 중요한 민주주의 시대다. 이러한 시대에 조정과 화해를 추구했던 만델라의 리더십을 한반도 통일과 국민 통합에 적극 활용해 나가자. 넬슨 만델라의 리더십을 깊이 연구한 김홍국은 한반도는 분쟁과 갈등, 이념적 대결을 멈추고 만델라 정신에 따라 화해의 정치와 조정의 정치를 실천해야 하는 최고의 적격지라고 말한다. (김홍국, 『넬슨 만델라, 위대한 조정자』, 미래를 소유한 사람들, 2014, 247쪽)

백두산 천지
통일된 한반도가 세계로 뻗어나가는 상징적 힘의 원천

제 4 장

한반도
평화통일을 위한
행동강령

여는 글

    국내외의 다양한 통일, 통합, 분열 극복 사례를 통해 얻은 교훈과 시사점을 가지고 미래 한반도 통일을 위한 정책 방향과 행동강령을 제시하였다.

    첫째, 국혼을 살리고 국민 통합을 이룬다. 배려, 관용, 화합, 차이의 존중 등을 통해 남남갈등 극복과 남북 동포들의 마음 통합을 이루어 나가야 한다. 마음 통합은 시간과 인내를 요하는 힘든 작업이다. 여기에 임하는 자세는 스티브 잡스가 2005년 스탠포드 대학 졸업 연설 말미에서 "항상 갈망하라. 늘 우직하게(Stay hungry. Stay foolish)"라고 외친 마음가짐이 도움이 될 것으로 본다.

    둘째, 지도자와 국민들의 통일 의지와 열정을 굳건히 한다. 지성이면 감천이다. 독일 지도자들이 통일을 말할 때 눈에 눈물을 글썽이며 말해 미국 부시 대통령을 감동시켰듯이 우리 지도자와 국민들의 통일을 향한 의지는 하늘을 감동시킬 정도로 지극해야 할 것이다. 나라를 구할 때 발휘되었던 이순신의 사즉생의 정신도 통일을 위해서는 발휘되어야 한다. 당시 '호남이 없으면 나라가 없다'는 각오로 곡창 전라도를 왜적이 넘보지 못하게 만들었듯이, 이제 통일을 위해서는 '북한이 없으면 나라가 없다'는 각오를 다져 중국이 넘보지 못하게 해야만 한다.

    셋째, 국력 배양과 국가 개조를 통해 국가의 통일 역량을 극대화해

276

나간다. 관중이 말하는 사유(四維)라고 하는 나라의 네 가지 강령 예(禮), 의(義), 염(廉), 치(恥)를 다시 살려야 한다. 새뮤얼 스마일즈가 말하듯이 국가 발전은 국민 개개인의 근면성, 에너지, 고결함의 총합이라는 가르침도 교육 현장에서부터 실천해 나가자. 동시에 총체적인 국가 개조를 함께 추진해 나간다면 통일의 길이 험난하지만은 않다고 본다.

넷째, 국력을 집중하여 능동적으로, 전략적으로, 미국·중국·일본·러시아 등 주변 4대 강국은 물론, 미래 3대 경제 강국이 되고 중국도 견제할 수 있는 인도를 포함하여 적극적인 통일외교를 전개한다.

다섯째, 지속적인 교류 협력을 통해 평화통일 준비를 철저히 한다. 일관되고 지속적인 교류협력은 정부의 교체와 관계없이 국정의 최우선순위 과제로 의무적으로 이루어지도록 제도적으로 보장해나가야 한다.

여기서는 대한민국의 시대적 소명인 한반도 평화통일에 전쟁 없는 행운, 경제 발전과 민주화라는 혜택까지 받은 1953년 6·25전쟁 휴전 이후 태어난 50~60대가 노블레스 오블리주 정신을 발휘하고 솔선수범하여 후반생을 통일에 바치는 통일 동지, 통일 주도 세력이 보다 많이 되었으면 한다. 그리고는 젊은 청년들도 그들이 통일한국의 주역이 될 것이므로 통일을 성취하기 위한 교류협력사업, 프로젝트, 운동 등에 적극 동참할 것을 호소한다.

국혼을 살리고
국민 통합을 이루자

박은식은 1915년 "역사가 있다는 것은 국혼(國魂)이 존재하는 것과 같다"라고 하였다. 국교, 국학, 국어, 국문, 국사는 혼(魂)에 속하고, 병사와 전차, 성벽과 제방 등은 백(魄)에 속한다고 할 수 있다. 혼이 있는 자는 백에 따라서 죽고 살지 않으므로 나라에서 국사를 가르치게 되면 그 나라는 망하지 않게 된다. 우리 동포들이 국혼이 존재하고 있다는 사실을 알기 바라며, 절대로 이를 저버리지 않기를 간절히 바랄 뿐이라고 절규하였다. (박은식, 김승일 옮김, 『한국통사』, 범우사, 1999, 464~467쪽)

약 100년 뒤 박세일은 국격을 높이려면 국혼부터 먼저 살려야 한다고 하면서, 국혼을 살리려면 자주독립의 주인 정신과 애국애족의 마음을 살려내야 한다고 말한다. (조선일보, 2010. 1. 29.)

나아가서 기존 정치권이 국민 통합보다는 국론 분열에 앞장선다고 질타하면서, 새로운 정당운동이 일어난다면 진보와 보수를 아우르는 국민 통합 정당이 나타나 선진과 통일을 향한 국가 비전과 전략을 갖추기를 희망한다. (박세일, 『이 나라에 국혼은 있는가』, 종이거울, 2011, 15~16쪽)

이제 국혼을 살려서 기필코 국민 통합과 선진 통일을 이루겠다는 국민정신을 드높일 때다. 맹자는 일찍이 "하늘의 때(天時)는 땅의 이로움(地利)만 못하고 땅의 이로움은 사람 사이의 화합(人和)보다 못하다"라고 하여 전쟁에서 가장 중요한 요소는 사람들 사이의 화합이라고 강조하고, 나아가 국가 통치에서도 화합을 가능하게 하는 것은 올바른 도에 의한 어진 정치의 실천임을 강조하고 있다. 사람들 사이의 화합을 중시하는 맹자의 가르침을 국민 통합을 위한 교과서로 삼아 통일 준비를 해야 할 것이다.

1807년 프랑스 나폴레옹에 무너진 독일 조국을 일으켜 세우기 위해 피히테는 그 유명한 「독일 국민에게 고함」에서 "비록 조국이 외국에게 합병된다 하더라도, 독일 국민의 몰락을 막는 힘을 여러분은 가지고 있다. 그것은 바로 우리 스스로가 우리를 돕는 독일 정신이다"라고 웅변하였다. 독일을 멸망시킨 것은 모든 부패의 근원인 이기심이다. 그러므로 독일을 부흥시키기 위해서는 독일 국민을 사로잡고 있는 이기심을 타파해야 한다. 이러한 이기심은 주체적인 정신활동을 중시하는 새로운 국민교육으로 극복해야 한다. 새로운 독일 교육에 의해 자아를 찾아 새로운 인간을 형성하고 참된 민족 공동체 의식이 깨어나면, 독일 국민은 잃어버린 독립을 되찾고 세계사적인 민족으로서 제 역할을 할 수 있다고 역설한다. 우리도 진정한 조국애와 민족적 주체성을 가지고 한반도 통일은 우리 국민 스스로 개척한다는 주인정신으로 무장할 때 비로소 국혼이 살아나게 되는 것이다.

넬슨 만델라 남아공 대통령은 용기 있는 사람은 용서를 두려워하지 않는다는 확고한 신념으로 용서와 화해, 포용과 관용을 몸소 행동으로 실천하여 세계사에 영원히 빛나는 인종을 뛰어넘는 국민 통합을 이루어 내었다. 한반도 통일을 위해서 남한 내부의 통합과 통일 후에 남북한 국민 통합이라는 참으로 힘든 난제를 풀어갈 때, 만델라의 국민 통합의 리더십을 항상 떠올리자.

영연방 유대교 최고 지도자로 불리는 조너선 색스는 오늘날의 극단주의 시대에 관용을 호소하는 책 『차이의 존중』을 펴냈다. 그는 시장은 교환을 통해 '차이는 저주가 아니라 축복이 된다'는 심오한 메시지를 준다고 한다. 차이가 전쟁으로 이어질 때는 쌍방 모두가 패배하지만, 차이가 서로의 삶을 풍요롭게 할 때는 양쪽 모두 승리한다. 우리의 가치를 소중하게 여기면 남의 가치도 이해하는 관용이 생긴다. 차이는 인간 가능성의 영역을 축소시키는 게 아니라 확장시키는 것이다. (조너선 색스, 임재서 옮김, 『차이의 존중-문명의 충돌을 넘어서』, 말글빛냄, 2007, 51쪽, 342쪽)

남남 갈등 해소를 통한 국민 통합, 나아가 남북 화해와 통일로 나아가기 위해서는 극단주의에서 벗어나 서로의 차이를 존중하는 아량을 가져야 할 것이다.

수많은 세계 역사에 나타난 전쟁을 분석한 영국의 군사전문가 존 키건은 "세상을 굴러가게 하는 것은 적대감이 아니라, 바로 협동정신"이라고 주장한다. 대부분의 사람들은 우정과 사랑 속에서 하루하루를 보내며, 거의 모든 수단을 동원해 불화를 피하고 분쟁을 조절하려고 노력한다는 것이다. 그러면서 전쟁은 계속되어서는 안 되지만, 정치는 계속되어야 한다고 결론 맺는다. (존 키건, 유병진 옮김, 『세계 전쟁사』, 까치, 1996, 545~551쪽)

2000여 년 전의 큰 스승인 동양의 맹자가 주장하는 인화나 현대의 서양 군사전문가 존 키건의 협동정신이나, 다른 용어로는 국민 통합과 다르지 않을 것이다.

빈부 격차, 이념 갈등, 지역 갈등, 세대간 소통 부족 등 남한 내부의 남남 갈등이 심각하다는 국민들이 84.7%나 된다고 한다. (하정열 외, 『안전하고 평화로운 통일의 길-걸림돌 해결방안』, 도서출판 오래, 2014, 139~141쪽)

남한 내부의 갈등을 해소하여 국민 통합을 이루고 남북통일의 걸림돌을 제거하기 위해서는 민족 통합 방안과 사회 통합 방안이 필요하다. 한반도는 북핵 위협이 현실화되어 있는 데다가, 통일 문제에 대한 진보와 보수의 공방과 분열은 북한의 전략적 목표이므로, 남남 갈등 해소와 국민 통합은 시급한 내적 통일인프라 구축정책이다.

외교통상부 장관을 지낸 송민순 북한대학원대학교 총장은 정권을 초월하여 국론이 결집된 일관된 통일정책이 있어야 북한이나 주변국을 설득하고 이끌어 갈 수 있다고 말한다. 5년마다 바뀌는 우리의 통일정책을 다른 나라들이 결코 존중하지 않는다. 인내심을 바탕으로 한 지속적인 남북한 교류협력은 비록 긴 시간에 걸쳐 효과가 나타나지만, 남북한 화해와 주변국의 통일에 대한 지지를 이끌어 내기 위해서는 필요한 과정이다. 그러므로 남북 간 화해 역량을 강화하는 것은 한반도 통일을 위한 중요한 역량이라고 강조한다. (북한대학원대학교 제32기 통일미래최고위과정 특강, 2016. 4. 18.)

실제 중국 베이징 대학 국제관계학원 자칭궈 교수도 21세기 한중 관계를 슬기롭게 열어나가기 위해서는 민주국가에서 4년이나 5년 단위로 선거 주기에 맞추는 외교정책을 운영해 나가는 것은 바람직하지 않다고 한다. 근시안적인 시각에서 벗어나 보다 장기적 시각에서 한중 관계를 모색해야 한다고 충고한다. (문정인, 『중국의 내일을 묻다』, 삼성경제연구소, 2010,

장기적 관점의 외교정책은 비단 중국과의 관계만이 아니다. 미국 등 주변 국가와의 통일외교에 지켜야할 외교 지침으로 삼아야 한다. 보수와 진보를 모두 아우르는 국민 통합 차원에서 통일정책을 추진하기 위한 구체적인 로드맵을 만들어야 한다. 이를 통해 정권의 변화와 관계없이 일관성을 갖고 통일 준비를 꾸준히 해나가야 한다.

가장 냉전적인 대북 포용정책의 반대 세력은 이북5도민, 이산가족, 상이군경회, 전몰자미망인회, 재향군인회 등과 같은 분단과 전쟁의 희생자 집단이다. 남북 화해, 협력과 포용의 시대를 열기 위해서는 이러한 분단 희생자 집단의 상처를 치유하는 것을 우선적으로 고려하는 평화통일 정책의 수립이 필요하다.

『수용소의 노래』를 써서 처참한 북한 인권의 실상을 고발하여 미국 부시 대통령까지도 감동하게 한 탈북민 강철환은 "북한 인민들을 기아보다 더 무섭고 굶어 죽으면서까지 반항할 수 없게 만든 수용소는 가히 히틀러의 아우슈비츠와도 비교할 만하다"고 증언한다. (강철환, 『수용소의 노래』, 시대정신, 2005, 4쪽)

탈북민 중에서 수용소 생활을 했다거나, 고위직으로 있던 사람 등 북한 정권과 불구대천의 원수가 된 사람들도 챙겨서 그들의 마음을 어루만져야만 한다.

국민들의 굳건한
통일 의지와 통일 열정

현재 우리나라를 둘러싼 정세는 최강국 미국이 다소 주춤하고, 중국이 G2 수준으로 부상하고 있는 데다가, 북한은 핵과 미사일로 한반도의 평화를 위협하고 있는 실로 위중한 상황이다.

이런 상황에서 우리의 통일 의지와 통일 열정을 굳건히 다지기 위해서는 한민족 최대 위기의 시대였던 임진왜란(정유재란) 때 이순신 장군의 전쟁에 임하는 사즉생(死卽生)의 각오를 떠올려서 간직하는 것이 큰 도움이 될 것이다.

"임진년부터 5, 6년 동안 적이 함부로 충청과 전라 지방에 곧장 돌격할 수 없었던 것은 수군이 그 해로를 막았기 때문입니다. 지금 신에게는 전선이 아직 12척이 있으니 죽을 힘을 다해 막아 싸운다면 그래도 해낼 수 있습니다." (이순신, 노승석 옮김, 『난중일기』, 도서출판 여해, 2014, 548~549쪽)

일본의 국운을 융성케 하여 선진 강국 반열로 일거에 도약시킨 러일전쟁에서, 러시아 발트 함대를 물리친 일본 도고 연합함대 사령관은 1905년 5월 26일 그가 군신으로 섬기는 이순신 장군에게 승전을 비는

제사를 올렸다. (이윤섭, 『일본 100년』, 아이필드, 2016, 135쪽)

우리와 몇 차례나 적대관계에 있었던 일본의 장군도 이렇게 이순신 장군에게 제사를 지내는 등 지극정성을 다하여 러시아에 승리를 거두었을진대, 우리가 통일을 이루기 위하여 이순신 장군에게 통일을 기원하는 마음을 내지 못할 이유가 없을 것이다.

이순신은 류성룡을 빼놓고는 생각할 수 없다. 송복 교수는 "우리 역사에서 가장 위대한 만남은 류성룡과 이순신의 만남이라 할 수 있다. … 임진왜란이라는 엄청난 전쟁에서 오늘의 우리, 지금의 이 정체성을 가진 우리로 존립존속하게 한 만남이 바로 류성룡과 이순신의 만남이었다"고 말한다. (송복, 『류성룡, 나라를 다시 만들 때가 되었나이다』, 가디언, 2014, 356~357쪽)

목숨을 바쳐 나라를 구한 이순신을 발탁한 류성룡의 안목과 함께 용기있게 상소를 올려 이순신의 목숨을 구한 정탁의 혜안과 같은 가장 위대한 만남이 한반도 통일을 위해서 꼭 재현되도록 우리 모두 지극정성을 모아 나가자.

지도자들의 통일 의지

이제 대한민국의 최고지도자는 한반도 통일에 대하여 다음과 같은 맹세를 했으면 하는 상상을 해본다.

"우리 대한민국의 목표는 한반도 평화통일이다. 기필코 평화통일을 성취하자. 통일비용, 통일 후 혼란 등의 두려움에도 불구하고 평화통일을 이루어야 한다. 통일에 이르는 길이 멀고 험하다 해도 정권 차원을 뛰어넘어 반드시 평화통일을 이뤄야 한다. 평화통일이 없으면 한반도의 도약, 번영과 국민들의 삶의 질 향상이 제한적이기 때문이다."

고려 태조 왕건처럼 개경에 7층탑, 서경에 9층탑을 세워서라도 통일하겠다는 지도자의 의지를 국민들에게 보여주는 상징적인 노력도 필요할 것이다.

"나는 통일된 조국을 건설하려다가 38선을 베고 쓰러질지언정 일신의 구차한 안일을 취하여 단독정부를 세우는 데는 협력하지 아니 하겠다"고 1948년 2월 삼천만 동포에게 울며 고한 김구 선생 같은 흔들리지 않는 통일 의지를 가진 지도자가 다시 등장하도록 국민들이 분위기를 만들어야 할 것이다. 다만, 이런 경우에도 내부적으로는 전 국민적 참여를 위한 포용력을 발휘하고, 대외적으로는 현실적인 국제정세 판단에 있어서 외교력을 발휘해야 한다.

모든 사람들이 같은 꿈을 꾸면 얼마든지 현실로 만들어 낼 수 있다는 신념을 가져 몽골을 통일하고 세계 최대의 제국을 건설했던 칭기즈칸에게서도 배워 국민 모두가 통일이라는 같은 꿈을 가지도록 교육하고, 사회적 분위기를 조성해 나가야 할 것이다.

"베트남은 하나이고 베트남 국민은 하나다. 강이 마르고 산이 무너져도 이 진리는 변하지 않을 것이다"라는 강철 같은 신념으로 프랑스, 일본, 미국 등 강대국과의 전쟁에서 이기고 베트남 통일의 토대를 닦은 호치민의 리더십에서도 통일 의지와 열정을 배울 수 있을 것이다.

미국 역사학자 조지 맥짐시는 대통령의 소통 능력과 국민 참여 활성화 노력을 강조하고 있다. 루스벨트는 뉴딜 정책에서 지역의 시민의식을 불러일으키고 함양하려는 노력의 일환으로 많은 사업을 지역 주민이 주도하도록 맡겼다. 전시 프로그램의 경우에는 징병위원회, 배급소, 전쟁공채 모금운동, 폐품 모으기 운동, 가정 채소텃밭 가꾸기, 가격통제위원회 등을 고안하여 국민의 애국심과 자발적 참여를 북돋았다. (조지 맥짐시, 정미나 옮김, 『위대한 정치의 조건』, 21세기북스, 2010, 485~490쪽)

루스벨트 대통령의 이러한 소통과 국민 참여 활성화 리더십을 한반도 통일 주체 세력 양성에도 응용해 나가야 할 것이다.

최고지도자와 각계 각층의 리더들, 일반 국민에 이르기까지 모두가 한마음 한뜻으로 반드시 통일을 이루겠다는 강한 염원을 가져야 한다. 헬무트 슈미트 전 서독 수상은 통일 1년 후의 한 연설에서 "지금보다 통일비용이 세 배가 들더라도 우리는 통일을 포기할 수 없다"고 말하였다. 어떤 경제적 비용도, 어떤 정신적 고통도 독일 통일을 막을 수 없다는 비장함을 표현한 것이다. 독일 지도자처럼 우리나라의 지도자들도 강력하고 결연한 통일 의지를 보이면, 그 기운이 국민들에게 퍼져서 「우리의 소원은 통일」이라는 노래가 다시 전국 방방곡곡에서 남녀노소의 입에서 저절로 나올 정도로 될 수 있을 것이다.

왕정국가에서도 국가 정책을 결정할 때 과거 최종 시험인 책문을 통하여 나라의 훌륭한 젊은 인재들의 아이디어를 구하였다. 1447년 세종 29년 책문은 '법의 폐단을 고치는 방법은 무엇인가'였다. 이에 성삼문은 대신들을 공경하고, 법을 고치기 전에 왕이 마음을 바로잡아야 하며, 역사적 사례에서 배워야 한다는 요지로 답했다. 신숙주는 개혁의 근본은 인재를 얻는 데 있고, 언로를 열어 직언을 들어 대신들과 함께 개혁해야 한다는 요지로 답하였다. (김태완, 『책문-시대의 물음에 답하라』, 소나무, 2004, 352~380쪽 참조)

조선시대 '책문'의 정신을 이어받아 오늘날 우리 민족의 최대 과제인 한반도 평화통일을 실천하기 위해서는 지도자가 앞장서서 국민들과 함

통일! 역사를 배우자

께 역사에서 배워 통일 방안에 대한 중지를 모으고, 각 분야의 인재를 얻어 소통하고, 과감한 국가 개혁을 추진하는 등 사즉생의 각오로 노력해야 할 것이다.

한반도 통일 지도자는 국민들의 통일 의지와 열정을 한데 모아 신라의 화랑도처럼, 임진왜란 때 의병처럼, 일제 때 독립운동 세력처럼 역사의식이 투철하고 튼튼한 통일 주체 세력을 만들어야 한다. 통일 주체 세력은 먼저 북한 주민의 생존권 보장, 한반도 평화체제 구축, 평화적 통일이라는 민족적 과제를 인식하고 이에 대한 책임의식이 투철해야 한다. 통일 주체 세력은 좌우 이념을 뛰어넘도록 교육하고, 세대와 전국 각 지역은 물론 700만 해외 동포들도 골고루 참여시키는 방향으로 육성해야 할 것이다.

일반 국민들의 통일 열정

5000만 명의 남한 사람들은 자유와 경제적 번영을 누리며 살고 있는데, 2500만 명의 북한 주민들은 여전히 잔인한 압제하에서 살고 있다. 북한 주민들도 자유롭게 살기를 바라기 때문에 남한이 자신들을 억압에서 해방시켜 주기를 간절히 바란다. 그들은 죽음의 수용소, 비밀 경찰, 터무니없는 선전과 선동, 기아, 증오, 독재 아래서 1분 1초라도 더 살아야 한다는 좌절과 비극에서 벗어나기 위해 우리의 도움을 필요로 한다. 바로 이러한 북한 동포들의 참담한 현실이 역설적으로 우리들의 통일 의지를 더욱 굳건히 해준다.

박세일 교수는 무력도 경제력도 약했던 신라의 통일이 가능했던 것은 범국민적 통일 의식 고취에 힘입어 지도자와 백성이 하나가 되어 통일

을 간절히 원했기 때문인 것으로 보고 있다. _{(박세일, 『선진통일전략』, 21세기북스,}
2013, 418~422쪽 '신라는 어떻게 통일에 성공했는가')

　신라가 보여준 화랑도와 같은 통일 주역의 육성과 삼한일통으로서
의 통일 비전 제시는 오늘날에도 유사하게 적용해 나가야 할 것이다.

　맹자는 말한다. "하늘에서 사람에게 장차 큰일을 맡길 때에는 반드시
먼저 그들의 마음을 괴롭히고 몸을 수고롭게 하고 생활을 궁핍하게 하
여 하는 일마다 뜻대로 되지 않게 어긋나게 만든다. 이것은 그의 마음을
움직여서 인내심을 기르게 되고 어려운 일을 더 많이 해낼 수 있는 능력을
길러주기 위해서다. 따라서 어려움 속에서도 크게 될 수 있다." _{(맹자, 박경}
한 옮김, 『맹자』, 홍익출판사, 2005, 355쪽)

　큰일을 이룰 개인에게 시련이 그들을 단련시킨다고 하듯이, 위대한
일을 할 국가도 시련과 고난을 주어 혹독한 담금질을 하는 것 같다. 우
리 대한민국을 최근 100년 정도만 돌이켜 보아도 ① 국가 멸망이라는
민족사 최대의 치욕 ② 약 1300년 만의 통일국가 상실과 남북 분단 ③
수백만 명이 죽어간 동족상잔의 처참한 한국전쟁 등의 엄청난 시련들이
우리 한민족에게 다가왔다. 그럼에도 불구하고, 우리는 시련과 고난
을 극복하고 오늘날에는 경제 발전과 민주화라는 반만년 역사상 정말
자랑스럽고 세계가 부러워하는 성과를 올리고 있다. 이런 여세를 몰아
통일로 가야만 하는 것이다. 이것이 우리의 숙명이다. 우리의 미션이다.
이루어지면 통일은 우리의 큰 축복이 된다.

　우리 모두 통일 열정을 불태워 다시 한번 '정주영 소떼 방북' 같은 기
념비적인 교류협력을 만들어 내자. 1998년 6월과 10월 두 차례에 걸쳐
정주영 현대그룹 회장이 소떼 1001마리를 이끌고 판문점을 넘어 북한

을 방문하였다. 1998년 6월 정주영 회장은 트럭 50대에 500마리의 소떼를 싣고 판문점을 넘으면서 "이번 방문이 남북 간의 화해와 평화를 이루는 초석이 되기를 진심으로 기대한다"고 밝힌 바 있다. 정주영 회장의 소떼 방북은 남북 민간 교류의 물꼬를 트는 역사적 사건으로서, 외환위기 직후 어려운 경제상황 속에서 남북 관계가 풀리고 민간 차원의 경제 협력과 교류가 증가할 것이라는 희망을 안겨주었다. 1차 방북에서 정 회장은 북측과 금강산 관광 개발사업 추진 등에 합의했다. 2차 방북 직후 금강산 관광이 시작되어 1998년 11월 '금강호'가 첫 출항을 했다. 2000년 6월 분단 이후 최초의 남북 정상회담이 개최되었으며, 8월 남북은 개성공단 건립에 합의했다. 정주영 소떼 방북은 남북 분단 이후 민간 차원의 합의를 거쳐 판문점을 통해 민간인이 북한에 들어간 첫 사례였다. 당시 이 장면은 미국의 CNN에 의해 생중계되었으며, 세계적인 미래학자 기소르망은 정 회장의 소떼 방북을 "20세기 최후의 전위예술"이라고 표현한 바 있다.

"하나의 유럽이라는 형제애를 이룰 그날이 올 것이다"라고 염원하는 빅토르 위고의 신념을 토대로 하나의 유럽을 만들기 위한 유럽인들의 통합 노력에서도 우리는 많은 것을 배워야 한다. 유럽도 2차 세계대전 이후 분단된 우리나라처럼 지금까지 구체적인 통합 노력을 하면서 하나하나 통합의 결실을 맺어가고 있다. 언어, 문화, 역사, 국가체제 등이 다른 가운데서도 유럽은 오랫동안 끈질기게 통합을 모색하는데, 수천 년동안 통일국가를 형성했던 우리 국민들이 통일 의지로 뭉쳐 하나가 된다면 어떤 난관을 극복하지 못하겠는가?

자크 아탈리는 다른 인간의 고통을 덜어주고, 인류를 위해 베푸는 역량을 키워나가는 모더니티가 미래 인류의 문명을 발전시켜 나갈 것이라고 주장한다. '이타적인 모더니티를 통해서 인류는 정체성과 창의성, 자유를 동시에 유지하면서도 지속가능한 미래를 구상할 수 있을 것'으로 보기 때문이다. (자크 아탈리, 양영란 옮김, 『인류는 어떻게 진보하는가』, 책담, 2016, 9쪽)

통일은 꿈이면서도 현실이다. 일반 국민들의 통일 열정은 현실적인 통일 교육에서 나온다. 류길재 전 통일부 장관이 동아일보에 '통일 교육이야말로 통일 준비의 핵심'이라는 칼럼을 썼다. 독일은 1978년 '학교는 통일 문제에 대해 특별한 기여를 해야 하고, 통일 문제는 모든 학교 수업에서 확고한 자리를 잡아야 한다'고 명시하는 등 통일 교육에 대한 결단을 내렸다는 것이다. 그러면서 우리도 정권 교체와 관계없이 통일 교육에 대한 원칙을 정립해서 통일 교육을 시키자고 한다. 교사들에 대한 통일 재교육은 물론, 대학 수학능력 시험에도 통일 관련 문제를 내자고 제안한다. (동아일보, 2016. 4. 23.)

통일을 위해 반드시 실천해야 할 현명한 제안이라고 생각한다.

압제와 가난에 시달리는 북한 주민의 고통을 덜어주고 베푸는 간절한 마음을 가지고 교류협력을 하면서 통일을 준비해 나가자. 온정을 나눌 때 진정 하나가 된다는 독일 통일의 교훈을 잊지 말고 실천하자.

〈북한 주민들 마음 얻기〉

이와 같은 발고여락(拔苦與樂)의 자세로 온정을 나누면서 북한 주민들의 마음을 얻는 것이 통일을 이루기 위해서 결정적으로 중요하다. 북한 주민들이 동독 주민들처럼 자발적으로 남한과 통합하겠다고 나선다면, 한반도 통일에 소극적이면서 평화적이고 자주적인 한반도 통일을 공식적으로 지지하는 중국 입장에서도 동의하지 않을 수 없을 것이다.

그동안 자유를 찾겠다는 신념으로 무장해 탈북한 사람들이 3만여 명에 이른다. 탈북자들은 북한 체제를 변화시킬 수 있는 힘이요 자산이다. 탈북자들은 중국 브로커 등을 통해 북한에 있는 가족들에게 돈을 보낸다. 돈만 보내겠는가? 한국의 상황에 관한 정보도 보낸다. 한국이 살기 좋다고 해야 북한 동포들 마음을 움직일 수 있고, 북한 내부 붕괴의 가능성도 높아져서 통일의 토대가 되는 것이다. 하지만 탈북자들의 전략적 가치에 비해 우리는 그들을 너무나 푸대접하고 배려하지 않는다. 한국에 온 많은 탈북자들이 차별과 무관심과 가난에 시달리고 있다. 심지어는 북한으로 되돌아간 탈북자도 있다고 하니 우리 사회의 무관심이 이래서는 안된다. 2500만 북한 주민들은 탈북자를 통해서 그들의 미래를 보지 않겠는가. 남한이 탈북자들의 마음부터 사로잡아야 통일의 동력이 커진다.

북한대학원대학교 이우영 교수는 '통일의 마음, 마음의 통일'이라는 제목의 강의에서 꾸준한 사회문화 교류를 통한 남북한 주민들의 마음의 통합이 사회 통합의 기초라고 강조한다. 특히 남한의 초코파이는 수많은 북한 주민들의 마음을 사로잡았다고 말한다. 아울러 그동안 추진한 사회문화 교류 사업 중에서는 조계사에서 추진한 금강산 신계사 복원 사업과 남북한 작가들이 만든 공동작가 조직, 남북 체육교류, 남북 미술교류 등이 남북한 동포들의 마음의 통합을 이루는 데 큰 역할을 하였다고 말한다. (북한대학원대학교 제32기 통일미래최고위과정 강의, 2016. 5. 2.)

아데나워 재단에서 만든 『북한이탈주민 리포트』를 보면, 사람들 간의 마음의 벽을 허무는 문제는 정부보다 시민사회단체들의 역할이 더 중

요하다고 한다. (Marc Ziemek, 『북한이탈주민 리포트』, 늘품플러스, 2009, 87쪽)

중국에서 북한 주민을 만나 100명을 대상으로 면접조사한 결과가 책으로 나왔다. 조사 결과를 보면, 북한 주민의 95%가 통일이 필요하다고 밝혔다. 통일이 필요한 이유로 경제 발전이 49%, 같은 민족끼리 재결합 25%, 남북한 주민 삶 개선 17%로 조사되었다. 97%가 통일이 되면 북한에 이익이 될 것으로 내다봤다. (강동완, 박정란, 『사람과 사람, 김정은 시대 북조선 인민을 만나다』, 너나드리, 2015, 33~34쪽, 64쪽)

북한에서 안전하게 남한에 갈 수 있다면 가겠는가 하는 질문에는 66%는 적극적으로, 21%는 기회가 되면 가겠다고 답했다. 남한에서는 자기가 일한 만큼 벌고 자유가 있기 때문에 87%가 남한에 올 의사가 있다는 것이었다. (같은 책, 202~203쪽) 백두산에서 한라산까지 마음대로 다니고, 더 잘살게 될 것이며, 전쟁 위험도 사라지게 되니 좋다는 반응이 나온 것이다.

다만 76%가 중국이 가장 가깝다고 하였다. 중국에서 투자와 지원을 많이 하고 사이좋게 지내므로 남한보다 훨씬 더 호감을 가지고 있다. 중국이 없으면 다 굶어 죽는다고 인식하고 있다. 반면, 한국은 19%에 그쳤다. 중국을 제외한 나라 중에서는 85%가 한국이 가장 가고 싶다고 말했다. (같은 책, 297~300쪽)

중국과 북한이 너무 가까워지고 있기 때문에 하루빨리 북한에 한국이 중국보다 중요하고 가깝다는 인식을 하도록 정책을 추진해야 할 것이다.

북한 주민 면접조사 결과는, 거창한 것이 아니고 북한 주민의 마음을 얻는 노력 등 작지만 실제로는 중요한 통일 준비의 필요성을 말해주고 있다. 사람 간의 통합이 이루어지지 않으면 모래 위에 성을 쌓는 것과 같다. 남북한 주민들 간의 인적 통합이 중요함에도 불구하고 그동안의 통일 노력에서는 소홀했는데 이제부터라도 사람 간의 통합을 강화해야 한다.

통일을 하려면 용서의 미덕이 있어야 하고 상대방의 입장을 이해하고 받아들이는 지혜, 역지사지의 철학을 실천해야 한다. 또한 평화나 화해를 원하거든 너무 하나 되기를 강요하지 말고 물리적 힘이나 억지로 굴복시키는 어리석음을 피해야 할 것이다.

우리 한민족에게는 이미 조화, 융합, 화합의 유전자가 있는 것 같다. 이어령 교수는 서로 어울려 조화와 화합의 오묘한 맛을 내는 나물 문화, 조화와 융합을 특성으로 하여 어떤 음식과도 잘 어울리는 김치와, 가장 극단적으로 섞이고 어울리게 하는 비빔밥 문화를 높게 평가한다. 우리 한민족은 세계와 어울리고 자연과도 어울리는 글로벌 시대의 포용력 있는 문화의 잠재력을 충분히 가지고 있다고 강조한다. (이어령, 『디지로그』, 생각의 나무, 2006, 141~145쪽)

이런 조화, 융합, 화합의 유전자를 가지고 6·25전쟁의 상처로 생긴 남북 간의 원한을 잊고 북한 주민과도 어우러져야 할 것이다.

법륜스님은 그 누구보다 통일운동에 열정적이고 행동적이고 헌신적이다. 이미 1999년에 『법륜스님의 통일로 가는 길』을 펴냈다. 법륜스님은 이념, 정치, 군사력 중심의 통일운동을 뛰어넘어 참다운 민족애를 발휘하여 동포의 고통에 가슴 아파하고 그 문제를 해결하려는 자비로운 마음가짐을 바탕으로 새로운 통일운동을 해야 한다고 목소리를 높였다. 당시는 북한에 심각한 식량난이 발생하여 수백만 명의 생명들이 굶어 죽을지 모른다는 예측이 나오는 상황이었다.

법륜스님은 북한 주민들의 마음을 얻기 위해서는 북한의 위에서부터 아래까지 포용해야 한다고 말한다. 아래의 민심을 잡기 위해서는 대규모 인도적 지원이 필요하다. 중간층의 민심을 얻기 위해서는 경제적 지원을 해야 한다. 상층 지도층의 마음을 얻기 위해서는 중국이 대만이나 홍콩을 대하듯이 체제 보장과 신분 보장이 필요하다는 것이다. (법륜, 오연호, 『새로운 100년 오연호가 묻고 법륜스님이 답하다』, 오마이북, 2012, 86쪽)

개성공단의 북측 사람들은 이미 한반도 통일의 역군이 되고 있었다. 개성공단은 남북의 행복한 평화경제와 남북 주민들 간의 작은 통일들이 매일매일 쌓여가는 곳이다. 개성공단은 평화와 통일의 용광로인 것이다. 개성공단은 남북의 적대와 대립이 심화되는 상황에서도 남북의 수많은 동포들이 함께 웃고 떠들고 이야기하면서 민족의 내일, 평화와 통일의 미래를 만들어가고 있었다. (김진향 기획 총괄, 『개성공단 사람들』, 내일을 여는 책, 2015, 32~33쪽)

특히 개성공단의 북측 사람들은 지난 시기의 적대와 대립을 넘어 화해협력과 평화로, 통일로 가야 된다는 열렬한 신심들이 있었다. 그들은 자신들의 힘겨움을 해소할 수 있는 유일한 대안이 바로 평화와 통일에 있다는 확신을 가지고 있었다. (같은 책, 37~38쪽)

영국 《가디언》지는 2013년 5월, 남한의 초코파이가 북한 주민들의 마음을 사로잡아 평양 주민들 사이에는 전설적인 지위를 얻고 있다는 요지의 보도를 했다.

전 세계의 지도자들이 북한을 변화시키기 위해 원조를 하거나 강연을 하기도 하고 심지어 제재 조치와 포용정책을 구사하기도 했다. 그러나 장기적으로 볼 때 남한 기업들이 북한 근로자들에게 지급하는 조그마한 원형의 달콤한 초코파이가 북한 사회의 운명을 결정할 것으로 보인다. 러시아 출신 북한 전문가 안드레이 란코프는 "초코파이는 북한의 마음을 바꾸는 중요한 수단이다"라고 하며, "초코파이는 남한 번영의 상징이 되었고 북한 사람들은 그것을 알아챘다. 초코파이, DVD, 대규모의 중국행 이주노동자들로 인해 남한 사람들은 온갖 고통 속에서 굶어 죽고 있다는 북한 정권의 선전이 허위임을 알게 되었으며, 정부도 더 이상 그런 말을 하지 않는다"고 말했다. 개성공단에 입주한 남한 기업들은 북한의 근로자들에게 현금을 보너스로 주고 싶어도 북한에서는 현금은 자본주의 정신을 퍼뜨릴 수 있다고 보아 금지하고 있기 때문에 다른 보너스 지급 방법을 모색하게 되었다. 그래서 보너스로 지급하게 된 라면이나 커피도 인기 있는 상품이 되었지만, 초코파이는 본래 가격보다 3~4배나 높은 가격으로 장마당 등에 유통되면서 북한에서 가히 전설적인 지위를 점유하게 되었다. (장기표 글, 김하늘 그림, 『한반도 통일 전략 예언서-통일 초코파이』, 꿈과 의지, 2015, 130쪽)

〈50~60대들에게 고함〉

영화 「빠삐용」에서 "인간이 저지를 수 있는 가장 큰 죄인 인생을 낭비한 죄로 너를 고소한다"는 대사가 나온다. 이 대사를 음미하면서, 한 인간의 인생을 낭비한 죄인데도 인간이 저지를 수 있는 가장 큰 죄라면, 분단 70년이나 지나도록 우리 8000만 한민족의 과제인 통일을 이루지 못하고 있는 우리 세대는 얼마나 큰 죄를 짓는 것일까 하는 생각이 든다. 독일은 분단 40년 만에 통일을 이루었는데 하는 생각을 하면 더 큰 자괴감이 든다. 그래서 필자는 2015년부터 내 후반생을 온전히 한반도 통일에 던지겠다는 각오를 하고 실천하고 있었다. 그러던 차에 2015년 무렵 원로 철학자 김형석 교수가 《조선일보》와의 인터뷰에서 "제일 좋은 나이는 인생을 알 만한 60세에서 75세까지가 아닌가 한다"고 했는데 마음에 크게 와 닿았다. 그래서 필자 연배와 비슷한 50~60대들이 그들의 후반생 동안에 통일운동에 더 많이 참여했으면 하는 생각을 하게 되었다.

통일운동처럼 당당한 인생 후반전을 어떻게 살 것인가에 관한 지혜를 얻기 위해서는 『남자의 후반생』도 참고할 만하다. 여기서는 공자·위징처럼 인생을 늦게 꽃피운 사람들, 여몽처럼 산뜻하게 삶을 바꾼 사람들, 소진과 사마천처럼 좌절을 딛고 일어선 사람들, 유방처럼 승부수를 던져 성공한 사람들, 조조처럼 늘 도전하며 살아간 사람들, 도연명처럼 공명을 멀리한 사람들 등 다양한 분류로 나누어 소개하고 있다. (모리야 히로시, 양억관 옮김, 『남자의 후반생』, 푸른숲, 2003, 10~17쪽)

6·25전쟁이 끝난 1953년 이후 태어난 세대 중 50~60대들은 ① 전쟁을 겪지 않은 행운 ② 빠른 경제 발전의 추진과 혜택 ③ 민주화의 추진과 혜택을 동시에 받은 세대다. 흑수저, 헬조선 타령이 오늘날처럼 심각하지 않았던 것 같았다. 당시는 경제가 빠르게 발전하고 있어서 오늘날 20~30대 젊은이들만큼은 일자리 걱정을 덜했던 기억도 있다. 축복받은 세대다. 그러므로 당면한 대한민국의 시대적 소명인 한반도 평화통일에 뜻있는 50~60대가 노블레스 오블리주 정신을 발휘하여 우리의 후반생을 통일에 바치는 통일 동지가 되자는 제안을 한다. 실제 최근에는 통일 문제에 대한 권위가 있는 북한대학원대학교의 통일미래최고위과정(종전

의 민족공동체지도자과정)에 등록하여 통일 준비를 하겠다는 50~60대들이 꽤 있다. 그동안 1000명 정도가 이 과정을 마쳤다. 빠르면 2020년대 중반부터 늦어도 2035년까지 통일이 된다고 예측하는 미래학자들이 많은 만큼, 통일에 몸을 던져서 성취한 세대로서 우리 선조들은 물론 후손들에게 부끄럽지 않은 세대가 될 수 있을 것이다. 이런 통일에 관한 꿈을 집단적으로 꾸면 그 꿈은 실천될 수밖에 없다. 몽골 통일의 꿈이 그렇게 실현되지 않았던가? 대한민국의 50~60대들이여! 통일운동에 뛰어들 것을 거듭 제안한다.

조동화 시인의 시 「나 하나 꽃 피어」가 우리 국민들의 통일을 준비하는 자세에 상당한 영감을 줄 수 있다고 생각한다. 음미해보시고 통일에 대한 마음을 내보시기 바란다. "나 하나 꽃 피어 풀밭이 달라지겠냐고 말하지 말아라. 네가 꽃 피고 나도 꽃 피면 결국 풀밭이 온통 꽃밭이 되는 것 아니겠느냐." 내가 통일을 준비하고 너도 통일을 준비하면, 결국 온 국민들이 통일 역군, 통일 동지가 되어 통일을 이룰 수 있지 않겠는가?

50~60대는 다른 세대들보다 등산을 비교적 많이 한다. 서울과 근교에 사는 사람들은 삼국 통일, 후삼국 통일은 물론 조선의 서울 천도에 있어서 그 중요성을 보여 준 북한산을 등산하면서도 통일운동을 할 수 있을 것이다. 시인 고은은 "서울은 하나의 행복을 가지고 있다. 서울의 어디서도 북한산이 보이는 행복이 바로 그것이다"라고 말했다. 북한산을 다니면서 건강도 유지하고, 통일 담소도 나누고 기원도 하면 더욱 더 행복하지 않을까?

〈젊은 청년들에게 고함〉

중생의 고통을 덜어주고 즐거움을 준다는 '발고여락(拔苦與樂)'이란 석가모니 부처님의 가르침이 있다. 알랭 드 보통도 "일이 의미 있게 느껴지는 건 언제일까? 우리가 하는 일이 다른 사람들의 기쁨을 자아내거나 고통을 줄여줄 때가 아닐까?"라고 말한다. (알랭 드 보통, 정영목 옮김, 『일의 기쁨과 슬픔』, 은행나무, 2012, 84쪽)

한반도 통일을 이루는 일과 관련되는 일은 기쁨을 주고 고통을 덜어주는 일이라고 생각된다. 젊은이들이 통일운동에 동참하길 바란다. 혹시나 우리도 먹고 살기 힘든데 통일을 꼭 해야 하느냐는 의문이 있으면 윤영관 서울대 명예교수가 최근 《조선일보》에 쓴 글을 읽어보자. 윤 교수는 통일은 단순히 정치나 경제만의 문제가 아니고 동시에 정신적, 영적인 문제라고 본다. 나아가 자본주의 역사를 떠받쳐주는 정신적 가치와 공동체 의식, 역사의식을 가지고 통일을 바라보아야 한다는 것이다. (조선일보, 2016. 5. 31. '통일을 꼭 해야 하느냐고 물은 K군에게')

어느 나라든 20~30대 젊은이들이 국가가 어려움에 처해있을 때 큰 역할을 한다. 특히 전쟁 때는 더욱 그렇다. 역사적으로 임진왜란 때 그 국난의 위기를 극복한 것도 이순신 장군 지휘하의 젊은 군인들 희생 덕분이었다. 6·25전쟁 때도 마찬가지다. 우리의 젊은이와 20개국이나 되는 세계 각국의 젊은이들이 자유 수호를 위해 그들의 귀중한 생명을 바쳤기에 오늘의 경제강국 대한민국이 가능하게 되었다. 이제 우리의 젊은이들이 한반도 평화통일에 역할을 한다면 얼마나 가슴 뛰는 일이 되겠는가? 다행인 것은 무력통일이 아니라 평화통일을 이루어야 하므로 임진왜란과 6·25전쟁처럼 목숨을 바칠 필요가 없는 과업이다. 그러면서도 위대한 일이다.

대한민국 예술원 회원 신봉승 교수는 일본이 아무리 싫어도 알고 배워야 한다고 강조한다. 특히 일본을 근대화시켜 세계적 강대국으로 도약시킨 메이지 유신의 주역들은 대부분 20~30대 젊은이들이었다. 요시다 쇼인, 사카모토 료마 등 메이지 유신의 주역들은 불꽃처럼 일본 근대화에 몸을 던지다가 30대 초중반에 요절하였다. (신봉승, 『직언』, 선, 2004, 254~266쪽 '일본, 아무리 싫어도 알아야 한다')

한반도 평화통일은 위대한 과업이면서도 메이지 유신의 선각자들처럼 목숨을 던질 필요는 없다. 독일 통일을 이루었던 비스마르크 수상은 젊은이들에게 권고하고 싶은 말은 세 마디뿐이라고 말한다. "일하라, 더욱 일하라, 끝까지 일하라." 젊은이들이여, 한반도 통일운동에 마음이 간다면, 4·19혁명 때 우리의 젊은 학생들이 "오라! 남으로, 가자! 북으로"를 외쳤던 열정을 되살리고, 비스마르크의 가르침도 가슴에 새겨 통일을 이룰 때까지 끝까지 한번 전진해 보자.

많은 사람들이 좋아하는 혜민스님은 그의 책『멈추면, 비로소 보이는 것들』중 '열정의 장'에서 장 폴 사르트르의 말을 인용해 우리 젊은이들에게 의미있는 메시지를 준다. "지식인이란 남의 인생에 간섭하는 사람이다. 정의와 자유, 선과 진실, 인류 보편적 가치가 유린당하면 남의 일이라도 자신의 일로 간주하고 간섭하고 투쟁하는 사람이다." (혜민, 『멈추면, 비로소 보이는 것들』, 쌤앤 파커스, 2012, 242쪽)

노암 촘스키도 『지식인의 책무』에서 "도덕적 행위자로서 지식인이 갖는 책무는 인간사에 중대한 의미를 갖는 문제에 대하여 그 문제에 대해 뭔가를 해낼 수 있는 대중에게 알리려고 노력하는 것이다"라고 말한

다. (노암 촘스키, 강주헌 옮김, 『지식인의 책무』, 황소걸음, 2005, 16쪽)

혜민스님이나 노암 촘스키가 우리 젊은이들에게 이제부터라도 나서서 북한의 인권 유린, 굶주림, 폭정 등을 하루빨리 멈출 수 있는 한반도 평화통일 운동에 열정적으로 동참하라고 다그치는 것 같다.

젊었을 때 우리의 가슴을 뛰게 한 민태원의 「청춘 예찬」에는 다음과 같은 글귀가 있다.

"석가(釋迦)는 무엇을 위하여 설산(雪山)에서 고행(苦行)을 하였으며, 예수는 무엇을 위하여 광야(曠野)에서 방황하였으며, 공자는 무엇을 위하여 천하를 철환(轍環)하였는가? 밥을 위하여서, 옷을 위하여서, 미인(美人)을 구하기 위하여서 그리하였는가? 아니다. 그들은 커다란 이상, 곧 만천하(萬天下)의 대중(大衆)을 품에 안고, 그들에게 밝은 길을 찾아 주며, 그들을 행복스럽고 평화스러운 곳으로 인도하겠다는, 커다란 이상을 품었기 때문이다."

다행스럽게도 대한민국의 청춘들에게는 만천하의 대중은 아니라도 북한의 2500만 동포들을 행복하고 평화로운 생활을 할 수 있는 통일의 길로 인도할 수 있는 특별한 기회가 있다.

북한을 변화시키는 데는 강공책만으로는 한계가 있다. 그래서 미국 오바마 대통령은 말한다. "군사적 해법은 답이 아니다. 북한은 100만 명의 병력에다 핵 기술과 미사일을 갖고 있다. 인접한 동맹국인 한국이 피해를 본다. 오히려 인터넷 등으로 북한 내부에 침투해 외부 정보를 확산시키는 게 지름길이다." (중앙일보, 2016. 2. 15. '공포와 광기의 평양을 바꾸려면')

그렇다. 인터넷 재능이 뛰어난 우리의 젊은이들이 인터넷, 휴대전화 등을 통해 북한에 외부 정보를 보내는 일을 한다면, 이것이 바로 북한 주민들이 내부로부터 자유와 인권의 진가를 알게 되어 통일을 염원하는 계기를 마련할 수 있을 것이다. 그러면 대한민국의 젊은이들이 스스로 통일 세대의 주역이 될 것이다.

그래서 동아일보 최영훈 수석 논설위원은 김일성대를 나온 주성하 기자의 "평양 상공에 태양광 드론을 띄워 인터넷과 방송 전파를 쏘는 무선 인터넷 서비스로 북한 주민에게 외부 정보가 폭포처럼 쏟아지게 하는 날이 오면…"이라는 말을 인용하면서, 그때가 김정은 세습 왕국이 무너지는 날이라고 말한다. (동아일보, 2016. 1. 16. '북 김정은이 무너지는 날')

북한 주민들의 마음을 얻기 위해 ① 언론과 표현의 자유 ② 종교의 자유 ③ 궁핍으로부터의 자유 ④ 공포로부터의 자유 등 프랭클린 D. 루스벨트 대통령이 설파한 4가지 기본적 자유를 통일 이후에는 마음껏 누릴 수 있다고 탈북민, 동북 3성 거주 조선족, 심지어는 북한 주민들에게 핸드폰 문자, 이메일, 인터넷 등을 통해 교육하고 홍보하는 구체적인 방안을 강구해 나가자. 이런 일은 젊은 청년들이 잘할 수 있다. 이렇게 해서 남한은 물론 북한 주민들이 주도해서 통일을 이루면, 임진왜란 때 의병과 승병 등 민중들이 들고 일어나 승리를 맛본 이후 400여 년 만에 맛보는 자부심을 가지고 통일한국의 국력을 신장시키고 국운을 융성하게 만드는 데도 더욱 앞장설 것이다.

젊은이들이여, 통일한국 꿈을 꾸고 준비를 하면 헬조선에 좌절할 시간이 없다. 20년 이상 통일 전문 기사를 써온 이영종 기자는 "2400만 북한 인구 중 노동당 간부와 군부 등 핵심 계층과 가족이 약 24만 명으로 추정되는데 이들은 1% 정도로 평양에 주로 산다. 북한 평양의 핵심 계층 1%를 제외한 북한 땅이야말로 헬조선이다"라고 말한다. (중앙일보,

흙수저로 태어났다고 불평할 시간도 없다. 일자리를 준비하면서도 작은 통일 준비를 할 수 있고, 통일 준비 자체가 직업이 될 수도 있다.

통일 이후를 상상하면 통일운동은 더욱 가슴을 뛰게 한다. 예컨대, 1만 5000㎞의 유라시아 철도를 타고 고구려의 옛 영토인 중국 동북 3성, 몽골 제국, 시베리아를 거쳐 모스크바, 베를린, 마드리드까지 간다는 것은 감동 그 자체가 될 것이다. 거리로 보더라도 미국 대륙 횡단의 3~4배 이상 되는 스케일 큰 여정에서 장엄함과 웅대함이 가슴속에 스며들 것이다. 남덕우 전 국무총리는 아시아의 시대를 예견하면서 오래전부터 한국의 동북아 진출을 독려하였다. (남덕우, 『동북아로 눈을 돌리자』, 삼성경제연구소, 2002 참고)

국가의
통일 역량 극대화

앞으로 국가의 통일 역량을 극대화하기 위해서는 우선 우리나라 과거 역사의 실패에 대하여 그 원인을 짚어보고 가야 할 것이다. 함석헌 선생은 우리 과거 역사의 실패 원인으로 가난, 다른 나라의 간섭, 우리 정치인의 잘못, 나약한 국민정신, 국민적 판단의 잘못 등을 들고 있다. 결국은 국민이 깨닫지 못해 해방 후 역사가 뒷걸음질했으며, 이를 극복하기 위해 가장 중요한 것은 국민 교육이라고 말한다. 국민정신과 세계사적인 사명을 가져야 한다는 것이다. (함석헌, 『뜻으로 본 한국역사』, 한길사, 2003, 491~493쪽)

필자는 홍익인간 정신의 실천이야말로 한민족의 세계사적인 사명이고, 한반도 평화통일을 통해 통일한국이 그 역할을 더욱 잘 수행할 수 있다고 본다.

나라를 다스리는 데 가장 시급하게 힘써야 할 일에 대해 태공망(강태공)은 이렇게 가르침을 준다. "백성들 자신이 할 일을 제대로 할 수 있게 해주는 것이 백성을 이롭게 하는 것이다. 농사꾼이 농사지을 때를 놓치지 않도록 해주는 것이 일을 이루도록 도와주는 것이다. 죄없는 사람을 처벌하지 않는 것이 백성을 살리는 것이다. 세금을 적게 거두는 것이 백성들에게 나누어 주는 것이다. 궁궐 등 공사를 되도록 일으키지 않는 것이 백성을 즐겁게 하는 것이다. 관리가 청렴결백하여 가혹하게 굴지 않는 것이 백성을 기쁘게 하는 것이다." (태공망, 황석공, 유동환 옮김, 『육도삼략』, 홍익출판사, 2005, 50~51쪽)

관포지교로 잘 알려진 관중은 사유(四維)라고 하는 나라의 네 가지 강령 예(禮), 의(義), 염(廉), 치(恥)에 대하여 말한다. 이 가운데 하나가 끊어지면 나라가 기울고, 두 가지가 끊어지면 위태로워지며, 세 가지가 끊어지면 뒤집어지고, 네 가지가 끊어지면 망한다고 한다. '예'란 절도를 넘지 않음이고, '의'란 스스로 온갖 수단을 쓰면서까지 벼슬에 나가려고는 하지 않음이고, '염'이란 잘못을 은폐하지 않음이고, '치'란 그릇된 것을 따르지 않음이다. 윗사람이 절도를 지키면 자리가 평안하고, 스스로 온갖 수단을 쓰면서까지 벼슬에 나아가지 않으면 백성은 교활함과 속임이 없고, 그릇된 것을 따르지 않으면 사악한 일이 발생하지 않는다. (관자, 김필수 외 3인 옮김, 『관자』, 소나무, 2006, 32쪽)

관자(관중)는 정치의 관건은 백성들에게 사랑을 베풀고, 이익을 주고, 재산을 늘려주며, 평안하게 해주는 것이니, 제왕이 이 네 가지를 잘 운용하면 천하가 잘 다스려진다고 말한다. (같은 책, 179쪽)

태공망이나 관중의 가르침은 수천 년이 지난 오늘날도 수긍이 가고 가슴을 울리게 하는 감동이 있다. 통일을 준비면서 치국의 큰 임무에 대해 태공망과 관중 같은 옛 현인들의 가르침을 돌이켜보는 것도 지도자들이 해야 할 일이라고 본다.

김구 선생은 그의 자서전 『백범일지』 중 '내가 원하는 나라'에서 "우리의 부력(富力)은 우리의 생활을 풍족히 할 만하고, 우리의 강력(强力)은 남의 침략을 막을 만하면 족하다. 오직 한없이 가지고 싶은 것은 높은 문화의 힘이다"라고 말한다. 나아가 "인류가 현재 불행한 근본 이유는 인의가 부족하고, 자비가 부족하고, 사랑이 부족한 때문이다. 인류의 이런 정신을 배양하는 것은 오직 문화다"라고 강조한다. (김구, 도진순 주해, 『백범일지』, 돌베개, 2002, 431쪽)

국가의 통일 역량 강화에도 큰 도움이 될 가르침이다.

국력 증대

경제력과 군사력으로 상징되는 통상적인 국력에 국민들의 정신력, 국민 통합력과 높은 문화의 힘을 포함한 소프트 파워까지 합친 진정한 국가의 힘을 최대한 키워야 한다. 새뮤얼 스마일즈는 그의 명저 『자조론』에서 자조정신이야말로 사람들이 진정으로 성장하기 위한 초석이라고 하면서, 한 나라의 국력은 제도에 좌우되는 것이 아니고 국민의 인격에 더 크게 좌우된다고 한다. 그래서 국가 발전은 국민 개개인의 근면성, 에너지, 고결함의 총합이며, 반면에 국가의 쇠퇴는 국민 개개인의 게으름, 이기심, 악덕의 소산인 것이다. (새뮤얼 스마일즈, 김유신 옮김, 『자조론』, 21세기북스, 2006, 31쪽)

국가 발전은 국민들의 인격에 크게 좌우된다는 격조 높은 가르침이다.

강한 국력은 국가의 통일 역량이 될 것이다. 남한의 경제력은 세계 10~15위권으로 제2차 세계대전 후 가장 눈부신 경제 성장을 한 국가로서 자부심을 가질 만하다. 그러나 남한의 독자적인 군사력은 아직도 한미동맹을 토대로 하지 않으면 핵을 가진 북한보다 우월하다고 할 수 없으므로, 당장은 외교를 통해 군사력을 보충하여 안보를 강화하지 않을 수 없다. 약소국 신라의 통일 역량이 김춘추의 당나라와의 외교를 통해서 보충되었듯이.

우리나라는 군사력 증강에는 한계가 있기 때문에 경제력과 함께 특히 소프트 파워 강화에 역점을 둘 필요가 있다고 본다.

홍석현 《중앙일보》 회장도 인재와 일류 자본이 몰려드는 매력 있는 대한민국을 만들어야 한다고 역설한다. 매력 있는 국가는 소위 말하는 소프트 파워가 강한 나라다. 이렇게 일종의 소프트 파워를 강화하는 것이 우리 대한민국이 당면한 지속가능한 경제 발전, 국민 통합과 평화통일의 3대 과제를 해결하는데 큰 힘이 된다는 것이다. (북한대학원대학교 민족공동체 지도자과정 특강, 2015. 12. 14.)

외교전문가 조지프 나이는 국가의 소프트 파워는 주로 엘리트 층에 어필하는 고급 문화와 오락거리에 초점을 맞춘 대중문화 등 문화와 그 나라의 정치적 가치관, 그리고 대외 정책에 좌우된다고 한다. (조지프 나이, 홍수원 옮김, 『소프트 파워』, 세종연구원, 2004, 39쪽)

그는 아시아의 작은 국가들 중 소프트 파워를 지니고 있는 한국과 태국은 경제 분야와 정치적 민주주의의 진전으로 다른 국가들의 호감을 사고 있다고 말한다. (같은 책, 162쪽) 한류로 상징되는 한국의 소프트 파워는 다른 전문가들로부터도 인정받고 있다.

탈북자로서는 북한의 최고위직에 있었던 황장엽도 한미동맹을 강화하고 정치, 경제, 문화, 군사 등 모든 면에서 국력의 압도적 우위를 유지하는 것이 한반도의 평화를 담보한다고 말한다. 전쟁 도발을 억제하면서 평화적 경쟁을 강화해 나가는 것이 싸우지 않고 이기는 백전백승의 전략이라고 덧붙인다. (황장엽, 『황장엽의 대전략 : 김정일과 전쟁하지 않고 이기는 방법』, 월간조선사, 2003, 112~114쪽)

사실 폴 케네디는 제아무리 경제대국이라 해도 과중한 군사비를 무한정 감당해낼 수는 없기 때문에 경제력과 군사력 간의 균형이 깨지면서 쇠퇴하게 된다고 말한다. 반면 적절한 군사력을 유지하면서 경제 성장에 치중한 국가는 새로운 강대국으로 부상한다는 것이다. (폴 케네디, 이왈수·전남석·황건 옮김, 『강대국의 흥망』, 한국경제신문사, 1996, 4~5쪽)

그동안 대한민국의 경제 발전은 교육을 통한 인적자본 축적이 주된 요소였겠지만, 다분히 미국의 군사력에 의존하면서 경제에 자원 배분을 더 집중하는 전략에 힘입었다고도 볼 수 있다.

역사를 돌이켜보면, 16세기 말 임진왜란 대처를 둘러싼 당파 대립, 전쟁 기간 중 의병과 승병 등 민초들보다 못한 선조의 무능·무책임 등이 되살아날까 걱정이다. 심지어는 한반도 통일을 통해 민족이 웅비해야만 하는 중차대한 시대적 상황에서, 19세기 말인 구한말의 국론 분열과 국제정세 파악 부족 등으로 초래된 조선의 멸망이라는 역사가 반복될지 모른다는 불안감도 없지 않다. 새로운 냉전 기류가 형성되어 위기가 다가오고 있고, 동시에 한반도 통일의 기회도 될 수 있다는 기운이 무르익고 있는 지금, 그 어느 때보다도 국력 증대와 국민 통합이 절실하게 요구되고 있다.

이러한 때에 송복 교수의 가르침은 우리에게 나침반 역할을 한다. 임진왜란이라는 조선 최대의 위기의 순간에 육지에는 류성룡이, 바다에는 이순신이 있었다. 결국 한동안 나라를 잃었지만 제2차 세계대전에서 연합군이 승리하여 우리는 자유민주주의 시장경제 국가로서 독립국가가 다시 되었다. 참으로 운좋은 나라라고 말한다. 송복 교수는 북한산 기슭에 살아 아직은 건강이 유지되고, 그 북한산 달빛이 유난해서 아직은 가슴 뛰는 감동도 있다고 하면서 "임진왜란의 끔찍한 경험을 하고도 징비하지 않은 우리에게 역사는 자비롭지 않았다"고 경고한다. 그러면서 "국민은 자신을 바치는 리더에게 감동하는 법이다. 그런 리더가 이끄는 나라는 강해지지 않을 수 없다. 스스로 강해지지 않으면 통일된 미래는 우리 것이 아닐 것이다"라고 거듭 국력 배양을 주문한다. (송복, 『류성룡, 나라를 다시 만들 때가 되었나이다』, 가디언, 2014, 8~10쪽)

더 나은 제대로 된 나라를 만들기 위해서는 후손들에게는 경계의 교훈을 주고, 동시대인에게는 징계의 채찍으로 쓴 류성룡의 『징비록』을 다시 읽으며 그의 자강정신과 리더십을 배워야 한다고 노 교수는 우리를 다그친다.

대표적인 현실주의 정치학자 미국 시카고대 존 J. 미어셰이머 교수는 그의 책 『강대국 국제정치의 비극』에서 한국과 폴란드처럼 강대국들의 틈바구니 사이에 끼여 있다가 한동안 나라가 없어진 경험이 있는 나라의 경우 어떻게 21세기에 국가의 생존가능성을 극대화시킬 것인가 하는 것이 제일 중요한 문제일 것이라고 말한다. 이와 함께 중국은 이웃 나라들에게 어떻게 행동할 것이며, 미국은 동북아시아에서 어떤 역할을 담당할 것인가에 깊은 관심을 가져야 한다고 충고한다. 그러면서 국제정치라는 위험한 세상에서 살고 있는 나라들은 다른 나라들과 권력(힘)을 위해 경쟁하는 것 외에는 다른 도리가 없다고 말한다. (존 J. 미어셰이머, 이춘근 옮김, 『강대국 국제정치의 비극』, 나남, 2004, 7~8쪽)

특히 우리나라처럼 주변에 강대국들이 몰려 있는 경우 국력 배양은

통일! 역사를 배우자

곧 국가의 생존가능성 극대화이며, 가장 확실한 방법이 한반도 통일을 통한 국력 배양임은 두말할 나위도 없다.

미국의 워싱턴에는 '한국전 참전용사 기념공원'이 있다. 우리나라 대통령, 여야 대표 등 정치 지도자들이 미국 방문시 자주 찾는 곳이다. 그곳에는 우리나라 국민들이 한국전쟁에서 우리나라를 위해 싸우다 숨진 사람들을 위해 진실로 감사하는 마음을 가지고, 반드시 가슴에 새겨야 할 글귀가 있다. 첫째는 "자유는 공짜로 얻어지는 것이 아니다." 둘째는 "우리나라는 그들이 전혀 알지도 못하고 결코 만난 적도 없는 나라를 지키기 위하여 조국의 부름을 받았던 아들과 딸들에게 경의를 표한다." 이 글들의 의미를 음미하면서 우리나라를 지켜준 거룩한 분들에게 감사의 마음을 간직하는 한편, 이 한반도에서 다시는 전쟁이 터지는 비극이 생기지 않도록 평화를 유지하는데 필요한 국력을 키워나가야 할 것이다.

국력 증대를 도모하고 한반도 통일을 이루기 위해서는 최고지도자를 비롯하여 정치 지도자들의 리더십이 그 어느 때보다도 요청된다. 많은 전문가들이 앞으로 대체로 10~20년 후에 한반도 통일을 예측하고 있고, 이런 천재일우의 기회는 두 번 다시 오기가 쉽지 않으므로 특히 최고지도자가 탁월한 리더십과 통치 기술을 발휘하여 한반도 평화통일을 이루어야 하기 때문이다.

역경의 시대에는 리더의 역할이 더욱 중요하다. 레이건은 소련이 정치, 경제적인 면에서 취약성을 지녔다는 사실을 간파하고 특유의 리더십을 발휘하여 군비 증강과 협상이라는 이중정책을 지속적으로 추구함으로써, 결국 유혈전쟁 없이 공산주의라는 역사적 실험을 종식시키는데 세계사적인 역할을 했다. 시어도어 루스벨트, 프랭클린 루스벨트, 우드로 윌슨 등 세 명의 훌륭한 미국 개혁 대통령들은 민주주의가 위협받는 세계정세 속에서 민주주의와 자본주의적 세계 질서를 수호하는데 크게 이바지하였다. 오스만 제국 멸망 후 케말 파샤는 현대 터키 공화국의 기초를 완성하고, 각종 개혁을 단행하여 국민들의 애국심을 고취하였다. (카네스 로드, 이수경 옮김, 『통치의 기술』, 21세기북스, 2008, 27~30쪽)

J. K. 갤브레이스도 그의 책 『불확실성의 시대』에서 "모든 위대한 지도자들에게는 하나의 공통적인 특성이 있다. 그것은 그 시대 국민의 주요한 불안과 정면으로 대결하려는 마음가짐이다. 이것이야말로 지도력의 본질이다"라고 말한다. 그 예로 1933년에는 대불황이 큰 불안의 원인이었는데, 프랭클린 루스벨트 대통령은 자신의 온갖 에너지를 그 경제적 재앙을 타개하는 데 집중하여 할 수 있는 일은 무엇이든지 했다는 것이다. (J. K. 갤브레이스, 원창화 옮김, 『불확실성의 시대』, 홍신문화사, 2011, 432쪽)

안보 통일 시대에는 리더들에게 보다 특별한 통치 역량이 요구된다. 한반도 통일을 추진할 지도자는 ① 건전한 국가관과 안보 통일 철학 ② 정의의 실현 의지 ③ 도덕성과 노블레스 오블리주 등을 가져야 한다. 한반도 평화통일에 대한 열정이 다소 식어가고 있고, 사회 지도층의 도덕적 의무와 정의감이 약화되고 있는 현 시점에 다시 한번 우리 지도층들이 가슴에 새겨야 할 덕목들이다.

현재 한국의 지도자들은 위에서 예를 든 위대한 지도자들의 리더십을 벤치마킹하여 불안한 남북 분단을 종식시켜 한반도 통일을 이루고, 통일한국이 동북아 지역의 평화를 정착시키고, 경제 번영을 주도하는 세계사적인 성과를 올릴 수 있도록 분골쇄신해야 할 것이다.

세계를 호령하는 강대국의 패러다임에 관한 책 『대국굴기』에서도 강대국 전략을 배워야 한다. 지도자들은 한 국가를 지배한 시대정신과 시대적 분위기, 깨인 참된 지도자 그룹의 존재, 성장을 위한 국민들의 절실한 마음, 제도적 장치, 개방에 대한 진취적인 태도와 마음가짐-즉 개혁개방, 혼돈을 이기는 선구자적 정신, 단결력과 일체감, 스피드 등으로 집약되는 강대국 굴기 전략을 터득하고 실천해야 한다.

삼봉 정도전은 나라의 재상의 일에 대하여 통상적인 업무 외에 세 가지를 제시하고 있다. 첫째는 자신을 바르게 한다. 둘째는 임금을 바로 잡는 일을 한다. 셋째는 사람을 알아서 제대로 된 사람을 천거하고 그릇된 사람은 물리친다. (정도전, 박진훈 옮김, 『삼봉집』, 지식을 만드는 지식, 2009, 100~103쪽)

조선시대의 재상은 오늘날 직책으로 보면 통상 총리·부총리를 포함한 국무위원(장관), 차관급 이상 계급의 공직자라 할 수 있는데, 이들이 삼봉 선생의 충고를 제대로 들어 그 직책을 수행한다면, 우리나라가 상당 부분은 바로 설 수 있다고 확신한다. 안타깝게도 고위 공직자들의 현실을 보면, 많은 경우 삼봉 선생의 그런 가르침이 있는지조차도 모른다는 느낌이며, 설사 알고 있다 하더라도 존중하고 따르겠다는 생각이 없는 것 같다. 이제 통일을 이뤄야 하는 중차대한 시기이므로 국민 세금으로 살아가는 고위 공직자들의 환골탈태와 분발이 요구된다. 이 또한 국가의 기강을 바로 세우고 통일 역량을 키우는 중요한 일이기 때문이다.

국가 개조

『주역』에 궁즉변 변즉통 통즉구(窮則變 變則通 通則久)라는 구절이 있다. '다하여 막히면 변화를 추구하라. 변화하면 소통하게 되고 소통하면 오래도록 지속된다'는 뜻이다. 현대적 의미로는 기존의 법제 등이 여건 변화로 실효성이 없어지면 변화하고 개혁을 해야 지속가능하게 된다는 것이다. 국가도 마찬가지로 변화하고 개혁해야만 한다. (소이원, 『현대 한국병 진단과 처방-21세기 만언봉사』, 북랩, 2015, 19~20쪽)

임시정부 국무총리 대리 도산 안창호 선생은 1919년 상해에서 한국 개조에 대하여 자신의 신념을 말하였다. 안창호 선생은 "강산을 개조하면 농업, 상업, 공업 발달은 물론, 과학과 정신 분야도 발전하게 된다. 강산이 황폐해지면 그 민족도 약해진다."고 강조했다.

국가 개조 수준의 개혁을 통일 준비와 함께 추진해 나가야 할 때다. 유시민의 『대한민국 개조론』에서는 선도적 세계화, 인적자원 개발과 사회적 자본 확충을 대한민국을 구하는 장기 계획의 핵심 전략으로 설명하고 있다. 박세일의 『선진 통일 전략』에서는 국가 개조를 위한 세계화 전략, 자유화 전략, 공동체 전략과 국가리더십 전략을 4대 전략으로 제시하고 있다. 진보와 보수가 비슷한 국가 개조 전략을 주장하고 있어 흥미롭다.

국가 개혁과 관련하여, 일본은 1860년대 말 자본주의 도입 등 근대화와 부국강병 등 국가 개조를 적극 추진한 메이지 유신의 성공으로 1890년대 말에는 이미 세계 열강의 반열에 올라섰다.

데이비드 S. 랜즈 하버드대 경제학과 교수는 효율적인 중앙집권적 정부, 근대화에 대한 지도자들의 집단적 헌신, 책임감 있는 직업윤리 등이 일본의 근대화와 경제적 기적을 낳았다고 분석하고 있다. 특히 학교 교육에서 국가에 대한 의무감을 고취시키기 위해 '애국심을 발휘하는 가장 쉬운 방법은 일상생활에서 자신을 수양하고 가정에서는 올바른 질서를 도우며 직장에서는 자신의 책임을 완수하는 것이다'라고 국민들을 가르쳤다. 그는 이를 두고 막스 베버의 일본판 직업윤리라 할 만했다고 평가한다. (데이비드 S. 랜즈, 안진환·최소영 옮김, 『국가의 부와 빈곤』, 한국경제신문사, 2009, 563~593쪽 23장 '메이지 유신')

메이지 유신 당시 일본에는 행운이라 할 걸출한 인물들이 대거 등장했다. 메이지 일본의 건설자 요시다 쇼인, 근대 일본의 정부 시스템을 구축한 오쿠보 도시미치, 평화적 정권 이양을 꿈꾼 사카모토 료마, 일본 근대화의 아버지 후쿠자와 유키치 등이 그런 인물들이다.

반면 우리는 600여 년 전 1390년대 정도전이 역성혁명으로 민본주의를 근간으로 하는 조선을 건국하는 등 국가 개혁을 추진하다가, 부분적인 성공은 했지만 안타깝게도 태종 이방원에게 죽임을 당한다. 1500년대 말 이율곡 선생이 선조 임금에게 국가 개혁을 위한 상소를 올렸다. 율곡 선생은 "200년 역사의 나라가 지금 2년 먹을 양식이 없습니다. 그러니 나라가 나라가 아닙니다"라고 말한다. 그리고 다른 상소에서 율곡은 또 말한다. "오늘의 나라 형세는 마치 오랫동안 고치지 않고 방치한 낡은 집과 같습니다. 대들보에서 서까래에 이르기까지 썩지 않은 것이 없습니다. 다 썩어 붕괴할 날만 기다리는 그런 집과 오늘의 나라 꼴이 무엇이 다르다 하겠습니까." 그러니 대대적인 개혁을 즉시 추진하여 개선하지 않으면 10년이 되기 전에 반드시 환란이 일어날 것이며 즉각적인 국가 개혁을 추진할 것을 하소연한다.

1700년대 중반 이익 선생도 『성호사설』에서 "정치하는 사람들이 근본적인 문제를 고민하지 않아 문제. 쇳덩이를 용광로에 녹여 새 그릇을 만들어야 하나, 이들은 기존의 물건을 두들겨 다듬는 대장장이 짓만

한다"고 개탄하였다.

1800년대 초반에는 다산 정약용 선생도 "터럭 한 끝에 이르기까지 병들지 않은 것이 없으니, 지금 개혁하지 않으면 반드시 나라를 망치고 말 것이다"라고 조선의 현실에 대해 개탄하면서 『경세유표』를 저술해 국가 체제를 전면 개혁하여 나라를 새롭게 만들고자 했으나 실체적인 국가 개혁에는 크게 도움이 되지 못했다. 1880년대 중반 김옥균, 박영효, 홍영식 등 젊은 개혁론자들이 갑신정변을 일으켰으나 실패하여 3일 천하에 그치고 말았다.

박은식이 애석해 했듯이 갑신정변은 준비 없이 성급하게 추진했고, 행동이 잔혹해 위로는 임금의 신임을 얻지 못했으며, 중간 관료들의 지지도 못 받았고, 아래로는 민심을 잃었기 때문에 성공하지 못했던 것이다.

이삼성 한림대 교수도 갑신정변을 국제정치학적인 관점에서 냉정하게 평가하면, 청나라와 일본이라는 두 외세가 올무로 조선의 목을 죄는 상황에서, 내치에서는 내실을 기해 자기혁신하여 힘을 기르고 외치에서는 자중하는 가운데 암중모색해야 했으나, 서두르기만 했다고 말한다. (이삼성, 같은 책 2, 628~632쪽)

정도전, 이율곡, 정약용 등이 피를 토하는 듯한 각오로 절규한 국가 개조, 국가 개혁이 채택되지 않거나 후퇴하면서 조선의 국력은 물론 국민 정신도 돌이킬 수 없는 수준으로 약해진다.

김대중《조선일보》고문은 1972년 미국 닉슨 대통령의 말을 인용하였다. "코리안은 북이든 남이든 감정적으로 충동적인 사람들입니다. 우리 두 나라(미국과 중국)는 이런 충동성, 그리고 그들의 호전성이 우리 두 나라를 당혹하게 만드는 사태를 조성하지 않도록 영향력을 발휘하는 것이 중요합니다. 한반도가 우리 두 나라 간의 분쟁의 장이 되는 것은 어리석고 불합리한 일입니다. 한 번(6·25전쟁)이면 족합니다. 두 번 다시 일어나면 안 됩니다." 주은래는 이에 암묵적으로 동조하면서 남북한이 서로 접촉하도록 하는 것이 중요하다고 했고, 평화적 통일의 문제는 오랜 시간이 걸릴 것이라고 했다고 적고 있다. (조선일보, 2016. 3. 1. '1972년 닉슨과 주은래의 대화')

한마디로 힘을 존중하는 강대국의 생리, 그들 간의 막후 교섭 등 냉엄하고 무서운 국제정치의 현실을 보여주는 내용이다. 다행인 것은 100여 년 전 시어도어 루스벨트 대통령이 자신들을 위해 주먹 한 번 휘두르지 못했다고 우리를 책망한 이후 우리는 이를 악물고 힘을 길러 세계적인 경제 강국이 되었다. 45년 전 닉슨 대통령이 한반도 무력 충돌의 어리석음을 지적한 이후 우리는 남북 합의로 평화통일을 추구하고 있다.

조선이 망한 책임은 국력을 키우고 나라를 지키는데 소홀히 한 왕조 국가의 지도부에 있었음은 말할 필요도 없다. 여기서 우리는 "자기 나라는 자기 스스로 지키고 발전시켜야 한다"는 자강에 대한 뼈아픈 가르침을 다시 한 번 가슴 깊이 새겨야 한다.

이제부터의 국가 개조는 시대적 소명인 통일에도 큰 도움이 된다. 그러니 일본의 신진 개혁 세력 하급 무사들이 주도한 메이지 유신의 성공 요인을 철저히 다시 배워야 한다. 정도전 등 신진 사대부의 역성혁명, 이율곡의 국가 개혁 상소, 정약용의 국가 개혁론, 김옥균 등의 갑신정변 좌절 등 일련의 실패로부터 교훈을 얻어 죽을 각오로 국가 개조를 추진해야 할 것이다.

이런 국가 개조에는 건강한 한국을 만드는 정책도 중요하다. 양극화

문제, 고령화 문제, 청년 일자리 문제 등을 풀면서 건강한 한국을 만들어야 통일한국도 건강하게 만들 수 있기 때문이다. 더 이상 낭비할 시간이 없다.

근세 최고의 역사가 중 한 사람인 에드워드 기번은 그의 명저『로마제국 쇠망사』에서 "국가와 동포에 대한 로마 시민의 충성심은 교육과 신앙의 영향으로 대단히 견고하였다"고 말한다. 그러면서 "로마 제국의 기반이 견고했던 것은 그 구성원들 간의 일체감이나 연대가 특별하게 강했기 때문이다. 정복된 민족이 독립의 희망은 고사하고 그런 염원까지 버리고, 로마 시민이 되는 것을 기뻐하였다"고 덧붙인다. 로마의 정치체제도 자유 정신을 대표하는 시민 집회, 권위와 예지의 상징인 원로원, 행정을 관장하는 군주적인 집정관 등 3자 사이에 강한 일체감이 형성되었다. (에드워드 기번, 김영진 옮김,『로마제국 쇠망사』, 대광서림, 2003, 411~412쪽, 420쪽)

국가 개조를 통해 전성기의 로마처럼 국가에 대한 충성심과 일체감을 극대화하는 것도 통일을 이룰 수 있는 중요한 원동력이 될 것이다.

국력을 집중하는
능동적인 통일외교

외교가 중요해지고 있다. 평화를 위해서는 더욱 그러하다. 세계적인 국제정치학자 한스 모겐소 교수는 세계 평화를 위한 수단으로 세력 균형, 국제법, 군비 축소, 집단안전보장, 국제연합을 비롯한 세계정부 등 다양한 수단을 제시하고 있다. 하지만 그는 외교가 평화 보존에 실패하기도 성공하기도 하지만, 외교를 통한 설득·협상·압력·조정이야말로 세계 평화를 위한 최상의 수단이라고 결론을 내린다. (한스 모겐소, 이호재·엄태암 옮김, 『국가 간의 정치 2』, 김영사, 2013, 448~452쪽)

한반도가 해양 세력과 대륙 세력의 각축장이라는 우리의 지정학적 숙명론이 아니더라도, 통일을 추진하는 한국 최고지도자와 각계의 리더들은 신라의 김춘추, 고려의 서희 등 우리 조상들의 뛰어난 외교력 유전자를 이어받아 세계정세라는 큰 판을 읽는 안목과 외교적 역량을 키워야 한다. 예컨대 한반도에서 벌어진 강대국들의 싸움인 청일전쟁·러일전쟁·한국전쟁에 대한 이해는 물론, 1945년 제2차 세계대전 후 미국의 자본주의와 소련의 사회주의가 대립하며 형성된 냉전체제가 어떻게 와해되었으며, 1991년 소련의 붕괴와 2000년대 중국의 급부상으로 야기된 미국 오바마 정부의 아시아 회귀전략의 본질은 무엇인지 등에 대한 정확한 이해와 우리의 지혜로운 대처 방안이 있어야 한다.

통일외교의 핵심 열쇠는 바로 우리 한국이 쥐고 있다. 주변 강대국 간의 갈등은 물론, 동북아 발전, 통합과 평화를 이뤄내는 것도 우리가 할 수 있음을 보여준다는 각오로 통일외교를 해야 한다. 이런 기조하에 국민들의 통일 의지를 북돋우고, 국가의 통일 역량을 극대화하면서, 국력을 집중하여 정상회담 등 통일외교를 강화해 나가자. 사실 북한과의 교류협력을 선제적으로 전향적으로 확대하여 남북관계를 자주적으로 개선하는 것이 결국에는 주변국과의 통일외교를 능동적으로 추진하는 힘이 된다는 것을 명심하자. 주변 4강 외교, 특히 미국과 중국 양대 강국과의 통일외교가 미래 한반도 통일을 좌우할 정도로 중요하므로 외교력을 집중하자.

영국 케임브리지 대학 데이비드 레이놀즈 교수는 그의 책 『정상회담』에서, 한국의 분단과 관련된 이야기를 하고 있다. 1945년 여름 스탈린이 대일전쟁에 황급히 뛰어들어 전리품의 일부를 챙기려는 동안, 미국은 삼 팔선까지 남한 지역을 점령하는 선제조치를 취했다. 한반도 전체에 대한 합의안이 도출되지 않자, 미국은 남한 지역만의 총선을 밀어붙였고, 소련은 북한에 공산정권을 수립했다. 이렇게 이념이 다른 두 개의 경쟁적인 정부가 서로 한반도 전체의 통제권을 주장하다가 끔찍한 내전이 발생했다. 한반도는 오늘날까지도 그 전쟁의 후유증이 남아있다.

약 100년 전 조선의 멸망 때도 강대국의 국제관계가 우리를 돕지 못했고, 2차 세계대전 전후의 강대국의 국제관계도 앞에서 언급했지만 우리의 의지와는 관계없이, 분단의 비극과 6·25전쟁이라는 최악의 결과를 초래했다. 이는 우리의 약한 국력이 근본 원인이었다. 앞으로 한반도 통일외교에서는 다시는 두 번이나 겪은 치명적인 국제관계와 외교적 손실을 되풀이하지 않는다는 비장한 각오로 국력을 집중한 통일외교를 전개해 나가자.

평화통일연구소가 엮은 『G2시대 한반도 평화의 길』에서는 미국이 약해지고, 중국의 힘이 아직은 무르익지 않은 과도기적 시기인 이 시기야말로 남과 북이 자주 역량을 펼쳐 우리의 생명권, 평화권, 통일권을 일구어낼 평화통일의 최적기라고 강조한다. 이 결정적인 과도의 시기에 남과 북은 1972년 박정희 정부의 7·4 남북 공동성명, 1992년 노태우 정부의 남북 기본합의서, 2000년 김대중 정부의 6·15 남북 공동선언, 2007년 노무현 정부의 10·4 남북관계 발전과 평화번영 선언에서 합의한 민족 자주 평화통일이라는 민족사적 대업을 남북의 주체적 역량을 결집하여 추진하자고 한다.

다만, 이 책에서 미국의 쇠퇴를 기정 사실화하고 중국의 부상을 지나치게 강조하고 있는데, 이 점에 대해서는 브레진스키의 『거대한 체스판』과, 칼 라크루와와 데이빗 매리어트의 『왜 중국은 세계의 패권을 쥘 수 없는가』에서 주장하는 논거와 비교 검토해 보아야 할 것이다.

먼저 브레진스키는 말한다. "미국은 네 가지 결정적 영역에서 최고 강국으로 우뚝 서 있다. 군사적으로 미국은 경쟁상대 없는 세계적 힘을 지니고 있다. 경제적으로 미국은 세계 정상의 기관차이다. 기술적으로 미국은 첨단분야의 기술혁신에서 압도적인 주도권을 보유하고 있다. 문화적으로 미국은 전 세계 젊은이에게 경쟁상대 없는 호소력을 지니고 있다. 이 모든 것이 미국으로 하여금 다른 나라가 넘볼 수 없는 정치적 성과를 거두게 해주고 있다. 이 네 가지의 결합이 미국을 종합적인 의미에서 유일한 세계 초강국으로 만들어주고 있는 것이다." (Z. 브레진스키, 김명섭 옮김, 『거대한 체스판 : 21세기 미국의 세계전략과 유라시아』, 삼인, 2000, 43~44쪽)

칼 라크루와와 데이빗 매리어트는 중국의 낙관론을 31가지 근거로 반박하는데, 대표적으로는 3억 명의 극빈층과 농민공(농촌 출신 도시의 하층 근로자)이 잠재적 반정부군단이 될 수 있으며, 1억 명의 지나치게 나약한 외동아이들이 제2의 잠재적 반정부군단이 될 수 있다는 분석을 중국의 미래를 낙관적으로만 볼 수 없는 근거로 제시한다. (칼 라크루와, 데이빗 매리어트, 김승완·황미영 옮김, 『왜 중국은 세계의 패권을 쥘 수 없는가』, 평사리, 2011, 23~34쪽)

전 외교통상부 장관 윤영관이 그의 책 『외교의 시대』에서 지적했듯이 미국, 중국, 러시아, 일본 등 한반도 주변 4강은 세계 최강의 대국들이므로 이들을 상대로 대단히 어려운 과제인 통일을 이루기 위해서는 남한 내부부터 하나가 되어야 한다. 보수와 진보 등 이념 갈등, 여야 간 갈등, 세대 간 갈등은 사치이므로 적어도 통일 과제에 대해서는 초당적으로 단합하고 하나가 되어 한민족 웅비의 장기적 국가전략을 도출하기 위한 지혜와 역사의식, 사명감을 가져야 할 때다. (윤영관, 『외교의 시대』, 미지북스, 2015, 353~366쪽)

전 도쿄대 교수 다카하시 스스무는 독일 통일을 위해 적극적으로 뛴 지도자들의 활동을 담은 책 『분단종식의 통일외교』에서 통일외교는 힘들지만 적극적으로 추진해야 한다는 메시지를 준다. 최고지도자가 강력한 지도력을 발휘할 수 있도록 주도적으로 국내외 정치 환경을 만들어가야 하고, 뛰어나고 헌신적인 전문 인력과 조직이 통일외교와 정책을 뒷받침해야 한다. 최고지도자는 여야를 초월하는 정치·경제 분야의 지도자들과 지속적으로 소통하고 의견 수렴을 해야 한다. 통일 문제는 여야 구분 없이, 이념을 뛰어넘어 초당적으로 접근해야만 하기 때문이다. 진보적인 사회민주당 브란트 총리의 동방정책을 보수적인 기독교민주당 콜 총리가 적극 수용하고 활용하여 최종적으로 독일 통일을 완수한 것은 전형적인 초당적 접근의 승리다.

전 통일부 장관 이종석은 크게 보면 남북관계는 2000년 6·15 남북공동선언 이후 화해와 협력, 평화와 공동 번영이라는 궤도로 들어섰다고 본다. 그래서 평화와 통일을 향한 직접적이고 실천전인 프로그램을 만드는 등 형제에 대한 증오로부터 우리를 해방시키고, 화해와 나눔의 형제애를 지닌 민족으로 다시 태어나야 한다고 말한다. (이종석, 『한반도 평화통일론』, 한울, 2012, 3~6쪽)

이는 통일외교에서 우리가 반드시 염두에 두어야 할 마음가짐이라고 생각한다. 서울대 김병연 교수도 비슷한 생각을 가지고 있다. 김 교수는 《중앙일보》 평화 오디세이 릴레이 기고에서 "우리 민족이 하나가 되어 배려와 열림의 문화로 거듭나자. … 나눔과 포용의 마음을 품자. … 평화와 통일은 우리 시대의 소명이다"라고 말한다. (중앙일보, 2015. 10. 12.)

전 독일대사와 6자회담 수석 대표를 지낸 이수혁은 대한민국이 탄생한 이후 외교사적으로 우리에게 큰 의미를 갖는 사건을 세 가지로 꼽는다. ① UN, IMF, 서유럽연합, 유럽석탄철강공동체, GATT, 나토 등 국제평화와 발전을 위한 제도적 장치 ② 소련의 평화적 소멸 ③ 독일 통일이 바로 그런 외교사적 사건이다. (이수혁, 『북한은 현실이다』, 21세기북스, 2011, 148~149쪽)

여기에 하나를 추가한다면 1971년 닉슨 미국 대통령의 대중 문호개방을 들 수 있다고 본다. 미국과 중국의 화해는 냉전의 세력 균형을 바꾸어 놓았으며 동아시아의 정치 판도를 변화시켰기 때문에 1989년의 베를린 장벽 붕괴보다 더 엄청난 일이었다는 평가도 있다. (케네스 B. 파일, 이종삼 옮김, 『강대국 일본의 부활』, 한울, 2008, 525쪽)

미국과 중국의 화해는 결국 미·중·일 3국의 묵시적인 안보 협력을 통해 소련에 대항하는 구도를 만들었고, 이는 결과적으로 소련의 붕괴로 이어졌기 때문이다.

이수혁 대표가 언급한 3가지 외교적 대형 사건들은 다행히 한반도 평화통일과 통일외교에도 유리하게 작용하고 있다고 본다. 반면 미국과 중국 화해는 결과적으로 소련은 붕괴시켰지만 대신 중국의 강대국화를 가져왔고, 더 강해진 중국과 북한의 긴밀한 정치·군사 관계로 인해 현재까지는 통일에 불리하게 작용하고 있다.

독일 통일을 강력하게 지원했던 미국 부시 대통령처럼 우리의 필사적인 외교력으로 한반도의 통일을 적극 지원할 수 있는 강력한 세계 지도자들을 많이 만들어내야 한다. 독일 통일 당시 부시 대통령은 "독일 사람들이 나에게 통일 문제를 이야기할 때 눈에 눈물을 글썽이며 말한다"고 고르바초프에게 말했다는 것이다. (이수혁, 같은 책, 161쪽)

우리의 뜨거운 통일 열정이 그와 같은 통일외교를 이끌어야 한다.

윤영관 전 외교통상부 장관은 균형을 잃은 독일 빌헬름 2세 외교의 교훈을 들려준다. 독일의 명재상 비스마르크는 독일 통일을 이루고 유럽 중심국가로 자리매김하기 위해 영국과의 충돌을 철저히 피했다. 그러나 새로운 황제 빌헬름 2세는 비스마르크를 퇴임시키고 독일의 부상에 따른 자신감 덕분이었는지 영국과의 충돌을 두려워하지 않았다. 그래서

통일! 역사를 배우자

제1차 세계대전에 휘말리는 우를 범하고 말았다는 것이다. 통일외교에서 명심해야 할 외교 사례다. (윤영관 편저, 『한국외교 2020 어디로 가야하나?』, 늘품플러스, 2013, 74쪽)

고려 초기 서희의 외교력도 반드시 살려나가자. 당시 고려는 송과의 관계를 돈독히 하고 있었는데, 중국 북방 지역을 차지하고 남하하고 있던 거란이 고려의 항복을 요구하며 침입했다. 이때 적장 소손녕과 협상에 나선 서희는 거란이 대군으로 침공해 들어오지 않고, 국경 지역에서 교전을 하면서 항복을 종용하는 모습에서 거란이 협상론을 염두에 두고 있음을 직감했다. 서희는 중간에 위치한 여진족 때문에 거란과 교류가 어려웠다고 순발력 있게 주장했다. 즉 고려에게 여진족을 정벌하고, 성을 쌓으며, 교역로를 정비할 수 있도록 해준다면 거란과 교류가 가능하다고 주장했다. 거란은 고려의 화친 의사를 확인하고는 군대를 철수했다. 서희는 그 이후 여진족을 몰아내고, 그 자리에 강동 6주를 구축하였다. 한국 외교사에 돋보이는 절묘한 외교정책이었다. 전쟁을 치르지 않고 협상을 통해 고려와 거란의 평화를 이루어낸 서희의 뛰어난 외교력은 오늘날 분단 시대에 평화통일을 추구하고 있는 우리에게 매우 값진 유산이라고 할 수 있다.

와튼스쿨 MBA 교수 스튜어트 다이아몬드는 그의 책 『어떻게 원하는 것을 얻는가』에서 효과적인 협상 전략에 대해 말한다. 진짜 협상 전략이란 명확한 목표를 가지고 상대방의 마음을 이해하며 상대의 머릿속 그림을 그리고 상황에 맞게 점진적으로 접근하는 대처 방법이라는 것이다. 특히 어떤 상황에서도 평정심을 유지하고, 누가 옳은지 따지지 말고 목표에 집중하며, 인간적으로 소통하라고 충고한다. (스튜어트 다이아몬드, 김

태훈 옮김, 『어떻게 원하는 것을 얻는가』, 2011, 15~23쪽)

　이런 협상 전략은 일상생활이든 외교 협상이든 응용할 수 있다고 보며, 우리 외교관들이 항상 가슴에 새기고 통일외교 협상에 임했으면 한다.

북한 핵 문제 대응

북한 핵 문제 이전에 세계적인 핵무기 감축에 대한 이해가 필요하다. 냉전의 수위가 정점에 도달했을 때, 1986년 10월 11~12일 레이건 미국 대통령과 고르바초프 소련 서기장은 아이슬란드 레이캬비크에서 핵무기 감축을 위한 정상회담을 가졌다. 냉전체제가 시작되고 40년 만에 처음으로 두 강대국 정상이 지구상의 모든 핵무기들을 파기하기 위해 머리를 맞대고 노력했으며, 레이캬비크 정상회담은 냉전의 종말을 알리는 신호탄이 되었다.

　1986년 미국 레이건 대통령과 소련 고르바초프 서기장과의 레이캬비크 정상회담은 세계사를 바꾼 위대한 협정의 하나로서, 이 정상회담을 계기로 1987년 말 레이건 대통령과 고르바초프 서기장은 중거리 핵전력 협정에 서명했다. 사상 처음으로 모든 종류의 중거리 미사일들이 완전 파기되었으며, 소련은 1500기가 넘는 미사일들을, 미국은 약 400기의 미사일과 2000여 개의 핵탄두를 철거한 뒤 파기했다. 1991년 7월 조지 부시 대통령과 고르바초프는 전략무기 감축 협정에 서명했다. 이 조약의 기본은 레이캬비크 회담에서 마련된 것인데, 전략무기 감축 협정의 조약으로 미국과 소련의 핵무기들이 절반으로 감축되었고, 최소한 양국에서 5000개의 핵탄두들과 1600기의 미사일과 장거리 폭격기들이 파기되었다. (프레드릭 스탠턴, 김춘수 옮김, 『위대한 협상』, 말글빛냄, 2011, 327쪽)

소련의 고르바초프 당서기장도 그의 최후의 자서전『선택』에서 레이
캬비크 회담과 중단거리 미사일 폐기를 합의한 후속 조치는 현대사에서
가장 위대한 사건 가운데 하나라고 확신에 차서 말했다. 왜냐하면 그것
이 핵무기 감축의 토대를 닦았을 뿐만 아니라, 신뢰와 인류에 대한 도덕
적 의무감이 있다면 아무리 어렵고 복잡한 문제도 합의에 도달할 수 있
다는 것을 보여주었기 때문이라는 것이었다. (미하일 고르바초프, 이기동 옮김, 『미
하일 고르바초프 최후의 자서전-선택』, 프리뷰, 2013, 331쪽)

북한 지도층은 여전히 핵무기를 체제 유지와 생존에 필수적인 요소
라고 본다. 북한은 가능한 모든 수단과 방법을 동원하여 핵 보유를 인
정하게 하려고 한다. 그런데 우리는 북한 지도층의 그런 생각을 바로잡
아 북핵 없는 한반도 평화와 통일을 이루어야 한다. 이때 고르바초프가
확신했던 '신뢰와 인류에 대한 도덕적 의무감'이 남북한 양측의 지도자들
에게 발휘되기를 기원한다.

북한 핵 문제는 통일외교의 핵심 중의 하나다. 북한의 핵 문제에 대
해서는 조지 W. 부시 전 미국 대통령이 그의 책『결정의 순간』에서 많은
정보를 주고 있다. 부시는 2002년 북핵 문제와 관련해서 북한과 양자
협상을 하지 않고 중국, 한국, 러시아, 일본과 함께 공동전선을 펼치겠
다고 하면서 이렇게 말했다. "북한 문제를 풀기 위한 다자외교의 관건은
북한과 가까운 중국의 협조에 달려 있었다. 문제는 중국과 미국이 한반
도에 대해 서로 다른 이해를 갖고 있다는 것이었다. 중국은 안정을, 우
리는 자유를 원했다. 중국은 국경선을 넘어오는 북한 난민을 염려했고,
우리는 굶주림과 인권을 염려했다. 그러나 두 나라가 동의하는 부분은
김정일이 핵무기를 갖게 되면 어느 나라에도 이익이 될 수 없다는 것이었

다." 2003년 1월 부시는 중국의 장쩌민에게 북한이 핵 프로그램을 계속한다면 미국은 아시아에서 중국의 라이벌인 일본의 핵무기 개발을 막을 수 없다고 말했다. 나아가 부시는 2월에 장쩌민 주석에게 이 문제를 외교적으로 풀지 못하면 북한에 대한 군사 공격을 고려할 수밖에 없다고 전했다. 그로부터 6개월 뒤 6자회담이 베이징에서 열렸다. 2005년 9월 드디어 북한이 모든 핵무기를 파기하고 핵확산금지조약을 준수하는데 동의한 것이다.

2006년 북한이 역사상 최초로 완전한 핵실험을 하였다. 이에 유엔 안전보장이사회에서 6자회담의 5개국이 한목소리로 지지하는 가운데 북한에 한국전쟁 이후 가장 엄격한 제재를 가하는 결의안을 채택했다. 나아가 미국은 북한 은행 시스템에 대한 제재를 강화하였다. 압력이 효과를 발휘해서 2007년 2월 북한은 주요 원자로를 폐쇄하고 유엔 사찰단이 북한에 들어가 이를 확인하는데 동의했다. 그 대가로 5개국은 북한에 에너지를 지원하고, 미국은 테러 지원국 리스트에서 북한을 제외하기로 했다. 2008년 6월, 북한은 해외 TV로 방송되는 가운데 영변의 냉각탑을 폭파했다. … 그러나 북한 문제는 아직 해결되지 않았다. 단기적으로 6자회담이 김정일의 고삐를 쥐고 한반도의 비핵화를 유지하는 최선의 방법이라고 생각한다. 장기적으로는 북한이 의미 있는 변화로 가는 유일한 길은 북한 주민들이 해방되는 것이다. (조지 W. 부시, 안진환·구계원 옮김, 『결정의 순간』, YBM si-sa, 2011, 527~531쪽)

서울대 국제대학원 조영남 교수는 『중국의 꿈』에서 중국의 왕이 외교부장이 천명한 북핵 처리에 대한 3대 원칙(① 한반도의 평화와 안정의 유지 ② 한반도의 비핵화 ③ 대화와 협상 등 평화적 수단을 통한 문제 해

결)을 언급하고 있다. (조영남, 『중국의 꿈』, 민음사, 2013, 324쪽)

콘돌리자 라이스 전 미국 국무장관은 북한 핵 문제에 대하여 군사력을 동원하는 방법은 추천할 만한 것이 아니었다고 말한다. 무력을 동원한다면 의도하지 않은 부작용이 생길 수 있고, 한국에 돌이킬 수 없는 상처를 입힐 것이 분명하다. 북한 정권이 단시간 내에 한국의 수도 서울을 초토화할 수 있는 미사일 장비를 갖추고 있었던 것을 우려한 것이다. 미국의 강경파도 북한 전쟁에 대비한 군사작전이 있지만, 가능하면 무력을 사용하지 않는 것이 모두의 소망이기 때문이다. 대신에 다각적인 외교를 통해 기존 처벌 제재에 추가하여 미국, 한국, 일본, 중국, 러시아의 북한에 대한 제재 요구 사항을 통합하여 대응하는 것이 그래도 효과적이라고 한다. (콘돌리자 라이스, 정윤미 옮김, 『최고의 영예』, 진성북스, 2012, 919~920쪽)

헨리 키신저는 예전에 중국이 북한의 핵 문제는 미국과 북한의 문제라고 했다고 한다. 그러다가 최근에는 북한을 핵 보유국으로 인정하면 일본과 한국은 물론이고 베트남과 인도네시아와 같은 다른 아시아 국가들도 핵 클럽에 가입하려 하고 이는 아시아의 전략적 지평을 바꿔놓을 것이라는 판단하에, 중국은 북한의 핵 보유를 반대한다고 말한다. 마찬가지로 중국은 북한의 붕괴도 두려워한다고 평가한다. 그러므로 북한 문제는 미국과 중국이 기본적으로 협력해야 하고 미국, 중국, 일본, 러시아와 남북한 6자회담이 역할을 해야 한다고 말한다.

핵 미사일을 손에 쥔 김정은의 무모한 군사 도발을 억제하는 것이 대한민국의 안전을 위한 최우선 과제다. 사드(THAAD, 고고도 미사일 방어체계)의 한반도 배치는 중국을 포함해서 관련국들이 북한의 핵 미사일을 저지하지 못해서 불가피하게 고려하게 되었다. 중국이 반발하고 있지만 중국을 향하고 있지 않고, 사드는 북한의 핵 도발을 막기 위한 장치이므로 한국의 안보를 위한 권리라고 할 수 있다. 사드는 북한의 붕괴를 원하지 않고 도발도 바라지 않는 중국에 안정장치 역할을 할 수도 있다. 물론 사드 배치 문제는 한국과 미국 그리고 심지어는 중국까지도 충분히 소통한 후에 종합적인 국익에 합당한 방향으로 최종 결정되어야 할 사안이다. 사드를 한반도에 배치하지 않는다 해도, 중국은 자신의 전략적 이익을 침해한다고 사드 배치에 예민하게 반응하고 있으므로 우리는 중국을 움직일 유용한 수단을 하나 확보했다고 할 수 있을 것이다.

미국과의 통일외교

미국과의 통일외교 전략에 대해 말하기 전에 우선 조지프 S. 나이의 책 『미국의 세기는 끝났는가』에 대해 살펴보자. 결론부터 말하면, 조지프 나이는 미국은 앞으로 몇십 년 후에도 군사력, 경제력, 소프트 파워 등 총체적인 국력에서 초강대국의 지위를 지킬 것이라고 말한다. (조지프 나이, 이기동 옮김, 『미국의 세기는 끝났는가』, 프리뷰, 2015, 26쪽)

역사학자 니얼 퍼거슨이 21세기는 중국의 세기가 될 것이라고 했지만, 조지프 나이는 국력의 척도가 되는 군사력, 경제력, 소프트 파워 등 세 가지 면에서 중국은 모두 미국에 크게 뒤져 있다고 말한다. 먼저 경제력인데, 구매력 평가(ppp)로 산정하더라도 중국의 일인당 소득은 미국의 20% 수준이며 따라 잡더라도 수십 년은 더 걸린다. (같은 책, 80쪽)

첨단 장비를 대거 보유하고 있는 미국의 군사력은 중국의 10배나 된다. (같은 책, 90쪽)

문화와 정치적 가치와 대외적 정책으로 구성되는 소프트 파워 면에서

통일! 역사를 배우자

도 당분간 중국이 미국을 따라잡기 어렵다. 이런 이유로 중국은 아직은 세계를 지배할 만한 경제적·정치적 자원과 인적 자원을 가지고 있지 못하다고 말한다.

오바마 대통령의 외교정책을 보좌했던 토머스 도닐런 전 백악관 국가안보보좌관도 2014년 《중앙일보》와의 인터뷰에서 미국이 세계를 이끄는 강대국 지위를 유지할 것이라는 요지로 다음과 같이 말했다. "미국은 앞으로도 오랜 기간 세계를 이끄는 강대국 지위를 유지할 것이다. 가장 강한 군사력과 강한 경제력을 갖고 있고, 젊은 이민자들이 계속 밀려와 고령화·인구감소 우려가 없다. 높은 국가 신뢰도와 법치주의도 큰 자산이다. 열악한 공공 인프라와 장기 채무 같은 '부채'도 있지만 충분히 대처할 수 있다. 또 미국만큼 강력한 글로벌 동맹망을 가진 나라는 없다. 한국·일본·필리핀은 큰 자산이다. 반면 중국은 산업혁명 당시 유럽 국가들보다 10배나 빨리 성장했지만 최근엔 여러 가지 도전에 직면해 있다." (중앙일보, 2014. 9. 25.)

1989년 11월 베를린 장벽 붕괴 이후 독일이 추진한 통일외교는 우리에게도 많은 시사점을 준다. 독일 통일외교에서 큰 힘은 조지 부시 대통령의 미국이었다. 미국의 강력한 지원으로 독일은 영국과 프랑스의 통일 반대를 잠재울 수 있었다. 아데나워 총리 이후 독일이 일관되게 추진해온 친서방 정책의 결실이었다. 더구나 유럽안보협력기구, 유럽연합, 나토와 같은 다자 지역협력체제가 수립되어 있었던 것도 독일의 행운이었다. 우리 대한민국도 자본주의 제도를 채택한 이후, 한국전쟁 이후 지금까지 지속되고 있는 한미동맹이 제공한 튼튼한 안보 환경의 토대 위에서 경제 성장과 민주주의 발전이라는 엄청난 혜택을 누리고 있다. 통일외교도 그동안 형성된 한미 간의 신뢰를 저버리지 말고 미국과의 동맹을 유지해 나가야 할 것이다. 이는 뼈아픈 한국전쟁의 역사가 주는 값진 교훈이다. 다만, 장달중 교수 외 2인 공저『북미 대립』에서 조언하듯이, 자칫 국제정세의 변화를 면밀히 읽지 못하고 한미동맹을 과도하게 무조건 신뢰한다면 이는 국제사회에서 한국의 존재감만 약화시키는 역풍을 초래할 수 있음을 명심해야 할 것이다.

1950년 1월 미 국무장관 애치슨은 미국의 극동 방위선은 알류산 열도로부터 일본, 오키나와, 필리핀을 연결하는 선으로서 한국과 대만은 제외되었다고 선언하였다. 이른바 '애치슨 라인 선언'은 한반도를 미국의 방위선에서 제외함으로써 북한의 김일성과 소련의 스탈린에게 남침을 하더라도 미국이 개입하지 않을 것이라는 오판의 빌미를 제공했다. 하지만 미국은 자유 진영에 대한 공산권의 도전이 확산되는 것을 방지하기 위해 신속히 참전을 결정하고 응징에 나섰다.

1953년 휴전 후 체결된 한미동맹은 냉전 대결 상황에서 한반도의 전략적 가치를 미국이 인식하였기 때문에 가능했다. 세계적인 냉전은 종식되었지만 남북 간에는 여전히 냉전이 해소되지 않고 있고 핵무기 등으로 북한이 제기하는 안보 위협이 상존하고 있기 때문에 한미동맹은 유지되어야 하는 것이다.

이러한 한미동맹 유지 전략은 통일에서 일본의 협력을 도출하는 데도 매우 효과적이다. 가슴 아팠던 일제 지배를 생각하면 우리 민족의 감정상 일본과의 협력 강화가 참으로 힘들겠지만, 아베 수상이 이끄는 일본이 미국과의 협력과 동맹을 강화하고 있는 엄연한 현실에서는 국민감정보다는 국익을 생각하는 냉철한 이성을 발휘하여 일본과도 협력을 강화

통일! 역사를 배우자

해야 할 것이다.

　주변 4강이 대체로 현재 상태대로 한반도의 안정적인 세력 균형을 원하지만, 『외교의 시대』의 저자 전 외교통상부 윤영관 장관은 통일이 현실로 다가온다면 주변 4강 중에서는 미국이 한반도 통일에 가장 적극적일 것이라고 본다. 그 이유는 현재 남북한의 국력 격차를 볼 때 동맹국인 한국 주도로 통일이 될 가능성이 크고, 그렇게 될 경우 북한 핵 문제 등의 문제가 없어질 것이라고 전망하기 때문이다. 다만, 통일 후 미군을 북한 지역으로 배치하는 것은 중국이 크게 반발할 수 있으므로 바람직하지 않다고 본다.

　서울대 통일평화연구원에서 실시한 북한 주민의 통일 의식 조사에서조차도 주변 4강 중에서는 미국이 통일을 가장 적극적으로 희망하는 것으로 나타났다. 2015년 조사의 경우 통일을 원한다고 생각하는 비율이 미국 33.1%, 러시아 26.6%, 중국 14.4%, 일본 8.3% 순으로 조사되었다. (정은미, 김병로, 박명규, 최규빈, 『북한주민 통일의식 2015』, 서울대 통일평화연구원, 2016, 156~157쪽)

　이 조사 결과는 북한 주민들이 중국을 가장 친밀하게 생각한다고 믿지만, 막상 남북한 통일에 있어서는 중국이 미국보다 매우 소극적이라는 점을 북한 주민들이 피부로 느끼고 있다는 것을 잘 보여준다. 이러한 조사 결과도 우리의 통일정책에서 활용해야 할 중요한 정보다.

　통일연구원의 『평화통일을 위한 통일외교전략』을 보면, 실제로 공화당의 레이건·부시 대통령, 민주당의 클린턴·오바마 대통령에 이르기까지 미국 정부는 냉전 이후부터는 공식적으로 한반도 분단의 유지가 아닌 시장경제와 민주주의에 입각한 평화적 통일을 지지한다는 입장을 밝혀

왔다는 것을 알 수 있다. 다만, 미군을 한반도에서 철수하는 것은 통일 한국이 반일 감정의 영향으로 중국의 영향 아래로 들어갈 가능성이 있다고 보기 때문에, 미국은 주한 미군을 현재대로 남한에 계속 주둔시키기를 원한다.

미국과의 통일외교에서 우선 역점을 두어야 하는 것은 남북관계의 선제적 개선이다. 남북관계의 개선은 그 자체로 통일을 위한 자주적 노력인 동시에 통일을 위한 국제 환경의 구축이라는 효과도 있다. 그래서 남북관계 개선과 함께 교류협력을 확대하면서, 미국과 북한 관계의 개선에 우리가 전향적으로 역할을 해나가자.

프린스턴대 국제정치학 교수 애런 프리드버그는 중국과 미국 중 누가 아시아를 지배할 것인가를 분석하고 있다. 중국이 점점 더 강해지는 상황에서 미국은 아시아 지역에서 위상과 영향력을 유지하기 위해 일본, 한국, 오스트레일리아, 필리핀 등과 지속적인 유대를 강화하는 등 더 많은 노력을 기울여야 할 처지다. 아시아 지역은 세계에서 가장 역동적으로 움직이는 지역이므로 자칫하면 미국도 주변으로 밀려나서, 미국의 번영·안정과 자유의 전파를 바라는 소망이 훼손될 수도 있다는 것을 우려하고 있다. 때문에 이러한 상황을 활용하여 미국과의 유대 강화와 함께 남북관계의 선제적 개선을 병행하는 전략을 추진해야 할 것이다. (애런 프리드버그, 안세민 옮김, 『패권 경쟁 : 중국과 미국, 누가 아시아를 지배할까』, 까치, 2012)

중국과의 통일외교

중국과의 통일외교가 참으로 어려운 과제다. 우리나라의 대중국 경제의 존도가 미국과 일본을 합친 경제의존도보다 이미 더 커졌고, 중국이 아시아 지역의 패권국가로 떠오르고 있기 때문에 중국과 어떤 외교를 할 것인가가 미래 한반도 통일에도 결정적인 영향을 줄 것이다. 중국은 이미 명나라 때부터, 한반도가 대륙 세력과 해양 세력 사이에 위치하고 있으므로 중국의 방어에 있어서 조선의 보호가 핵심적이라는 인식을 하였다. 그래서 16세기 말 임진왜란 때 조선을 도와준 것이다. 20세기 중반 한국전쟁 때도 중국은 대규모 병력을 파견해 적극 개입하였다. 이는 여전히 한반도가 중국에 전략적으로 매우 중요하다는 것을 보여준다.

한양대 국제대학원 중국학과 문흥호 교수는 최근에 중국은 "자신이 원치 않는 일은 남에게도 하지 말라"는 공자의 가르침을 국제관계의 원칙으로 삼는다고 한다. (문흥호, 『중국의 대외전략과 한반도』, 도서출판 울력, 2006, 11쪽)

그리고 중국은 1992년 한중 수교 이후 일관되게 한민족의 염원을 존중하여 한반도의 자주평화통일을 지지하고 있으므로 이런 맥락하에서 중국과 통일외교를 펼쳐 나가야 한다고 주장한다. (같은 책, 102쪽)

칭화대 현대국제관계대학원장 옌쉐퉁은 2023년에 중국이 부상하여 미국과 세계 양대 강국 체제를 형성한다고 전망한다. 이는 1991년 소련 붕괴 후 유일한 초강대국 체제가 바뀌는 엄청난 변화라고 평가한다. (옌쉐퉁, 고상희 옮김, 『2023 : 세계사 불변의 법칙』, 글항아리, 2014, 47쪽)

한국은 미국과 중국 사이에 중립적 입장을 선택할 것이라고 본다. 2023년에 중국은 한국의 최대 경제협력 동반자일 뿐만 아니라, 정치적으로도 김대중·노무현 정부 시기의 수준을 되찾을 것이라고 전망한다. 북한은 더 이상 철저히 폐쇄된 국가가 아닐 것이며, 한국과 북한의 관계는 지금보다 개선될 것이라고 본다. (같은 책, 109~111쪽)

옌쉐퉁 교수는 북한의 붕괴를 바라지 않는 중국의 입장을 반영한 듯,

핵을 포기하지도 않을 뿐만 아니라, 무너질 것이라는 전망은 내놓지 않고 있다.

서울대 국제대학원 조영남 교수는 한국의 대북 관여(포용)정책은 중국의 적극적인 지지와 최소한 미국과 일본의 소극적인 지지는 얻을 수 있는 정책이라고 말한다. 반면 대북 봉쇄정책은 중국의 적극적인 반대와 미국과 일본의 유동적인 지지만을 얻을 수 있는 정책이다. 시간이 갈수록 대북 포용정책만이 주변 국가와 북한의 지지를 얻는 정책이 될 것이라고 본다. 한 걸음 더 나아가, 북한을 중국이 점령하지 않겠는가 하는 우려에 대하여 그는 중국이 북한을 점령하여 얻을 수 있는 이익은 거의 없는 반면, 손해는 매우 크므로 그런 주장은 현실성이 떨어진다고 본다. (조영남, 『용과 춤을 추자』, 민음사, 2012, 354~355쪽)

이런 관점을 가지고 대중 통일외교를 해나가야 할 것이다.

냉전기 중국이 방어적인 한반도 정책을 추진했다면, 1980년대 덩샤오핑이 개혁개방 정책을 본격 추진하면서부터는 한국에 대한 영향력을 강화시켜나가는 적극적인 한반도 정책을 추진하고 있다. 1992년 한중 수교도 이런 정책의 일환이었다. 한중 수교를 통해 한미동맹과 미군의 한국 주둔이 가진 잠재적 위협을 줄이고 한반도에서 일본의 입지 강화를 막으면서 중국의 영향력을 키우고자 했던 것이다. 이 정책은 성공해서 2014년 한국의 중국과의 교역량이 미국과 일본의 교역량을 합친 것보다 크게 되었다. 한중 FTA도 중국의 적극적 한반도 외교정책의 일환이다.

한편, 중국은 한국이나 미국과는 달리 통일한국이 대중국 포위망의 연결고리로 이용되는 것을 두려워하기 때문에 북한의 비핵화보다는 북한의 체제 유지 지원에 더 중요한 우선순위를 부여한다. 이는 국제적으

통일! 역사를 배우자

로 대북 제재가 진행되는 중에도 북한과의 경제협력이 심화되어 북한의 대중국 경제의존도가 2006년 50% 수준에서 2011년에는 90% 수준으로 크게 확대되었다는 데서도 잘 알 수 있다.

안드레이 란코프는 북한 유사시 중국의 개입에 대처하는 방법을 제시하고 있다. 중국이 한반도에서 지향하는 목표는 첫째, 안정 유지다. 북한 체제가 흔들리면 북한 난민 입국, 핵무기 확산 등으로 중국의 안정을 위협한다고 보기 때문이다. 둘째, 분단 유지다. 현재 상황에서 통일은 남한에 의한 흡수통일이라고 보고, 그럴 경우 압록강을 경계로 직접 미군과 맞서야 하기 때문이다. 셋째, 북핵의 불능화다. 이는 중국 자국의 안전을 위협할 수 있기 때문이다. 그래서 북한 체제가 흔들릴 경우 남한이 결연한 자세로 보다 적극적으로 이북이 대한민국 영토라고 주장하고, 이북 지역에 치안 유지와 경제 복구 등에 선제적으로 나서야 한다는 것이다. 이렇게 하는 것이 분단의 영구화를 피하고 남한 주도의 통일을 이루는 대중 외교의 관건이라는 것이다. (안드레이 란코프, 『북한 워크아웃』, 시대정신, 2009, 272~275쪽)

중국은 공식적으로 자주적이고 평화적인 한반도 통일을 지지한다. 자주통일은 미국 등 외세의 개입 없이 남북한 주민들의 합의로 통일하는 것을 의미한다.

이런 외교적 맥락에서 보면, 우리는 한반도 통일이 분단된 한반도의 지속보다는 중국에 더 유리할 수 있음을 설득해야 한다. 남북관계 개선을 추진하면서 동시에 북한보다 통일한국이 더 좋은 완충지대가 될 수 있다고 설득해 나가자. 김형오 전 국회의장도 한반도 통일은 남북 체제 안정이 선행되어야 한다고 하면서, 남북 간의 평화와 안정, 교류와 협력을 중국이 지지하므로 북한 체제의 안정을 위한 한국의 노력은 환영할 것이라고 전망한다. 장기적으로 한국 통일이 중국을 위협하거나 부담을 주지 않을 것임을 우리가 적극 외교를 통해 설득하자고 한다. (김형오, 『누구를 위한 나라인가』, 21세기북스, 2016, 187~192쪽)

또한 북한 지역을 개발하면 중국도 관심을 기울이고 있는 동북3성 지역의 경제 발전에 시너지 효과가 있을 것임을 설득한다. 그리고 한중일 3국 정상회담을 개최하여 동북아 자유무역협정(FTA)을 추진해서 동북아 지역을 협력과 통합의 경제공동체로 만드는 것이다. 안보 분야는 6자회담의 틀 안에서 동북아 다자안보 협력질서를 만드는 방안을 제시해서 협의하는 것이다. 그래서 궁극적으로는 유럽연합과 유사한 동북아 지역 공동체를 구축하는 것이다. 물론 이런 시도가 대단히 어렵겠지만, 중국의 한반도 통일에 대한 거부감을 없애는 하나의 대안은 될 수 있을 것이다.

세계적인 미래학자 존 나이스비트는 21세기 초에 일어난 전반적인 변화는 경제적 중요성이 서양에서 동양으로 옮겨간 것이라고 말한다. 이러한 경제적 중요성의 이동이 두드러진 사건으로 동아시아 경제의 75%를 차지하는 중국, 일본과 한국이 2008년 12월 일본 후쿠오카에서 역사상 처음으로 3국 정상회담을 개최한 것을 꼽는다. 존 나이스비트는 세 국가가 역사적 문제를 뒤로 하고 협력 관계를 형성한 것은 상당히 의미심장한 일이라고 평가한다. (존 나이스비트, 도리스 나이스비트, 안기순 옮김, 『메가트렌드 차이나』, 비즈니스북스, 2010, 269~270쪽)

한중일 3국 정상회담은 매년 개최될 예정이었는데, 우리는 이 3국 정상회담을 중국과의 소통을 강화하면서 한반도 평화통일을 촉진하는 기폭제로 활용해야 할 것이다.

중국에 떠도는 수십만 명의 탈북자들에 대해서도 이제는 북송하지 말라고 중국에 소극적으로 대처할 게 아니고, 한국으로 데려오겠다고 적극적으로 중국과 외교 협상해야 한다. 앞으로 그들이 남한 주도의 통일에 기여하는 통일 동지가 될 수 있도록 반드시 데려와야 한다. 박세일 서울대 명예교수의 《조선일보》 인터뷰에 의하면, 국내 2만 7000명에 달하는 탈북자, 수십만 명의 중국을 떠도는 탈북자, 북한으로 생활비 등을 송금하고 있는 조선족 50만 명 등을 대상으로 조직적으로 사상전·홍보전을 펼쳐 남한에 대한 희망의 메시지를 주면 통일에 큰 도움이 될 것이라고 한다. 그러면 이러한 메시지가 2500만 북쪽 동포들의 무기가 되어, 그들이 내부로부터 지도부를 대상으로 개혁과 개방을 요구하는 거대한 동력이 될 수 있을 것이다. (조선일보, 2016. 2. 13.)

송경헌 동서경제연구소 수석연구원도 중국이 북한 체제의 안정을 위해 탈북자들을 난민이 아니라 불법으로 국경을 넘은 사람으로 취급해 북한으로 돌려보내고 있지만, 중국과 한국이 협의하여 한국 정부가 탈북자를 받아들이는 조건으로 탈북자에게 난민 자격을 부여하는 방안을 검토해 볼 수 있다고 말한다. 이런 방안은 북한에 대한 강력한 제재조치가 되어 김정은 정권의 교체로 이어질 수 있다. 탈북자들을 한국이 받아주면 중국으로서도 동북3성에 대한 사회경제적 불안 문제가 해결될 수 있게 된다. 더구나 한반도가 통일이 되면 중국의 랴오닝 성, 지린 성, 헤이룽장 성 등 인구 1억 1000만 명이나 되는 동북3성의 경제가 크게 활성화될 수 있어 중국의 국익에 더더욱 도움이 될 것이다. 중국은 북한 핵문제 해결과 동북3성 경제 활성화라는 두 마리 토끼를 함께 잡을 수 있

게 된다. (송경헌, 『통일경제 빅뱅』, 지식공감, 2015, 186~188쪽)

한반도 통일과 중국·대만 양안 통일을 동시에 성사시키는 방안도 고려해 볼 수 있겠다. 물론, 미국이 대만을 포기하게 만드는 것은 중국이 미국과의 외교를 통해 해결하는 것을 전제로 실현 가능성이 있을 것이다.

중국에서 아직은 소수지만 '핵무기를 포기하지 않는 북한을 포기하고 한반도의 통일을 적극 추진하여 통일된 한국과 협력하는 것이 중국의 국가이익에 부합된다'는 주장도 있다. 이런 틈새를 파고 들자. 중국 공산당 중앙당교 기관지인 학습시보 부편집인 덩위원은 "북한의 핵무기 보유가 중국의 안보를 위협하며, 중국의 발전에도 방해가 되기 때문에 반대한다"고 말하는 것이다.

일본과의 통일외교

브레진스키 등 많은 국제전문가들은 한국과 일본의 진정한 화해가 통일에 도움이 된다고 한다.

일본헌법은 평화헌법으로 불리는데, 이는 제9조 때문이다. 제9조 1항은 "일본 국민은 정의와 질서를 기초로 하는 국제평화를 성실히 희구하며, 국권의 발동으로서의 전쟁과 무력에 의한 위협 또는 무력행사는 국제분쟁을 해결하는 수단으로서는 영구히 포기한다"고 규정하고 있다. 2항은 "전항(前項)의 목적을 달성하기 위하여 육군·해군·공군 그 밖의 전력은 불보유, 국가의 교전권은 불인정한다"고 되어 있다. 강대국 일본의 부활을 내세우는 아베 정부가 이 헌법 조항의 개정을 추진하고 있는데 그 결과에 따라 한반도 통일은 물론 아시아와 세계 정세에 큰 영향을 줄 수 있기 때문에 많은 국가들이 예의 주시하고 있다.

일본 경영의 신이라 불리는 마쓰시타 고노스케는 그의 책 『해야 할 일은 해야 한다』에서 "사람으로서 당연히 해야 할 일, 당연히 노력해야 할 일, 당연히 완수해야 할 일, 당연히 생각해야 할 일, 그리고 당연히 책임져야 할 일은 어느 시대의 어떤 사람이든 당연히 받아들여야 한다"고 말한다. 한반도 평화체제 구축과 통일을 위해서는 한국과 일본의 협력이 절대적으로 필요하다. 이것은 이 시대 우리 한국인들이 반드시 해야 할 일이다.

통일외교에서 가장 중요하고 영향력이 있는 미국의 세계 전략은 일본에 더 적극적인 안보 역할을 맡기는 것이 목표이므로 우리의 일본과의 통일외교는 더더욱 중요해진다. 북한 핵 문제에 대한 국제 공조, 북일 수교 과정에서의 한일 협력은 북한을 평화적으로 관리하면서 개혁개방을 통해 국제사회에 편입시킬 수 있는 방안이다. 한일 간에는 국민감정상의 문제가 있지만, 한국의 일본과의 통일외교에서는 프랑스와 독일의 화해와 협력의 외교관계를 눈여겨 보아야 한다. 독일과 프랑스 사이는 전쟁과 평화, 상호 간 승리와 패배로 점철된 역사였다. 1800년대 초 프랑스 나폴레옹은 독일을 점령했다. 1870년 독일 비스마르크는 프랑스와 싸워 이겨서 파리 베르사유 궁전에서 독일 제국 선포 행사를 했다. 제1차, 제2차 세계대전에서도 서로 원수처럼 싸웠다. 그럼에도 불구하고, 제2차 세계대전 후 프랑스와 독일(당시는 서독)이 손을 잡고 유럽석탄철강공동체를 만들었다. 이것이 모태가 되어 오늘날 하나의 유럽을 위한 유럽연합(EU)으로 나아가고 있다.

국제전문가들은 우리나라는 미국과 중국의 협력을 선호하지만, 일본은 미국과 중국의 갈등을 선호한다고 한다. (김재철, 『중국, 미국 그리고 동아시아 :

신흥 강대국의 부상과 지역 질서』, 한울아카데미, 2015, 286쪽)

더구나 북한 문제가 해결되지 않으면 한국은 중국과의 갈등을 불사하기 더욱 어렵다고 본다. 동아시아는 미국의 주도권 유지와 중국의 위상 강화 정책 간의 갈등, 위에서 본 한국과 일본의 견해 차이, 중국과 일본의 힘겨루기 등 갈등이 불가피할 것으로 보인다.

이러한 동아시아의 갈등 구조하에서도 우리는 한일 관계를 동아시아 태평양 지역과 세계의 평화 차원에서 발전시켜 나가야 한다.

일본은 한반도의 평화통일이 어렵기 때문에 평화롭게 핵이 없는 상태에서 현상 유지되는 것을 기본적으로 원한다. 이 전략은 남한과의 관계를 돈독하게 하고 단계적으로 화해를 추구하는 정책을 장려하면서 위기를 억제하길 희망하는 미국의 전쟁 억지정책에 부합하는 것이기도 하다. (케네스 B. 파일, 이종삼 옮김, 『강대국 일본의 부활』, 한울, 2008, 561쪽)

하지만 한일 양국은 미일동맹과 한미동맹을 기축으로 미국과의 동맹을 강화하면서, 서로 연대하고 협력하여 동북아시아에서 미국과 중국의 갈등을 완화하는 방향으로 외교력을 모으고 동북아의 평화를 유지해야 할 것이다. 그러면서 한중일 정상회담을 정례화하여 한중일 삼국 협력을 강화해나가야 할 것이다. 이런 방향으로 외교를 추진하면 한반도 통일에 일본이 노골적으로 반대하는 상황을 피할 수 있을 것이다. 그리고 일본이 원하는 대로 통일한국이 적어도 당분간은 미국과의 동맹을 유지하고, 주한미군이 한국에 계속 주둔하도록 해나가자. 그러면서 통일 후 북한 개발과 동북아 개발에 일본과 협력하여 궁극적으로는 동북아 경제 협력 공동체로 나아가는 것이다.

북한은 중국과 함께 일본을 위협할 수 있는 동북아시아의 또 다른 핵 보유국인 데다가, 무모하고 악명이 높다는 점을 일본은 인식하고 있다. (리처드 C. 부시, 김규태 옮김, 『위험한 이웃, 중국과 일본』, 에코리브르, 2013, 477~478쪽)

　일본과의 통일외교에서는 일본이 우려하는 북한 핵무기 위협에 대한 한일 공동 대처가 필요하다. 이를 위해서는 북한 미사일과 핵 문제로 전면 중단된 북일 정상회담 등 북한과 일본과의 관계 정상화에 힘을 쏟아 나가자. 일본이 한반도와 동북아시아에서 영향력 확대에 관심이 있는 만큼 북한과 일본의 경제협력도 진전시켜 나가자. 동아시아의 안보와 안정성과 평화공존을 보장하는 것이 남북한 통일의 국제적 장애요소를 능동적으로 제거하는 것이다. 이런 관점에서 보면 일본의 북한과의 경제협력을 포함한 동아시아 경제협력은 한반도 평화와 통일 문제에서도 중요한 역할을 할 수 있을 것이다.

러시아와의 통일외교

러시아는 20세기에 두 차례의 커다란 혁명을 겪었다. 첫 번째는 1917년 레닌의 사회주의 혁명이었고, 두 번째는 1985년 고르바초프의 집권으로 시작되어 옐친과 푸틴으로 이어진 자본주의 혁명이었다. 러시아는 100년도 되지 않아 사회주의와 자본주의라는 상이한 두 체제를 경험한 나라가 되었다. 특히 사회주의 종주국으로서 미국과 군비 경쟁 등 세계의 패권을 다투다가 패배하여 결국 경쟁국인 미국의 자본주의 체제를 수용하게 된 러시아의 독특한 경험을 북한과 통합을 이룰 때 적극 활용해야 할 것이다.

　러시아는 스스로를 중요한 강대국으로 보는 역사관을 갖고 있으며, 최근 러시아의 외교정책은 경제 분야에 중점을 두고 있다. (리처드 하스, 장성

민 옮김, 『미국 외교정책의 대반격』, 김영사, 2005, 168~169쪽)

미래예측 전문가 조지 프리드먼은 2010년 앞으로 10년 후에는 러시아가 엄청나게 부유한 국가로 부상한다고 한다. (조지 프리드먼, 손민중 옮김, 『100년후』, 김영사, 2010, 160쪽)

1990년 한국과 러시아가 외교관계를 수립한 이후, 러시아는 남한과는 경제협력을 추진하고 북한과는 정치적 유대관계를 강화하고 있다. 특히 러시아는 푸틴 대통령이 동방정책을 국가 비전으로 제시하고, 시베리아 개발과 동북아시아 진출을 적극 원하고 있다. 러시아는 사회주의에서 시장경제로 체제 전환의 경험도 가지고 있어 북한의 체제 전환 과정에서 당면할 제반 문제에 대하여 우리에게 경험과 지혜를 줄 수 있다. 더구나 러시아는 지금은 한반도에 대한 영토 욕심도 없어 보인다.

러시아는 한국에 대해 중국이나 일본처럼 위협적이지도 않고 기술과 자본력과 인적 자본까지 보유한 매력적인 국가로 인식하고 있다. (윤영관, 『외교의 시대』, 미지북스, 2015, 254쪽)

더구나 세계 경제의 중심이 동아시아로 이동하고 있는 상황이므로 한국은 협력 파트너로 안성맞춤인 나라다. 이런 시대적인 상황을 러시아와의 경제협력 강화는 물론 통일외교에 지렛대로 적극 활용해 나가자.

러시아는 한반도가 통일된다 하더라도 일본이나 중국처럼 크게 우려하지 않을 것이다. 오히려 러시아가 원하는 극동 시베리아와 동북아시아 개발을 위해서는 통일한국이 경제협력 파트너로서 최적격이라고 설득해나가자. 남·북·러 철도 및 가스관 연결사업 등 남한과 북한 및 러시아 삼각협력을 성사시켜 러시아가 한반도 통일의 큰 수혜국가가 될 수 있다는 생각도 가지게 하자.

통일! 역사를 배우자

박근혜 대통령이 제시한 '유라시아 이니셔티브'를 구체화하여 러시아와의 통일외교에 임하자. 즉, 부산-북한-러시아-중국-중앙아시아-유럽을 관통하는 '실크로드 익스프레스'를 실현하고, 전력·가스·송유관 등 에너지 네트워크를 구축해 나가자. 러시아는 한반도 통일이 러시아 국익에 합치할 수 있다는 인식을 하고 있다. 남북한 주민들 간의 합의에 의한 한국인 주도의 통일을 희망하고 있고, 중국보다 더 적극적으로 한반도 통일을 바라보고 있다. 러시아는 북한의 핵 보유가 일본·한국·대만 등의 동아시아 주변 국가는 물론 인도네시아·베트남·말레이시아 등 동남아시아까지도 핵무기 개발을 부추길 가능성이 있다는 것을 우려하여 반드시 북한의 핵 보유를 저지하고 예방해야 한다는 입장이다.

이런 점에서 한국과 러시아의 관계는 상호협력의 잠재적 가능성을 크게 보유하고 있으므로, 러시아의 시베리아 개발과 동아시아·태평양 진출 목표를 우리 한국의 외교·경제 목표와 연결시켜 더욱 적극적인 러시아와의 외교를 추진해 나가자.

인도와의 통일외교

1947년 독립 후 인도 정부는 국가 주도로 경제를 운영해왔지만, 1991년 금융위기를 겪게 되자 정권의 생존을 위해 자유시장 개혁을 단행하였다. 정부 독점의 경제는 깨졌고 민간 부문은 자유화되었다. 교역과 외국자본 투자는 전례 없는 수준으로 증가하였다. 그래서 최근에는 인도의 신흥기업가들이 인도를 미래의 경제대국으로 이끌어가고 있다. 현재 인도 지도층은 정부가 달성하지 못한 경제 성장을 시장은 달성할 수 있다는 점을 그 어느 때보다도 더 확신하고 있다. (이언 브레머, 차백만 옮김, 『국가는 무엇

을 해야 하는가』, 다산북스, 2011, 170~171쪽)

브레진스키는 기존의 선진 7개국(G7; 미국, 일본, 독일, 프랑스, 영국, 이탈리아, 캐나다) 외에 러시아, 중국, 인도를 포함한 선진 10개국이 되면 유라시아의 정치와 경제 문제를 협의하는 중요한 계기가 될 것이라고 주장한다. (Z. 브레진스키, 김명섭 옮김, 『제국의 선택 : 지배인가 리더십인가』, 황금가지, 2004, 186쪽)

국제문제 전문가 리처드 하스는 미국은 세계에서 가장 큰 인구를 가진 나라가 될 인도를 사실상 열강의 하나로 인정하여 유엔의 안보리 상임이사국을 진출을 지지해줄 필요가 있다고 주장한다. (리처드 하스, 장성민 옮김, 『미국 외교정책의 대반격』, 김영사, 2005, 175쪽)

이러한 움직임들은 인도의 정치·경제적 위상이 급성장하고 있음을 말해준다.

인도는 중국과 함께 공동집단으로서는 국제적 영향력 면에서 2030년경에 유럽과 일본, 러시아를 앞지르기 시작할 것이다. 2030년 이전에 세계 최대 경제대국이 예상되는 중국은 인도보다 우위를 유지할 것으로 전망되지만, 두 국가 간의 차이는 2030년경에 좁혀지기 시작할 것이다. 경제성장률이 높아지고 있는 인도는 2030년에 현재의 중국처럼 떠오르는 경제강국이 될 것이다. (미국 국가정보위원회, 윤종석·김소정·이경진 옮김, 『글로벌 트렌드 2030』, 영림카디널, 2013, 70~71쪽)

한반도 주변 4강 외교 외에, 세계 최대의 민주주의 국가이면서 떠오르는 경제대국인 인도와도 통일외교를 강화해야 할 것이다. 이준규 전 인도대사는 4강 외교를 넘어 인도를 포함한 5강 외교로 범위를 넓혀야 한다고 주장한다. 인도는 미국과 함께 중국을 포위하는 형국이며, 러시아와 함께 한국의 외교적 입지와 선택의 폭을 넓혀줄 수 있다. 더구나 미국 국가정보위원회가 2025년경부터는 국제질서가 미국 외에도 중국, 인도, 러시아 등이 강대국으로 부상하여 다극화될 것으로 전망하는 만큼, 한반도 통일외교에서 기존 미국과 중국의 양대 축 외에 인도와 러시아를 하나의 축으로 삼는 방안도 검토하자.

인도 집권층은 경제 현대화가 인도가 선진강국이 되는 길이라고 인식하고 있으며, 인도 국민들도 경제 현대화에 기본적으로 공감하고 있다. (알렉산드르 딘킨, 김현택·이상준 옮김, 『글로벌 전망 2030』, 한국외국어대학교 출판부, 2012, 412쪽)

그러므로 2030년 세계 3위의 경제대국으로 도약할 것으로 예상되는 인도와의 경제외교 강화는 중국에 지나치게 의존하고 있는 한국 경제의 시장 위험을 분산시킬 수 있고, 인도와 경쟁국인 중국에 대한 견제 역할을 할 수 있으므로 아무리 강조해도 지나치지 않다.

더구나 2015년 1월 인도의 공화국의 날 기념식에 미국 오바마 대통령이 참석하여 정상회담을 하는 등 과거 소련으로 기울던 인도가 이제는 미국 등 자유주의 서방세계와 더 가까워지고 있는 시대적 상황도 우리가 통일외교에서 인도를 적극 활용할 수 있는 요인이 되고 있다.

끊임없는 교류협력 등 철저한 통일 준비

다양한 채널로 자유, 시장, 민주주의 전파

니얼 퍼거슨 하버드대 역사학과 교수는 "100년 전 서양은 세계를 지배했다. 100년 동안 유럽 제국들끼리 서로 죽고 죽이는 전쟁을 거듭한 뒤, 서양은 더 이상 세계를 지배하지 못하게 되었다"고 말한다. (니얼 퍼거슨, 이현주 옮김, 『증오의 세기 20세기는 왜 피로 물들었는가』, 민음사, 2010, 829쪽)

자크 아탈리는 인류는 세기를 거듭하면서 개인의 자유를 다른 어떤 가치보다 최우선에 두기 시작했다고 말한다. 인류의 역사는 곧 권리를 지닌 개인 출현의 역사와 다르지 않다. 개인의 자유 확대는 시장과 민주주의를 탄생시키고 확산시켰다. 미래 세계도 시장과 민주주의가 좌지우지할 것이라고 말한다. (자크 아탈리, 양영란 옮김, 『미래의 물결』, 13~14쪽)

세계적 석학들의 분석과 예측대로 아시아의 시대, 태평양의 세기가 오고 있다. 서양의 쇠퇴에서 보듯이 100년이면 세계사도 크게 바뀐다. 결국 자본주의와 민주주의 체제를 채택하고 있는 남한이 주도하여 한반도 통일을 이룰 수 있는 절호의 기회가 오고 있으므로 정말 철저한 준비를 해야 한다. 독일 사민당 브란트 총리가 '접근을 통한 변화'와 '작은 발걸음 정책'을 내세우고 추진한 동방정책처럼 우리도 어떤 상황이 발생하더라도 지속적인 대화와 교류협력을 추진해 나가자. 독일은 1972년 동서독 기본조약을 체결하여 경제, 과학, 기술, 통신, 문화, 스포츠, 환경보호 분야 등 비정치적인 분야의 교류를 수십 년간 추진해왔다. 이러한 지속적인 교류협력이 독일 통일을 이룬 견고한 토대가 되었다.

한국 경영학의 구루로 불리는 윤석철 전 서울대 교수는 그의 역작 『삶의 정도』에서 "목적함수를 최대한 빨리 달성하기 위해서는 눈에 보이는 최단 경로를 버리고 더 효율적인 길, 우회로로 가야 한다"고 말한다. "우회로에서 목적함수를 최단시간 내에 달성하기 위해서는 그에 적합한 수단매체를 축적하는 우회축적의 전략이 필요하다"고 덧붙인다. (윤석철, 『삶의 정도』, 위즈덤하우스, 2011, 263~268쪽)

인내심을 가지고 추진하는 남북한의 지속적인 교류협력은 보기에는 느려 보여도 한반도 통일을 가장 빨리 달성할 수 있는 우회로가 아닌가 하는 생각을 해본다.

우리도 독일의 동방정책을 본받아 1989년 보수정부인 노태우 정부 때 여야가 합의로 채택하여 수립한 '민족공동체 통일 방안'에 명시된 대로 남북 간의 교류와 협력을 통해 민족공동체를 회복·발전시키고 이를 바탕으로 정치적 통일이 이뤄질 수 있는 상태를 만들어 나가야 한다. 진보정부인 김대중 정부와 노무현 정부가 보수정부의 합의에 따라 교류협력을 추진하다가, 다시 보수정부인 이명박 정부와 박근혜 정부에서 교류협력이 주춤해졌다. 무슨 일이 있어도 다시 교류협력을 위한 돌파구를 찾아야 한다. 이것이 이 시대를 살아가는 우리 한민족의 가장 기본적인 미션이요 책무다.

한반도에서 아직 냉전이 종식되지 않고 있는 것은 주변국의 방해 때문이라기보다는 남북대결 구도 때문이라고 본다. 분단을 극복하지 못한 일차적인 책임은 우리 남북한에 있다. 한반도 통일은 남북 간의 긴장완화가 핵심인데, 남북한의 지도부는 독일의 경우를 거울 삼아 남북관계를 긴장완화 방향으로 주도적으로 노력해야 하고 필요시 주변국들의 지원을 요청해야 할 것이다.

교류협력을 통해서 자본주의 시장경제의 장점을 북한에 전파하는 것도 우리 남한의 중요한 과제다. 우리는 널리 인간을 이롭게 한다는 홍익인간의 자랑스러운 건국 이념을 가지고 있다.

북한은 착취적 경제제도와 착취적 정치제도를 채택해 북한 동포들을 가난이 득실거리는 경제재앙의 구렁으로 몰고 갔다. 남북한 모두 해방 이전에는 가난했지만, 불과 반세기 만에 시장경제와 사유재산제도를 근간으로 하는 자본주의 체제인 포용적 경제제도를 채택한 남한이 북한보다 10배 이상이나 잘사는 나라가 되었다. (대런 애쓰모글루, 제임스 A. 로빈슨, 최완규 옮김, 『국가는 왜 실패하는가』, 시공사, 2012, 115~117쪽)

남한과 북한의 경제적 격차가 이렇게 큰데도 불구하고 북한은 인민이 착취당하던 낡은 제도를 뒤엎고 새 세상을 세웠다고 거짓말한다. 하지만 오늘날 북한 인민들은 오히려 20세기 초반의 착취제도가 차라리 낫다고 푸념한다. 그래서 북한 출신 동아일보 주성하 기자는 북한의 5대 혁명가극 중 최고로 꼽히는 「꽃 파는 처녀」의 마지막 부분 대사 "천대받는 인민들아 일어나서라. 죄악의 이 세상 뒤집어엎자"는 메시지를 전해 준다. (동아일보, 2016. 5. 12. 북 해외식당 '꽃파는 처녀'들의 서글픈 운명)

북한이 1930년대를 배경으로 내세운 이 선동 구호는 그들의 정책 실패로 부메랑이 되어, 오히려 인민을 착취하고 억압하는 주체가 되고 있는 오늘날의 북한 정권을 겨냥한 혁명 선동이 되고 있다.

인류애와 홍익인간의 정신을 구현하기 위해서도 교류협력을 통해 남한의 시장경제 제도를 북한이 자연스럽게 학습하도록 해야만 한다. 이는 일부에서 불필요하고도 지나칠 정도로 걱정하는 통일비용을 줄이는 길이기도 하다.

탈북교수 김현식은 2007년 예일대 초빙교수로 있으면서 쓴 그의 책 『나는 21세기 이념의 유목민』에서 자기 소원은 북한 동포들이 단 하루라도 사람답게 살게 하는 것이라고 하면서, 중국이 개혁개방 정책으로 크게 발전한 것을 알고 있는 김정일에게 북한을 개방하는 결단을 내리라고 촉구한다. (김현식, 『나는 21세기 이념의 유목민』, 김영사, 2007)

북한이 바로 자유시장경제 제도를 채택하기는 어려울 것이다. 하지만 모든 독재정부들이 자유시장경제 제도를 채택해야만 국제무대에서 경쟁이 가능하다는 점을 깨닫고 있다. 그런데 경제 성장이 승자와 패자에 대한 결정을 시장에만 맡겨둔다면 오히려 시장에서 창출된 부가 자신들의 정치권력을 위협할 수도 있음을 알았다. 그래서 독재정부들이 고안해 낸 것이 바로 국가자본주의다. (이언 브레머, 차백만 옮김, 『국가는 무엇을 해야 하는가』, 다산북스, 2011, 13쪽)

중국, 러시아, 인도, 브라질, 멕시코, 인도네시아, 베트남, 이집트 등 많은 국가들이 국가자본주의 제도를 통해 경제를 발전시키고 있다. 북한이 적어도 국가자본주의는 채택할 수 있도록 분위기를 만들어 나가자.

서울대 김병연 경제학과 교수는 북한의 시장화에 대하여 세 가지 가능성을 제기한다. 첫째, 모든 권력을 동원하여 시장의 철폐를 시도한다.

둘째, 관리 가능한 시장화를 지향한다. 셋째, 시장을 방임한다. 나아가서는 시장을 제도화한다. 김정은 정권이 핵과 경제 병진정책을 펼치고, 중국과 베트남 같은 개혁과 개방정책을 아직 추진하지 않고 있는 것을 보면, 현재 북한은 관리 가능한 시장화를 지향한다고 하겠다. 다만, 일반적으로는 정부의 통제력보다 시장의 힘이 크기 때문에 북한이 채택한 방법이 성공하기는 쉽지 않은 상황이다. (김병연, 양문수, 『북한 경제에서의 시장과 정부』, 서울대 출판문화원, 2012, 144~146쪽)

북한은 주민의 일상생활을 중심으로 한 경제 문제가 심각하다고 인식하여, 김정은도 인민생활 향상에서 결정적 전환을 일으켜야 한다고 주문한다. 그러니 김정은 체제의 북한은 점진적 개방의 길로 가지 않을 수 없다. 그 이유로 첫째, 경제강국을 통해 강성대국 달성이라는 유업을 달성해야 하기 때문이다. 둘째, 북한의 시장과 주민이 요구하고 있기 때문이다. 셋째, 중국의 개방 지원과 요구가 강하기 때문이다. (북한연구학회 기획, 양문수 편저, 『김정은 시대의 경제와 사회 : 국가와 시장의 새로운 관계』, 한울, 2014, 33~36쪽)

경제와 핵 병진 노선은 김정은 시대 북한의 국가경영 원칙이라고 할 수 있다. 그렇기 때문에 북한은 민심을 떠난 일심단결이란 있을 수 없다고 하면서 먹는 문제, 먹는 물 문제, 살림집 문제, 땔감 문제 등 주민의 생활안정을 통해 주민의 민심을 돌리는 일을 핵심 과제로 적극 추진하고 있다.

이런 오늘날의 시대적 상황은 남북 교류협력, 특히 경제협력의 시급성과 중요성을 보여준다.

아담 스미스의 『국부론』을 '김정은이 꼭 읽어야 할 책'으로 《중앙일보》 2015년 12월 17일자 칼럼에서 서울대 경제학과 김병연 교수는 권하고 있다. 국부론은 제목 그대로 강성대국으로 가는 길을 가르쳐 주고 있기 때문이라고 설명한다. 또한 시장 거래를 인정하지 않고 사기업 활동을 막는 사회주의 경제는 성공할 수 없다고 하면서, 시장경제체제 이외 다른 체제는 실패한다는 아담 스미스의 조언을 따르라고 김정은에게 전하고 있다. (중앙일보, 2015. 12. 17.)

김정은에게 권하기 전에 우리부터 먼저 국부론의 핵심을 음미해보자. "각 개인이 최선을 다해 자기 자본을 본국 노동의 유지를 위해 사용하고 노동생산물이 최대의 가치를 갖도록 노동을 이끈다면, 각 개인은 필연적으로 사회의 연간 수입이 가능한 한 최대의 가치를 갖도록 노력하는 것이 된다. 사실, 그는 일반적으로 말해 공공의 이익을 증진시키려고 의도하지도 않고, 공공의 이익을 그가 얼마나 촉진하였는지도 모른다. 외국 노동자보다 본국 노동의 유지를 선호한 것은 자기 자신의 안전을 위해서고, 노동생산물이 최대의 가치를 갖도록 이끈 것은 오로지 자기 자신의 이익을 위해서다. 이 경우 그는 다른 많은 경우처럼, 보이지 않는 손(an invisible hand)에 이끌려 그가 의도하지 않았던 목적을 달성하게 된다. 의도하지 않았다 해서 사회에 좋지 않은 것은 아니다. 그가 자기 자신의 이익을 추구함으로써 그 자신이 사회의 이익을 증진시키려고 의도한 경우보다 더 효과적으로 사회의 이익을 증진시킨다." (애덤 스미스, 김수행 옮김, 국부론, 비봉출판사, 2007, 552~553쪽)

김병연 교수는 중국 단둥시 현지기업 조사를 토대로 북한은 더 이상 전통적인 사회주의 경제체제가 아니라고 한다. 대내적으로는 시장화가 진전되고 있고, 대외적으로는 무역과 대북 투자가 증가하여 북한을 사회주의 폐쇄경제체제로부터 이탈시키고 있다는 것이다. 북한은 대내적 개혁은 정권과 체제의 안정에 위협이 된다고 판단하지만, 대외적 개방은 체제의 안정성에 미치는 영향이 적다고 보고 생존을 위해 무역에 보다 적극적으로 나서고 있다는 것이다. (김병연, 정승호, 『중국의 대북 무역과 투자』, 서울대 출판문화원, 2015, 117~212쪽)

장마당과 같은 시장을 통하든 무역을 통하든, 북한이 시장경제체제에 더욱 많이 노출되면 될수록, 남한체제의 우월성을 믿는 북한 주민들도 증가하여 통일에 이르는 길이 더 가까워질 수 있다.

헨리 조지는 자본주의가 이룬 물질적 풍요에도 불구하고 수많은 대중이 처참한 빈곤에서 벗어나지 못하고 있는 원인이 사유재산제도에 있다고 보고 토지지대세라는 해법을 제시하고 불로소득의 환수를 주장하고 있다.

그는 동시에 "자유는 미덕, 부, 지식, 발명, 국력, 국가의 독립의 근원이고 어머니며 필요조건이다. 자유는 발명의 천재이며 국력의 근육이고 국가독립의 정신이다. 자유가 신장되면 미덕이 자라고 부가 증가하고 지식이 증대하며 발명이 인간의 힘을 배가한다. 자유를 누리는 국가는 힘과 정신에서 다른 국가를 능가하게 된다. 결국 자유라는 태양이 아직도 충분히 빛나지 못했지만, 모든 진보는 자유가 이룩한 결과이다. 반면 자유가 위축되면 미덕이 사라지고 부는 감소하고 지식은 잊혀지고 발명은 중지되며, 한때는 무력이나 기술 면에서 융성했던 강대국도 자유로운 미개인에게 힘없이 멸망당한다. 자유라는 태양이 아직도 충분히 빛나지는 못했지만, 모든 진보는 자유가 이룩한 결과이다"라고 말한다. (헨리 조지, 김윤상 옮김, 『진보와 빈곤』, 비봉출판사, 1997, 530쪽)

자유가 진보의 어머니라는 헨리 조지의 이런 주장은 오늘날 북한 지도자는 물론 모든 주민들이 학습해야할 지침서로서 안성맞춤이다.

20세기의 위대한 경제학자 하이에크는 사회주의 계획경제의 길이 자유의 길이 아니라 독재와 노예로 가는 길이라는 것을 밝히기 위해『노예의 길』을 썼다. 여기서 하이에크는 "개인의 에너지가 족쇄로부터 해방되어 자유가 증진되자 과학이 경이로운 성장을 하였으며, 생활 수준이 빠르게 향상되었다. 나아가 사람들은 자신의 지위를 개선할 수 있는 무한한 가능성을 믿게 되었다"고 말한다. 그리고는 "만약 자유로운 사람들의 세상을 만들려는 첫 시도에서 실패했다면, 우리는 다시 시도해야 한다. 실로 개인의 자유를 위한 정책이 유일한 진보적 정책이라는 핵심적 원리는 19세기에 진리였듯이 현재에도 여전히 진리다"라고 결론을 맺는다. (프리드리히 A. 하이에크, 김이석 옮김,『노예의 길』, 나남, 2006, 327쪽)

하이에크의 뛰어난 이론은 현실에서는 대처의 영국병 치유, 미국 레이건의 개혁으로 연결된다. 북한의 독재정치와 계획경제로 인해 억압받고 가난하게 되어 크나큰 고통을 받은 북한 주민들이 되도록 빨리 시장경제의 진수를 맛보게 하기 위해서는 하이에크의 생각을 가르쳐야 할 것이다.

한반도 통일 후 정치체제를 만들 때는 대처 전 영국 수상의『국가경영』에 나오는 다음의 내용으로 무책임하고 잔혹한 독재체제로 인해 수백만 명의 소중한 목숨이 희생당한 북한을 설득해야 할 것이다.

"권력이 제한되어야 하고 권력자가 책임을 져야 한다는 요구, 정의보다 힘이 앞서서는 안 된다는 단호한 결의, 개개인이 절대적인 도덕적 가치를 가지고 있으며 정부는 그 가치를 반드시 존중해야 한다는 신념-이것들은 문명화된 정치의 기반이며, 우리가 이 세상에 가져다준 영원한 유산이다." (마거릿 대처, 김승욱 옮김,『마거릿 대처 국가경영』, 경영정신, 2003, 609쪽)

뿐만 아니라, 토머스 페인이 『상식』에서 주장하듯이 "세습은 그 자체가 압제"라는 것을 북한 주민들에게 교육해 나가자. 페인이 주장하는 "모든 사람은 원래 평등한 존재이다. 그러므로 누구도 출생에 의해 자기 가족을 다른 가족들보다 영원히 우위에 놓을 권리를 갖지 못한다"는 내용도 북한 주민들이 알 수 있도록 해나가자. 이미 200여 년 전부터 군주제와 세습제가 정말 나쁜 제도라는 것을 알고 실천한 선진국 국가들이 있었다는 사실도 홍보하자.

자유롭고 행복하게 사는 것은 우리 인간의 천부적 권리다. 북한 동포들도 똑같은 권리가 있음을 주지시키자. 『권리를 위한 투쟁』의 저자 루돌프 폰 예링은 북한 동포들을 위해 다음과 같이 웅변하는 것 같다. "권리를 위한 주장은 자신의 인격, 명예, 자존심을 주장하는 일과 같으며, 권리에 대한 투쟁은 자신에 대한 의무인 동시에 장래의 침해로부터 동포들을 보호한다는 점에서 사회공동체에 대한 의무이기도 하다."

세계적인 역사학자 니얼 퍼거슨은 1500년경부터 500년 동안 어떤 요인 덕분에 서양이 동양보다 앞서기 시작하면서 세계를 지배하게 되었는가를 분석하고 있다. 그것은 제국주의도 아니고, 지식과 기술력과 기후도 아니며, 철학도 아니며, 심지어는 문화적 차이도 아니라고 하면서, 제도라고 주장한다. (니얼 퍼거슨, 구세희·김정희 옮김, 『니얼 퍼거슨의 시빌라이제이션』, 21세기북스, 2011, 65~67쪽)

니얼 퍼거슨이 말하는 제도는 자본주의의 발판을 만든 경쟁, 서양에 군사적 강점을 제공한 과학, 개인소유권자를 보호하고 분쟁을 평화롭게 해결하는 수단으로서의 법률 등 재산권 보장, 수명을 연장시킨 의학, 물질적 삶의 방식을 유지한 소비사회와 직업윤리 등 6가지 요소를 포함

한다. (같은 책, 53~54쪽)

특히 문화가 거의 비슷해도 한 집단에는 공산주의 제도를, 다른 집단에는 자본주의 제도를 적용하면 행동방식이 거의 즉각 달라진다는 것이다. 서독과 동독, 남한과 북한에는 각각 다른 제도가 적용되어 결정적인 차이가 나타났다고 예를 들고 있다. (같은 책, 51쪽)

존 M. 톰슨은 『20세기 러시아 현대사』에서 소련의 마지막 지도자 고르바초프에 대해 냉전을 종식시키고 소련과 동유럽이 개혁으로 가는 문을 열었다는 위대한 업적으로 찬양하지만, 사적 소유와 자유가격은 반대하는 제한된 시장의 도입만 찬성하고 여전히 사회주의를 고수하는 레닌주의자로 남아있었다는 것이 소련이 몰락한 주요한 요인이 되었다고 지적한다. 고르바초프의 사회주의체제 내에서의 개혁이 실패하고, 최초의 사회주의 국가 소련은 결국 15개의 새로운 국가들로 산산조각이 난 것이다. (존 M. 톰슨, 김남섭 옮김, 『20세기 러시아 현대사』, 사회평론, 2004, 654~656쪽)

북한이 최초 사회주의 국가 소련의 처절한 실패를 교훈 삼아 최소한 국가자본주의 체제라도 받아들였으면 한다.

피터 드러커 교수는 "교육받은 한국인들이 다음 세대에 해야 할 중요한 과업은 일제가 떠난 이후 50년간이나 또 하나의 압정에 시달린 북한을 번영하고, 지식 수준이 높고, 성취 욕구가 충만한 통일된 자유 한국으로 어떻게 통합할 것인가 준비하는 것입니다"라고 우리 한국인들에게 충고한다. 이런 과업이 어렵다는 것은 공산체제하의 동독이 서독으로 통합된 뒤의 모습이 증명하지만, 제3자는 큰 도움이 안 되고 한국인 스스로 해결해야 하는 과제라고 말한다. (피터 드러커, 이재규 옮김, 『자본주의 이후의 사회』, 한국경제신문사, 1993, 7쪽)

앞으로 북한 주민들이 경쟁을 유도하는 자본주의와 경제적 유인을 제공하는 사유재산제도의 장점에 더욱 많이 노출되도록 다양한 교육, 홍보 프로그램을 만들어 나가야 할 것이다.

현승윤 한국경제신문 편집국 부국장은 남북한 두 체제 간의 경쟁은 이미 남한이 완승하였다고 본다. 이제 통일 이후 닥칠 제어하기 어려운 충돌과 충격적인 변화를 피하기 위해서도 북한과의 경제협력 사업을 적극 추진하자고 한다. 결제력 격차를 줄여 통일비용을 최소화하고, 남북이 다시 싸우는 비극을 막을 수 있는 유일한 길은 경제협력사업이라고 힘주어 말한다. (현승윤, 『보수, 진보의 논쟁을 넘어서』, 삼성경제연구소, 2005, 92~93쪽)

소처럼 사람도 오갔으면
소들은 이산의 아픔을 알까. 1998년 정주영 현대그룹 명예회장과 함께 북한으로 가는 소를 실은 트럭들이 판문점의 군사분계선을 넘고 있다.

통일! 역사를 배우자

윤대규 경남대 부총장도 한국의 자유민주주의와 시장경제체제는 한국 최고의 무기로서 강점이 분명한데도 지나치게 체제 방어적이 아닌가 우려한다. 체제에 대한 자신감으로 한반도의 변화를 주도하자. 상생의 무기 자유민주주의체제와 시장경제체제는 살상의 무기 핵무기보다 더 강력한 평화의 무기이므로 군사력이 아닌 체제로써 정면 돌파해보자고 한다. (윤대규, 『북한에 대한 불편한 진실』, 한울, 2013, 153~154쪽)

시장경제체제의 우월성을 전파하는 데는 기업인이 역할을 할 수밖에 없다. 현대그룹 정주영 전 회장은 한국의 기업인들이 맨주먹에서 수많은 위험을 뚫고 오늘의 한국 경제를 만들어 낸 사람들이므로, 북한이라고 해서 불가능한 상대가 아니라고 본다. 북한을 개방의 길로 이끌어 내기 위해서는 정부는 물론 기업인들도 노력할 필요가 있다는 것이다. 정주영 회장은 한국 경제를 부흥시키는 데 기업인들이 세계를 누비면서 앞장섰듯이 통일한국의 미래를 이끄는 일에도 기업인들이 앞장서야 한다고 말한다. (현대경제연구원, 『정주영 경영을 말하다』, 웅진 씽크빅, 2011, 209~210쪽)

통일에 대한 정주영 회장의 경영철학을 다른 기업인들도 실천해 나갔으면 하는 생각을 해 본다.

지속적인 대화와 소통으로 상호 신뢰 회복

아무리 남북의 상황이 어려워도 대화는 계속해 나가자.

'서로 대화하고 있는 동안만은 아무리 원수라도 상대를 쏘지 않는다'는 독일의 속담은 드메지어 동독 수상이 우리 남북한 지도자들에게 전하고 싶어하는 독일 속담이다. (양창식, 『브란덴부르크 비망록』, 늘품플러스, 2011, 275~276쪽)

한완상 전 부총리는 남한의 강경 냉전 권력이 북한의 교조적 지배 세력을 공식적으로는 규탄하지만, 결과적으로는 그들의 지배력을 강화하는 이른바 적대적 공생관계의 비극을 가슴 아파한다. 전쟁으로 치닫는 서로의 악을 키우지 말고, 내 속의 착함과 그들 속의 착함이 악수하고 대화할 수 있는 공간과 기회를 마련하여 평화와 통일로 전진하는 일이야말로 나라와 민족의 공직자들이 먼저 해야 할 역사적 사명이라고 외친다. (한완상, 『한반도는 아프다-적대적 공생의 비극』, 한울, 2013, 14쪽)

통일부 장관을 지낸 정세현은 통일의 원심력을 줄이고 구심력을 키우자고 한다. 원심력은 한반도를 둘러싼 미국, 중국, 일본과 소련의 국제 정치 외교관계상 남북의 현 분단체제를 고수하자는 힘이다. 반면 구심력은 한마디로 남북한이 뭉치려는 힘이다. 통일을 이루기 위해서는 당연히 구심력을 원심력보다 크게 만들어야 한다. 그래서 그는 구심력을 키우는 핵심적인 방법은 남북의 민심을 연결하는 것이라고 말한다. 그래서 지속적인 남북 경제협력과 인도적 대북지원으로 소통하고 신뢰를 증진시켜야 하는 것이다. (정세현, 『정세현의 통일토크』, 서해문집, 2013, 253~256쪽)

빌리 브란트의 특무장관 에곤 바는 국제정치도 인간관계처럼 신뢰가 바탕이 되어야 제대로 이루어진다고 한다. 아울러, 역사를 생각하며 옳다고 믿는다면 그것을 해내기 위해 앞으로 나아가야 한다는 브란트의 소신이 동방정책을 추진하는데 큰 힘이 되었다고 회고한다. 한반도 통일에 대해 조언하면서, 에곤 바는 햇볕정책 이후 남한의 대북정책이 원칙적으로 올바른 방향으로 가고 있다고 말한다. "남한이 북한으로부터 무언가를 얻으려면 북한에 무언가를 제공하면서 대화 창구를 넓혀 나가야 하고, 도움을 주고 대화 창구를 넓혀 나가는 것이야말로 가장 확실한 압력 수단"이라고 주장한다. 개성공단 등 상호 경제협력을 넓혀가는 정책을 꾸준히 계속 이어 나가는 것이 한반도의 상황을 개선하는데 가장 중요하다는 조언도 덧붙인다.

정부 관계자가 대화하고 교류협력하는 도중에 북한이 억지부리고 마음에 들지 않을 때는 『만물은 서로 돕는다』는 책을 음미하면서 생각을 정리하는 것도 좋을 것이다. 이 책에서는 우리 인간들의 상호부조를 다루기 전에 동물들의 상호부조에 대하여 말하고 있다. "다양한 부류의 동물들 사이에서 계속해서 엄청나게 다투고 몰살시키지만, 그와 동시에 같은 종이나 적어도 같은 집단에 속한 동물들끼리는 그러한 싸움과 몰살에 상응할 만큼 아니 그보다 훨씬 더 서로를 부양하고 도와주며 보호해준다는 사실을 알게 된다. 사회성(상호부조) 역시 상호투쟁과 마찬가지로 자연법칙이다." (P. A. 크로포트킨, 김영범 옮김, 『만물은 서로 돕는다』, 르네상스, 2015, 31쪽)

최대한 빨리 다시 한번 남북 정상회담을 개최하고, 정상회담 개최를 정례화하자. 남북 양측의 최고지도자들은 한반도 통일에 대한 역사의식과 책임감을 가지고 통일 논의를 추진해 나가야 한다. 특히 확실하게 북한보다 국력이 강해진 우리 남한의 최고지도자가 한반도 미래에 대한 확고한 비전을 가지고 통일 문제에 더 큰 역할을 해야 한다.

국공내전을 거쳤지만, 중국과 대만은 우리 남북한처럼 정치체제가 다르면서도 꾸준한 교류협력을 통하여 평화적으로 공존하고 공동 번영하는 관계로 정착되고 있다. 우리라고 못할 것이 없는데 교류협력조차도 교착상태에 빠진 우리 모습을 보면 참으로 옹졸하고 초라하다. 제2차 세계대전 후 피폐해진 유럽을 재건시키기 위한 유럽부흥계획(마셜 플랜)을 수립하면서 "우리의 가장 큰 적들은 종종 국가나 이념이 아니라,

굶주림, 빈곤, 좌절, 혼돈이다"라고 외친 미국 국무장관 조지 마셜이 "한국인들이여, 이념을 뛰어넘어 소통하고 교류협력을 하라. 그러면 어느새 통일이 성큼 다가올 것이다"라고 주문하는 것 같다.

독일 프랑크푸르트 대학교 전태국 교수는 동독인들이 옛 동독에 대해 예상했던 것보다 훨씬 더 많은 자부심을 가지고 있었다면서, 현재 남북 간에도 나타나고 있는 민족 비하적인 태도를 지양해야 한다고 경고한다. 통일을 위해서는 신뢰를 구축하고 민족공동체 의식을 고취시키면서, 정부가 북한의 전부를 국민들에게 알려야 하며, 북한체제의 장점이 있다면 과감하게 수용하는 태도를 보이자고 한다. 통일은 남과 북이 함께하는 통일이고, 그 성과를 함께 나누는 통일이어야 하기 때문이다. (전태국, 『사회통합과 한국통일의 길』, 한울, 2013, 221~222쪽)

통일연구원 손기웅 박사도 궁극적으로 통일의 힘은 동독 주민들처럼 북한 주민들로부터 분출되어야 하므로 북한 주민들의 눈과 귀를 열게 하고 우리 마음을 전할 수 있는 다양한 경제·사회·문화 협력 등의 대북정책을 펼치자고 말한다. (손기웅, 『통일, 가지 않은 길로 가야만 하는 길』, 늘품플러스, 2015, 15~16쪽)

석가모니 부처님의 경전 중 법화경의 신해품에는 부자 아버지와 어릴 때부터 50년이나 헤어진 가난한 아들의 이야기가 나온다. 아들을 찾겠다는 강한 의지를 가진 아버지는 우연히 만난 아들에게 처음에는 너무나 기뻐서 성급하게 다가가려 했으나, 아들은 아버지인줄 모르고 오히려 부자의 위세에 눌려 두려움 때문에 기절까지 하고 만다. 이에 아버지는 지혜를 발휘하여 아버지임을 숨기고 서서히 아들에게 다가가서 무려 20년이나 마음으로 서로 믿고 가까이 하는 과정에서 뜻이 통하게 되었다. 아버지가 죽을 무렵에서야 아들에게 자기가 아버지임을 밝히고 전 재산을 아들에게 물려준다는 내용이다. (무비스님, 『법화경』, 불광출판사, 2003, 137~147쪽)

70년이나 분단된 남북의 신뢰 회복도 법화경에 나오는 부자 아버지의 지혜로운 방식처럼 ① 통일에 대한 강한 확신을 가지고 ② 점진적으로 지속적으로 교류하고 통하면서 서로의 마음을 얻어 믿게 되는 방식으로 접근하는 것이 바람직할 것이다.

다양한 분야의 교류협력 추진

보수정부인 김영삼 정부 때 한승주 외교부 장관도 미국과 중국의 적대 관계를 청산하고 화해와 협력 관계를 연 사람은 역설적으로 미국에서도 보수우익 지도자로 알려진 닉슨 대통령이었다는 점을 상기시킨다. 그러면서 포용정책인 햇볕정책의 논쟁을 지양하고 남북 간의 교류 활성화와 관계 개선에 총력을 기울여야 한다고 주장하였다. (한승주, 『남과 북 그리고 세계』, 나남출판, 2000, 158~160쪽)

우리 남북한 관계는 비타협적인 대결로 경직된 관계를 지속시키고 있지만, 독일의 통일이 현실적으로 불가능한 듯 보였던 시기에도 동독과 서독은 상호 간의 관계를 증진시키는 방향으로 꾸준한 진전을 이루어갔다. 그리고 무엇보다도 서로가 상대방의 존재를 인정하였다. … 그리고는 광범위한 인적·물적 교류가 이루어졌다. (같은 책, 70쪽)

보수정부의 외교 수장이 교류협력에 총력을 기울이자고 하듯이, 남북 교류협력은 진보정부만의 주장이 아니고, 보수와 진보를 뛰어넘어 민족 평화와 번영을 위해 가야만 하는 길이다.

경남대 정치외교학과 김근식 교수는 전쟁만은 피해야 하는 현실에서 화해와 교류협력을 통해 한반도 평화와 북한의 변화를 가져오는 보다 현실적인 방안으로서 한국의 대북 포용정책은 사실상 개념적으로 탈냉전 이후 불량 정권의 행동을 변화시키기 위한 전략인 미국의 개입(관여) 정책과 동질의 것이라고 한다. (김근식, 『대북포용정책의 진화를 위하여』, 한울, 2011, 42~47쪽)

김대중 정부 때 통일부 장관과 국정원장을 지낸 임동원 한반도평화포럼 이사장은 김대중 정부와 노무현 정부 10년간의 남북 교류협력의 성과로 ① 육로, 바닷길, 하늘길 등 길 연결 ② 금강산 관광 ③ 경제협력과 교역 확대 ④ 이산가족 상봉 등 사회문화적 교류 ⑤ 인도적 대북지원 등 5대 교류협력 사업을 꼽는다. 동시에 지난 10년간 가장 큰 성과 중의 하나로 남북 간 인적 왕래 활성화를 든다. 국민의 정부 출범 전까지 50년 동안 3000명에 불과하던 남북 왕래 인원이 지난 10년간 44만 명으로 급증했다. 이렇게 많이 교류협력하여 신뢰를 쌓고 민족공동체 의식을 함양하는 것이야말로 평화와 통일의 지름길이라고 말한다. (임동원, 『피스메이커』, 창비, 2015, 555~560쪽)

최근 항암치료 방식에서 면역세포를 키워 암을 공격하는 방식이 각광을 받고 있는데, 마치 한반도 통일 방식에서 직접적인 무력이 아닌 우회적인 교류협력에 의한 방식을 연상하게 한다. 최근 《조선일보》 기사를 보자. "기존 항암제는 암을 직접 공격하는 방식이다. 암이 성장하는 회로를 차단하거나 독성으로 암세포를 죽인다. 이에 대해 영민한 암은 우회로를 만들거나 독성을 막는 장막을 쳤다. 근래 나왔던 암세포만 공격하는 표적 항암제도 시간이 흐르면서 이런 내성 현상으로 약효가 줄어

드는 문제를 낳고 있다. 하지만 면역 항암제는 몸속 면역세포를 활성화해 그것이 암을 공격하도록 한다. 적진을 직접 포격하는 게 아니라 군대를 키워 전쟁에서 승리하는 방식이다."(조선일보, 2016. 4. 28.)

마치 교류협력으로 남북 간의 신뢰를 키워 점차 통일에 다가가는 방식을 떠오르게 한다. 이제 다시 경제, 농업, 과학, 기술, 통신, 문화, 스포츠, 환경보호 분야 등 비정치적인 분야의 협력을 빨리 진행시키자. 특히 북한의 경제를 발전시킬 남북 경제협력은 신뢰 형성의 지름길이다.

우리에겐 부러움과 선망의 대상인 독일이 오히려 한반도를 보며 경탄해 하는 것이 바로 개성공단이다. 개성공단은 남북한 지도자의 리더십과 한국의 기업가 정신이 발휘된 독특한 사례다. 남북한의 경제협력을 통해 통일의 기반을 구축하겠다는 김대중 대통령의 정치적 신념과 정주영 회장의 한국적 기업가 정신이 일치하여 개성공단 사업이 추진될 수 있었다.(김병로, 김병연, 박명규 외 8인,『개성공단』, 진인진, 2015, 33쪽)

독일 동방정책의 설계사 에곤 바는 개성공단에 대해 "동방정책을 설계하면서 서독공단을 만든다는 것은 생각하지 못했는데, 이건 놀라운 일이다. … 한국이 통일로 가려면 개성공단을 계속 확대하라. 그것이 경제 통일이고, 종점이 결국 정치적 통일로 가는 길이다. 한국은 자기 스스로 통일 모델을 찾았다"고 칭찬했다.(정동영, 지승호,『10년후 통일』, 도서출판 살림터, 2013, 12쪽)

클린턴과 부시 행정부의 전직 외교관 찰스 프리처드 한국경제연구소장은 개성공단은 미국과 한국이 서로 다르게 생각한 현안이었다고 말한다. 한국은 개성공단의 성공이 북한과의 안정적인 관계를 유지하는데 도움이 되고 궁극적으로는 한반도 통일에서도 중요하다고 보았다. 하지만, 미국은 개성공단 근로자의 임금이 북한 핵 프로그램에 사용될 수 있다고 보았다. 그는 개성공단의 노동자들이 빠르게 전국적으로 확대되면, 북한이 노동자들의 천국이라는 말을 믿지 않는 북한 노동자들이 증가하여 결국에는 북한 정권을 무너뜨리는데 도움이 될 것인데, 미국의 부시 행정부는 그렇게 하지 않아서 실패했다고 말한다. (찰스 프리처드, 김연철·서보혁 옮김, 『실패한 외교』, 사계절출판사, 2008, 131~132쪽)

날마다 작은 통일이 이루어지는 개성공단도 다시 풀가동하고, 제2, 제3, 제4, 제5의 개성공단도 북한 요소 요소에 만들어서 긴장을 완화해 나가자.

개성 지역에 한정된 대북 경협 전선을 평양, 남포 방향으로 북상시키자는 주장도 있다. 김정은의 지방급 경제개발구 확대와 관련하여 중국의 접경지역 개발 핵심 동기 중의 하나는 북한 노동력의 활용이고, 그 준거 모델은 개성공단이었다는 것이다. 여기에 착안하여 통일연구원 배종렬 박사는 무역과 투자에서 북한에 대한 영향력을 확대하고자 하는 중국의 전략에 대응하기 위해서는 평양 사업의 경험을 가진 우리 기업가들을 활용하여 가장 노동력이 풍부한 평양, 남포 지역으로 진출하는 것이 최선의 선택이라고 제안하였다. (배종렬, 윤승현, 『길림성의 대북경제협력 실태분석 : 대북 투자를 중심으로』, 통일연구원, 2015, 233~234쪽)

한국정책금융공사에서는 2차 세계대전 후 폐허가 된 유럽을 부흥시킨 마셜 플랜의 정신을 본받아 다양한 남북 경제협력사업, 이른바 한반도판 마셜 플랜을 제시하고 있다. 금강산과 백두산 등의 관광도 진행시키되, 백두산 관광을 위해서는 김포-삼지연 공항 간 직항로 개설, 서울-금강산 관광을 위해서는 경원선 복원도 조속히 추진하자. 나진항과 신의주 개발에 투자해 중국과 러시아의 진출에도 대비하자. 경원선 외에도 동해선 등의 철도를 복원하고, 서울-평양 고속도로, 개성-신의주 고속도로 건설 등 도로와 항만은 물론, 개성-신의주 고속철도 건설 참여 및 남한의 KTX와의 연결 등 북한의 사회간접시설에도 남한이 투자하자. 북한의 경제개발구와 경제개발특구를 남북 경제협력사업과 연계시켜 나가자. 비무장지대 세계평화공원 조성 등 비무장지대 활용 방안도 조속히 추진하자. (한국정책금융공사, 『통일시대의 준비와 한반도판 마셜플랜 A&B』, 2014, 278~280쪽)

남북한 청년들이 아이디어와 기술을 토대로 공동 창업하여 해외로 진출하는 남북한 글로벌 청년 프로젝트를 추진하자. 8200만 한민족 대표 협의체도 만들어 상설로 운영해 나가자.

특히, 아직도 좋은 식품을 충분히 섭취하지 못해 체력의 남북 격차가 심해지고 있는 상황에서 북한 주민들의 영양과 건강 증진을 위해 농업과 식량 분야의 교류를 최대한 앞당기자. 제2차 세계대전 후 파괴된 유럽을 부흥시킨 마셜 플랜의 핵심 프로젝트 중의 하나가 유럽의 농업 생산능력 확충이었다.

21세기 이스라엘의 경제 성장의 비밀을 파헤친 댄 세노르와 사울 싱어의 『창업국가』에서 시몬 페레스 이스라엘 대통령은 "하이테크 기술의 나라 이스라엘은 농업으로부터 시작되었다. 이스라엘 농민은 과학자가 되어 적은 땅과 적은 물로 농업 선진국이 되었다. … 이스라엘의 거대한 농업 생산성의 비밀은 95%가 기술에 있었다"고 말한다. (댄 세노르, 사울 싱어, 윤종록 옮김, 『창업국가』, 다홀미디어, 2010, 326쪽)

중국도 덩샤오핑의 개혁과 개방 정책에 따라 집단농장 외에 자본주의의 개인농장을 허용하여 농업생산성을 크게 높여 당시 10억 중국 인민의 먹는 문제를 해결하였다. 이런 역사를 교훈삼아 북한의 발전도 우선 농업과 식량 분야의 생산성 증진을 위한 교류협력을 강화해 나가야 할 것이다. 특히 쿠바처럼 친환경 유기농업이 발전할 수 있도록 구체적인 방안을 만들어 지원할 필요가 있다. 이는 북한 농지의 지력을 회복하고 부족한 비료를 보충하는 역할을 할 수 있을 것으로 보인다. 식량·농업 분야의 교류협력 역시 통일비용을 줄이는 방안이며, 동시에 북한 식량정책의 효율성을 높이기 위한 방안이기도 하다.

노벨경제학상 수상자 아마르티아 센은 독재주의적 억압 장치로 무장한 무자비한 북한 정권은 1990년대 약 100만 명이나 죽은 대기근의 피해자들을 도울 수 있는 가장 기초적인 정책을 시행하는데 놀라울 만큼 무력했다고 말한다. 이는 마치 1840년대 역시 100만 명이 죽은 아일랜드 대기근 때 영국 통치자들의 태만과 냉혹함, 혼란이 결합되어 엄청난 아일랜드인의 죽음을 초래한 것과 비슷하다는 주장을 하였다. (스태판 해거드, 마커스 놀랜드, 이행옥 옮김, 『북한의 선택』, 매경출판, 2007, 7~12쪽, 아마르티아 센의 추천사 중에서)

북한 정권은 무능함 때문에, 영국 정부는 냉혹함 때문에 대규모 굶주림에 대처하지 못한 것으로 보인다.

통일 이후 국민 통합 등 준비

통일 이후에도 포용력을 발휘하여 진정한 국민 통합을 이루어야 한다. 그러기 위해서는 신라처럼 삼국 통일 후 백제나 고구려 유민들을 포용하고, 고려처럼 신라와 후백제를 끌어안은 정신을 물려받아야 한다. 미국 남북전쟁 후 링컨이 남부를 포용했듯이, 넬슨 만델라가 수백 년간 흑인을 인종차별한 남아공 백인 지배층을 용서하고 화해했듯이, 북한의 지배층도 용서하고 화해하는 마음으로 통일 한반도 역사에서 품어야 할 것이다.

남북통일이 되면 자본주의와 사회주의의 장점을 모두 갖춘 나라를 만드는 것이 남한의 약점을 보강하고 북한 주민의 자존심을 건드리지 않고 국민 통합을 이루는 좋은 방안이 될 것이다. 마침 『타임머신』 『투명인간』 『세계문화사 대계』 등으로 유명한 영국의 문명비평가 허버트 조지 웰스는 우리보다 앞서서 자본주의와 사회주의의 장점을 모두 갖춘 나라에 대한 깊은 고민을 하였다. 예컨대 새로운 시대에는 교육이 중요하기 때문에 아이들이 8~9세가 되면 청결함과 참됨, 솔직함, 협동정신, 세상에 대한 신뢰감, 대담함 그리고 인류의 위대한 목표에 대한 책임감 등의 성품을 배양하도록 가르친다. 이와 함께 문명의 유지를 위해 필요한 자유의 다섯 가지 원칙을 배운다. 1원칙 개인 영역의 불가침성, 2원칙 이동의 자유, 3원칙 제한 없는 지식, 4원칙 진실, 5원칙 토론과 비판의 자유가 다섯 가지 원칙이다. (만프레트 마이 글, 아메바피쉬 그림, 박민수 옮김, 『이것이 완전한 국가다』, 비룡소, 2012, 180~181쪽)

웰스의 가르침은 북한 주민들에게는 자유와 토론을 원칙으로 하는 자본주의에 대한 교육이 되고, 남한 주민들에게는 현재 약화되고 있는 협동정신과 진실됨을 배우는 계기가 되어 국민 통합은 물론 올바르고 위대한 통일한국을 만드는 토대가 될 것이다.

'서울-평양 메가수도권'을 동북아 협력의 허브로 키우자는 이색적인 아이디어가 있다. 이미 중국의 홍콩-광둥성 경제협력 모델이 작동되고 있는 만큼 남북한 경제협력 모델로 적용해 보자는 것이다. 민경태 북한학 박사는 한반도에서 가장 효율적이고 유기적인 남북한 경제협력 구조를 만들기 위한 방안으로 서울-평양 네트워크 경제권을 제안한다. 그래서 세계의 모든 사람들이 한반도에 투자하고 교류하여 서로 이익을 나눌 수 있는 평화 공존의 개방적 이익 공유 시스템으로 만들자고 말한다. (민경태, 『서울·평양 메가시티』, 미래의 창, 2014, 129~130쪽, 250쪽)

이 구상을 더욱 현실성 있게 발전시키면, 남북 경제 통합은 물론 국민 통합에도 긍정적인 효과를 얻을 수 있을 것이다.

프랑스의 사회학자 토크빌은 1831년부터 11개월간 미국을 방문한 결과를 토대로 『미국의 민주주의』라는 책을 펴냈다. 그는 미국의 평등에 대해서 크나큰 충격을 받았다고 이렇게 고백한다. "내가 미국에 머무르는 동안 나의 관심을 끈 신기한 일들 가운데 국민들 사이의 생활 상태의 전반적인 평등만큼 나를 놀라게 한 것은 없다. … 미국 사회를 연구하면 할수록 이 평등한 상태가 모든 다른 사실들의 원천으로 보이는 기초적 사실이라는 것을 깨닫게 되었다." (A. 토크빌, 임효선·박지동 옮김, 『미국의 민주주의 I』, 한길사, 1997, 60쪽)

토크빌은 나아가 "영국계 아메리카인은 개인의 이익에 의거해서 그의 목적을 달성하고, 국민의 매이지 않은 힘과 상식이 제약을 받지 않은 채 발휘되도록 한다"고 하면서 러시아인과 더불어 지구 반쪽의 운명을 지배하도록 하늘의 계시를 받은 듯하다고 덧붙인다. (같은 책, 531쪽)

그로부터 100여 년이 지나면서 미국은 소련과 함께 세계 최강대국이 되었다가, 소련이 몰락한 지금은 중국이 아직 최고로 부상하지 않고 있어 거의 유일한 최강대국이다. 토크빌이 미국의 평등을 예찬한 지 약 180년 정도 지나면서 컬럼비아대 조지프 스티글리츠 교수는 『불평등의 대가』에서 미국 불평등의 정도가 커졌다면서 그 대가는 크다고 말한다. 그래서 그는 "공동체 의식이 강화되지 않으면 미국의 정치 시스템은 순조롭게 작동될 수 없다. 나라가 심하게 분열되어 있다면 공동체 의식은 강화될 수 없다"고 경고한다. (조지프 스티글리츠, 이순희, 『불평등의 대가』, 열린 책들, 2013, 461쪽)

서울대 사회학과 송호근 교수는 한국의 정신사에는 평등에 대한 강한 열망이 있다고 말한다. "도덕과 인의를 정치의 중심 원리로 삼았던 정도전과 조광조의 토지정책과 조세정책은 백성의 경제 기반을 고려한 획기적인 개혁정책이었는데, 백성들을 위한 위민사상은 조선시대를 관통하는 철학이기도 했다. 이런 사상적 전통은 정약용이 주장한 균전법의 기초가 되었고 자유분방한 박지원의 실학사상으로 계승되었다." 그러다가 근대에는 유길준이 『서유견문』에서 자유, 평등, 박애를 통치 원리로 정착시킨 서구의 제도를 소개하면서 조선의 근대화를 위해 자유주의와 평등사상의 제도적 기초를 만드는 것이 절실하다고 역설하였다고 말한다. (송호근, 『한국의 평등주의, 그 마음의 습관』, 삼성경제연구소, 2006, 94쪽)

미국은 토크빌이 관찰한 대로 자유와 평등을 내세워 세계 최강대국이 되었다. 이제 스티글리츠는 불평등이 심화되면 분열이라는 큰 대가를 지불할 것이라고 경고한다. 우리도 통일 이후에 국민 통합의 완성 여부가 국운 융성을 결정할 정도로 중요하다고 보기 때문에, 조선시대 우리 선조들이 제시한 위민평등의 정신을 반드시 살려나가야 할 것이다.

원효의 화쟁사상이 신라가 통일국가로 되는 토대를 마련했듯이, 남북의 소통과 화해, 나아가 통일의 길을 모색하는 현재의 우리들에게도 통찰의 지혜를 제공해 주고 있다. 남북 상호 간에 서로 진실되게 대화하여 이해하고 포용하면, 기존의 고정관념과 선입견을 버리고 과거의 알력과 다툼, 불신과 반목을 버리게 된다는 것이다. (건국대학교 통일인문학연구단, 『민족공통성과 통일의 길』, 경진출판, 2015, 74쪽, 87~89쪽)

원효의 『금강삼매경론』의 해석을 통일론에 적용한 학담스님은 다음과 같이 말한다.

"서로가 서로를 무너뜨리거나 빼앗지 않고 스스로를 자기 부정해서 새로운 화해와 조화의 관계로 자기 긍정하는 통일의 논리야말로 아무도 지는 자가 없고 아무도 빼앗김이 없이 모두가 승자가 되는 통일론이다."

그는 원효가 보인 바 모두 살려냄의 통일론이 오늘의 분단 역사 안에서도 절실히 요구된다는 것이다. 3년간 동족 간의 전쟁을 하면서 수백만 명이 죽고, 그것도 모자라 휴전 후 60년 이상을 서로 믿지 못하고 다투는 남북의 현실을, 민족의 큰 스승 원효가 준엄하게 꾸짖으면서 모두가 윈윈하는 통일에 관한 방법론을 제시하는 것 같다.

마치는 말

1919년 3월 1일, 일제의 암울한 상황에서 당시 2000만 한민족의 충성을 모아 자주독립을 위해 비장한 각오로 독립선언을 했을 때도 독립의 뜻을 이룰 수 있다는 칼날 같은 의지를 세계 만방에 보여주었다. 약 100년이 지난 이 시대에 한반도에 통일의 기운과 기회가 오고 있다고 많은 미래학자들이 예측한다. 동시에 미국과 중국의 패권 경쟁, 일본의 우경화, 북핵 등으로 한반도에 위기에 가까운 긴장 분위기도 고조되고 있다. 이런 엄중한 시대 상황하에서 다시 한번 독립선언 당시처럼 8000만 한민족의 뜻을 하나로 모으고 우리 안의 분열을 치유하고 극복하겠다는 각오를 담아 한반도 평화통일과 통일한국의 국운 융성을 기원하면서 이 책을 마무리하고자 한다.

1. 한반도 통일은 홍익인간이라는 건국 이념의 지평을 넓혀 동북아 평화는 물론 세계 평화에 이바지할 수 있다. 평화를 사랑하는 우리 한민족이 통일한국으로서 더 큰 대한민국이 되면 해양 세력과 대륙 세력의 균형자 역할을 보다 충실하게 하여 충돌을 방지하고 동북아시아의 평화를 유지하는 힘이 커진다. 대한민국은 한국전쟁 때 수많은 다른 나라의 젊은이들이 그들로서는 이름도 몰랐던 수만리 떨어져 있는 조그마한 나라의 자유와 평화를 수호하기 위해 귀중한 생명을 바쳤던 그러한 나라

다. 그들의 고귀한 희생정신에 보답하기 위해서라도 우리는 반드시 평화 통일을 이루어 세계 인류의 발전과 평화에도 헌신해야 하는 것이다. 자유는 공짜가 아니다. 한반도 통일을 통해 세상에 진 빚을 갚아나가자. 우리는 전쟁으로 폐허가 된 가난한 시절에 해외 원조도 많이 받았다. 그것이 과거 우리 경제 발전의 소중한 밑거름이 되었다. 이제 우리 통일한국이 공적개발원조(ODA) 예산을 선진국 상위 수준으로 늘려서 개발도상국들의 발전에 기여하자. 이것은 개발도상국의 생명수요, 홍익인간 정신의 실천이기도 하다.

2. 한반도 통일은 남북한 동포 모두가 주인정신으로 무장하는 것으로부터 출발해야 한다. 빼앗긴 나라를 되찾기 위해 한평생을 바친 도산 안창호 선생이 약 100년 전에 소리 높여 외친 주인정신이 한반도 통일을 시대적 소명으로 완수해야 하는 오늘날에까지 메아리쳐 들려온다. "묻노니 여러분이시여! 오늘 대한 사회의 주인되는 이가 얼마나 됩니까? 자기의 지성으로 그 민족 사회에 대하여 스스로 책임감을 가지고 구체적인 계획을 세워 자기가 죽는 날까지 몸을 던져 나라를 건지겠다는 이가 참된 주인이외다. 책임감이 없는 이는 객일 뿐입니다. 진정한 주인에게는 비관도 없고 낙관도 없고 제 일인 고로, 오로지 어찌하면 우리 민족 사회를 건질까 하는 책임감뿐입니다." 한반도 통일은 우리 한민족 전체의 일이므로 8000만 동포 모두가 주인정신과 시대적 사명감으로 통일을 향해 각자의 위치에서 할 수 있는 행동부터 해나가자.

3. 한반도 통일을 이루어 발고여락의 자세로 북한 동포들에게 고통

통일! 역사를 배우자

을 덜어주고 즐거움을 준다. 남한은 대체로 경제 발전과 민주화로 풍요롭고 자유로운 생활을 누리고 있지만, 북한 동포들은 무자비한 세습 독재와 경제적 궁핍으로 감옥 같은 불량국가에서 인권을 무시당한 채 하루하루 힘든 생활을 하고 있다. 북한 주민들도 대부분 경제 발전과 주민들의 삶의 질을 개선하기 위해 통일이 필요하다고 생각하고 있다. 더구나 그들은 북한이 따라가기 힘들 정도로 남한이 잘 산다고 생각한다. 북한 사람들은 대부분 남한에 오고 싶어 하며, 백두산에서 한라산까지 마음대로 다니고 싶어한다. 같은 민족으로서 강한 책임감을 가지고, 나눔과 포용의 마음으로 교류협력하여 북한 동포들의 마음을 얻고, 평화통일을 통해 동포들의 고통을 끝내고 즐거움을 주는 정상국가에서 살도록 해야 하는 것이다.

4. 한반도 통일은 남북한의 젊은이들과 해외 동포들에게 호연지기를 길러주고 다양한 일자리 창출에 이바지한다. 남북이 연결되어 남북 종단 철도와 시베리아 횡단 열차로 우리의 젊은이들이 러시아 모스크바, 독일 베를린, 스페인 마드리드, 베트남의 호치민 등으로 자유롭게 왕래하는 길을 열어주자. 북한의 자연자원과 풍부한 노동력, 남한의 기술과 자본이라는 환상의 결합으로 젊은이들이 활개를 힘차게 펼 수 있는 일자리를 만들어 나가자. 중국 대륙을 호령하던 고구려 광개토대왕의 기개와 세종대왕의 창의력을 융합해서 스티브 잡스, 마크 저크버그 등을 능가하는 혁신기업가들이 나오도록 여건을 조성하자. 예컨대 네슬레, 맥도널드, 스타벅스 등 글로벌 경쟁력이 있는 식품기업들을 보유한 세계 강국들처럼 통일한국도 일자리 창출 효과가 큰 세계 10대 식품기업을

꼭 만들어 내자. 김구 선생이 한없이 갖고 싶다고 한 높은 문화의 힘을 젊은이들을 주축으로 더욱 품격 있는 한류로 승화시켜 세계 시장에 내놓도록 하자. 통일을 통해 한반도 젊은이들이 호연지기와 진취적 기상으로 통일한국의 경제 영토를 개척하고 확장하는 역군이 될 것이다.

5. 한반도 통일을 통해 코리안 드림을 만들고, 삼천리 금수강산 한반도를 지구촌 곳곳에서 찾아오는 세계 으뜸 지역으로 만들자. 잘 보존된 생태환경 보고 비무장지대를 세계평화공원으로 조성하고, 한반도 5대 명산 중 북한에 있는 백두산, 금강산, 묘향산 등을 세계적 관광 명소로 만들어 나가자. 통일한국의 반만년 역사와 세계문화유산과 세계기록유산을 대대적으로 홍보하자. 코리안 드림을 만드는 일은 우리 한국인에게 달려있다. 가족애, 다른 사람에 대한 이타적 관심, 인본주의 전통, 세계로 열린 관점 등이 코리안 드림의 중요한 요소가 될 것이다. 홍익인간 정신, 선비정신, 참선과 명상 등 한국의 전통문화를 세계에 널리 퍼뜨리자. 나아가 통일한국을 세계 으뜸의 경제, 문화, 관광, 식품, 환경 천국으로 만들어야 한다. 그래서 세계의 관광객들이 통일한국에 와서 잘 보고, 잘 먹고, 잘 쉬고, 잘 자고, 잘 사게 만들자. 한국어를 외국인들이 더 많이 배울 수 있도록 한국어 강좌도 더 많이 개설하자. 또 다시 한국을 찾게 만들자.

6. 한반도 통일은 국태민안과 국운 융성의 지름길이다. 많은 미래학자들이 통일한국은 세계 강국이 된다고 예측한다. 통일한국은 국가 개조 노력과 병행하면 선진 일류 국가가 되고, 세계 중심 국가가 되는 길

이다. 한반도는 고구려 패망 이후 1000년 이상을 중국의 변방국가로 있었다. 해방 이후에는 남한은 미국의 변방, 북한은 소련과 중국의 변방국가로 되었다. 국력이 커진 통일한국은 더 이상 다른 나라의 변방이 아니게 된다. 통일한국은 대륙 세력과 해양 세력의 중심 국가, 나아가 세계의 중심 국가로 도약할 수 있게 된다. 통일한국은 한민족의 자부심을 더 키우고 국민의 삶의 질을 더 높인다.

7. 한반도 통일에 우리 모두 인빅터스(불요불굴) 정신으로 동참하여 통일 역군, 통일 동지, 통일 주도 세력이 되자. 남한 내부의 지역 불균형, 세대 간의 갈등, 이념 대결 등 해결해야 할 과제도 많다. 더구나 통일을 위해서는 남한 국민 통합과 남북한 국민 간의 마음 소통 등 난제가 쌓여있다. 그러나 통일은 가야만 하는 길이다. "포기하지 마라. 결코 포기하지 마라. 절대로 포기하지 마라"고 외친 처칠의 정신으로 통일의 길은 포기하지 않고 가야만 하는 길이다. 어차피 가야 하므로 불요불굴의 정신으로 무소의 뿔처럼 뚜벅뚜벅 전진하자. 우리 조상들은 조선, 자동차, 철강, 반도체 등 없는 길도 진취적 기상과 엄청난 배포로 만들어 나갔다. 우리는 전쟁의 잿더미에서 반세기도 지나기 전에 경제 발전과 민주화라는 세계사에 유례없는 빠른 발전을 이룬 자랑스런 민족이다. 우리는 더 잘할 수 있는 DNA를 가지고 있다. 한반도 평화통일의 그날까지 굳세고 힘차게 나아가자.

참고 문헌

강동완, 박정란, 「사람과 사람, 김정은 시대 북조선 인민을 만나다」, 너나드리, 2015

강만길, 「분단고통과 통일전망의 역사」, 선인, 2013

강만길, 「한국민족운동사론」, 서해문집, 2008

강미현, 「비스마르크 평전 – 비스마르크, 또 다시 살아나다」, 에코 리브르, 2010

강승문, 「싱가포르에 길을 묻다」, 매일경제신문사, 2014

강종구, 박기학, 평화통일연구소 옮김, 「G2시대 한반도 평화의 길」, 한울아카데미, 2012

강진석, 「클라우제비츠와 한반도, 평화와 전쟁」, 동인, 2013

강원택, 조홍식, 「하나의 유럽」, 푸른길, 2009

강원택 외 4인, 「남북한 젊은 세대의 통일관」, 서울대 출판문화원, 2015

강철환, 「수용소의 노래」, 시대정신, 2005

건국대학교 통일인문학연구단, 「민족공통성과 통일의 길」, 경진출판, 2015

경남대 극동문제연구소 편, 「동아시아 질서 변화와 한반도 미래」, 도서출판 선인, 2015

경향신문 특별취재팀, 「우리도 몰랐던 한국의 힘」, 한스미디어, 2006

고든 쿠굴루, 황해선 옮김, 「누구를 위한 통일인가」, 길산, 2005

고영자, 「남북한 통일은 독일통일과 다르다」, 탱자출판사, 2014

공자, 김형찬 옮김, 「논어」, 홍익출판사, 2005

관자, 김필수 외 3인 옮김, 「관자」, 소나무, 2006

구동회, 이정록, 노혜정, 임수진, 「세계의 분쟁」, 푸른 길, 2010

구학서 편저, 「이야기 세계사 2」, 청아출판사, 1994

권삼윤, 「유네스코 지정 세계문화유산」, 청아출판사, 2002

귀도 크놉, 안명억 옮김, 「통일을 이룬 독일 총리들」, 한울, 2000

기 소르망, 홍상희 · 박혜영 옮김, 「중국이라는 거짓말」, 문학세계사, 2006

김경묵, 우종익 편저, 「이야기 세계사 1」, 청아출판사, 1994

김경준, 「위대한 기업 로마에서 배운다」, 원앤원북스, 2008

김계동, 「한반도의 분단과 전쟁」, 서울대학교 출판부, 2000

김구, 도진순 주해, 「백범일지」, 돌베개, 2002

김구진, 김희영 편저, 「이야기 중국사」, 청아출판사, 1986

김국신, 김도태, 여인곤, 황병덕, 「분단 극복의 경험과 한반도 통일 1, 2」, 한울아카데미, 1994

김근식, 「대북포용정책의 진화를 위하여」, 한울아카데미, 2011

김기수, 「후진타오의 이노베이터 시진핑 리더십」, 석탑출판, 2012

김기협, 「냉전 이후」, 서해문집, 2016

김낙중, 「민족의 형성, 분열, 통일」, 평화연대 평화연구소, 2008

김누리 편저, 「머릿속의 장벽 : 통일 이후 동서독의 사회문화 갈등」, 한울아카데미, 2006

김대중, 「김대중 자서전」, 삼인, 2010

김동명, 「독일 통일, 그리고 한반도의 선택」, 한울아카데미, 2010

김동진, 「파란눈의 한국혼 헐버트」, 참좋은친구, 2010

김명호, 「중국인 이야기」, 한길사, 2012

김병로, 김병연, 박명규 외 8인, 「개성공단」, 진인진, 2015

김병연, 양문수, 「북한 경제에서의 시장과 정부」, 서울대 출판문화원, 2012

김병연, 정승호, 『중국의 대북 무역과 투자』, 서울대 출판문화원, 2015

김봉국, 『승자의 안목』, 센추리원, 2013

김부식, 신호열 역해, 『삼국사기』, 동서문화사, 2007

김상문, 『UN도 감동한 위대한 지도자 저우언라이』, 아름다운 사람들, 2009

김상순, 『동아시아의 미래 : 통일과 패권전쟁』, 북코리아, 2014

김성훈, 『남북통일경제론』, 리아트 코리아, 2015

김수남, 『분단국 통일의 필요조건과 충분조건』, 봉명, 2006

김시덕, 『동아시아, 해양과 대륙이 맞서다』, 메디치미디어, 2015

김영수, 『건국의 정치 - 여말 선초 혁명과 문명 전환』, 이학사, 2006

김영호, 『21세기 미중 패권경쟁과 한반도 평화』, 성신여대출판부, 2015

김영희, 『베를린장벽의 서사, 독일통일을 다시 본다』, 창비, 2016

김용구, 『세계외교사』, 서울대 출판문화원, 2006

김용덕, 『이야기 폴란드사』, 한국외국어대학교 출판부, 2013

김일영, 『건국과 부국』, 생각의 나무, 2004

김재철, 『중국, 미국 그리고 동아시아 : 신흥 강대국의 부상과 지역 질서』, 한울아카데미, 2015

김정노, 『아일랜드 평화 프로세스』, 늘품플러스, 2015

김종래, 『밀레니엄맨, 칭기스칸』, 꿈엔들, 2005

김종래, 『CEO 칭기스칸 - 유목민에게서 배우는 21세기 경영전략』, 삼성경제연구소, 2002

김종서 외, 민족문화추진회 옮김, 『신편 고려사 절요』, 신서원, 2004

김진열, 『양안관계와 중국 통일』, 높이깊이, 2013

김진향 기획 총괄, 『개성공단 사람들』, 내일을 여는 책, 2015

김철민, 박정오, 『동유럽 체제전환 과정과 통일한국에 주는 의미』, 한국외국어대학교출판부, 2014

김태완, 『책문 : 시대의 물음에 답하라』, 소나무, 2004

김학로 외 8인, 『분단 - 통일에서 분리 - 통합으로』, 사회평론아카데미, 2014

김학준, 『혁명가들』, 문학과지성사, 2013

김현식, 『나는 21세기 이념의 유목민』, 김영사, 2007

김형오, 『누구를 위한 나라인가』, 21세기북스, 2016

김홍국, 『넬슨 만델라, 위대한 조정자』, 미래를 소유한 사람들, 2014

김희영, 『이야기 일본사』, 청아출판사, 2006

나승렬, 『세기의 리더들 식량을 말하다』, 지식공간, 2012

나종일, 송규범, 『영국의 역사』, 한울, 2005

나필열, 『통일은 오고 있는가』, 미래의 창, 2015

나카무라 슈야, 박재용 옮김, 『고대 최고의 외교전략가 김춘추』, 역사공간, 2013

남덕우, 『동북아로 눈을 돌리자』, 삼성경제연구소, 2002

남현호, 『부활을 꿈꾸는 러시아』, 다우출판, 2012

넬슨 만델라, 김대중 옮김, 『만델라 자서전 - 자유를 향한 머나먼 길』, 두레, 2006

노명식 외 3인, 『역사상의 분열과 재통일 (하)』, 일조각, 1997

노암 촘스키, 장영준 옮김, 『불량국가』, 두레, 2001

노암 촘스키, 강주헌 옮김, 『지식인의 책무』, 황소걸음, 2005

노자, 오강남 풀이, 『도덕경』, 현암사, 2010

니얼 퍼거슨, 김선영 옮김, 『금융의 지배』, 민음사, 2010

니얼 퍼거슨, 구세희 · 김정희 옮김, 『니얼 퍼거슨의 시빌라이제이션』, 21세기북스, 2011

니얼 퍼거슨, 이현주 옮김, 『증오의 세기 20세기는 왜 피로 물들었는가』, 민음사, 2010

니콜로 마키아벨리, 강정인 · 김경희 옮김, 『군주론』, 까치, 2008

니콜로 마키아벨리, 강정인 · 안선재 옮김, 『로마사 논고』, 한길사, 2003

다니엘 리비에르, 최갑수 옮김, 『프랑스의 역사』, 까치, 2013

다카하시 스스무, 이종국 옮김, 『분단 종식의 통일외교 지도자들은 독일통일을 위해 어떻게 움직였는가』, 역사공간, 2015

단재 신채호, 박기봉 옮김, 『조선상고사』, 비봉출판사, 2006

대런 애쓰모글루, 제임스 A. 로빈슨, 최완규 옮김, 『국가는 왜 실패하는가』, 시공사, 2012

댄 세노르, 사울 싱어, 윤종록 옮김, 『창업국가』, 다홀미디어, 2010

덩위원 - 장기표, 『한반도 통일과 중국』, 사회와 연대, 2013

데이비드 S. 랜즈, 안진환 · 최소영 옮김, 『국가의 부와 빈곤』, 한국경제신문사, 2009

데이빗 히넌, 워렌 베니스, 최경규 옮김, 『위대한 이인자들』, 좋은책 만들기, 2000

데일 카네기, 『데일 카네기의 링컨 이야기』, 매월당, 2013

데일 카네기, 임정재 옮김, 『링컨 당신을 존경합니다』, 함께읽는책, 2003

도리스 컨스 굿윈, 이수연 옮김, 『권력의 조건 : 라이벌까지 끌어안은 링컨의 포용리더십』, 21세기 북스, 2007

돈 오버도퍼, 로버트 칼린, 이종길 · 양은미 옮김, 『두 개의 한국』, 길산, 2015

똘스또이, 맹은빈 옮김, 『전쟁과 평화』, 동서문화사, 2008

라즈 파텔, 유지훈 옮김, 『식량전쟁』, 영림카디널, 2008

랠프 왈도 애머슨, 전미영 옮김, 『자기신뢰』, 이팝나무, 2009

루돌프 폰 예링, 윤철홍 옮김, 『권리를 위한 투쟁』, 책세상, 2007

리디아 류, 차태근 옮김, 『충돌하는 제국』, 글항아리, 2016

리처드 C. 부시, 김규태 옮김, 『위험한 이웃, 중국과 일본』, 에코리브르, 2013

리처드 하스, 우정엽 옮김, 『대외정책은 국내에서 시작한다』, 아산정책연구원, 2015

리처드 하스, 장성민 옮김, 『미국 외교정책의 대반격』, 김영사, 2005

리콴유, 류지호 옮김, 『내가 걸어 온 일류국가의 길』, 문학사상사, 2001

리하르트 폰 바이츠제커, 탁재택 옮김, 『우리는 이렇게 통일했다』, 창비, 2012

릴리어스 호톤 언더우드, 김철 옮김, 『언더우드부인의 조선견문록』, 이숲, 2008

마거릿 대처, 김승욱 옮김, 『마거릿 대처 국가경영』, 경영정신, 2003

마이크 치노이, 박성준, 홍성걸 옮김, 『북핵 롤러코스터』, 참언론 시사iN북, 2010

마이클 오헨론, 마이크 모치주키, 최용환 옮김, 『대타협』, 삼인, 2004

마이클 포터, 문휘창 옮김, 『마이클 포터의 국가경쟁우위』, 21세기북스, 2009

마틴 자크, 안세민 옮김, 『중국이 세계를 지배하면』, 부키, 2010

만프레트 마이 글, 아메바피쉬 그림, 박민수 옮김, 『이것이 완전한 국가다』, 비룡소, 2012

매일경제, 한국경제연구원, 현대경제연구원 공동기획, 『기회의 땅, 북한 - 다가오는 대동강의 기적』, 매일경제신문사, 2013

매일경제 세계지식포럼사무국, 『새로운 시대정신을 찾아서』, 매일경제신문사, 2016

매튜 바로스, 이미숙 옮김, 『미래의 역습, 낯선 세상이 온다』, 비즈니스북스, 2015

맥세계사편찬위원회, 『독일사』, 느낌이 있는책, 2015

맹자, 박경환 옮김, 『맹자』, 홍익출판사, 2005

메리 풀브록, 김학이 옮김, 『분열과 통일의 독일사』, 개마고원, 2000

모로하시 데쓰지, 심우성 옮김, 『공자 노자 석가』, 동아시아, 2001

모리야 히로시, 양억관 옮김, 『남자의 후반생』, 푸른숲, 2003

통일! 역사를 배우자

모이제스 나임, 김병순 옮김, 『권력의 종말』, 책읽는 수요일, 2015

무비스님, 『법화경』, 불광출판사, 2003

문대근, 『한반도 통일과 중국』, 늘품플러스, 2009

문정인, 『중국의 내일을 묻다』, 삼성경제연구소, 2010

문흥호, 『중국의 대외전략과 한반도』, 도서출판 울력, 2006

미국 국가정보위원회, 윤종석·김소정·이경진 옮김, 『글로벌 트렌드 2030』, 영림카디널, 2015

미하일 고르바초프, 이기동 옮김, 『선택 : 미하일 고르바초프 최후의 자서전』, 프리뷰, 2013

민경태, 『서울평양 메가시티』, 미래의 창, 2014

민족통일협의회, 『분단 70년, 가자 통일로』, 2015

민족화해협력범국민협의회 기획, 임강택 외 3인, 『한반도 신뢰의 길을 찾는다』, 도서출판 선인, 2013

민현구 외 3인, 『역사상의 분열과 재통일 (상)』, 일조각, 1997

밀턴 프리드먼, 심준보·변동열 옮김, 『자본주의와 자유』, 청어람미디어, 2007

박래식, 『분단시대 서독의 통일외교정책』, 백산서당, 2008

박세일, 『선진통일전략』, 21세기북스, 2013

박세일, 『이 나라에 국혼은 있는가』, 종이거울, 2011

박영규, 『한권으로 읽는 조선왕조실록』, 웅진지식하우스, 2004

박은식, 김승일 옮김, 『한국통사』, 범우사, 1999

박재규 편, 『북한의 딜레마와 미래』, 법문사, 2011

박종효, 『한반도 분단론의 기원과 러일전쟁』, 선인, 2014

박지향, 김철, 김일영, 이영훈, 『해방 전후사의 재인식』, 책세상, 2006

박철언, 『바른 역사를 위한 증언』, 랜덤하우스 중앙, 2005

박태균, 『베트남 전쟁』, 한겨레출판, 2015

박훈, 『메이지 유신은 어떻게 가능했는가』, 민음사, 2014

박휘락, 『북핵을 모르면 우리가 죽는다』, 백년동안, 2014

배금자, 『정의는 이긴다』, 책넝쿨, 2015

배정호 외 6인, 『한반도 통일과 동아시아 평화 번영』, 형설출판사, 2015

배종렬, 윤승현, 『길림성의 대북경제협력 실태분석 : 대북투자를 중심으로』, 통일연구원, 2015

법륜, 오연호, 『새로운 100년 오연호가 묻고 법륜 스님이 답하다』, 오마이북, 2012

북한연구학회 기획, 양문수 편저, 『김정은 시대의 경제와 사회 : 국가와 시장의 새로운 관계』, 한울, 2014

북한연구학회 기획, 박순성 편저, 『통일 논쟁 : 12가지 쟁점, 새로운 모색』, 한울, 2015

브루스 커밍스, 남성욱 옮김, 『김정일 코드』, 따뜻한 손, 2005

브루스 커밍스, 김동노 외 3인 옮김, 『브루스 커밍스의 한국현대사』, 창비, 2001

브루스 커밍스, 박진빈·김동명·임종명 옮김, 『미국 패권의 역사』, 서해문집, 2011

빅토르 위고, 송면 옮김, 『레 미제라블』, 동서문화사, 2010

사마천, 김원중 옮김, 『사기 본기』, 민음사, 2010

(사) 좋은 벗들 엮음, 『법륜 스님의 통일로 가는 길』, 정토출판, 1999

상앙, 우재호 옮김, 『상군서』, 소명출판, 2005

새뮤얼 스마일즈, 김유신 옮김, 『자조론』, 21세기북스, 2006

새뮤얼 P. 헌팅턴, 로렌스 E. 해리슨, 이종인 옮김, 『문화가 중요하다』, 책과함께, 2015

서중석, 『남북협상 : 김규식의 길, 김구의 길』, 한울, 2000

서중석, 『사진과 그림으로 보는 한국 현대사』, 웅진지식하우스, 2013

서중석, 『서중석의 현대사 이야기 3』, 오월의 봄, 2016

설용수, 『통일시대 변화의 현장에서 본 북한』, 미래문화사, 2014

셰춘타오, 이정림 옮김, 『중국공산당은 어떻게 성공했는가』, 한얼미디어, 2012

소이원, 『현대 한국병 진단과 처방 – 21세기 만언봉사』, 북랩, 2015

손기웅, 『통일, 가지 않은 길로 가야만 하는 길』, 늘품플러스, 2015

손무, 유동환 옮김, 『손자병법』, 홍익출판사, 2005

손문, 권오석 옮김, 『삼민주의』, 홍신문화사, 1995

손선홍, 『독일 통일 한국 통일』, 푸른 길, 2016

송경헌, 『통일경제 빅뱅』, 지식공감, 2015

송복, 『류성룡, 나라를 다시 만들 때가 되었나이다』, 가디언, 2014

송필경, 『왜 호찌민인가』, 에녹스, 2013

송호근, 『한국의 평등주의, 그 마음의 습관』, 삼성경제연구소, 2006

스테파니 슈워츠 드라이버, 안효상 옮김, 『세계를 뒤흔든 독립선언서』, 그린비, 2005

스테판 에셀, 임희근 옮김, 『분노하라』, 돌베개, 2011

스테판 해거드, 마커스 놀랜드, 이행옥 옮김, 『북한의 선택』, 매경출판, 2007

스튜어트 다이아몬드, 김태훈 옮김, 『어떻게 원하는 것을 얻는가』, 2011

스티븐 로치, 이은주 옮김, 『G2 불균형』, 생각정원, 2015

슈테판 츠바이크, 안인희 옮김, 『위로하는 정신 : 체념과 몰락섬의 대가 몽테뉴』, 도서출판 유유, 2012

시부사와 에이치, 노만수 옮김, 『논어와 주판』, 페이퍼로드, 2009

시오노 나나미, 김석희 옮김, 『로마인 이야기』, 한길사, 1996

시진핑, 차혜정 옮김, 『시진핑, 국정운영을 말하다』, 와이즈베리, 2015

신봉승, 『세종, 대한민국 대통령이 되다』, 청아출판사, 2012

신봉승, 『직언』, 선, 2004

신창민, 『통일은 대박이다』, 매일경제신문사, 2012

신창섭, 『독일통일과 미디어』, 평화문제연구소, 2011

실리아 샌디스, 조나단 리트만, 박강순 옮김, 『돌파의 CEO 윈스턴 처칠, 우리는 결코 실패하지 않는다』, 한스미디어, 2004

심백강, 『교과서에서 배우지 못한 우리 역사』, 바른역사, 2014

쑹훙빙, 홍순도 옮김, 『화폐전쟁』, 랜덤하우스 코리아, 2010

아손 그렙스터, 김상열 옮김, 『스웨덴 기자 아손, 100년전 한국을 걷다』, 책과함께, 2005

안데쉬 오슬룬드, 이응현 · 윤영미 옮김, 『러시아의 자본주의 혁명』, 전략과 문화, 2010

안드레이 란코프, 『북한 워크아웃』, 시대정신, 2009

안성찬 외, 『변화를 통한 접근 : 통일주역이 돌아본 독일통일 15년』, 한울아카데미, 2006

안토니아 펠릭스, 오영숙 · 정승원 옮김, 『콘돌리자 라이스』, 일송북, 2003

알랭 드 보통, 정영목 옮김, 『일의 기쁨과 슬픔』, 은행나무, 2012

알렉산드르 딘킨, 김현택 · 이상준 옮김, 『글로벌 전망 2030』, 한국외국어대학교 출판부, 2012

앙드레 모루아, 신용석 옮김, 『영국사』, 김영사, 2013

애덤 스미스, 김수행 옮김, 『국부론』, 비봉출판사, 2007

애런 프리드버그, 안세민 옮김, 『패권 경쟁 : 중국과 미국, 누가 아시아를 지배할까』, 까치, 2012

앤터니 비버, 김원중 옮김, 『스페인 내전』, 교양인, 2009

앨런 브링클리, 황혜성 외 5인 옮김, 『있는 그대로의 미국사』, 휴머니스트, 2005

앨버트 후라니, 김정명 · 홍미정 옮김, 『아랍인의 역사』, 심산, 2010

앨빈 토플러, 이규행 옮김, 『권력이동』, 한국경제신문, 1990

앨빈 토플러, 하이디 토플러, 김중웅 옮김, 『부의 미래』, 청림출판, 2006

앨빈 토플러, 하이디 토플러, 김원호 옮김, 『전쟁 반전쟁』, 청림출판, 2011

양은경 엮음, 『일본사를 움직인 100인』, 청아출판사, 2012

양창식, 『브란덴부르크 비망록』, 늘품플러스, 2011

에곤 바, 박경서 · 오영옥 옮김, 『독일통일의 주역 빌리 브란트를 기억하다』, 북로그컴퍼니, 2014

에드가 스노우, 홍수원 · 안양노 · 신홍범 옮김, 『중국의 붉은 별』, 두레, 2002

에드워드 기번, 김영진 옮김, 『로마제국 쇠망사』, 대광서림, 2003

에른스트 H. 곰브리치 글, 클리퍼드 하퍼 그림, 박민수 옮김, 『곰브리치 세계사』, 비룡소, 2010

에른스트 폰 헤세 바르텍, 정현규 옮김, 『조선, 1894년 여름』, 책과 함께, 2012

에릭 홉스봄, 정도영 · 차명수 옮김, 『혁명의 시대』, 한길사, 1998

에릭 홉스봄, 정도영 옮김, 『자본의 시대』, 한길사, 1998

에릭 홉스봄, 김동택 옮김, 『제국의 시대』, 한길사, 1998

에밀 부르다레, 정진국 옮김, 『대한제국 최후의 숨결』, 글항아리, 2009

에이미 추아, 이순희 옮김, 『제국의 미래』, 비아북, 2008

에즈라 보걸, 심규호 · 유소영 옮김, 『덩샤오핑 평전』, 민음사, 2014

염돈재, 『올바른 통일준비를 위한 독일 통일의 과정과 교훈』, 평화문제연구소, 2011

옌쉐퉁, 고상희 옮김, 『2023 : 세계사 불변의 법칙』, 글항아리, 2014

오긍, 김원중 옮김, 『정관정요』, 글항아리, 2010

오스발트 A. G. 슈펭글러, 양해림 옮김, 『서구의 몰락』, 책세상, 2008

오일만, 『2022년, 시진핑의 신장정』, 나남, 2016

왕리췬, 홍순도 · 홍광훈 옮김, 『진시황 강의』, 김영사, 2013

왕리췬, 홍순도 · 홍광훈 옮김, 『항우 강의』, 김영사, 2012

왕이자펑 외 7인, 양성희 · 김인지 옮김, 『대국굴기』, 크레듀, 2007

왕후이, 송인재 옮김, 『아시아는 세계다』, 글항아리, 2011

우실하, 『동북공정 너머 요하문명론』, 소나무, 2007

월터 클렌맨스 주니어, 이유림 옮김, 『북한을 합의에 이르게 하는 전략』, 한울, 2010

윌 듀런트, 왕수민 · 한상석 옮김, 『문명이야기』, 민음사, 2011

윌 듀런트, 안인희 옮김, 『역사속의 영웅들』, 김영사, 2011

윌리엄 J. 듀이커, 정영목 옮김, 『호치민 평전』, 푸른숲, 2003

유득공, 송기호 옮김, 『발해고』, 홍익출판사, 2001

유성룡, 김흥식 옮김, 『징비록』, 서해문집, 2003

유시민, 『거꾸로 읽는 세계사』, 푸른나무, 1995

유시민, 『대한민국 개조론』, 돌베개, 2007

유원수 역주, 『몽골비사』, 사계절출판사, 2004

유지열 편역, 『베트남 민족해방운동사』, 이성과현실사, 1986

유지호, 『예멘의 남북통일』, 서문당, 1997

유향, 임동석 역주, 『전국책』, 동서문화사, 2009

유홍준, 『김정희』, 학고재, 2006

윤대규, 『북한에 대한 불편한 진실』, 한울, 2013

윤석철, 『삶의 정도』, 위즈덤하우스, 2011

윤영관 편저, 「북한의 오늘」, 늘품플러스, 2014

윤영관, 「외교의 시대」, 미지북스, 2015

윤영관 편저, 「한국외교 2020 어디로 가야하나?」, 늘품플러스, 2013

윤영관, 「한반도 통일」, 늘품플러스, 2013

윤진헌, 「한반도 분단사」, 이담북스, 2010

율리우스 카이사르, 박광순 옮김, 「내란기」, 범우, 2005

이건일, 「모택동 vs 장개석 : 중국 국공혁명사」, 삼화, 2014

이기식, 「독일 통일 20년」, 고려대학교출판부, 2011

이구한 엮음, 「이야기 미국사」, 청아출판사, 1993

이리에 아키라, 「20세기의 전쟁과 평화」, 연암서가, 2016

이문영, 「톨스토이와 평화」, 도서출판 모시는 사람들, 2016

이사카와 요시히로, 손승희 옮김, 「중국근현대사 3 : 혁명과 내셔널리즘」, 삼천리, 2013

이삼성, 「동아시아의 전쟁과 평화 1, 2」, 한길사, 2009

이삼성, 「세계와 미국」, 한길사, 2001

이상각, 「꼬레아 러시 : 100년전 조선을 뒤흔든 서양인들」, 효형출판, 2010

이상만 외, 「이제는 통일이다」, 헤럴드 경제, 한반도 개발협력연구네트워크, 2014

이수혁, 「북한은 현실이다」, 21세기북스, 2011

이수훈, 「동북아 공동의 미래를 생각한다」, 도서출판 선인, 2013

이순신, 노승석 옮김, 「난중일기」, 도서출판 여해, 2014

이어령, 「디지로그」, 생각의 나무, 2006

이어령 외 9인, 「글로벌 시대의 한국과 한국인」, 아카넷, 2007

이언 브레머, 차백만 옮김, 「국가는 무엇을 해야 하는가」, 다산북스, 2011

이영종, 「후계자 김정은」, 늘품플러스, 2010

이영훈, 「대한민국 역사」, 기파랑, 2013

이원복, 「새로 만든 먼나라 이웃나라」, 김영사, 2012

이용인 · 테일러 워시번 엮음, 「미국의 아시아 회귀 전략」, 창비, 2014

이윤섭, 「일본 100년」, 아이필드, 2016

이응준, 「미리 쓰는 통일 대한민국에 대한 어두운 회고」, 반비, 2014

이익, 민족문화추진회 엮음, 「성호사설」, 솔출판사, 1997

이종석, 「통일을 보는 눈」, 개마고원, 2012

이종석, 「한반도 평화통일론」, 한울, 2012

이종훈, 「양안 통일이 시작되었다」, 한국학술정보(주), 2009

이중환, 이익성 옮김, 「택리지」, 을유문화사, 2002

이중텐, 김성배 · 양휘웅 옮김, 「삼국지 강의」, 김영사, 2007

이중텐, 심규호 옮김, 「이중텐, 사람을 말하다」, 중앙북스(주), 2013

이찬우, 「동북아의 심장을 누가 쥘 것인가」, 역사인, 2015

이창호, 「구국의 별, 평화의 횃불 안중근 평전」, 벗나래, 2016

이태복, 「도산 안창호 평전」, 흰두루, 2012

이현희, 교양국사연구회, 「이야기 한국사」, 청아출판사, 2002

일연, 권상로 역해, 「삼국유사」, 동서문화사, 2007

임기홍, 「위기의 남북관계」, 역사인, 2016

임동원 · 백낙청 외, 『다시 한반도의 길을 묻다』, 삼인, 2010

임동원, 『피스메이커』, 창비, 2015

임마누엘 페스트라이쉬(이만열), 『한국인만 모르는 다른 대한민국』, 21세기북스, 2013

임수호, 『계획과 시장의 공존』, 삼성경제연구소, 2008

임용한, 『세상의 모든 전략은 전쟁에서 탄생했다』, 교보문고, 2012

임윤갑, 『미국 남북전쟁사 – 미완에서 통합으로』, 북코리아, 2015

임을출 엮음, 『김정은 체제의 미래를 묻다』, 한울아카데미, 2012

임종대, 『오스트리아의 역사와 문화』, 유로, 2014

임채완 외, 『분단과 통합』, 한울 아카데미, 2006

임혁백, 『한반도와 동아시아의 안보와 평화』, 한울, 2014

임혁백 · 이은정 편, 『한반도는 통일독일이 될 수 있을까?』, 송정문화사, 2010

임현진, 정영철, 『21세기 통일한국을 향한 모색』, 서울대출판부, 2005

자오커야오, 쉬다오쉰, 김정희 옮김, 『당 태종 평전』, 민음사, 2011

자크 아탈리, 양영란 옮김, 『미래의 물결』, 위즈덤 하우스, 2007

자크 아탈리, 권지현 옮김, 『세계는 누가 지배할 것인가』, 청림출판, 2012

자크 아탈리, 양영란 옮김, 『인류는 어떻게 진보하는가』, 책담, 2016

장기표 글, 김하늘 그림, 『한반도 통일 전략 예언서 – 통일 초코파이』, 꿈과 의지, 2015

장대성, 『독재자와 시장경제』, 한울아카데미, 2015

장밍, 허유영 옮김, 『신해혁명』, 한얼 미디어, 2011

장병옥, 『중앙아시아 분쟁과 이슬람』, 한국학술정보(주), 2012

장자, 김학주 옮김, 『장자』, 연암서가, 2010

장 프랑수아 칸, 이상빈 옮김, 『인류역사를 진전시킨 신념과 용기의 외침 NO』, 이마고, 2008

재레드 다이아몬드, 김진준 옮김, 『총, 균, 쇠』, 문학사상사, 2014

잭 런던, 윤미기 옮김, 『잭 런던의 조선사람 엿보기』, 한울, 2011

잭 웨더포드, 정영목 옮김, 『칭기스칸, 잠든 유럽을 깨우다』, 사계절, 2005

전태국, 『사회통합과 한국통일의 길』, 한울, 2013

정경영, 『한반도의 도전과 통일비전』, 지식과 감성, 2015

정덕구, 추수동, 『기로에 선 북중 관계』, 중앙북스, 2013

정도전, 박진훈 옮김, 『삼봉집』, 지식을 만드는 지식, 2009

정도전, 한영우 옮김, 『조선경국전』, 사단법인 올재, 2014

정동영, 지승호, 『10년후 통일』, 도서출판 살림터, 2013

정상돈, 김진무, 이강규, 『동독급변사태시 서독의 통일정책』, 한국국방연구원, 2012

정세현, 『정세현의 통일토크』, 서해문집, 2013

정약용, 이익성 옮김, 『경세유표』, 한길사, 1997

정은미, 김병로, 박명규, 최규빈, 『북한주민 통일의식 2015』, 서울대 통일평화연구원, 2016

정재호, 『중국의 부상과 한반도의 미래』, 서울대출판문화원, 2011

정재호 편저, 『중국을 고민하다』, 삼성경제연구소, 2011

정창현, 정용일 외, 『북한 다름을 만나다』, 선인, 2013

제러미 리프킨, 이원기 옮김, 『유러피언 드림』, 민음사, 2005

제임스 릴리, 『아시아 비망록』, 월간조선사, 2005

제임스 맥그리거 번스, 조중빈 옮김, 『역사를 바꾸는 리더십』, 한국방송대출판부, 2006

제임스 스타인버거, 마이클 오핸런, 박영준 옮김, 『21세기 미중 관계 : 전략적 보장과 각오』, 아산정책연구원, 2015

제프리 베스트, 김태훈 옮김, 『윈스턴 처칠, 그 불굴의 초상 절대 포기하지 않겠다』, 21세기북스, 2010

조관희 엮음, 『한권으로 정리한 이야기 중국사』, 청아출판사, 2003

조나단 폴락, 이화여대 통역번역연구소 옮김, 『출구가 없다』, 아산정책연구원, 2012

조너선 색스, 임재서 옮김, 『차이의 존중 - 문명의 충돌을 넘어서』, 말글빛냄, 2007

조봉암, 『우리의 당면과업』, 범우, 2009

조 스터드웰, 김태훈 옮김, 『아시아의 힘』, 프롬북스, 2016

조영남, 『용과 춤을 추자』, 민음사, 2012

조영남, 『중국의 꿈』, 민음사, 2013

조영남, 『21세기 중국이 가는 길』, 나남, 2009

조유식, 『정도전을 위한 변명』, 휴머니스트, 2014

조지 맥짐시, 정미나 옮김, 『위대한 정치의 조건』, 21세기북스, 2010

조지 프리드먼, 손민중 옮김, 『100년 후』, 김영사, 2010

조지 W. 부시, 안진환 · 구계원 옮김, 『결정의 순간』, YBM si-sa, 2011

조지프 나이, 양준희 · 이종삼 옮김, 『국제분쟁의 이해 - 이론과 역사』, 도서출판 한울, 2009

조지프 나이, 이기동 옮김, 『미국의 세기는 끝났는가』, 프리뷰, 2015

조지프 나이, 홍수원 옮김, 『소프트 파워』, 세종연구원, 2004

조지프 나이, 홍수원 옮김, 『제국의 패러독스』, 세종연구원, 2002

조지프 스티글리츠, 이순희 옮김, 『불평등의 대가』, 열린 책들, 2013

존 나이스비트, 도리스 나이스비트, 안기순 옮김, 『메가트렌드 차이나』, 비즈니스북스, 2010

존 델러리, 오빌 셸, 이은주 옮김, 『돈과 힘』, 문학동네, 2015

존 로크, 공진성 옮김, 『관용에 관한 편지』, 책세상, 2008

존 로크, 강정인 · 문지영 옮김, 『통치론』, 까치, 1996

존 루이스 개디스, 정철 · 강규형 옮김, 『냉전의 역사』, 에코리브르, 2010

존 메이너드 케인스, 정명진 옮김, 『평화의 경제적 결과』, 부글북스, 2016

존 J. 미어셰이머, 이춘근 옮김, 『강대국 국제정치의 비극』, 나남, 2004

존 M. 톰슨, 김남섭 옮김, 『20세기 러시아 현대사』, 사회평론, 2004

존 키건, 유병진 옮김, 『세계전쟁사』, 까치, 1996

주성하, 『서울에서 쓰는 평양이야기』, 기파랑, 2010

주연종, 『영국혁명과 올리버 크롬웰』, 한국학술정보(주), 2012

증선지, 임동석 역주, 『십팔사략』, 동서문화사, 2009

지그프리트 겐테, 권영길 옮김, 『독일인 겐테가 본 신선한 나라 조선, 1901』, 책과함께, 2007

진수, 김원중 옮김, 『삼국지 - 위서, 오서, 촉서』, 민음사, 2007

짐 로저스, 이건 옮김, 『세계경제의 메가트렌드에 주목하라』, 이레미디어, 2014

찰스 프리처드, 김연철 · 서보혁 옮김, 『실패한 외교』, 사계절출판사, 2008

찰스 P. 킨들버거, 주경철 옮김, 『경제강대국 흥망사』, 까치, 2004

최용범, 『하룻밤에 읽는 한국사』, 페이퍼로드, 2007

최우석, 『삼국지경영학』, 을유문화사, 2007

최윤식, 『2030 대담한 도전』, 지식노마드, 2016

최재선, 『불멸의 이노베이터 덩샤오핑』, 청림출판, 2009

카네스 로드, 이수경 옮김, 『통치의 기술』, 21세기북스, 2008

카를 필니, 이미옥 옮김, 「아시아의 세기」, 에코리브르, 2006

칼 라크루와, 데이빗 매리어트, 김승완 · 황미영 옮김, 「왜 중국은 세계의 패권을 쥘 수 없는가」, 평사리, 2011

칼 폴라니, 홍기빈 옮김, 「거대한 전환」, 도서출판 길, 2009

케네스 B. 파일, 이종삼 옮김, 「강대국 일본의 부활」, 한울, 2008

콘돌리자 라이스, 정윤미 옮김, 「최고의 영예」, 진성북스, 2012

콘돌리자 라이스 외, 장성민 책임 편역, 「부시행정부의 한반도 리포트」, 김영사, 2000

크리스토퍼 힐, 반형광 옮김, 「레닌과 러시아혁명」, 이론과 실천, 1986

크리스토퍼 힐, 이미숙 옮김, 「크리스토퍼 힐 회고록 : 미국 외교의 최전선」, 메디치 미디어, 2015

클라우제비츠, 허문순 옮김, 「전쟁론」, 동서문화사, 2009

클레이븐 카슨 엮음, 이순희 옮김, 「마틴 루터 킹 자서전 – 나에게는 꿈이 있습니다」, 바다출판사, 2000

타밈 안사리, 류한원 옮김, 「이슬람의 눈으로 본 세계사」, 뿌리와 이파리, 2011

태공망, 황석공, 유동환 옮김, 「육도삼략」, 홍익출판사, 2005

토머스 소웰, 채계병 옮김, 「비전의 충돌 – 세계를 바라보는 두 개의 시선」, 이카루스미디어, 2006

토머스 프리드먼, 장경덕 옮김, 「렉서스와 올리브나무」, 21세기북스, 2009

토머스 L. 프리드먼, 김상철 · 이윤섭 옮김, 「세계는 평평하다」, 창해, 2005

톰 피터스, 최은수 · 향미리 옮김, 「사소함이 만드는 위대한 성공법칙 : 리틀 빅씽」, 더난출판, 2010

통일부 통일교육원, 「2014 통일문제 이해」, 2014

폴 존슨, 조윤정 옮김, 「모던 타임스」, 살림, 2008

폴 존슨, 명병훈 옮김, 「미국인의 역사」, 살림, 2016

폴 케네디, 이왈수 · 전남석 · 황건 옮김, 「강대국의 흥망」, 한국경제신문사, 1996

프레드리크 스탠턴, 김춘수 옮김, 「위대한 협상」, 말글빛냄, 2011

프리드리히 A. 하이에크, 김이석 옮김, 「노예의 길」, 나남, 2006

플루타르크, 이성규 옮김, 「플루타르크 영웅전 전집」, 현대지성사, 2000

피터 드러커, 이재규 옮김, 「Next Society」, 한국경제신문사, 2002

피터 드러커, 이재규 옮김, 「자본주의 이후의 사회」, 한국경제신문사, 1993

피터 홉 커크, 정영목 옮김, 「그레이트 게임」, 사계절, 2015

피히테, 황문수 옮김, 「독일국민에게 고함」, 범우사, 1997

하라 아키라, 김연옥 옮김, 「청일 · 러일전쟁 어떻게 볼 것인가」, 살림출판사, 2015

하영선 편, 「1972 한반도와 주변 4강 2014」, 동아시아연구원, 2015

하인리히 E. 야콥, 곽명단 · 임지원 옮김, 「빵의 역사」, 우물이 있는집, 2005

하정열 외, 「안전하고 평화로운 통일의 길 – 걸림돌 해결방안」, 도서출판 오래, 2014

하워드 가드너, 송기동 옮김, 「통찰과 포용」, 북스넛, 2007

하워드 진, 이아정 옮김, 「오만한 제국」, 당대, 2001

하워드 진, 레베카 스테포프, 김영진 옮김, 「하워드 진 살아있는 미국역사」, 추수밭, 2008

한국정책금융공사, 「통일시대의 준비와 한반도판 마셜플랜 A&B」, 2014

한나 아렌트, 홍원표 옮김, 「혁명론」, 한길사, 2004

한반도평화포럼, 「잃어버린 5년 다시 포용정책이다」, 삼인, 2012

한반도평화포럼, 「통일은 과정이다」, 서해문집, 2015

한비, 김원중 옮김, 「한비자」, 글항아리, 2010

한상영, 「천부경」, 지식공감, 2014

한스 모겐소, 이호재 · 엄태암 옮김, 「국가 간의 정치」, 김영사, 2013

한승주, 『남과 북 그리고 세계』, 나남출판, 2000

한영우, 『율곡 평전』, 민음사, 2013

한완상, 『한반도는 아프다–적대적 공생의 비극』, 한울, 2013

함석헌, 『뜻으로 본 한국역사』, 한길사, 2003

헤이르트 마크, 강주헌 옮김, 『20세기, 유럽을 걷다–유럽사 산책』, 도서출판 옥당, 2011

헨리 데이빗 소로우, 강승영 옮김, 『시민의 불복종』, 은행나무, 2011

헨리 조지, 김윤상 옮김, 『진보와 빈곤』, 비봉출판사, 1997

헨리 키신저, 권기대 옮김, 『헨리 키신저의 중국 이야기』, 민음사, 2011

헨리 키신저, 박용민 옮김, 『회복된 세계』, 북앤피플, 2014

현대경제연구원, 『정주영 경영을 말하다』, 웅진 씽크빅, 2011

현승윤, 『보수 · 진보의 논쟁을 넘어서』, 삼성경제연구소, 2005

혜민, 『멈추면, 비로소 보이는 것들』, 쌤앤 파커스, 2012

황의서, 『독일 통일 이야기』, 야스미디어, 2009

황장엽, 『황장엽의 대전략』, 월간조선사, 2003

황장엽, 『황장엽 회고록』, 시대정신, 2010

황준헌, 조일문 옮김, 『조선책략』, 건국대학교출판부, 2001

후쿠자와 유키치, 양문송 옮김, 『학문을 권장함』, 일송미디어, 2011

A. 토크빌, 임효선 · 박지동 옮김, 『미국의 민주주의』, 한길사, 1997

A. H. 새비지–랜도어, 신복령 · 장우영 역주, 『고요한 아침의 나라 조선』, 집문당, 1999

H. B. 헐버트, 신복룡 역주, 『대한제국멸망사』, 집문당, 2006

H. 폴 제퍼스, 앨런 액셀로드, 박성희 · 박동휘 옮김, 『전쟁 영웅들의 멘토, 천재 전략가 마셜』, 플래닛 미디어, 2001

I. B. 비숍, 신복룡 역주, 『조선과 그 이웃나라들』, 집문당, 2000

J. 네루, 곽복희 · 남궁원 옮김, 『세계사 편력』, 일빛, 1999

J. 네루, 이명원 편역, 『아버지와 딸이 함께 떠나는 세계사 여행』, 세웅, 1996

J. K. 갤브레이스, 원창화 옮김, 『불확실성의 시대』, 홍신문화사, 2011

KAIST 미래전략대학원, 『대한민국 국가미래전략 2016』, 이콘출판, 2015

Marc Ziemek, 『북한이탈주민 리포트』, 늘품플러스, 2009

M. K. 간디, 함석헌 옮김, 『간디 자서전』, 한길사, 2002

P.A. 크로포트킨, 김영범 옮김, 『만물은 서로 돕는다』, 르네상스, 2015

TIM BEAL, 정영철 옮김, 『북한과 미국』, 선인, 2010

Z. 브레진스키, 김명섭 옮김, 『거대한 체스판 : 21세기 미국의 세계전략과 유라시아』, 삼인, 2000

Z. 브레진스키, 김명섭 옮김, 『제국의 선택 : 지배인가 리더십인가』, 황금가지, 2004

통일!
역사를 배우자

인쇄일 2016년 10월 18일
발행일 2016년 10월 21일

지은이 나승열
펴낸이 임승한
교 정 김흥선

마케팅 김춘안 조동권 황의성
디자인&인쇄 지오커뮤니케이션

펴 낸 곳 책넝쿨
출판등록 제25100-2014-00031호
주 소 서울시 강동구 고덕로 262
홈페이지 http://www.nongmin.com
전화 02-3703-6136 | **팩스** 02-3703-6213

ⓒ **책넝쿨 2016**
ISBN 979-11-86959-04-6 (13300)
잘못된 책은 바꾸어 드립니다. 책값은 뒤표지에 있습니다.

이 도서의 국립중앙도서관 출판예정도서목록(CIP)은 서지정보유통지원시스템 홈페이지(http://seoji.nl.go.kr)와 국가
자료공동목록시스템(http://www.nl.go.kr/kolisnet)에서 이용하실 수 있습니다. (CIP제어번호 : CIP2016024780)